普通高等教育"十一五"国家级规划教材

半导体物理导论

刘 诺 钟志亲 张桂平 陈金菊 编著

科学出版社
北 京

内 容 简 介

本书是微电子技术领域内的半导体物理基础教程，系统介绍了半导体物理的基本概念、原理和应用。全书内容简明扼要、层次分明、示例与习题丰富、图解清晰、写作风格简约，既重视基础知识的讲解，又重视新知识的介绍，如异质结、能带工程、石墨烯、低维半导体的量子输运等。本书在内容安排上考虑到了前期"固体物理"、"量子力学"和后续"微电子器件/晶体管原理"教学的需要。

本书可作为电子科学与技术专业，特别是微电子科学与工程、微电子学、集成电路与集成系统等专业的半导体物理教材或参考书，可供相应专业的高年级本科生和研究生使用，也可作为相关研究人员的参考用书。

图书在版编目(CIP)数据

半导体物理导论 / 刘诺，钟志亲，张桂平，陈金菊编著. —北京：科学出版社，2014.6（2023.8 重印）
ISBN 978-7-03-040671-2

Ⅰ.①半⋯ Ⅱ.①刘⋯ ②钟⋯ ③张⋯ ④陈⋯ Ⅲ.①半导体–高等学校–教材 Ⅳ.①O47

中国版本图书馆 CIP 数据核字 (2014) 第 102036 号

责任编辑：杨 岭 黄 嘉 / 责任校对：彭 映
责任印制：罗 科 / 封面设计：墨创文化

科学出版社 出版

北京东黄城根北街16号
邮政编码：100717
http://www.sciencep.com

四川煤田地质制图印务有限责任公司 印刷
科学出版社发行 各地新华书店经销

*

2014 年 6 月第 一 版　　开本：787×1092　1/16
2023 年 8 月第七次印刷　　印张：17
字数：400 000
定价：42.00 元

前 言

本书系统介绍了微电子技术中的重要物理基础——半导体物理的基本概念、原理和基本应用。本书分为三篇，共9章。前两章为第一篇，介绍半导体物理的基础知识，包括半导体的晶体结构与价键模型、半导体的电子结构；第二篇由第3~6章组成，分别定性、定量地阐述半导体中的载流子，以及三维半导体的电输运和低维半导体的量子输运；第三篇由最后三章组成，从基础应用的角度系统阐述金属-半导体的接触、半导体表面效应、MIS结构及半导体的光吸收、光发射和光电效应。考虑到半导体物理近几十年的发展，本书所涉及的内容既有传统的以杂质工程为主体的半导体物理，又有涉及能带工程和低维半导体的量子输运的半导体物理，将经典与学科发展相结合。

本书既重视半导体物理的基础知识，又在第2章和第6章新增了半导体物理领域内的异质结/能带工程、石墨烯及低维半导体的量子输运等新进展和新概念。内容安排上考虑到部分专业对固体物理和量子力学的基础知识以及后续微电子器件/晶体管原理教学的需要，每章附有重点提示、相应的例题和习题，章末均附有小结、重要术语一览和参考文献，书后附有部分习题的答案。读者通过对本书内容的学习和掌握，既可以比较全面和深入地了解传统半导体物理的原理和应用，又能够结合具体的知识点学习半导体物理领域内的能带工程以及低维半导体的量子输运等新进展和新概念。本书作为半导体物理课程的教材和参考书，适合电子科学与技术学科的微电子科学与工程、微电子学、集成电路与集成系统等专业的半导体物理课程，或其他类似课程。参考学时为50~80学时。可分章节供相应专业的本科生和研究生使用，也可供有关研究人员参考。

本书由刘诺主编，负责全书的选题立项、编写实施、编辑出版等主要工作。其中，刘诺负责编写第1~5章，钟志亲负责编写第7、8章，张桂平负责编写第6章，陈金菊负责编写第9章。郑禄达、黄文俊、白海银等同学在绘制和处理图片上提供了帮助。

在本书编著过程中，李言荣院士从立题之初就一直给予关心和支持，李平教授对一些章节提出了宝贵意见和建议，并且在本书出版过程中给予了大力支持；恽正中教授也对本书的编写提出了宝贵意见；本书量子输运部分的编写得益于南京大学物理系熊诗杰教授在张桂平研究生学习阶段所给予的悉心指导；是德科技公司及和创联合科技(北京)有限公司在本书编写过程中也给予了帮助与支持，在此一并表示感谢。同时，本书的出版得到了国家自然科学基金委项目(项目批准号：11305029)、教育部特色专业"集成电路与集成系统"和四川省科技厅项目(项目批准号：2012HH0027)的支持。

从本书的策划到最后完稿付梓，科学出版社给予了很多支持和帮助，特别感谢贵社的黄明冀编辑对本书所做的大量工作。

由于作者水平有限，书中难免存在不足与不当之处，殷切希望广大读者批评、指正。

作者

2014年5月于成都

目 录

第一篇 半导体基础概要 ... 1

第1章 半导体的晶体结构与价键模型 ... 1
1.1 材料和晶体的分类 ... 1
1.2 晶面、晶向和密勒指数 ... 8
1.3 原子价键 ... 10
1.4 三维晶体结构的定性描述 ... 14
1.5 π电子晶体结构简介 ... 17
1.6 本章小结 ... 20

第2章 半导体的电子结构 ... 24
2.1 量子力学初步概要 ... 24
2.2 晶体能带模型 ... 30
2.3 金属、半导体和绝缘体 ... 32
2.4 半导体的带隙结构 ... 34
2.5 部分半导体的能带结构 ... 42
2.6 有效质量 ... 47
2.7 能带工程简介 ... 52
2.8 本章小结 ... 56

第二篇 半导体中的载流子 ... 60

第3章 半导体中载流子的定性描述 ... 60
3.1 热平衡态与非平衡态 ... 62
3.2 杂质与杂质能级 ... 63
3.3 载流子的产生 ... 63
3.4 载流子的复合与俘获 ... 69
3.5 本章小结 ... 75

第4章 半导体中载流子的定量统计描述 ... 78
4.1 载流子浓度 ... 78

4.2 本征半导体 ··· 87
4.3 非本征半导体的载流子 ·· 91
4.4 非平衡载流子 ··· 104
4.5 陷　　阱 ··· 113
4.6 准费米能级 ··· 115
4.7 本章小结 ··· 117

第5章 三维半导体中载流子的电输运 ··· 121
5.1 漂移运动与漂移电流 ··· 121
5.2 扩散运动与扩散电流 ··· 137
5.3 电流密度方程与爱因斯坦关系 ·· 139
5.4 连续性方程 ··· 141
5.5 本章小结 ··· 145

第6章 低维半导体中载流子的量子输运 ··· 150
6.1 量子输运的基本概念和流守恒 ·· 151
6.2 电子紧束缚近似模型和周期结构中电子波函数 ································ 153
6.3 无序和安德森局域化 ··· 155
6.4 量子输运的常用计算方法 ·· 157
6.5 石墨烯和石墨烯纳米带的电学性质 ·· 159
6.6 本章小结 ··· 167

第三篇　半导体的结与光电效应 ··· 171

第7章 金属-半导体的接触 ··· 171
7.1 金属-半导体接触的能带图 ·· 171
7.2 肖特基势垒的整流特性 ··· 177
7.3 肖特基势垒的电流输运 ··· 179
7.4 势垒电容 ··· 185
7.5 肖特基二极管的应用 ··· 187
7.6 金属-半导体欧姆接触 ··· 188
7.7 本章小结 ··· 191

第8章 半导体表面效应和MIS结构 ··· 196
8.1 理想MIS结构的能带图以及电荷分布 ·· 196
8.2 空间电荷区 ··· 200
8.3 理想MIS结构的C-V特性 ·· 207
8.4 非理想MIS结构的C-V特性 ·· 217
8.5 场效应和表面电导 ··· 227

8.6　MOS 电容器的发展状况 ……………………………………………… 228
　　8.7　本章小结 ………………………………………………………………… 228
第 9 章　半导体的光吸收、光发射及光电效应 ………………………………… 237
　　9.1　半导体与光的相互作用 ………………………………………………… 237
　　9.2　直接带隙与间接带隙跃迁 ……………………………………………… 240
　　9.3　半导体的光吸收 ………………………………………………………… 241
　　9.4　半导体的光发射 ………………………………………………………… 245
　　9.5　半导体的光电效应 ……………………………………………………… 250
　　9.6　本章小结 ………………………………………………………………… 255

第一篇 半导体基础概要

第1章 半导体的晶体结构与价键模型

目标：
(1) 描述材料和晶体的分类。
(2) 认识和理解晶体的基本特征——周期性和方向性。
(3) 理解晶列、晶面、正格子、布里渊区的意义。
(4) 理解和掌握基本的晶体结构的特征。
(5) 理解和掌握常见的原子价键模型：共价键、离子键及 π 键。

要分析、设计和制造高性能的半导体器件和集成电路，必须理解材料基本的物理和化学性质。本章主要阐述半导体的结构属性和价键模型。首先介绍材料和半导体的分类。半导体的电学特性不仅与其化学组成有关，也与其结构组成密切相关，特定的原子集合倾向于特定的晶体结构。所以，了解晶体结构非常重要。其次，阐述晶体的结合力——化学键。化学键可以帮助我们生动形象地定性理解原子与原子是如何结合形成晶体的，将其与第2章介绍的能带模型相结合，就能够形象地理解半导体中的各种跃迁，为进一步研究半导体中的电输运奠定基础。

1.1 材料和晶体的分类

金属、半导体和绝缘体是制造半导体集成电路的材料。对它们进行基本分类有助于读者了解材料的基本特点和基本知识，认识其独特性能的来源并展望新性能的材料。传统上，人们习惯按照固体、液体和气体将材料分为三态，即物质三态。对物质更深入的分类则是按照组成物质的原子和分子的排列方式的规律性来加以划分。

1.1.1 固体分类

晶体管是构成集成电路的重要组成单元，是由固体材料构成的。因此，固体物质在集成电路中扮演了至关重要的角色。固体物质可以从以下几个方面来进行分类。

1. 固体的几何分类

从几何形态上，固体分为非晶、多晶和单晶三种基本类型，如图1-1所示。其基本差异在于有序化区域的大小，即原子在周期性晶格位置上的位移程度。周期性空间点阵是一个三维点阵。单晶材料具有几何上有序的周期性。多晶材料是在多个原子或分子尺度内作有序分布，其有序化区域称为单晶区域，又称晶粒。晶粒与晶粒取向随机地结合在一起，晶粒与晶粒之间的边界叫晶粒间界。非晶材料是无定型的材料，它只在几个原子或分子尺度内作有序分布，不能形成晶粒。因为没有晶粒间界，所以单晶材料的电学性能比非单晶的好。

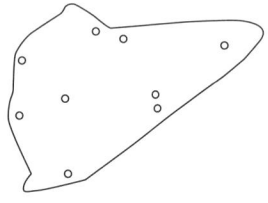 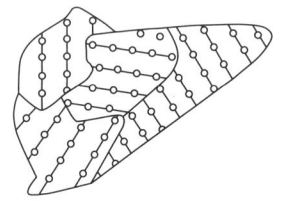 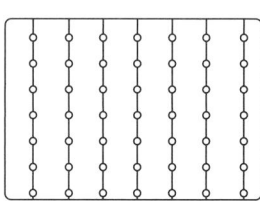

(a)非晶无定型,长程无序　　(b)多晶,长程无序,短程有序　　(c)单晶,长程有序

图1-1　固体的三种几何类型示意图

当单晶中出现杂质、位错和缺陷时，晶体会发生畸变，周期性遭到破坏。单晶中出现的人为或非人为引入的其他元素原子被称为杂质。杂质工程是通过掺入特定杂质来调控半导体的导电类型和电导能力的工程，它在半导体中具有极其重要的意义。

从晶体维度的角度而言，除了经典的三维结构材料(bulk)，在最近几十年，晶体又发展出了二维结构(two dimensional, 2D)的超晶格、纳米面，一维结构(one dimensional, 1D)的纳米线、纳米管、纳米带，以及零维结构(zero dimensional, 0D)的量子点等(图1-2)。组成元素相同但几何维度不同的材料呈现出不同的电学性质。以硅纳米线为例，虽然组成元素相同，但其电子性质会因彼此的晶体取向、半径、长度、横截面的形貌、应力等因素不同而不同，它们的电学性质也各具特点。本书重点论述的是三维结构的半导体。

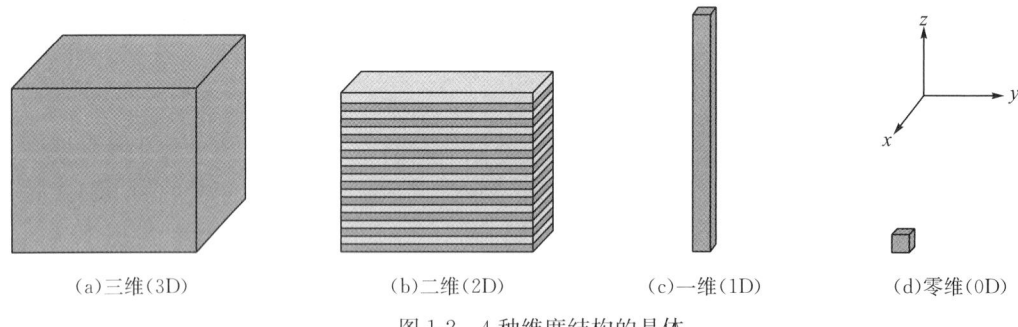

图1-2　4种维度结构的晶体

2. 固体的纯度分类

当单晶中出现替位原子、间隙原子等外来原子时，单晶的纯度发生变化，单晶原子的周期性势场被改变。外来的原子称为杂质，它们将改变单晶的电学性质。因此，从纯度分类的角度来说，固体可分为本征和非本征两类，前者指理想的、无杂质缺陷的、由

周期性晶格构成的材料；后者则是指纯度被破坏、有杂质的材料。半导体杂质工程正是利用了特定杂质能够施予或获得电子的特性，达到了调制半导体的导电类型和电导率的目的，赋予了本征半导体生命力。掺杂半导体有两种导电类型，一种是以电子导电为主的 n 型半导体，另一种则是以空穴导电为主的 p 型半导体。

半导体还可分为无机半导体和有机半导体。有机半导体是 20 世纪末开始发展起来的新型半导体，是一个年轻、重要且发展充满生机的学科分支。本书将主要讨论无机半导体物理。

3. 固体的键合力性质分类

从原子束缚的原子力的角度来看，晶体可以分为 5 类：惰性气体晶体、离子晶体、共价晶体、金属晶体和氢键晶体（表 1-1）。

表 1-1　晶体按键合力性质的分类

晶体	键能/eV	举例
惰性气体晶体	>10	低温固体
离子晶体	8~10	NaCl
共价晶体	0.5~5	Si、Ge、C
金属晶体	—	Mg、Al、Cu
氢键晶体	0.1	H_2O、DNA

4. 固体的电学性质分类

电导率和电阻率是固体的电子学应用最重要的参数，它表征物质中电流流过的难易程度，其单位分别是 S/m 和 $\Omega \cdot m$。从电流流过物质的难易程度来说，固体可以分为超导体、良导体、导体、半导体、半绝缘体和绝缘体。金属是导体，在温度升高时，其电阻变大，而半导体的电阻则变小，这是它们在电导能力方面的基本差异。表 1-2 所示为超导体、良导体、导体、半导体、半绝缘体和绝缘体的电导率范围。

表 1-2　导体、半导体和绝缘体的电导率范围

材料类别	电导率/$(S \cdot cm^{-1})$
超导体	∞
良导体	$10^6 \sim 10^5$
导体	$10^5 \sim 10^2$
半导体	$10^{-9} \sim 10^2$
半绝缘体	$10^{-14} \sim 10^{-10}$
绝缘体	$10^{-22} \sim 10^{-14}$

5. 半导体的组分分类

根据组成元素，半导体可按图 1-3 所示来分类。其中无机半导体可分为元素半导体和化合物半导体。前者由一种元素构成，后者由两种或两种以上元素构成。所以，化合物半导体又进一步划分为二元化合物、三元合金、四元合金等。由Ⅲ族元素和Ⅴ族元素

结合得到Ⅲ-Ⅴ族化合物半导体,如 GaAs;Ⅱ族元素与Ⅵ族元素结合得到Ⅱ-Ⅵ族化合物半导体,如 ZnTe;Ⅳ族元素与Ⅵ族元素结合就得到Ⅳ-Ⅵ族化合物半导体,如 PbS。两种Ⅲ族元素和一种Ⅴ族元素结合还能得到Ⅲ-Ⅴ族合金半导体,如 AlGaAs。

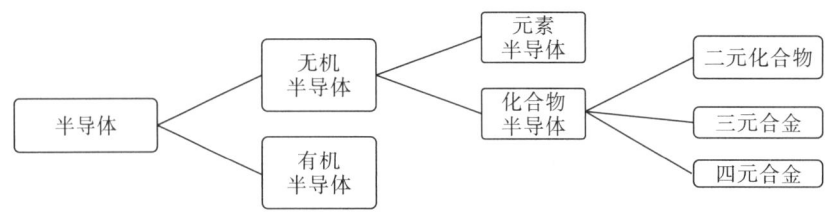

图 1-3 半导体分类

从半导体材料的发展阶段来看,半导体材料又可分为第一代半导体、第二代半导体、第三代半导体及各种低维半导体(表 1-3)。第一代半导体指 Ge、Si 元素半导体。第二代半导体如 GaAs,InP 等是伴随着 IT 技术的飞速发展而诞生的,其载流子具有比第一代半导体更高的迁移率,适用于高速、高频以及发光电子器件,是高性能微波、毫米波及发光器件的重要的优良材料。第三代半导体材料又被称为宽禁带半导体材料(禁带宽度大于 3.2 eV),如 SiC、GaN 等,它们也叫做高温半导体材料。其特点在于具有宽的禁带宽度、高的击穿电场、高的热导率、高的电子饱和速率及更高的抗辐射能力,适用于高温、高频、抗辐射及大功率的器件。

表 1-3 半导体材料

名称	类型及元素		归属族	禁带宽度/eV
第一代半导体	元素半导体	Ge	ⅣA 族	0.66
		Si	ⅣA 族	1.12
第二代半导体	化合物半导体	GaAs	ⅢA-ⅥA 族	1.46
		InSb	ⅢA-ⅥA 族	0.18
		GaAsAl	ⅢA-ⅥA 族	低于 2.2
		GaAsP	ⅢA-ⅥA 族	低于 2.2
		ZnSe	ⅡB-ⅥA 族	2.58
		ZnTe	ⅡB-ⅥA 族	2.28
		CdS	ⅡB-ⅥA 族	2.41
		CdSe	ⅡB-ⅥA 族	1.74
		CdTe	ⅡB-ⅥA 族	1.44
		HgS	ⅡB-ⅥA 族	2.5
		HgSe	ⅡB-ⅥA 族	0.15
		HgTe	ⅡB-ⅥA 族	0.15
		CuI	ⅠB-ⅥA 族	3.1
	固溶体半导体 (Ge-Si、GaAs-GaP)			
	非晶态半导体			
	有机半导体 (酞菁、酞菁铜、聚丙烯腈)			

续表

名称	类型及元素	归属族	禁带宽度/eV
第三代半导体	宽禁带半导体 ($E_g \geq 3.2\text{eV}$)		
	SiC	ⅣA族	2.36，3.05，3.23
	GaN	ⅢA-ⅤA族	3.4
	ZnO	ⅡB-ⅥA族	3.24
	AlN	ⅢA-ⅤA族	6.42
	金刚石	ⅣA族	5.47
	ZnS	ⅡB-ⅥA族	3.54，3.8

1.1.2 晶格——正格子、倒格子与布里渊区

1. 晶格

晶体的原子是一种周期性分布的点阵，这就是空间点阵，又叫晶格或者正格子。晶体的物理、化学和电学性质都由空间点阵的分布状况和组成元素来决定。格点是描述原子排列的点。图 1-4 分别给出了一种无限二维和三维晶格中的格点、基元与空间点阵的排列。晶体点阵中的格点代表基元中某个原子的位置或基元质心的位置，也可以是基元中的任意一个等价的点。

> - 晶体的原子是一种周期性分布的点阵，这就是晶格（正格子）。
> - 能复制整个晶体的一小部分晶体称为晶胞。晶胞不是唯一的。最小的晶胞称为原胞。

当晶格点阵中的格点被具体的基元代替后就形成实际的晶体结构。晶格点阵与实际晶体结构的关系可总结为：晶格点阵＋基元＝实际晶体结构。晶格由一组原子周期性重复排列而成，能复制整个晶体的一小部分晶体称为晶胞。晶胞可以有多重结构，它不是唯一的，图 1-4(a)中给出了一种二维晶格中的 4 种可能的晶胞。任一晶胞平移即构成整个晶格。最小的晶胞称为原胞，原胞周期性重复就形成了晶格。对三维晶格也类似。图 1-4(b)中的每个格点在某个方向上平移 a_1，在另一个方向上平移 a_2，就形成无限二维晶格；若在第三个方向上平移 a_3，形成的就是无限三维晶格。原胞的基矢 a_1、a_2 和 a_3 由直角(cartesian)坐标中的(x, y, z)得到，它们可以是非正交的矢量。晶格中的每个等效的格点矢量 $\boldsymbol{R}$ 均可用基本矢量 a_1、a_2 和 a_3 得到，其中，n_1、n_2 和 n_3 是整数。

$$\boldsymbol{R} = n_1 \boldsymbol{a}_1 + n_2 \boldsymbol{a}_2 + n_3 \boldsymbol{a}_3 \tag{1-1}$$

对于三维晶格，原胞具有最小的体积；对于二维晶格，原胞的面积最小；对于一维晶格，原胞具有最短的长度。基元内所含的原子数等于晶体中原子的种类数。

晶格中格子的每个格点的情况是完全相同的。晶格又分为单式格子和复式格子。由一种原子组成的晶格称为单式格子；当晶格由几种原子组成，每种原子组成了一个子格子，晶格由几个子格子套构而成，就称为复式格子。

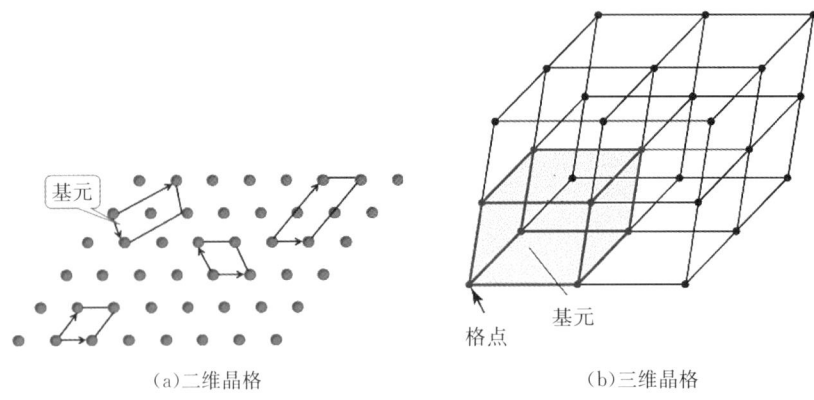

(a)二维晶格　　　　　　　　(b)三维晶格

图 1-4　格点、基元与空间点阵的排列

2. 倒格子

因为晶格的周期性特征,所以其物理量也具有周期性。由正格子的基矢(a_1,a_2,a_3)定义三个新的称为倒格子的矢量(b_1,b_2,b_3):

$$b_1 = 2\pi \frac{a_2 \times a_3}{a_1 \cdot (a_2 \times a_3)}$$

$$b_2 = 2\pi \frac{a_3 \times a_1}{a_1 \cdot (a_2 \times a_3)} \quad (1\text{-}2)$$

$$b_3 = 2\pi \frac{a_1 \times a_2}{a_1 \cdot (a_2 \times a_3)}$$

其中,$\Omega = a_1 \cdot (a_2 \times a_3)$ 是晶格原胞的体积。倒格子与正格子之间有如下关系:

$$a_i \cdot b_j = 2\pi \delta_{ij}, \quad i,j = 1,2,3 \quad (1\text{-}3)$$

显然,倒格子与正格子之间有一一对应关系。

晶面之间的面间距则为

$$d = \frac{2\pi}{h b_1 + k b_2 + l b_3} \quad (1\text{-}4)$$

由该式可知,晶面指数(hkl)小的晶面系,相邻晶面之间间距较大。

设 $V(r)$ 为以(a_1,a_2,a_3)为周期的三维周期函数,即

$$V(r) = V(r + n_1 a_1 + n_2 a_2 + n_3 a_3) \quad (1\text{-}5)$$

引入倒格子,则可以将 $V(r)$ 展开为傅里叶级数。

倒格子组成的空间实际上是状态空间,在晶体的 X 射线衍射照片上的斑点,实际上就是倒格子所对应的格点。

3. 基本的晶体结构

图 1-5 显示了三种基本晶体结构的晶胞和六角密排结构。晶胞的长度就是晶格常数。简立方(simple cubic)结构的 8 个顶角各有一个原子,每个顶角上的原子为相邻的 8 个晶格所共有,所以简立方晶胞含有一个原子。没有实际晶体是简立方结构。体心立方(body-centered cubic)和面心立方(face-centered cubic)结构能在简立方的基础上表示。体心立方结构在简立方的基础上,其立方中心还有一个原子,则其原胞含有两个原子

[图1-6(b)]；Li、Na、K、Rb、Cs、Fe等金属都是体心立方。对于面心立方结构，每个面上只含有1/2个原子，所以其晶胞由4个原子构成[图1-6(c)]。Cu、Ag、Au、Al都是面心立方结构。体心立方和面心立方的立方单元都不是最小的周期性单元。六角密排结构的上下两个底面是相同的，中间的三个原子为另一层，这是一种密排结构，其晶格常数为 a、b 和 c，且 $a=b$[图1-5(d)]。Be、Mg、Zn、Cd 等都属于这种结构。图1-6给出了三种基本晶体结构中单胞的有效原子数。

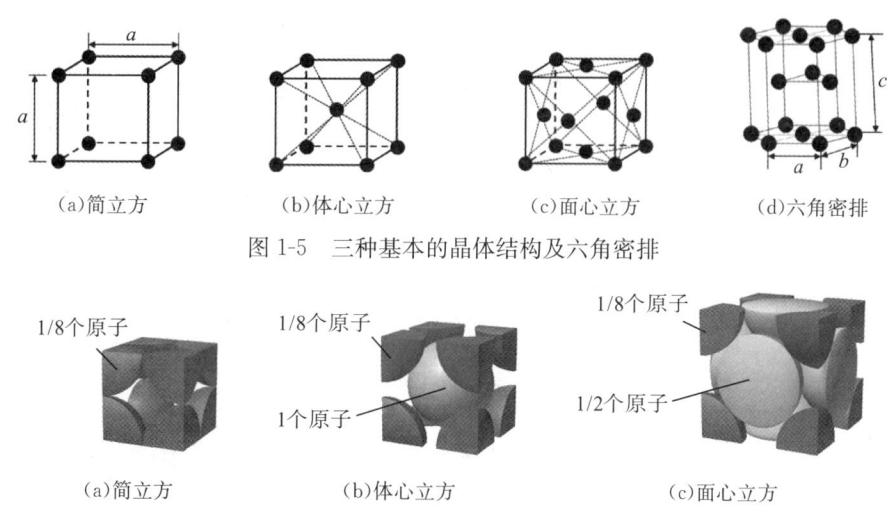

(a)简立方　　　(b)体心立方　　　(c)面心立方　　　(d)六角密排

图1-5　三种基本的晶体结构及六角密排

(a)简立方　　　(b)体心立方　　　(c)面心立方

图1-6　三种基本晶体结构中单胞的有效原子数

例1：计算简立方原胞的原子体密度。

解：原子体密度 $= \dfrac{1}{a^3} = a^{-3}$

4. 布里渊区

晶体是周期性结构，其电子的哈密顿(Hamiltonian)量的势能 $V(r)$ 也是晶格矢的周期性函数，对一维晶格，

$$V(x) = V(x + na) \tag{1-6}$$

式中，a 为晶格常数；n 为整数。晶体中的电子遵循的薛定谔(Schrödinger)方程为

$$-\frac{h^2}{2m_0}\frac{d^2\psi(x)}{dx^2} + V(x)\psi(x) = E\psi(x) \tag{1-7}$$

布洛赫(Bloch)定理证明，满足薛定谔方程的电子的波函数具有如下形式：

$$\psi_k(x) = u_k(x)e^{i2\pi kx} \tag{1-8}$$

其中，k 为波矢，且

$$u_k(x) = u_k(x + na) \tag{1-9}$$

布里渊区(Brillouin zone)定义为倒格子基矢 b 构成的基胞(又称为 wigner-seitz 基胞)。

由于 $E(k)$ 是随 k 周期性重复的函数，周期性的单元就由布里渊区决定。第一布里渊区的意义在于，其他布里渊区，如第二布里渊区、第三布里渊区等布里渊区的电子能量状态都可以通过周期性移动合并到第一布里渊区。因此，第一布里渊区又名简约布里渊区。此外，各个布里渊区的形状都不相同，且每个布里渊区的体积都不相等。晶体结构

的布拉菲点阵虽然相同，但其布里渊区的形状却不会相同。

图 1-7 给出的是面心立方、体心立方、简立方、六方及石墨烯的第一布里渊区。图中同时标出了高对称点和对称线。例如，Γ 点表示布里渊中心（$k=0$）的点，L 点表示沿 [111] 轴的边缘点，X 点表示沿 [010] 轴的边缘点。

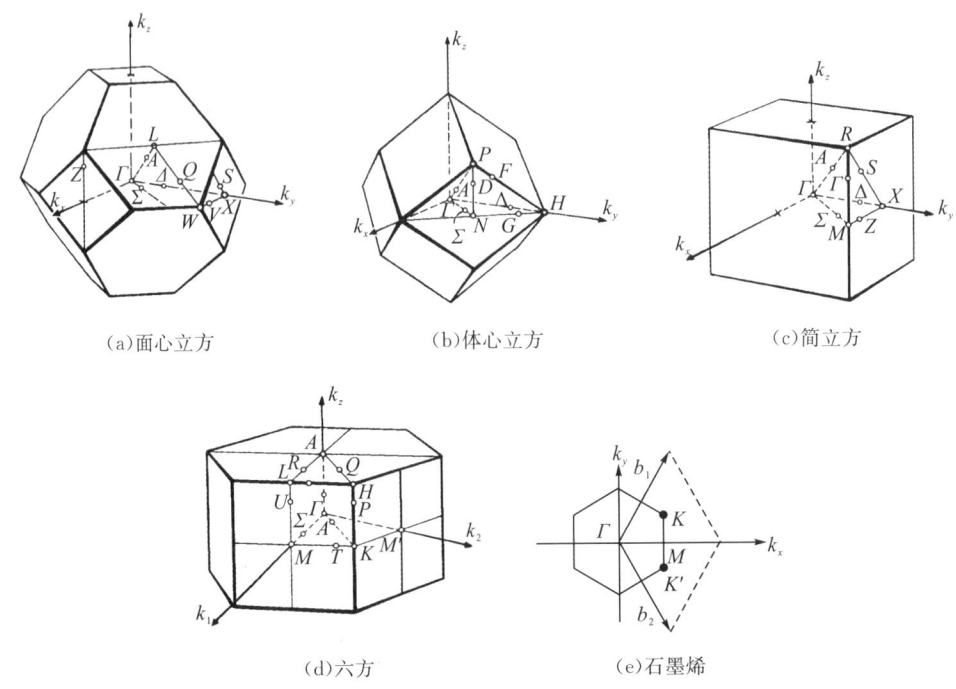

(a)面心立方　　(b)体心立方　　(c)简立方

(d)六方　　(e)石墨烯

图 1-7　第一布里渊区

1.2　晶面、晶向和密勒指数

> 方向性是晶体的重要特性。三维晶体的晶向和晶面用密勒指数标记。

方向性是晶体的一个基本而重要的特征，晶体在不同的方向具有不同的性质，这就是晶体的各向异性性质。密勒（Miller）指数是用来标记晶体的晶向和晶面的，分别是晶面指数 (hkl)、晶向指数 $[hkl]$、等效晶向指数 $<hkl>$ 和等效晶面指数 $\{hkl\}$。

1.2.1　晶面指数

采用晶面在三个坐标轴上截距 (x, y, z) 的倒数 $(1/x, 1/y, 1/z)$ 来确定晶面指数的确立方法如下：

(1) 在晶面与坐标轴相交的情况下，以晶格常数为单位，确定晶面在三个坐标轴上的截距 (x, y, z) 的数值。

(2) 分别取截距的倒数 $(1/x, 1/y, 1/z)$。

(3) 将 $(1/x, 1/y, 1/z)$ 乘以最小公分母，换算为三个最小的整数值。

例如，图 1-8(a)中的简立方的阴影面在三个坐标轴上的截距是(1, ∞, ∞)，其晶面指数就是(100)。

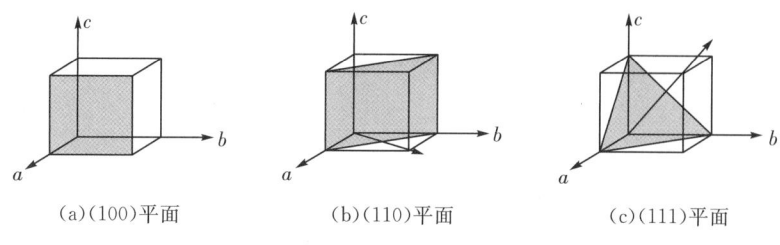

(a)(100)平面　　　(b)(110)平面　　　(c)(111)平面

图 1-8　简立方的三种晶面

常用的晶面指数(100)、(110)和(111)都是很重要的晶面。对于体心立方和面心立方晶格，它们的晶面、晶向指数都是以立方基胞为基矢，采用简立方晶格的结果。图 1-9 给出了金刚石结构的(100)、(110)、(111)面。图中显示，晶面指数小的晶面系，晶面之间的间距较大；由于原子体密度不变，所以这种晶面上的原子面密度比晶面指数大的晶面上的原子面密度要大。图 1-9(c)中的(111)面是一个双层密排面，双层密排面的间距较小，表明这两层内部有较强的相互作用。Si(110)面是一个很重要的晶面。

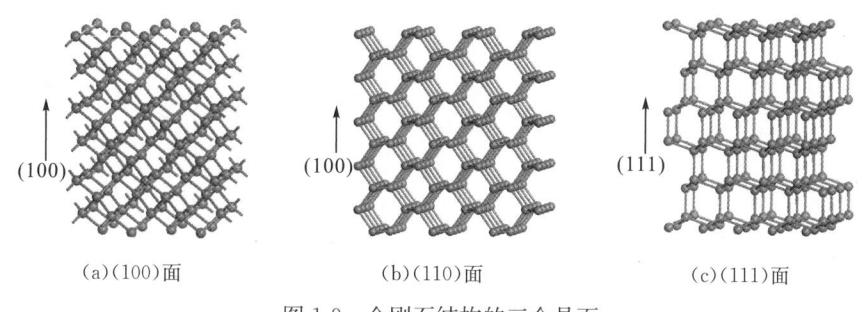

(a)(100)面　　　(b)(110)面　　　(c)(111)面

图 1-9　金刚石结构的三个晶面

1.2.2 晶向指数

晶向指数描述特定的晶向，采用三个整数表示该方向的某个矢量的分量。以简立方为例，图 1-8(a)中阴影面的晶向指数为 [100]，图 1-8(b)的晶向指数为 [110]，图 1-8(c)的则为 [111]。对于简立方结构，因为晶格的对称性，[100]、[010]、[001]、[$\bar{1}$00]、[0$\bar{1}$0] 和 [00$\bar{1}$] 这 6 个晶面的性质完全相同，则用<100>来统称这些等效的晶向；简立方沿体对角线的 8 个晶向也是等效的，标为<111>晶向；<110>则表示了面对角线上的 12 个等效晶向。简立方的晶向 [hkl] 与晶面(hkl)是垂直的关系，但对于其他结构则不一定。

例 2：对于一个立方晶格，

(1)晶面和方向矢量如图 1-10 所示，求其密勒指数。

(2)画出晶面为(101)、晶向为[101]的晶面和方向矢量。

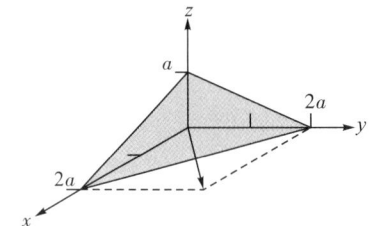

图 1-10　某立方晶格的晶面和方向矢量

解：(1)晶面在三个坐标轴上的截距为$(x, y, z)=(2a, 2a, a)$，分别取截距的倒数$(1/x, 1/y, 1/z)$为$(1/2a, 1/2a, a)$；将$(1/x, 1/y, 1/z)$乘以最小公分母$2a$，换算为三个最小的整数值，即得到其晶面的密勒指数为(112)。

(2) (101)截距的倒数为$\left(\dfrac{1}{a}, 0, \dfrac{1}{a}\right)$，则晶面在三个坐标轴上的截距$(x, y, z)=(a, \infty, a)$。此晶面平行于$y$轴，与$x$轴的截距为$a$，与$z$轴的截距也为$a$，其方向矢量是[101]，如图 1-11 所示。

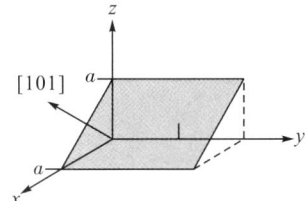

图 1-11　晶面为(101)、晶向为[101]的晶面和方向矢量

1.3　原 子 价 键

特定的原子结合在一起形成特定的晶体结构。热平衡下的系统的总能量是最小的。原子间的相互作用的类型就是原子价键。原子之间的相互作用趋于形成满价壳层，如共价键和离子键。这种相互作用需要用量子力学来加以描述。原子价键模型更多地被用于化学领域，它是直观、清晰而生动的图像，与第 2 章将要介绍的能带模型结合，读者就能够形象、直观地理解半导体中的载流子的跃迁。限于本书的讨论范畴，这里从定性的角度来理解原子价键。主要的原子价键分类见图 1-12。原子价键模型在化学中被广泛使用，其特点在于能够从定性的角度直观、形象地描述原子的结合，给出原子与空间的有关描述。键的强度能说明固体中原子与原子之间结合力的强弱。主要的原子价键有共价键、离子键、π 键和金属键。实际晶体的结合以这几种价键为基础，一种晶体可以是几种价键的混合结果，具有复杂的性质。在混合键中，不同的价键之间相互关联。实际晶体的价键可以具有两种价键之间的过渡和耦合性质。原子的结合形式与其结构、物理性质和化学性质彼此关联。

由定量理论可以得到电子的势能分布，从而得到能带模型。能带模型将在第 2 章作详细叙述。因为键模型没有给出电势和电场的空间分布，所以，它的应用范围有限，不能作为发展定量理论的起点。作为一种理想化的模型，键模型对于理解能带模型有一定的帮助，它的特点是直观、易于理解。

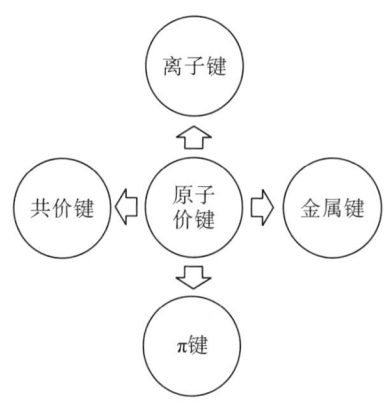

图 1-12　主要的原子价键分类

1.3.1　共价键

共价结合的原子的电子在每个原子周围的分布相似，根据泡利(Pauli)不相容原理，每个价键由相邻两个原子各提供的一个自旋方向彼此相反的价电子构成，电子在每个原子周围的分布是相似的，故称共价键。共价键由未配对的电子形成。原子内层的电子被称为芯电子。原子核及其芯电子被统称为原子芯、离子芯或原子实。由于内层的电子被原子核紧紧束缚，所以只有最外层的电子才能参与导电，最外层的电子因构成化学价键而被称为价电子。

> 最外层的电子因构成化学价键而被称为价电子。
> 共价键由未配对的电子形成，其数目遵从8-N原则。

共价键是相邻原子间通过共用自旋方向相反的电子对(电子云重叠)与原子核间的静电作用形成的，成键的条件是成键原子得失电子的能力相当或是差别较小，或者成键原子一方有孤对电子(配位体)，另一方有空轨道(中心离子)。对于元素半导体，由于相邻原子吸引电子的能力是一样的，所以共用电子对不会发生偏移，这样的共价键就是非极性共价键。

金刚石(C)、Si、Ge等元素半导体都是通过共价键结合为晶体的，其价电子分别是$(2s)^2(2p)^2$、$(3s)^2(3p)^2$和$(4s)^2(4p)^2$，它们的价电子的径向电荷密度最大值的半径是最外层芯电子的4~5倍。内层芯电子受到原子核的紧密束缚，位于最外层的价电子就有可能挣脱原子核的束缚

> 价电子就是最外层电子。
> 共价键有两个特征：方向性和饱和性。

而成为准自由电子参与导电。由于是外层电子构成了化学价键，所以被称为价电子。图 1-13 给出了 Si 的共价键模型示意图。图中圆圈表示 Si 原子实，圈中的"+4"说明 Si 是Ⅳ族元素。相邻原子实之间的每条连线代表一个共价电子。每个原子实周围共有 8 条连线，表明它有 8 个共价电子。其中有 4 个自己提供的共价电子，另外 4 个则与周围最近邻的 4 个原子实共享价电子。共价结合的结构具有两个特征：方向性和饱和性。

共价结合的方向性是指原子只在特定方向形成共价键。共价键的成因是成键原子的电子云发生重叠，电子云重叠程度越多，两核间电子云密度越大，形成的共价键就越牢固，因此共价键的形成将尽可能地沿着电子云密度最大的方向进行。s 轨道的电子云是球形对

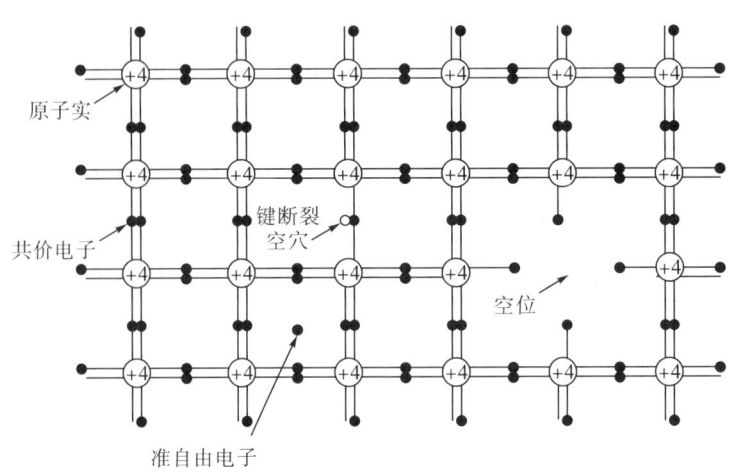

图 1-13　Si 的共价键模型示意图

称，在相互重叠时无方向性，其余的 p、d、f 轨道的电子云在空间上都具有一定的伸展方向，所以在成键时都有方向性。每个原子与它的最近邻原子之间形成共价键，构成一个正四面体，键之间的夹角都是 109°28′。共价键的量子理论显示，共价键的强弱由形成共价键的两个电子轨道互相交叠的程度决定，共价键在对称轴的方向上成键，其键能较强。

图 1-13 中部给出了一个键断裂并释放出价电子的情形，因该电子能在晶格之间自由移动，且它仍在晶格势场中，所以它是准自由电子。在图的右部显示的是出现一个原子空位的情形。

因为共价键使得电子被相邻的原子共有，所以每个原子的价电子层都是满的，这就是共价键的饱和性。周期表中的Ⅳ族至Ⅶ族依靠共价键结合，共价键的数目遵从 8-N 原则，其中，N 是价电子数。根据泡利不相容原理，共价配对的电子自旋方向彼此相反。因此，对于价电子壳层不足半满的情况，所有的电子都是可以不配对的，则形成的共价键数量等于价电子数量；而在价电子壳层超过半满的时候，有一部分电子必须自旋相反配对，则形成的共价键数量少于价电子数量。

C、Si、Ge 等元素半导体就是通过共价键结合为三维晶体的，其外壳层的一个 s 轨道电子和三个 p 轨道电子通过 sp^3 轨道杂化结合成晶体。元素的每个原子都有 4 个价电子，它们分别与相邻的 4 个原子的价电子配对而形成共价键，这样每个原子原则上都有 8 个价电子。这里需要指出的是，二维结构的 C、Si、Ge、石墨烯、硅烯、锗烯等则是通过 sp^2 轨道杂化构成的。

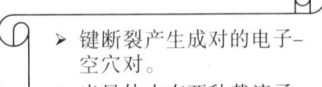
- 键断裂产生成对的电子-空穴对。
- 半导体中有两种载流子：电子和空穴。

图 1-13 中给出的电子说明因环境温度产生的原子随机热振动或其他激发因素（如光照、辐射）都会导致原子键断裂而释放出电子。该电子被释放到键和原子核之间的晶格中，它能在晶体的周期性势场中运动，是准自由的电子。半导体是电中性的，在断键处失去了一个电子，等效于在价电子原来所在的位置留下一个带（+q）电量的正电荷，称为空穴（hole）。因此，因键断裂而产生了成对的电子-空穴对。半导体与金属的不同之处在于，半导体可以产生两种载流子，即带负电的电子和带正电的空穴，而金属中只有一种载流子——电子。

在 0K 下，半导体中电子-空穴对产生之前的固体处于基态，电子-空穴对产生之后的固体处于激发态。因光产生电子-空穴对的过程称为光激发，相应的电子-空穴对叫光生载流子。因热产生电子-空穴对的过程称为热激发，相应的电子-空穴对就称为热生载流子。

1.3.2 离子键

在离子键中，原子首先转变为正、负离子，原子与原子之间是因正、负离子之间的库仑吸引力即静电作用而结合，其成键与否取决于成键原子得失电子的能力。离子键由正、负离子相间排列而成。在临近离子间的排斥作用与库仑吸引作用能相互抵消的时候，离子晶体系统的总能量最小，由此达到平衡。通常，活泼金属与活泼非金属以离子键相结合。与共价键相比，离子键没有方向性和饱和性，其键能非常强。由于阴阳离子的静电吸引力的分布是球形对称性的，一个离子在任何方向都能同样吸引带相反电荷的离子，因此离子键没有方向性。在离子键中，一个离子吸引带相反电荷的离子数可超过它的化合价数，但是因为空间效应，一个离子吸引带相反电荷的离子数是一定的，所以离子键没有饱和性。由离子键形成的化合物称为离子化合物，如 NaCl 和 CsCl 就是典型的离子晶体。

> - 离子键是因正、负离子之间的库伦静电作用而形成的键。
> - 离子键没有方向性和饱和性。

含有一部分离子性成分和一部分共价性成分的混合键或中间类型键称为极性键。在化合物中，不同种原子对共用电子对的吸引力有差异，所以共用电子对将偏向吸引电子能力强的原子一边，就形成了键的极性，这种键就称为极性键。两种原子吸引电子的能力差异越大，则形成的共价键的极性也就越强。极性键是由非极性键向离子键过渡的中间状态。可以说，离子键、极性键和非极性键实际上没有严格的界限，大多数原子键都是具有一定程度的离子性和共价性的极性键。对于元素半导体，只有同种非金属原子构成的共价键，其共价性为 100%。而不同原子间的键则具有一定的离子性成分。在Ⅲ-Ⅴ族化合物半导体(如 GaAs、InP)中，相邻原子是不同的元素，价电子在相邻原子之间的分布不均匀，故呈现一定的离子性。

1.3.3 π 键

> - π键：碳六元环组成的二维蜂巢晶格上的碳原子、未参与杂化的 $2p_z$ 轨道电子与邻近原子的 $2p_z$ 轨道形成未局域化的π键。

在石墨烯的碳六元环组成的二维周期性蜂巢状晶格中，碳原子是 sp^2 轨道杂化，这些杂化轨道相互重叠，形成分子σ骨架。每一个碳原子与最邻近的三个碳原子以共价键(σ键)相连，其中相邻碳原子与碳原子之间的键长为 1.42 Å。每个碳原子还有一个未参与杂化的 2p 轨道，垂直于分子平面，p 轨道里面有一个电子。每一个碳原子贡献剩余的一个 $2p_z$ 轨道电子与邻近原子的 $2p_z$ 轨道形成未局域化的 π 键。π 键平均分布在 6 个碳原子上，所以碳六元环上的每个碳—碳键的键长和键能是相等的。由于这些 π 电子受到的原子核的束缚力较弱，热激发后能沿着平面方向自由移动，因此，石墨烯的电子在晶格平面上能导电。

1.3.4 金属键

金属原子结合在一起时,其价电子不受原子实的束缚,能够在整个晶体中作"共有化"运动,正的金属离子被负的电子海洋包围,每个原子有很多的共享电子,晶体通过静电力而结合,这就是所谓的金属键。金属具有良好的导电性。金属一般都具有密堆积的面心立方或六角密排结构。

共价键、离子键和金属键的差异见表 1-4。

表 1-4 共价键、离子键和金属键的差异

	共价键	离子键	金属键
特征	有饱和性和方向性	无饱和性和方向性	无饱和性和方向性
作用方式	通过共用电子对的作用形成,原子间没有得、失电子,形成的化合物中不存在阴、阳离子	原子间得、失电子而生成阴、阳离子,通过阴、阳离子间的静电作用而形成离子键	原子间的价电子可以自由地从一个原子跑到另一个原子,价电子为所有原子所共有

需要指出的是,所有晶体结合类型都有库仑力的成分。在共价晶体中,相邻的两个电负性大的原子可以各出一个电子,共享彼此的电子,两个原子通过库仑力相互连接、结合。在离子晶体中,正离子与负离子依靠库仑力结合。在金属中,原子实依靠自身与电子云间的库仑力被紧紧地吸引着。在分子结合中,电偶极矩将原子结合成晶体。电偶极矩的作用力实际就是库仑力。可见,所有晶体结合类型都与库仑力有关。

1.4 三维晶体结构的定性描述

1.4.1 元素半导体

C、Si、Ge 晶体的立方晶胞都是典型的金刚石型结构,如图 1-14(a)所示。这种结构是相同原子构成的两套面心立方结构沿其中一套面心立方结构的体对角线互相滑移 1/4 体对角线长度套构而成[图 1-14(b)],它是复式格子,所谓的晶格常数就是立方晶胞的边长。图 1-14(c)中的原胞是一个平行六面体结构,在该结构的中心有一个原子,另外在正四面体的 4 个顶点上还各有一个原子。金刚石型结构具有两个基本特征:①饱和性,每个原子都有 4 个最近邻原子;②方向性,任意两个相邻原子键的夹角都是 $109°28'$。

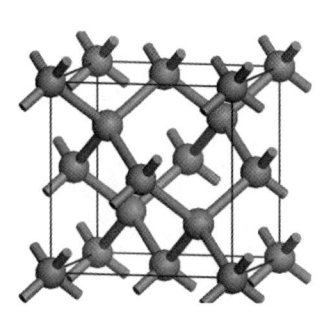 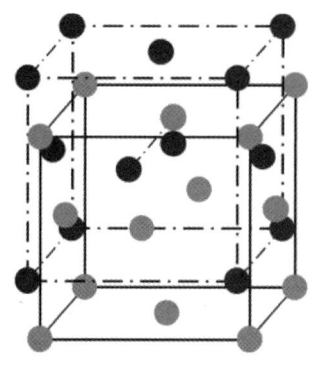 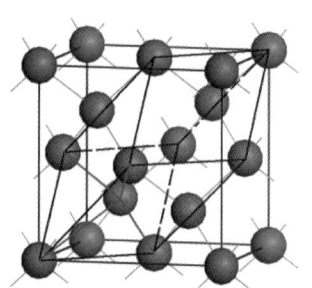

(a) 金刚石结构的立方晶胞　　(b) 两个互相套构的面心立方晶格　　(c) 平行六面体初基原胞

图 1-14　C、Si、Ge 晶体的立方晶胞

例 3：已知 Ge 的晶格常数或原胞的边长 $a=5.658$ Å，求 Ge 的原子体密度。

解：晶胞中的原子数为

$$8 \times \frac{1}{8}(\text{顶角原子}) + 6 \times \frac{1}{2}(\text{面心原子}) + 4(\text{体对角线原子}) = 8 \text{ 个原子}$$

$$\text{原子体密度} = \frac{\text{原胞中的原子数}}{\text{原胞体积}} = \frac{8}{a^3} = \frac{8}{(5.658 \times 10^{-8})^3} = 4.42 \times 10^{22} (\text{cm}^{-3})$$

晶体不可能无限大，它会终止在一个表面，表面原子被一个特殊平面分割。半导体与其他材料如金属或绝缘体表面相结合时也是在表面结合。因此，原子面密度是一个很重要的参量。

1.4.2　化合物半导体

原子的电负性是表征原子得失电子的物理量。表 1-5 给出的是密立根(Mulliken)定义的电负性，它显示两个特点：①周期表从左向右，原子的电负性逐渐增加，左端的元素容易失去电子，右端的元素容易获得电子；②同族比较，周期表从上向下，原子的电负性逐渐减小。Ⅳ、Ⅴ、Ⅵ族元素的电负性都较强，它们都倾向于共价结合。根据 8−N 原则，Ⅳ族原子的电负性较强，它们的内层电子受到原子核的束缚很强，所构成的元素半导体是共价键结合，为典型的金刚石型结构。对于二元化合物半导体，随着元素之间电负性差别的增大，共价性结合逐步向离子性结合过渡。对于Ⅲ-Ⅴ族二元化合物半导体，8−N 原则显示，它只能形成三个共价键；Ⅲ族元素容易失去电子，Ⅴ族元素容易获得电子。以闪锌矿(铅锌矿)型结构的 GaP 为例，Ga 的半径为 1.254 Å，P 的半径为 0.918 Å(表 1-6)，这样，Ga 的半径为 1.254 Å 的(4p)电子将更多地围绕在 P 的未被电子占据的(3p)态，故而 Ga 的正电荷成分相对于 P 更多，所以 GaP 表现为弱离子性。因此，GaP 的化学键表现为既有共价键成分也有离子键成分。相应的，Ⅱ-Ⅵ族化合物半导体的共价性较弱而离子性更强，I-Ⅶ族的化合物则成为完全的离子键。

对于混合键，虽然含有离子性成分，但简单的共价键模型在解释化合物半导体的电子性质方面仍然是有效的。对于Ⅲ-Ⅴ族化合物半导体、Ⅱ-Ⅵ族化合物半导体和 I-Ⅶ族卤化物绝缘体，离子性从Ⅲ-Ⅴ族到Ⅱ-Ⅵ族到 I-Ⅶ逐渐增加，其共价性则逐渐减小，I-Ⅶ族成为完全的离子性材料。

表 1-5 密立根电负性

ⅡA	ⅢB	ⅣB	ⅤB	ⅥB	ⅦB
Li	Be	B	C	N	O
1.0	1.5	2.0	2.5	3.0	3.5
Na	Mg	Al	Si	P	S
0.9	1.2	1.5	1.8	2.1	2.5
K	Ca	Ga	Ge	As	Se
0.8	1.0	1.5	1.8	2.0	2.4

表 1-6 Ga、P 原子的单电子径向电荷密度的半径　　　　　（单位：Å）

原子	3s	3p	4s	4p
Ga			0.96	1.254
P	0.813	0.918		

1. 闪锌矿型结构

闪锌矿型结构与金刚石型结构的差异在于，它是由两套不同原子分别构成的面心立方结构(图 1-15(a))沿其中一套面心立方结构的体对角线互相滑移 1/4 体对角线长度套构而成。其立方晶胞(图 1-15(b))显示，在一种原子构成的面心立方结构中，沿其体对角线上的 4 个原子是另一种原子。其原胞与金刚石结构原胞的不同之处在于，在正四面体的 4 个顶点是一种原子，其中心的又是另一种原子。它共有 6 个独立的(110)面：(110)、(101)、(011)、($\bar{1}$10)、(1$\bar{1}$0)、(10$\bar{1}$)，在这个面上同时包含有两种原子；它有 4 个独立(111)面：(111)、($\bar{1}$11)、(1$\bar{1}$1)和(11$\bar{1}$)，是由同种原子构成；它的表面是(100)，有三个独立的面(100)、(010)和(001)，只有一种原子。

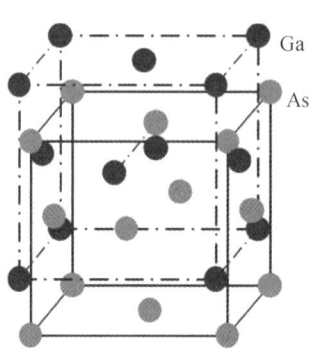 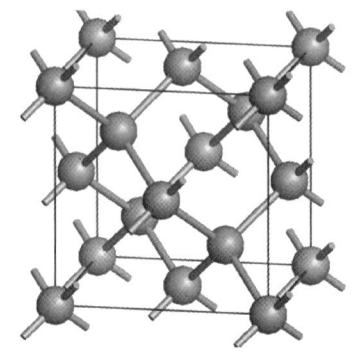

(a) 两个互相套构的面心立方晶格　　　　(b) 闪锌矿型结构的立方晶胞

图 1-15 闪锌矿型结构

很多 Ⅲ-Ⅴ 族如 GaAs、InAs、AlAs、InP、SiC、SiGe、GaP、BP、BaS、InSb，Ⅱ-Ⅵ 族半导体如 ZnTe、CdSe、ZnS、CdTe、HgCd 等化合物都属于立方晶系闪锌矿型结构。

很多 Ⅲ-Ⅴ 族化合物半导体的原子结合力既有共价键成分又有离子键成分。以 GaAs 为例，共价键是其原子键的主要部分，它们的价电子半径分别为：对 As，$(4s)^2 = 0.826$ Å，$(4p)^3 = 0.99$ Å；对 Ga，$(4s)^2 = 0.960$ Å，$(4p)^1 = 1.254$ Å。这样，Ga 的

$(4p)^1$电子会更多地围绕在 As 的未被电子占据的$(4p)$电子轨道，使得 As 的负电子成分相对于 Ga 的更多，导致 GaAs 既有部分共价性又有微弱的离子性，为混合键。

2. 纤锌矿型结构

纤锌矿型结构如图 1-16 所示。它属于六角密堆积结构，具有六方对称性。每个原子与它的 4 个最近邻原子也形成一个四面体，它由两类原子分别组成的六方排列的原子层按 ABABA…的顺序交替堆积而成。它由两套密排六方晶格相互沿 C 轴滑移了 $3c/8$ 套构而成。它是各向异性的，所以其性质与外力的方向有关。在化合物半导体中，如果离子性与共价性相比更占优势的话，就倾向于形成纤锌矿型结构。ZnO、GaN、BN、InN、AlN、ZnS 等都是这种结构，ZnTe、CdS、CdTe 也有这种结构。

3. 氯化钠型结构

氯化钠型结构如图 1-17 所示，它由两套面心立方晶格沿对角线方向滑移半个晶格常数而成。与 GaAs 和 CdS 相比，这种结构的离子性更强。NaCl、PbS、PbSe、PbTe、SnTe 等都是这种结构。

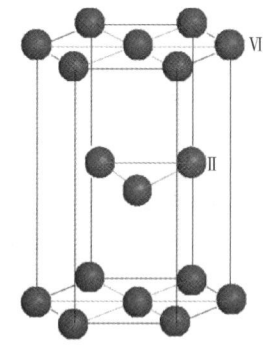

图 1-16　纤锌矿型结构晶体的立方晶胞

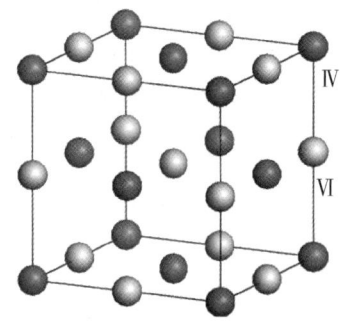

图 1-17　氯化钠型结构的立方晶胞

1.5　π电子晶体结构简介

1.5.1　蜂巢晶格

近年来，以蜂巢晶格(honeycomb crystal lattice，见图 1-18)为主的碳的同素异形体构成的低维结构备受关注，其晶格类型属于六角晶系，是由碳六元环组成的平面六边形，为二维周期蜂窝状点阵结构。单层原子厚度只有 0.34 nm（约为头发直径的二十万分之一）。图 1-18 中 a_1、a_2 向量为晶格基矢，长度均为 2.46 Å，所围出来的菱形区域即为原胞(unit cell)。原胞中有两个基元(basis)，分别为碳原子 A 与 B。每一个碳原子 A(B)拥有三个最近邻原子 B(A)，两者彼此交替着围成一个正六边形的蜂巢形状结构。倒格子空间中的第一布里渊区(first Brillouin zone)也为正六边形，如图 1-7(e)所示，其中，Γ、K 与 M 为三个重要的高对称点。

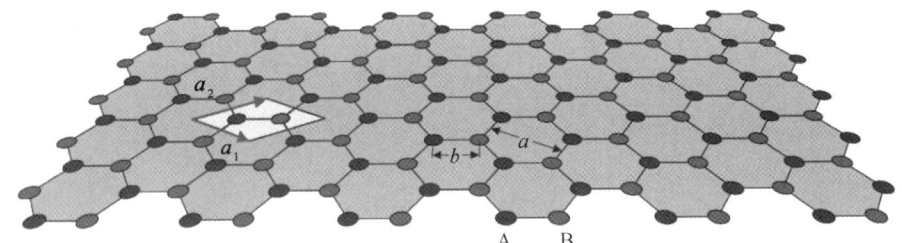

图 1-18 蜂巢晶格

制备非支撑(freestanding)的二维晶体材料曾被认为是几乎不可能的。在 20 世纪 30 年代，Landau 和 Peierls 等科学家指出，由于在任何温度下，二维晶体中的热涨落作用会破坏原子的长程有序性，使得二维晶格的分解或聚集在热力学上是不稳定的。所以一直以来，理论和实验界都认为严格的二维晶体不可能在非绝对零度稳定存在。然而，这一假设在 2004 年由于英国 Manchester 大学的 Geim 和 Novoselov 等人发现单层石墨烯(graphene)而被打破。他们运用简单的"微机械力分裂法"(microfolitation)制备了一种单原子层厚度的碳膜——石墨烯[图 1-19(a)]，立刻轰动了科学界。石墨烯拥有出色的电迁移能力、显著的室温霍尔效应、稳定的狄拉克电子结构、优良的 ITO 透光性、超强的机械强度和热导率。石墨烯是最薄但最坚硬的纳米材料，其厚度只有 0.335 nm，硬度超过钻石，重量几乎为零。它在室温下传递电子的速度比已知的导体都快，可用来制造透明触控屏幕、光板，甚至太阳能电池。目前，这种新型碳材料成为材料学和物理学领域的一个研究热点。

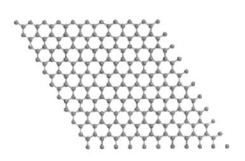 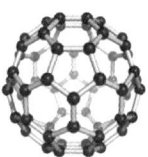 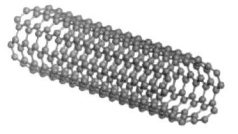 

(a)石墨烯　　　　　(b)富勒烯　　　(c)单壁锯齿碳纳米管　　(d)单壁扶手椅碳纳米管

图 1-19 蜂巢晶格的六边形碳系低维结构

一定形状的石墨烯缠绕闭合就形成零维结构的富勒烯。第一个富勒烯分子 C_{60}[图 1-19(b)]是 Smalley、Curl 和 Kroto 于 1985 年首次发现的，它呈空心球状，是由 20 个六元环和 12 个五元环连接而成的具有 30 个碳—碳双键(C=C)的足球状空心对称分子，为球形 32 面体，球体直径约为 710 pm。C_{60} 中每个碳原子与周围三个碳原子形成三个 σ 键，C—C—C 夹角为 116°，三个 σ 键角总和为 348°，而不是 360°，故为球面。因它们的堆积方式类似于足球的表面结构，因此 C_{60} 又得名足球烯。杂化轨道理论计算结果表明，其 C 原子为 sp^2 杂化，三个杂化轨道形成 σ 键，每个 C 原子剩下的一个轨道与球面成 101.6°，形成离域 π 键，所以具有芳香性。继 C_{60} 之后，人们又相继发现了 C_{28}、C_{32}、C_{50}、C_{70}、C_{240} 和 C_{540}。

富勒烯的发现掀开了对碳元素及其纳米结构的研究热潮，并向纵深方向挺进。石墨烯沿一定角度卷曲成环就构成一维的管状结构，称为单壁碳纳米管(single-walled carbon nanotubes，SWCNTs)，卷曲角度不同就获得不同手性和直径的碳纳米管，可以将之标记为 (n, m)SWCNTs，其直径通过这两个指数计算出来，其带隙范围大致是 0~2 eV。当 $m=0$ 时就构成锯齿形碳纳米管(zigzag carbon nanotubes)；当 $n=m$ 时得到单壁扶手椅形碳纳米管(armchair nanotubes)，如图 1-19(d)所示。直径不同的 SWCNTs 套构就得到多壁碳纳米管(multi-walled carbon nanotubes，MWCNTs)，它是 Lijima 在 1991 年首次发现的。石墨烯则诞生于 2004 年，其发现者 Geim 和 Novoselov 共同获得了 2010 年诺贝尔物理学奖。从富勒烯、碳纳米管到石墨烯，碳系低维结构展现出丰富的晶体结构和从金属到半导体的电学特征的变化，它们是当前最重要的低维纳米材料之一。

1.5.2 有机半导体简介

有机半导体电子学又名聚合物半导体电子学。有机半导体相关的研究开始于 20 世纪 50 年代。1977 年，Heeger、Macdiarmid 和 Shirakawa 发现了导电聚合物，三位科学家因此获得了 2000 年的诺贝尔化学奖。1977 年，Su、Schrieffer 和 Heeger 提出的导电聚合物的孤子理论又将有机半导体的研究向前推进了一步。与无机半导体相比，有机半导体具有无机半导体不具备的优势：技术成本低、毒性小、制备温度低(60~120℃)、工作电压低、易于加工、通过进行分子裁剪实现 n 型和 p 型的相互转变、便于制备大面积的柔性器件等。现在有机半导体是发展非常活跃的半导体学科分支，1997 年诞生的有机发光二极管(OLED)及其随后的大规模产业化，更是极大地推进了有机白光平板照明技术、有机太阳能电池、有机场效应器件、导电高分子生物传感的前进步伐。图 1-20 给出了部分有机半导体的基团示意图，其结构大多是建立在 π 共轭体系基础上。目前，有机半导体面临两个重要的挑战：如何获得能够与无机半导体相比拟的载流子迁移率(现有迁移率大于 10 cm^2/(V·s))，如何改进有机器件的稳定性。

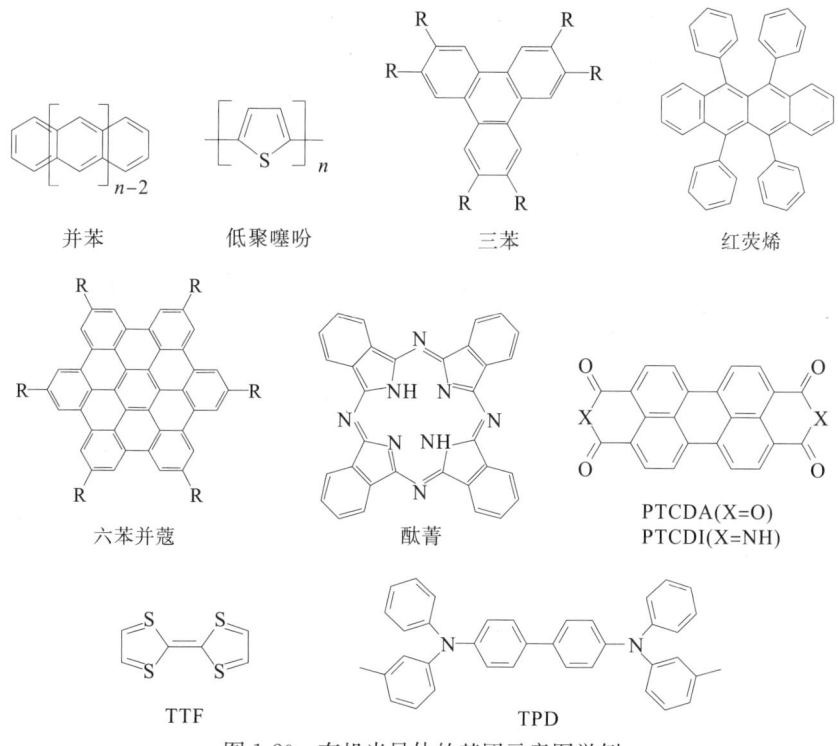

图 1-20　有机半导体的基团示意图举例

1.6 本章小结

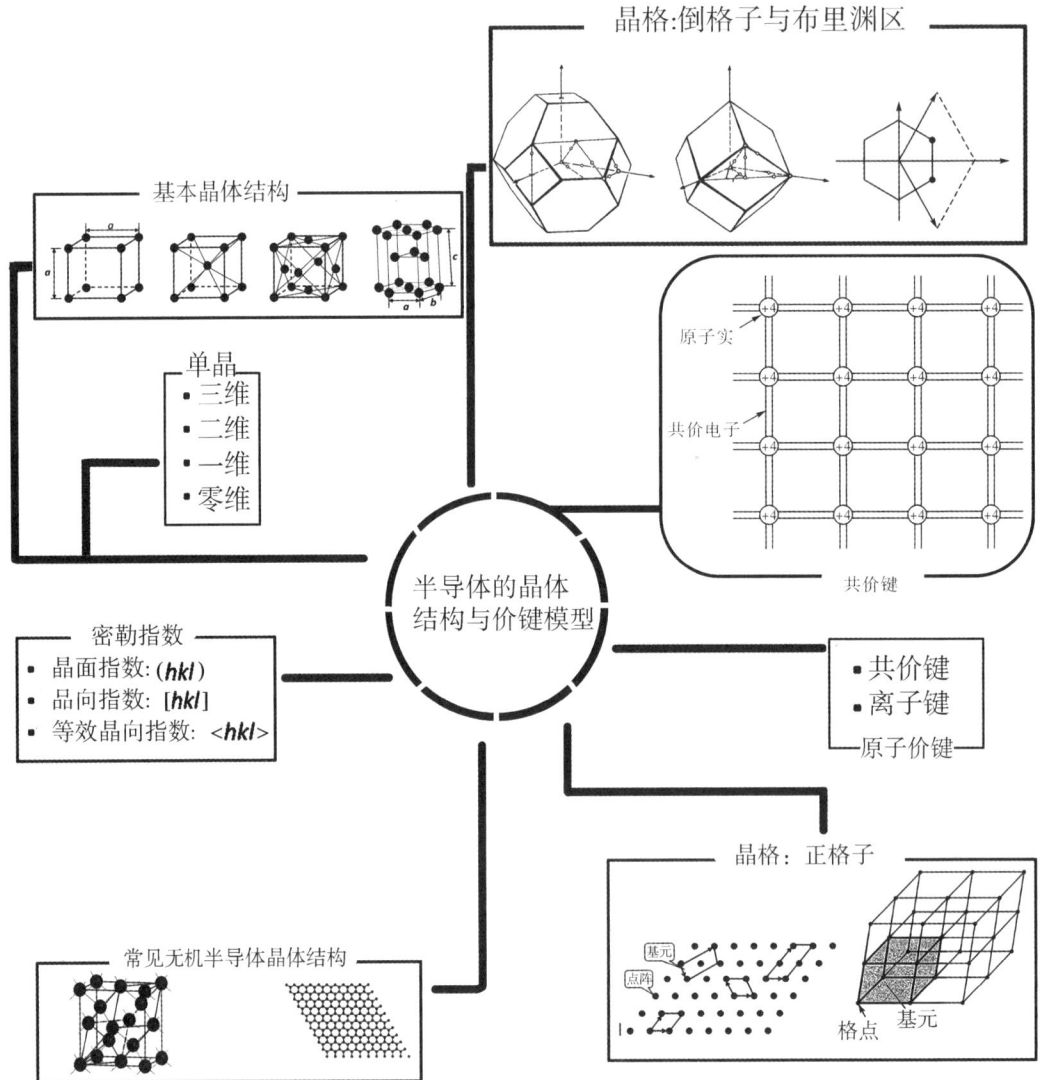

重要术语一览

(1)晶态：固体材料中的原子有规律的周期性排列，或称为长程有序。

(2)非晶态：固体材料中的原子不是长程有序地排列，但在几个原子的范围内保持着有序性，或称为短程有序。

(3)准晶态：介于晶态和非晶态之间的固体材料，其特点是原子有序排列，但不具有平移周期性。

(4)单晶：原子呈周期性排列的晶体。

(5)多晶：由许多取向不同的单晶体颗粒无规则堆积而成的固体材料。

(6) 理想晶体(完整晶体)：内在结构完全规则的固体，由全同的结构单元在空间无限重复排列而构成。

(7) 空间点阵(布拉菲点阵)：晶体的内部结构可以概括为是由一些相同的点子在空间有规则地做周期性无限重复排列，这些点子的总体称为空间点阵。

(8) 晶格常数：晶胞的棱边的长度。

(9) 晶胞：能复制整个晶体的一小部分晶体。晶胞不是唯一的。最小的晶胞称为原胞。

(10) 晶面指数(密勒指数)：描写布拉菲点阵中晶面方位的一组互质整数。

(11) 原子的电负性：原子得失价电子能力的度量。电负性=常数(电离能+亲和能)。

(12) 倒格子及其与正格子的关系：由正格子的基矢(a_1, a_2, a_3)定义的三个矢量(b_1, b_2, b_3)，

$$b_1 = 2\pi \frac{a_2 \times a_3}{a_1 \cdot (a_2 \times a_3)}$$

$$b_2 = 2\pi \frac{a_3 \times a_1}{a_1 \cdot (a_2 \times a_3)}$$

$$b_3 = 2\pi \frac{a_1 \times a_2}{a_1 \cdot (a_2 \times a_3)}$$

倒格子与正格子之间有如下关系：
$$a_i \cdot b_j = 2\pi \delta_{ij}, \quad i,j = 1,2,3$$

(13) 布里渊区：在倒格子中，以某一点为坐标原点，作所有倒格矢的垂直平分面，倒格子空间被这些平面分成许多区域，这些区域就称为布里渊区。

(14) 价电子：最外层的电子因构成化学价键而被叫做价电子。

(15) 原子价键：主要的原子价键有共价键、离子键、π键和金属键。

(16) 共价键与非极性共价键：共价键是相邻原子间通过共用自旋方向相反的电子对(电子云重叠)与原子核间的静电作用形成的，成键的条件是成键原子得失电子的能力相当或是差别较小，或者是成键原子一方有孤对电子(配位体)，另一方有空轨道(中心离子)。如果相邻原子吸引电子的能力是一样的，则共用电子对不会发生偏移，这样的共价键就是非极性共价键。共价键的数目遵从 $8-N$ 原则。

(17) 共价键的特点：具有方向性和饱和性。

(18) 空穴：光激发或热激发等激发因素会使原子键断裂而释放出电子，在断键处少掉了一个电子，等效于留下一个带($+q$)电量的正电荷在键电子原来所在的位置，这就是空穴。

(19) 半导体的载流子：有两种载流子，带负电的电子和带正电的空穴。

(20) 基态：在 0 K 下，半导体中的电子-空穴对产生之前的固体所处的状态。

(21) 激发态：电子-空穴对产生之后的固体所处的状态。

(22) 光激发：光照产生电子-空穴对的过程。

(23) 离子键：正、负离子之间的库仑静电作用而成的键。

(24) 离子键的特点：没有方向性和饱和性。

(25) π键：碳六元环组成的二维周期性蜂巢状点阵结构中，碳原子是 sp^2 轨道杂化，但每个碳原子还有一个未参与杂化的 p 轨道，垂直于分子平面，p 轨道里面有一个电子。

每一个碳原子贡献剩余的一个 $2p_z$ 轨道电子与邻近原子的 $2p_z$ 轨道形成未局域化的 π 键。π 键平均分布在 6 个碳原子上。

思考题

1. 简述布里渊区的特点。
2. 简述晶体的宏观特性。
3. 金刚石型结构、闪锌矿型结构、密堆积结构是否属于主要的晶体结构?
4. 概括金刚石结构的特点。
5. 试述晶态、非晶态、准晶、多晶和单晶的结构特征。
6. 晶格点阵与实际晶体结构有何区别和联系?
7. 简述晶体结构、空间点阵、基元、单式格子和复式格子之间的关系和区别。
8. 简述共价键、离子键、金属键、范德华键的基本特征。

习题

1. 倒格子的实际意义是什么? 一种晶体的正格矢和相应的倒格矢是否有一一对应的关系?
2. 假设有一立方晶体,画出其各晶面。
3. 已知 Si 的晶格常数或单胞的边长 $a=5.43089\text{Å}$,求:
(1) Si 的原子体密度。
(2) (111)面、(110)面以及(100)面的原子面密度,比较哪个晶面的面密度最大,哪个晶面的面密度最小。

测试题

1. 对于一个立方晶格:
(1) 晶面和方向矢量如图 1-21 所示,求其密勒指数。
(2) 画出晶面为(110)、晶向为[110]的晶面和方向矢量。

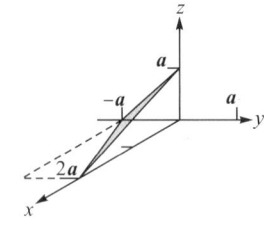

图 1-21 某立方晶格的晶面和方向矢量

主要参考文献

[1] 黄昆,韩汝琦. 固体物理学. 北京:高等教育出版社,1988.
[2] 黄昆,谢希德. 半导体物理学. 北京:科学出版社,1965.
[3] 黄昆,韩汝琦. 半导体物理基础. 北京:科学出版社,1979.
[4] 刘恩科,朱秉升,罗晋生. 半导体物理学. 北京:电子工业出版社,2005.
[5] 萨支唐. 固态电子学基础. 上海:复旦大学出版社,2002.
[6] Shockley W. Energy Band Structures in Semiconductors. Phys. Rev. ,1950,78:173.
[7] Novoselov K S,Geim A K,Morozov S V,et al. Electric field effect in atomically thin carbon films. Science,2004,306(5696):666−669.
[8] Novoselov K S,Jiang D,Schedin F,et al. Two-dimensional atomic crystals. Proc Natl Acad Sci USA,2005,102(30):10451−10453.
[9] Meyer J C,Geim A K,Katsnelson M I,et al. The structure of suspended graphene sheets. Nature,2007,446:60−63.
[10] Chiang C K,Heeger A J,Louis E J,et al. Synthesis of electrically conducting organic polymers-Halogen Derivatives of Polyacetylene,(Ch)$_X$. Journal of the chemical society-chemical communications,1977,(16):578−580.
[11] Su W P,Schrieffer J R,Heeger A J. Solitons in polyacetylene. Physical review letters,1979,42(25):1698−1701.
[12] Pond S J K,Tsutsumi O,Rumi M,et al. Metal-ion sensing fluorophores with large two-photon absorption cross sections:Aza-crown ether substituted donor-acceptor-donor distyrylbenzenes. Journal of the American chemical society,2004,126(30):9291−9306.
[13] Ioffe Physico-Technical Institute. Physical Properties of Semiconductors. http://www.ioffe.ru/SVA/NSM/Semicond[2013-12-6].

第 2 章 半导体的电子结构

目标：
(1)通过量子力学的初步知识理解原子的量子化能级。
(2)描述半导体能带的形成机理。
(3)理解导带、价带和禁带。
(4)理解金属、半导体和绝缘体的能带的异同。
(5)理解并列举元素半导体和部分化合物半导体的能带。
(6)认识晶体结构与能带结构的关联性。
(7)解释和理解半导体的基本电子结构：能带结构、载流子的有效质量态密度等。
(8)了解能带工程。

半导体的电子结构是决定其载流子特性和输运特性的重要因素之一，能带结构则决定了载流子的基本电子结构。固体由大量原子构成，其中有大量电子和离子。由于彼此相距很近而产生强烈的相互作用，不可能用经典牛顿力学来描述。这些粒子对外呈现的是大量粒子的平均性质。因此，需要用统计力学和量子力学来描述它们的平均性质。本章首先对必要的量子力学初步知识作介绍，以能量子、光量子到微观粒子的波粒二象性为出发点，由测不准原理说明粒子位置的不确定性，然后引入薛定谔方程说明波函数描述微观粒子在空间的出现概率，最后将单电子原子的电子的能级推广到晶体能带模型的形成机理和能带模型的三个基本要素（导带、价带和禁带的阐述）。利用能带模型说明金属、半导体和绝缘体能带的异同。在此基础上，阐述量子力学中晶体的基本电子结构，如能带结构、带隙、有效质量等，列举部分元素半导体和化合物半导体的能带结构及其基本特点。最后简要说明能带工程。

2.1 量子力学初步概要

固体器件和集成电路的电学性质由大量电子的集体运动决定。固体因有高密度的原子而被称为凝聚态物质。在凝聚态物质中，粒子的瞬间位置、速度或动量无法同时确定。19世纪末，经典牛顿运动定律和麦克斯韦方程在描述固体中的大量电子的行为时显得越来越力不从心。量子力学的创立和发展令人们对物质的结构及其相互作用的理解产生革命性的改变，许多现象通过量子力学才得以真正地解释。量子力学能精确地预言后来被实验证实的新现象。除通过广义相对论描写的引力外，至今所有其他物理基本相互作用均可以在量子力学的框架内描写。量子力学的基本原理包括量子态的概念、运动方程、理论概念和观测物理量之间的对应规则和物理原理。采用统计概率理论的量子力学能够对电子在固体中的运动给予基本的描述，其波理论是半导体物理学理论的基础。限于本书的篇幅，本节将仅从量子化的角度对量子力学作初步的介绍，为能带模型的建立做定性的知识准备。

2.1.1 光电效应、能量量子化与波粒二象性

在 19 世纪末，日臻成熟的原子理论认为，物质都是由微小的粒子——原子构成。与此同时，波被认为是物质的另一种存在方式。光电效应指出，入射在金属表面的光会激发出电子，光的频率必须超过金属物质的特征频率。根据光波动说，光波的强度或波幅对应于所携带的能量，因而光强很强的光束一定能提供更多能量将电子激发出来。但是事实与经典理论的预期相反。后来，电子衍射实验预言和证实了原来被认为是粒子的电子具有波动性的一面。

普朗克(Planck)在 1900 年提出量子假设：从加热物体表面产生的热辐射是不连续的——量子化的，其能量为

$$E = h\nu = \hbar\omega \tag{2-1}$$

其中，h 是普朗克常量；$\hbar = \dfrac{h}{2\pi}$ 称为修正普朗克常量；$\nu = \dfrac{\omega}{2\pi}$ 为电磁辐射的频率。

爱因斯坦于 1905 年在普朗克假设的基础上引入"光子"——一个携带光能的量子的概念。他提出，光波由分立的粒子组成，光子能量就是 $E = h\nu$；只要光子的能量足够大，就可以产生光电效应，从而说明光电效应既体现了光子能量不连续的本质，又具有粒子性的性质。

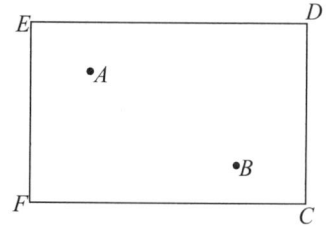

在此基础上，德布罗意(De Broglie)于 1924 年构造了著名的德布罗意假设。他提出，正如光具有波粒二象性一样，实物粒子也具有波粒二象性。他将表征粒子波动性的波长 λ 和粒子性的动量 p 及速率 v 联系在了一起：

$$\lambda = \frac{h}{p} = \frac{h}{mv} \tag{2-2}$$

λ 又称为德布罗意波长。

所以，电磁波有时表现为波动性，有时又表现为粒子性。因此，波粒二象性成为描述晶体中电子运动和状态的重要基础。需要指出的是，普朗克和德布罗意的假设只能解释和预测某些最简单的物质粒子的实验结果。

2.1.2 测不准原理

当微观粒子处于某一状态时，它的力学量(如坐标、动量、角动量、能量等)一般不具有确定的数值，而具有一系列可能值，每个可能值以一定的概率出现。这就是海森伯在 1927 年得出的测不准关系：

$$\Delta p \cdot \Delta x \geqslant \hbar \tag{2-3}$$

它表示，对于同一粒子不可能同时确定其坐标和动量。

测不准原理来源于微观粒子的波粒二象性，是微观粒子的基本属性，也是量子力学的重要原理之一。

> ▶ 测不准原理反映了微观粒子的基本属性，它是量子力学的重要原理之一。

2.1.3 氢原子的玻尔模型与量子化

氢原子的发光光谱显示，它发出的光的波长是不连续的。但当时的物理理论无法解释这一现象。玻尔(Bohr)于1913年建立了被称为玻尔模型的氢原子模型。他提出，氢原子的电子围绕原子核在特定的轨道中运动，其电子的角动量 nh（n 是能量量子数或轨道数）具有一定的数值——量子化，电子角动量的量子化产生分立的轨道，这些分立能级的半径为

$$r_n = -\frac{4\pi\varepsilon_0 n^2 h^2}{m_0 q^2}, \quad n=1,2,3,\cdots \tag{2-4}$$

r_n 被称为玻尔半径。其中，m_0 是自由电子的质量或静止质量；q 是电子的电荷量；ε_0 为真空中的介电常数。体系的能量 E_H 是量子化的，为

$$E_H = -\frac{m_0 q^4}{(4\pi\varepsilon_0)^2 2n^2 h^2} = -\frac{13.6}{n^2}\text{eV} \tag{2-5}$$

负号说明总能量在电子库仑势阱顶部的下面。由式(2-5)可知，电子从较高的 n 轨道到较低的 n 轨道的跃迁所释放出的光子的能量是量子化能量。所以，光子的波长是不连续的。

2.1.4 薛定谔方程

由于普朗克和德布罗意假设本身的一定局限性，薛定谔在1926年建立了薛定谔方程，它是描述微观粒子波的微分方程。量子力学认为，微观粒子波都能用一个微分方程，如薛定谔方程来描述。这个方程的解即为波函数 Ψ，它描述了粒子的状态。导出或得到薛定谔方程的方式有很多，这里介绍最普遍使用的微分算符法。

粒子的能量由其动能 T 和势能 V 组成，即 $E = T+V$，

$$E\Psi = (T+V)\Psi = \left(\frac{p^2}{2m_0} + V\right)\Psi \tag{2-6}$$

用微分算符 $+i\hbar\frac{\partial}{\partial t}$ 代替 E，用微分算符 $-i\hbar\nabla$ 代替 p（i 为虚常数 $\sqrt{-1}$），就得到薛定谔方程为

$$i\hbar\frac{\partial \Psi(r,t)}{\partial t} = -\frac{\hbar^2}{2m_0}\nabla^2\Psi(r,t) + V(r)\Psi(r,t) \tag{2-7}$$

其中，$V(r)$ 为粒子所在的势场；∇^2 为拉普拉斯算符；$\Psi(r,t)$ 为波函数，它描述系统的状态。波函数具有叠加性，即它们能够像波一样互相干涉和衍射。这样，粒子性和波动性就统一在同一个解释中。薛定谔方程又称为薛定谔波动方程。虽然对于薛定谔方程的形式至今仍有争议，但它作为量子力学的基本原理已经得到了广泛的应用。

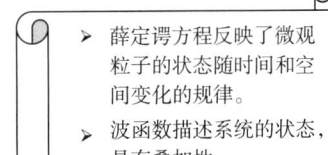

- 薛定谔方程反映了微观粒子的状态随时间和空间变化的规律。
- 波函数描述系统的状态，具有叠加性。

非相对论的一维薛定谔方程为

$$i\hbar\frac{\partial \Psi(x,t)}{\partial t} = -i\hbar\frac{\partial^2 \Psi(x,t)}{\partial x^2} + V(x)\Psi(x,t) \tag{2-8}$$

它是一个非相对论的波动方程，反映了描述微观粒子的状态随时间和空间变化的规律。它在量子力学中的地位相当于牛顿定律之于经典力学一样，是量子力学的基本假设之一。用分离变量法将波函数写为

$$\Psi(x,t) = \Psi(x)\varphi(t) \tag{2-9}$$

将其代入式(2-8)，有

$$i\hbar\Psi(x)\frac{\partial\varphi(t)}{\partial t} = -\frac{\hbar^2}{2m_0}\varphi(t)\frac{\partial^2\Psi(x)}{\partial x^2} + V(x)\Psi(x)\varphi(t) \tag{2-10}$$

用波函数(2-9)除以式(2-10)，得

$$i\hbar\frac{1}{\varphi(t)}\frac{\partial\varphi(t)}{\partial t} = -\frac{\hbar^2}{2m_0}\frac{1}{\Psi(x)}\frac{\partial^2\Psi(x)}{\partial x^2} + V(x) \tag{2-11}$$

由于 $\Psi(x)$ 与 $\varphi(t)$ 无关，式(2-11)的左边是时间的函数，右边是坐标的函数，所以式(2-11)可以用一个常数 E 来表示。则与时间相关的薛定谔方程分解为两个方程：

$$i\hbar\frac{\partial\varphi(t)}{\partial t} = E\varphi(t) \tag{2-12}$$

$$-\frac{\hbar^2}{2m_0}\frac{\partial^2\Psi(x)}{\partial x^2} + V(x)\Psi(x) = E\Psi(x) \tag{2-13}$$

式(2-13)是稳态或与时间无关的薛定谔方程。对式(2-12)积分，同时利用普朗克条件式(2-1)，有

$$\varphi(t) = A\cdot e^{\frac{Et}{i\hbar}} = A\cdot e^{-i\omega t} \tag{2-14}$$

其中，A 是常数。

因此，式(2-10)的总的解就是空间和时间两个解的乘积：

$$\Psi(x,t) = \Psi(x)\cdot e^{-i\omega t} \tag{2-15}$$

2.1.5 波函数的物理意义

波函数的形式(2-15)表明，波函数是复函数，它不能表示实际的物理量，不具备物理意义。波函数的复共轭波函数为

$$\Psi^*(x,t) = \Psi^*(x)\cdot e^{+i\omega t} \tag{2-16}$$

将波函数与其复共轭波函数相乘，则得

$$|\Psi(x,t)|^2 = [\Psi(x)\cdot e^{-i\omega t}]\cdot[\Psi^*(x)\cdot e^{+i\omega t}] = |\Psi(x)|^2 \tag{2-17}$$

> - $|\Psi(x,t)|^2$ 为概率密度函数。
> - $|\Psi(x,t)|^2$ 表示在某一时刻在 $x\sim x+dx$ 之间找到粒子的概率。

$|\Psi(x,t)|^2$ 与时间无关，为概率密度函数。$|\Psi(x,t)|^2 dx$ 表示某一时刻在 $x\sim x+dx$ 之间找到粒子的概率。这就是马克思·波恩在1926年提出的波函数的物理意义。既然不确定原理指出无法确定一个微观粒子的坐标，那么就可以用这样的概率密度函数来表示在 $x\sim x+dx$ 之间找到粒子的概率。所以，求解出 $\Psi(x)$，就能够确定电子的状态。

对单个粒子而言，$\Psi(x)$ 必须满足下列条件：

(1) 归一化条件 $\int_{-\infty}^{+\infty}|\Psi(x,t)|^2 dx = 1$；

(2) $\Psi(x)$ 必须单值、有限且连续；

(3) $\dfrac{\partial \Psi(x)}{\partial x}$ 必须单值、有限且连续。

上述三个重要的条件,将被用于确定波函数的各项系数。

2.1.6 薛定谔方程应用举例

本小节将针对两种特例,根据不同的势函数,求解薛定谔方程,从所得到的波函数将能得到电子的状态,从而为下一节阐述晶体的能带模型建立定性的基础。

1. 自由空间中的电子

自由空间中的电子不受任何外力作用,其势函数为常数,且 $E>V(x)$,故令 $V(x)=0$,则稳态薛定谔方程(2-13)表示为

$$\frac{\hbar^2}{2m_0}\frac{\partial^2 \Psi(x)}{\partial x^2}+E\Psi(x)=0 \tag{2-18}$$

其解的形式为

$$\Psi(x)=A\exp\left(\frac{\mathrm{i}x\sqrt{2m_0E}}{\hbar}\right)+B\exp\left(-\frac{\mathrm{i}x\sqrt{2m_0E}}{\hbar}\right) \tag{2-19}$$

由式(2-15),则整个薛定谔方程的解为

$$\Psi(x,t)=A\exp\left[\frac{\mathrm{i}}{\hbar}(x\sqrt{2m_0E}-Et)\right]+B\exp\left[-\frac{\mathrm{i}}{\hbar}(x\sqrt{2m_0E}+Et)\right] \tag{2-20}$$

式(2-20)是一个行波。如果在某一时刻,有一个沿 $+x$ 方向运动的粒子,则式(2-20)中的 $B=0$,有

$$\Psi(x,t)=A\exp\left[\frac{\mathrm{i}}{\hbar}(x\sqrt{2m_0E}-Et)\right] \tag{2-21}$$

此行波还可表达为

$$\Psi(x,t)=A\exp[\mathrm{i}(kx-\omega t)] \tag{2-22}$$

其中,k 为波数,且

$$k=\frac{2\pi}{\lambda} \tag{2-23}$$

其中,λ 为波长。将式(2-21)与式(2-22)比较,则

$$\lambda=\frac{2\pi}{k}=\frac{h}{\sqrt{2m_0E}} \tag{2-24}$$

而德布罗意波长为 $\lambda=\dfrac{h}{p}$。因此得到结论:自由粒子具有明确定义的动量、能量和波长。

式(2-24)可以表示为

$$E=\frac{\hbar^2 k^2}{2m_0} \tag{2-25}$$

它说明自由电子的能量 E 与波矢 k 之间是抛物线关系。因波矢 k 连续变化,所以自由电子的能谱是连续的。

由式(2-21)得到自由粒子的概率密度函数为

$$|\Psi(x,t)|^2=|A|^2 \tag{2-26}$$

> - 自由电子的能量E与波矢k之间是抛物线关系，其能谱是连续的。
> - 自由粒子在空间任意位置出现的概率处处相等。

可见，具有确定动量的自由粒子在空间任意位置出现的概率处处相等。

2. 单电子原子

对于单电子原子，质子和电子之间的势函数就是其库仑力，为

$$V(x) = -\frac{q^2}{4\pi\varepsilon_0 r} \tag{2-27}$$

因势函数为球对称，将直角坐标中的动能算符转化为三维球坐标，用r、θ、φ替代x、y、z，稳态薛定谔方程(2-13)就演变为

$$-\frac{\hbar^2}{2m_0}\nabla^2\psi(r,\theta,\varphi) + V(r)\psi(r,\theta,\varphi) = E\psi(r,\theta,\varphi) \tag{2-28}$$

利用分离变量法，假设电子波函数可以写成

$$\psi(r,\theta,\varphi) = R(r)\Xi(\theta)\Phi(\varphi) \tag{2-29}$$

式中，$R(r)$为电子的径向波函数；$\Xi(\theta)$为电子的角度波函数；$\Phi(\varphi)$为电子的极向波函数。将式(2-29)代入式(2-28)中，得

$$\frac{\sin^2\theta}{R}\frac{\partial}{\partial r}\left[r^2\frac{\partial R(r)}{\partial r}\right] + \frac{1}{\Phi(\varphi)}\frac{\partial^2\Phi(\varphi)}{\partial\varphi^2} + \frac{\sin\theta}{\Xi(\theta)}\frac{\partial}{\partial\theta}\left[\sin\theta\frac{\partial\Xi(\theta)}{\partial\theta}\right] + r^2\sin^2\theta\frac{2m_0}{\hbar^2}(E-V) = 0 \tag{2-30}$$

对极向波函数，极向波方程为

$$\frac{\partial^2\Phi(\varphi)}{\partial\varphi^2} = -m_L^2\Phi(\varphi), \quad m_L = 0, \pm 1, \pm 2, \pm 3, \cdots \tag{2-31}$$

其中，m_L为分离变量常数，称为磁量子数。式(2-31)的解为

$$\Phi(\varphi) = e^{im_L\varphi} \tag{2-32}$$

通过合并分立变量，进一步分解变量r和θ，又得到两个分立变量常数n和l，它们的取值为

$$n = 1, 2, 3, \cdots \tag{2-33a}$$
$$l = n-1, n-2, n-3, \cdots 0 \tag{2-33b}$$
$$m = l, l-1, l-2, \cdots 0 \tag{2-33c}$$

n、l和m统称为量子数。其中，n为主量子数，l为轨道量子。对于一个给定的l，它有相对应的轨道名称。例如，$n=1$和$l=0$是1s轨道，$n=3$和$l=1$是3p轨道，$n=2$和$l=2$是2d轨道。在电子结构的态密度中就能够看到不同轨道电子对态密度的贡献。

电子能量为

$$E_n = -\frac{m_0 q^4}{(4\pi\varepsilon_0)^2 2n^2\hbar^2}, \quad n = 1, 2, 3, \cdots \tag{2-34}$$

由式(2-34)可知，主量子数n为整数，所以电子的总能量是分离的——量子化。且这个结果与玻尔模型的结果(式(2-5))是一样的。

波函数的求解在此略去。波动方程(2-30)的解用ψ_{nlm}表示，且

$$\psi_{nlm}(r,\theta,\varphi) = R_{nl}(r)\Xi_{lm}(\theta)\Phi_m(\varphi) \tag{2-35}$$

最小能量状态的基态电子波函数从原子核开始随着距离的增加而指数衰减

$$\phi_{100} = \frac{1}{\sqrt{\pi}} \left(\frac{1}{a_0}\right)^{\frac{3}{2}} \exp\left(-\frac{r}{a_0}\right) \tag{2-36}$$

其中，

$$a_0 = \frac{4\pi\varepsilon_0 \hbar^2}{m_0 q^2} \tag{2-37}$$

是归一化半径。电子出现在距离原子核为 r 范围的径向，概率密度函数 $a_0 P_{nl}(r)$ 的最大值出现在 $r = a_0$ 并呈现指数衰减。第二能量状态的径向概率密度函数 $a_0 P_{nl}(r)$（$n=2$，$l=0$，a_0 中的 $m_0=0$）的最大值所对应的半径比第一能量状态的大，且其概率很小。

单电子原子示例的意义在于，它具有量子化能级，具有与量子数 n、l 和 m 所对应的量子态及电子概率函数。单电子模型的典型意义在于概念简单而结果生动。可以将单电子模型推广到由多电子组成的原子体系。因此，单电子模型是建立固体电子能带模型、电子价键和研究其电迁移能力的基石。在下一节，我们将会在此基础上阐述晶体能带的形成，建立能带模型。

> 单电子模型的概念简单而结果生动。可以将单电子模型推广到由多电子组成的原子体系。它是建立固体电子能带模型、电子价键和研究其电迁移能力的基石。

2.2 晶体能带模型

对多原子多电子构成的晶体，将上节得到的单电子原子模型的能级概念加以推广和拓展，就能得到晶体的能带模型。

对能带的定量描述是固体物理能带论的范畴，这里仅从定性意义上理解能带模型并由此描述、理解载流子的跃迁。如果原子价键模型的优点在于能给出半导体与空间有关的描述，那么，能带模型的优势在于能够在能量空间描述和理解半导体中载流子的跃迁和输运行为。能带理论主要有近似自由电子模型和紧束缚模型，能带既是空间位置 x 的函数，也是晶体中价电子波数 k 的函数。所以能带图有 E-x 图和 E-k 图两种。下面将以 Si 为例来说明能带的形成。

根据泡利不相容原理，相同的能量状态最多只能容纳两个自旋方向相反的电子。如果两个电子具有相同的概率分布，则其自旋方向一定相反。这样，一个能级就被两个自旋方向相反的电子所占据。

以 Si 为例。Si 原子共有 14 个电子，根据玻尔原子模型，这 14 个电子中有 10 个电子是芯电子，它们占据了原子的深能级并被原子核紧紧束缚在其周围，所以这 10 个芯电子极其稳定，它们与原子核共同构成原子实。在外壳层，即原子实能级之上的次高能级共有 8 个状态，在(3s)轨道上可填充 2 个能量相同的电子，在(3p)轨道则可填充 6 个能量相同的电子；原子实对最外壳层的 4 个价电子的束缚较弱，在未受扰动的情况下，这 4 个价电子位于 8 个允许状态中的 4 个状态中。当原子之间的间距足够大时，原子可视为孤立原子。孤立原子没有通常晶体中的原子与原子之间的相互作用。由于晶体由分立的原子凝聚而成，所以，晶体的原子状态与电子的电子状态必然具有一定的联系。

当 N 个处于分散状态的 Si 原子逐渐彼此靠近，原子实内的芯电子因原子核的紧束缚

> - 内壳层电子的共有化运动弱，所以能级分裂小，故其能带窄。
> - 外壳层的价电子共有化运动最显著，能级分裂也显著，所以其能带宽。

作用不会被原子间的相互作用影响，故只需考虑价电子的能态的变化。当相邻原子之间的距离逐渐缩短而形成晶体时，不同原子的电子壳层之间存在一定程度的交叠，相邻原子的内壳层交叠较少，而最外壳层的交叠较多；电子壳层交叠使得电子可以从一个原子的电子壳层转移到相邻原子的相似电子壳层，这就是电子的共有化运动。最外壳层的电子的共有化运动最为显著。这样，原来的孤立原子能级发生移动、分裂，分裂的能级集聚成能量值非常接近的一系列准连续能级，它们覆盖一定的能量范围，称为能带。能带中有 N 个 3s 能级和 $3N$ 个 3p 能级，共计有 $4N$ 个能级、$8N$ 个电子状态；能带中有 $2N$ 个 3s 电子和 $2N$ 个 3p 电子，共计 $4N$ 个电子，故能带中只有一半能级被电子占据。内壳层的电子原来处于低能级，共有化运动弱，所以能级分裂小，故其能带窄；外壳层的价电子位于高能级，共有化运动最显著，能级分裂也显著，所以其能带宽。

当相邻原子的间距缩小到晶体的原子间距值时，能级的进一步分裂最终导致出现允许能带(简称允带)，允带被称为禁带的区域分隔开，见图 2-1(a)；$8N$ 个电子状态被这两个允带平均分配。在禁带中没有允许电子存在的能级。填充了电子的能量最高的允带是价电子所在的能带，称为价带(valence band)；禁带上面的允带是空带，称为

> - 能带是准连续的能级。
> - 禁带下面的允带是价带，上面的允带是导带。
> - 禁带的能量宽度是能隙。

导带(conduction band)。导带和价带之间的能隙，也就是禁带的能量宽度，称为禁带宽度或能隙、带宽、带隙(band gap)，用 E_g 表示。导带的底部用 E_c 表示，价带的顶部则表示为 E_v，如图 2-1(b)所示。虽然很多晶体的能带与孤立原子能级之间有一定的联系，但是其能带不一定与孤立原子的某个能级相当。所有电子都倾向于首先填充低能量的能级。根据泡利不相容原理，一个允态只能填充一个电子。所以，对于由 N 个原子构成的晶体，在未受扰动的情况下($t=0$ K)，$4N$ 个价带状态被 $4N$ 个价电子填充，所以价带是满带，而有 $4N$ 个电子状态的导带是空带。价带和导带的能级都源于孤立原子的价电子能级。价带和导带的称呼来自晶体管之父 Bardeen、Brattain 和 Shockley，能隙的名称则由 John C. Slater 和 William Shockley 给出。

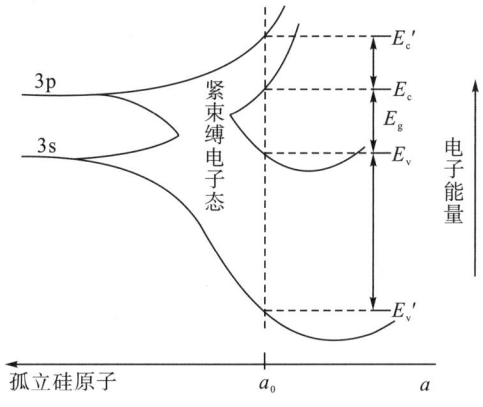
(a)孤立 Si 原子间距缩小组成金刚石结构晶体时形成能带

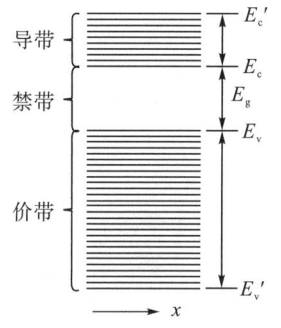
(b)导带(上)、禁带(中)和价带(下)

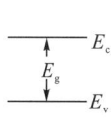
(c)能带简图

图 2-1 能带模型示意图

图 2-1 给出的能带模型示意图是允态电子能量沿任意晶体方向(称为 x 方向)随距离的变化图,称为 E-x 图。能带图具有下列特点。

(1)E_g、E_c 和 E_v 是能带最重要的三个要素。通常情况下,电子的跃迁发生在能带极值 E_c 和 E_v 的附近。图 2-1(b)的能带模型显得烦琐而不现实。所以,能带模型可简化为通常使用的能带简图,如图 2-1(c)所示。图中的横线 E_c 表示导带底的能量,横线 E_v 是价带顶的能量,$E_g=E_c-E_v$ 是带隙能量,又称禁带宽度。禁带宽度是表征半导体性质的重要参数之一。

(2)在 $T=0$ K 时,原子核被冻结在格点上,其动能为零,所有的电子都倾向于占据能量最低的能级。因此,价带的 $4N$ 个价带状态被 $4N$ 个价电子填满。所以,价带是满带,导带是空带。价带的能量宽度比禁带宽很多(对 Si,300 K 时,$E_g=1.2$ eV,导带宽度为 4 eV,价带宽度为 12 eV)。

(3)孤立原子的能级,例如 3p 能级,在形成固体的过程中不再具有相同的能量值,即不是简并能量值。这些能级发生上下移动、分裂,分裂的能级集聚成为能量值非常接近的一系列准连续能级,这就是能带。

(4)泡利不相容原理指出,每个能级上最多只能被两个自旋方向相反的电子占据。

(5)孤立原子的价电子被原子实的库仑力束缚在原子实周围的电子轨道上,即具有局域性。而晶体的价电子不再被局域在任何一个原子的电子轨道上,每个 Si 原子都与周围的 4 个最近邻 Si 原子共享 4 个价电子,这些价电子的电子状态只与时间有关,与原子无关。价电子为晶体同类电子壳层所共有,分布在整个晶体中。

2.3 金属、半导体和绝缘体

2.3.1 满带电子不导电

载流子定向运动就形成电流。单位时间通过单位横截面积的电子形成的电流密度为
$$J = (-q)n[1 \times (1 \times v(k))] \tag{2-38}$$
其中,n 为电子浓度。电子的速率 $v(k)$ 是波数 k 的奇函数:
$$v(+k) = -v(-k) \tag{2-39}$$
所以,
$$J(+k) = -J(-k) \tag{2-40}$$
即
$$J(+k) + J(-k) = 0 \tag{2-41}$$

对于满带的电子,有多少个 $+k$ 值的电子就有多少个 $-k$ 值的电子。所以在外电场作用下,满带中的电子的净电流密度为零。也就是说,满带电子不导电。

当满带中有一个电子被激发到更高能带后,能带因空出一个($+k$)状态的电子态而成为部分填充电子的能带。对于部分填充电子的能带,在电场作用下的电流密度为 J,如果将一个($+k$)状态的电

> ➤ 满带电子不导电。
> ➤ 部分填充电子的能带能导电。
> ➤ 空穴是空的电子态,是准粒子。

子填充回这个带,则有

$$J + (-q)v(k) = 0 \tag{2-42}$$

因此,得到

$$J = (+q)v(k) \tag{2-43}$$

式(2-43)表明,当满带中的(+k)状态的电子离开该带时,部分填充带的能带的电子的总电流,等同于一个带(+q)电量的正电荷以(+k)状态的运动速率$v(k)$定向运动而产生的电流。因而,部分填充电子的能带能导电。这个空的电子态被视为所谓的带(+q)电量的正电荷,称为空穴,它是假想的粒子,是准粒子。

2.3.2 金属、半导体和绝缘体

金属是众所周知的导体。对之加上电压就出现电流。金属的能带模型有两种,如图 2-2(a)所示,电子占据了图中阴影区的能级,有足够能量的电子可跃迁到白色区所对应的高能级,金属的典型电阻值为 $10^{-8}\Omega \cdot m$。

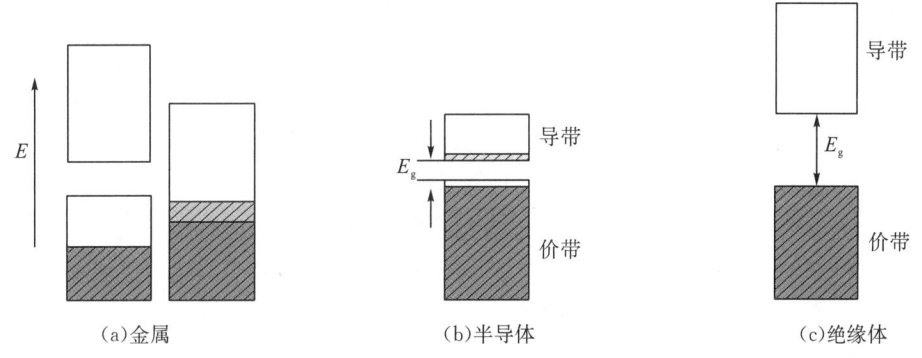

图 2-2 金属、半导体及绝缘体的能带模型

> - 金属的能带被电子部分填充,所以有良好的导电性能。
> - 半导体与绝缘体的能带差异在于禁带宽度不同。

金属与绝缘体之间的能带区别在于,金属的能带是被电子部分填充的,所以有良好的导电性能;绝缘体的价带是满带。以金刚石为例,C 原子的 2s 轨道电子和 2p 轨道电子结合形成两个能带,较高能带为反键分子轨道。每个带能容纳每个原子的 4 个电子,因此较低的能带是满带。由于禁带宽度是 5.5 eV,热激发很难将价电子从满带激发到上面的空带(导带),所以金刚石不导电。

半导体与绝缘体的能带差异在于禁带宽度不同[图 2-2(b)和(c)]。通常禁带宽度在 3 eV 以下的材料被视为半导体。以 Si 和 Ge 为例,Si—Si 和 Ge—Ge 键都比金刚石的C—C键弱,它们的室温禁带宽度分别是 1.12 eV 和 0.67 eV,其数值比金刚石的小得多。所以,很容易通过热激发将价带电子激发到上面被称为导带的空带中。因其导电性能比导体的差,但比绝缘体的好,其电导性介于导体和绝缘体之间,故而被称为半导体。Ge 与 Si 相比,Ge 的电子更容易从价带跃迁到导带,所以 Ge 的电导率比 Si 的更好。众多的二元、三元化合物都具有类似于 Ge 和 Si 的电导性。值得注意的是,半导体的电导率随温度升高而增加,而金属的则与之相反,其电导率随温度升高而减小。

表 2-1 显示，电阻率越小，材料的载流子浓度越高，其导电性越好。

表 2-1　三种材料在室温下的性质举例

材料	电阻率/(Ω·m)	载流子浓度/cm^{-3}	类型
Cu	2×10^{-8}	10^{23}	导体
Si	3×10^{3}	10^{10}	半导体
金刚石	2×10^{16}	小	绝缘体

例 1：某固体有如图 2-3 所示的能带结构，阴影区域是被电子填充的能带区域，下面的能带被电子部分占据，上面的能带为空带。

(1) 预测该固体具有金属、半导体还是绝缘体的电导性能。

(2) 如果下面能带的电子被移走，该固体的电导性能将会发生什么改变？

(3) 如果有足够多的电子将下面能带填满，该固体的电导性能又将会发生什么改变？

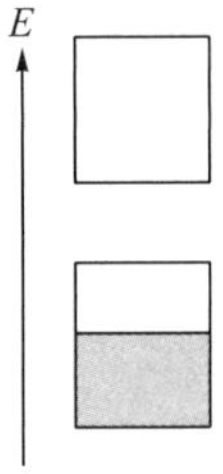

答：(1) 因能带为部分填充带，所以固体具有导体的电导性。

(2) 如果下面能带的电子被移走，则出现两个空带，该固体的电导性能将不是导体。

图 2-3　某固体的能带结构

(3) 如果电子将下面能带填满，根据禁带宽度的大小决定该固体变为半导体还是绝缘体。如果禁带宽度足够宽，该固体为绝缘体；如果禁带宽度相对较小，在一定激发条件下，满带中有部分电子跃迁到空带，导致上、下两个能带都是部分填充带，则该固体是半导体。

例 2：金刚石又名钻石，其电导率很小，能期望它发出彩色光吗？说明理由。为什么某些金刚石为彩色(如粉色或绿色)钻石？

答：金刚石电导率很小是因为它的禁带宽度较宽，光子能量对应的禁带波长是紫外光而不是可见光。所以，金刚石不能发出彩色光。粉色或绿色金刚石含有少量"有色"杂质，所以能发出彩光。

例 3：随着化合物的离子性增加，其禁带宽度是变宽还是变窄？解释其原因。

答：随着化合物的离子性增加，化合物的禁带宽度会变宽。这是由于轨道重叠减少，使得禁带宽度变宽了。

例 4：体材 C 是绝缘体，Si 和 Ge 是半导体，它们的禁带宽度关系为 $E_g(\mathrm{C})>E_g(\mathrm{Si})>E_g(\mathrm{Ge})$。试根据其能带结构的差异解释室温下哪个的电导率相对更高。

答：禁带宽度越窄，则载流子向上的跃迁越容易，相应的电导率越高。所以 Ge 的电导率相对最高。

2.4　半导体的带隙结构

半导体的基本电子结构包括能带结构(band structure)、状态密度(density of states)、电荷密度(charge density)、差分电荷密度图(charge density difference)、电子布居(electron population)等。

在半导体物理和半导体器件中，一方面，跃迁主要发生在能带的导带底和价带顶附近；另一方面，因能带结构决定了载流子的能量和动量之间的关系，所以载流子的输运特性以及众多的现象也与带隙结构有关。因此，带隙结构在决定能带中的载流子的占据、热平衡行为及光电子应用方面具有极其重要的意义。

2.4.1 带隙

能带图有两种，即 E-x 图和 E-k 图。图 2-1(b) 和 2-1(c) 就是 E-x 图。这里介绍的是能带与晶体价电子波数的函数关系，即 E-k 图。获得 E-k 图的计算方法通常是：从晶体结构出发，对薛定谔方程加以简化和近似后，求出电子的本征态和能量本征值，最后得到电子能量和波数之间的关系，即 E-k 关系。理论计算的能带图能给出对于器件应用至为重要的带宽、带隙类型、载流子有效质量等重要电子性质。

> E-k 能带图能给出带宽、带隙类型、载流子有效质量等重要电子性质。

图 2-4 是某半导体基态的 E-k 能带图。横坐标上的 X、R、M 等是布里渊区中的高对称点。能量轴的零线上方是导带，由此确定导带底 E_c 的能量位置；价带在能量轴的零线下方，价带顶的能量位置就是 E_v；根据 $E_g = E_c - E_v$ 就获得带宽的具体数值。带宽也可以通过光致发光光谱、光吸收谱等实验方法测量。图 2-5 给出了部分Ⅲ-Ⅴ族二元化合物半导体的带隙(禁带宽度)及相应发射光的波长与晶格常数之间的关系。

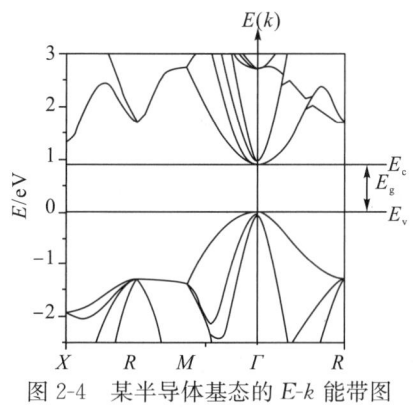

图 2-4　某半导体基态的 E-k 能带图

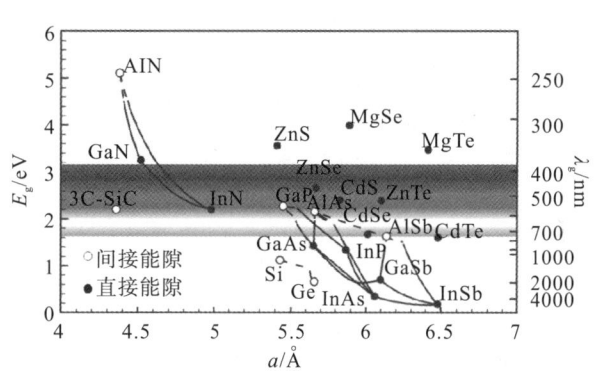

图 2-5　部分Ⅲ-Ⅴ族二元化合物半导体的带隙及其相应发射光的波长与晶格常数之间的关系

因热运动或其他激发作用，价带中的电子获得足够的能量后跃迁到导带，或导带中的电子向价带跃迁与空穴复合。如果跃迁前后导带底对应的波数(k_v)的位置与价带顶所对应的波数(k_c)相同，即载流子在这两个能带极值之间

> 载流子跃迁前后，其波数发生变化的跃迁叫做间接跃迁，相应的能隙叫间接能隙。
> 载流子跃迁前后，其波数不变的跃迁叫做直接跃迁，相应的能隙叫直接能隙。

跃迁所对应波数没有变化，说明载流子跃迁前后动量守恒。这样的跃迁称为直接跃迁，其能隙类型称为直接能隙，这种半导体称为直接能隙半导体。反之，若载流子跃迁前后其波数发生变化($k_c \neq k_v$)，相应的载流子的跃迁叫间接跃迁，产生跃迁时电子的能量和动量都发生变化，声子也参与跃迁，即跃迁中包含了与晶体的相互作用，以保证跃迁前后的动量守恒。声子是晶格振动的能量子，其动量较大而能量较小。与间接跃迁所对应的能隙类型就叫做间接能隙，这种半导体称为间接能隙半导体。单纯的光跃迁过程发生在直接能隙半导体中。所以，直接能隙半导体是非常重要的光电子器件材料。在间接能隙半导体中，产生光跃迁的概率很小。所以，从理论上来说，间接能隙半导体的光电转换性能很差。

例5：GaAs是直接能隙半导体，室温下其禁带宽度为1.42 eV。试求将价带电子激发到导带所需的光子的最小频率及其所对应的带隙波长。

解：
$$\because E = h\nu = \frac{hc}{\lambda} \geqslant E_g$$

$$\therefore \nu \geqslant \frac{E_g}{h} = \frac{1.42}{4.135 \times 10^{-15}} = 3.43 \times 10^{14} (\text{s}^{-1})$$

$$\lambda \leqslant \frac{hc}{E_g} = \frac{4.135 \times 10^{-15} \times 3 \times 10^{17}}{1.42} = \frac{1240}{1.42} = 873.2 (\text{nm})$$

2.4.2 带隙宽度

1. 元素半导体

元素半导体有C(金刚石)、Si和Ge等，其中Si、Ge是最重要的传统半导体。300 K时，其晶格常数、带隙宽度及其能隙类型列于表2-2中。

表2-2 几种元素半导体在300 K下的晶格常数、带隙宽度及其能隙类型

材料	a/nm	E_g/eV	能隙类型
C	0.356	5.5	间接
Si	0.543	1.12	间接
Ge	0.546	0.67	间接

Ⅳ族元素半导体的禁带宽度依次是$E_g(\text{C})=5.4$ eV、$E_g(\text{Si})=1.12$ eV、$E_g(\text{Ge})=0.67$ eV、$E_g(\text{Sn})=0.08$ eV，它们的E_g依次减小。很显然，简单的键模型不能解释这个差异。这个差异源于它们之间芯电子的不同。

2. 二元化合物半导体

元素周期表中(图2-6)的Ⅲ-Ⅴ族、Ⅱ-Ⅵ族和Ⅳ-Ⅴ族元素分别构成$A_{Ⅲ}B_{Ⅴ}$、$A_{Ⅱ}B_{Ⅵ}$和$A_{Ⅳ}B_{Ⅵ}$二元化合物半导体，但是Ⅰ-Ⅶ族的$A_{Ⅰ}B_{Ⅶ}$二元化合物是绝缘体。

很多二元化合物半导体都具有直接能隙，这对于光电子器件应用非常重要。从表2-3可知，它们的禁带宽度覆盖了较宽的能量范围，但是为分散的数值。它们的禁带宽度变化有一定趋势。

	III	IV	V	VI
	B 5	C 6	N 7	O 8
II	Al 13	Si 14	P 15	S 16
Zn 30	Ga 31	Ge 32	As 33	Se 34
Cd 48	In 49	Sn 50	Sb 51	Te 52
Hg 80	Tl 81	Pb 82	Bi 83	Po 84

图 2-6 元素周期表中构成重要半导体的元素

表 2-3 部分闪锌矿半导体的晶格常数、带宽和能隙类型

	闪锌矿半导体			
	材料	$a/\text{Å}$	E_g/eV	能隙类型
III-V族	AlP	5.4510	2.43	间接
	AlAs	5.6605	2.17	间接
	AlSb	6.1355	1.58	间接
	GaP	5.4512	2.26	间接
	GaAs	5.6533	1.42	直接
	GaSb	6.0959	0.72	直接
	InP	5.8686	1.35	直接
	InAs	6.0584	0.36	直接
	InSb	6.4794	0.17	直接
II-VI族	ZnS	5.420	3.68	直接
	ZnSe	5.668	2.71	直接
	ZnTe	6.103	2.26	直接
	CdS	5.8320	2.42	直接
	CdSe	6.050	1.70	直接
	CdTe	6.482	1.56	直接

3. 三元合金

三元合金是由两种二元化合物合金组成，且这两种二元化合物拥有一种共同元素。也就是说，三元化合物的其中两种元素来自元素周期表的同一族，一种元素来自另一族。以III-V族为例，

$$A_{\text{III}(1-x)}B_{\text{III}(x)}C_{\text{V}} = [A_{\text{III}}C_{\text{V}}]_{(1-x)} + [B_{\text{III}}C_{\text{V}}]_{(x)}$$

$$A_{\text{III}}B_{\text{V}(1-y)}C_{\text{V}(y)} = [A_{\text{III}}B_{\text{V}}]_{(1-y)} + [A_{\text{III}}C_{\text{V}}]_{(y)}$$

通过调控组分 x 和 y，就能使禁带宽度连续变化。

两种二元化合物组成三元合金时，其禁带宽度和带隙类型与组分有关。大部分III-V

族三元合金的带隙与其摩尔组分之间的关系为
$$E_g = a + bx + cx^2 \tag{2-44}$$
表 2-4 中列出了部分直接能隙Ⅲ-Ⅴ族三元合金的对应系数 a、b 和 c 的数值。

表 2-4　部分直接能隙Ⅲ-Ⅴ族三元合金的禁带宽度的对应系数 a、b 和 c

合金	a	b	c	x 范围
$Al_x In_{1-x} P$	1.34	2.23		$0<x<1$
$Al_x Ga_{1-x} As$	1.424	1.247		$0<x<0.45$
	1.424	1.087	0.438	$x>0.45$
$Al_x In_{1-x} As$	0.356	2.35	0.24	$0<x<1$
$Al_x Ga_{1-x} Sb$	0.726	1.10	0.47	$0<x<1$
$Al_x In_{1-x} Sb$	0.18	1.621	0.43	$0<x<1$
$Ga_{1-x} In_x P$	1.34	0.511	0.6043	$0<x<0.55$
$Ga_{1-x} In_x As$	1.425	−1.505	0.436	$0<x<1$
$Ga_{1-x} In_x Sb$	0.726	−0.961	0.415	$0<x<1$
$GaP_x As_{1-x}$	1.424	1.172	0.186	$0<x<1$
$InP_x As_{1-x}$	0.356	0.675	0.32	$0<x<1$
$InAs_x Sb_{1-x}$	0.18	−0.384	0.58	$0<x<1$
$GaAs_x Sb_{1-x}$	0.726	0.502	1.2	$0<x<1$

4. 四元合金

四元合金由 A、B、C、D 这 4 种元素组成，其中两种元素来自同一族，另两种元素来自另一族。以Ⅲ-Ⅴ族为例(图 2-6)，可以分为两类。

第一类，由 4 种二元化合物混合而成：
$$A_{Ⅲ(1-x)} B_{Ⅲ(x)} C_{Ⅴ(1-y)} D_{Ⅴ(y)} = [A_Ⅲ C_Ⅴ]_{(1-x)(1-y)} + [A_Ⅲ D_Ⅴ]_{(1-x)y} + [B_Ⅲ C_Ⅴ]_{x(1-y)} + [B_Ⅲ D_Ⅴ]_{xy}$$

第二类，有三种元素来自同一族，一种元素来自另一族，由三种二元化合物混合得到：
$$A_{Ⅲ(1-x-y)} B_{Ⅲ(x)} C_{Ⅲ(y)} D_{Ⅴ(1-x)} = [A_Ⅲ D_Ⅴ]_{(1-x-y)} + [B_Ⅲ D_Ⅴ]_{(x)} + [C_Ⅲ D_Ⅴ]_{(y)}$$
$$A_Ⅲ B_{Ⅴ(1-x-y)} C_{Ⅴ(x)} D_{Ⅴ(y)} = [A_Ⅲ B_Ⅴ]_{(1-x-y)} + [A_Ⅲ C_Ⅴ]_{(x)} + [A_Ⅲ D_Ⅴ]_{(y)}$$

调控四元合金的组分，使其晶格常数与二元化合物实现晶格匹配，这对于异质结的制备具有重要意义。

图 2-7 给出了部分半导体的禁带宽度及其与禁带宽度所对应的光子的发光波长与半导体的晶格常数之间的关系。图中的连线表示改变元素的摩尔组分能连续改变化合物的禁带宽度。表 2-5 给出了与几种光色相对应的半导体的禁带宽度。

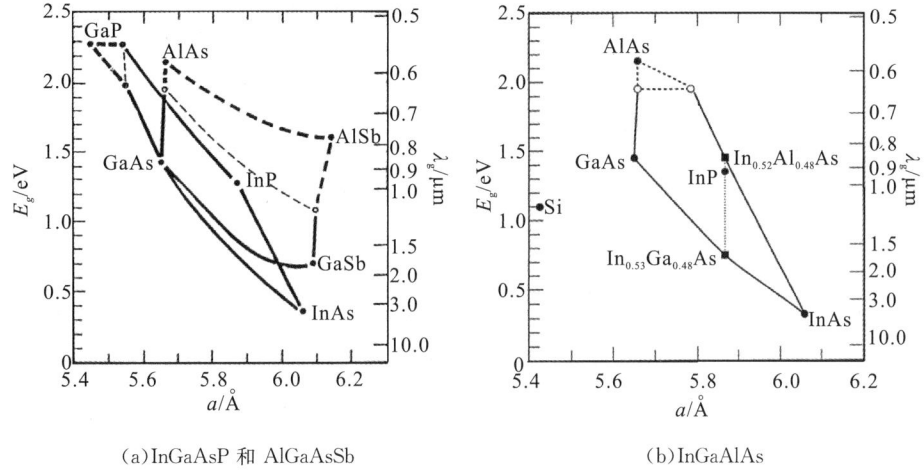

(a) InGaAsP 和 AlGaAsSb (b) InGaAlAs

图 2-7　Ⅲ-Ⅴ族四元合金

表 2-5　与几种光色相对应的半导体的禁带宽度

光色	带隙波长/nm	E_g/eV
红	700~630	1.77~1.97
橙	630~600	1.97~2.07
黄	600~570	2.07~2.18
绿	570~520	2.18~2.38
青	520~480	2.38~2.58
蓝	480~430	2.58~2.88
紫	430~400	2.88~3.10

> - Ⅳ族元素半导体、大多数Ⅲ-Ⅴ族、Ⅱ-Ⅵ族化合物半导体的禁带宽度具有负温度系数特征。
> - 部分Ⅳ-Ⅵ族化合物半导体的禁带宽度具有正温度系数特征。

影响禁带宽度的主要因素有温度、杂质浓度、应力、组成元素的摩尔组分等。对低维半导体结构，如半导体纳米线，还有晶面取向、横截面形貌和宽长比、应力等因素能够调制禁带的宽度以及能隙类型。禁带的宽度以及能隙类型的调制是半导体能带工程的核心。

2.4.3　禁带宽度的温度系数特征

通常，温度通过两个方面改变禁带宽度：一个方面与材料的热膨胀系数相关，即声子-声子相互作用；另一个方面则来自电子-声子的相互作用。

实验结果表明，Ⅳ族元素半导体、大多数Ⅲ-Ⅴ族、Ⅱ-Ⅵ族化合物半导体的禁带宽度随温度的升高而减小（表 2-6），这就是禁带宽度的负温度系数特征。禁带宽度的变温关系有几种数学模型，这里给出的是 Varshni 模型：

$$E_g(T) = E_g(0\mathrm{K}) - \frac{\alpha T^2}{\beta + T} \tag{2-45}$$

表 2-6 不同温度下 Ge、Si、GaAs 的禁带宽度

T/K	E_g/eV		
	Ge	Si	GaAs
300	0.66	1.12	1.42
400	0.62	1.09	1.38
500	0.58	1.06	1.33
600	0.54	1.03	1.28

部分半导体的拟合参数 α 和 β 见表 2-7。

表 2-7 部分半导体的拟合参数表

材料	$E_g(0\,\mathrm{K})$/eV	$\alpha/(\times 10^{-4}\,\mathrm{eV/K})$	β/K	文献报道的 $E_g(0\,\mathrm{K})$/eV
Si	1.1695	4.73	636	1.17
Ge	0.7437	4.774	235	0.74
GaAs	1.521	5.58	220	1.51~1.55
AlAs	2.239	6.0	408	2.22~2.239
InAs	0.420	2.5	75	0.414~0.43
InP	1.421	3.63	162	1.42~1.432
GaP	2.338	5.771	372	2.338~2.346
AlP	2.52	3.18	588	
AlSb	1.687	4.97	213	
GaSb	0.810	3.78	162	
InSb	0.236	2.99	140	

Ⅳ-Ⅵ族化合物半导体的禁带宽度随温度的变化与Ⅳ族元素半导体、大多数Ⅲ-Ⅴ族、Ⅱ-Ⅵ族化合物半导体相比比较复杂。例如，具有直接能隙的硫系化合物，如 PbS、PbSe 和 PbTe，在温度低于 100 K 时，它们的禁带宽度几乎与温度无关；当温度高于 100 K 时，它们的带宽具有的正温度系数特征，即禁带宽度随温度的升高而变宽。

2.4.4 杂质浓度的禁带宽度变窄效应

在掺入浅能级杂质的半导体中，在重掺杂下，半导体会出现禁带宽度变窄效应，Ge、Si、GaAs 等部分半导体的禁带宽度变窄效应见图 2-8。发生这种效应的原因是，在重掺杂时，杂质原子束缚的电子的波函数之间发生交叠，电子成为非局域化电子，杂质能级展宽为杂质能带，从而与本征半导体的能带重叠，施主态消失。杂质能带的宽度正比于相邻束缚电子波函数交叠的程度。对 Si 的实验结果显示，在杂质浓度达到 $10^{20}\,\mathrm{cm}^{-3}$ 时，由于施主态消失，电子不再受到施主杂质中心的束缚，显示出接近金属的行为。其电子浓度很高，但与温度关系不大。杂质浓度 N 的禁带宽度变窄效应关系为

$$\Delta E_g(N) = -\frac{3q^2}{16\pi\varepsilon_s}\left(\frac{q^2 N}{\varepsilon_s kT}\right)^{\frac{1}{2}} \tag{2-46}$$

对于 Si,

$$\Delta E_g(N) = -22.5 \cdot \left(\frac{N}{10^{18}}\right)^{\frac{1}{2}} (\text{meV}) \qquad (2\text{-}47)$$

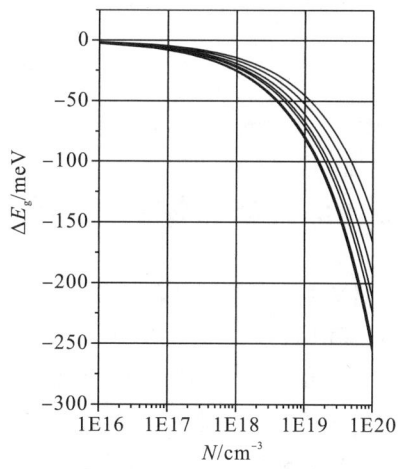

图 2-8 几种半导体材料的禁带宽度变窄效应

注：图中线条从上到下依次为 Ge、InAs、GaAs、InP、Si、AlAs

几种半导体材料的禁带宽度变化(ΔE_g)随杂质浓度的变化曲线表明，在杂质浓度高于 $10^{18}\,\text{cm}^{-3}$ 以后，禁带宽度变窄效应开始比较明显。在这几种材料之中，相对介电常数大的 Ge(ε_s=16)与相对介电常数较小的 GaP(ε_s=11.1)和 Si(ε_s=11.9)相比，GaP 和 Si 的禁带宽度变窄效应相对比较显著。

2.4.5 部分合金的禁带宽度特点

对于具有 X 能谷和 Γ 能谷的 $A_{1-x}B_x$ 合金，禁带宽度 E_g^{AB} 的经验拟合公式是

$$E_{g,X}^{AB} = E_{g,X}^A \cdot (1-x) + E_{g,X}^B \cdot x + C_{g,X} \cdot (1-x) \cdot x \qquad (2\text{-}48)$$

$$E_{g,\Gamma}^{AB} = E_{g,\Gamma}^A \cdot (1-x) + E_{g,\Gamma}^B \cdot x + C_{g,\Gamma} \cdot (1-x) \cdot x \qquad (2\text{-}49)$$

$$E_g^{AB} = \min(E_{g,X}^{AB}, E_{g,\Gamma}^{AB}) \qquad (2\text{-}50)$$

部分 $A_{1-x}B_x$ 合金的拟合参数 $C_{g,X}$、$C_{g,\Gamma}$ 见表 2-8。

如果 $A_{1-x}B_x$ 合金是单能谷，其禁带宽度经验公式为

$$E_g^{AB} = E_g^A \cdot (1-x) + E_g^B \cdot x + C_g \cdot (1-x) \cdot x \qquad (2\text{-}51)$$

公式中的拟合参数见表 2-8。

表 2-8 部分 $A_{1-x}B_x$ 合金的拟合参数 $C_{g,X}$、$C_{g,\Gamma}$ 拟合参数表

材料	$C_{g,X}$	$C_{g,\Gamma}$	C_g
SiGe			−0.4
AlGaAs	−0.143	0.0	0.7
InGaAs			−0.475

材料	$C_{g,X}$	$C_{g,\Gamma}$	C_g
InAlAs	−0.713	−0.3	1.2
InAsP			−0.32
GaAsP	−0.21	−0.21	0.5
InGaP	−0.17	−0.67	0.6

2.5 部分半导体的能带结构

在 k 空间，与 E_c 和 E_v 所对应的 k_c 和 k_v 是否相等决定了半导体的光学性质的优劣。$k_c \neq k_v$ 的半导体称为间接能隙半导体，$k_c = k_v$ 的半导体则称为直接能隙半导体。由于 Si 的两个能带极值所对应的波数不同($k_c \neq k_h$)，通常将这样的半导体称为间接能隙半导体。对于间接能隙半导体，电子和空穴在导带和价带之间发生跃迁时，电子的动量变化 $\Delta p = h|k_c - k_v|$ 很大，大约是光子动量的 1000 倍。为使动量守恒，声子必须参与跃迁。声子是晶格能量的能量子。声子参与跃迁，表明间接能隙半导体的跃迁中伴随着与晶体发生相互作用。故间接能隙半导体在光电应用中转换效率很差。Ge 的价带最大值 E_v 出现在 $k_v = 0$ 处，导带最小值 E_c 在 [111] 方向且其对应的 $k_v \neq 0$。Ge、GaP、AlAs 也是间接能隙半导体。由间接能隙发生的载流子跃迁就称为间接跃迁。GaAs 的 E-k 图表明它是直接能隙半导体，通过直接能隙发生的载流子跃迁就是直接跃迁。由于 GaAs 的光电转换效率非常高，所以它是半导体发光二极管(LED)和半导体激光器的重要材料。

2.5.1 Si、Ge 的能带结构

1. Si 的能带结构

图 2-9(a)所示为 Si 的 E-x 能带图和 E-k 能带图。E-k 图有一个重要特点，能带沿不同的 k 方向互相交叠，所以实际禁带宽度只有 1.12 eV。在 k 的正负轴方向设置有两个不同的晶向。正轴方向对应 [111] 方向，负轴方向为 [100] 方向。其价带最大值 E_v 出现在 $k_v = 0$ 处，价带中的空穴倾向于填充在价带最大值 E_v 附近；导带最小值 E_c 在布里渊区 [100] 方向的 X 点附近，其对应的 $k_c \neq 0$，导带中的电子倾向于填充在导带最小值 E_c 附近。由这两个极值的能量差值就能确定禁带宽度 $E_g = E_c - E_v$ 的大小。图中同时给出了 X 能谷、Γ1 能谷、Γ2 能谷以及 L 能谷相对应的能隙值。在 $k = 0$ 处的 Γ1 次能谷对应直接能隙，其能隙宽度为 $E_\Gamma = 3.4$ eV。此能谷分别位于 $k = (x, 0, 0)$，$(-x, 0, 0)$，$(0, x, 0)$，$(0, -x, 0)$，$(0, 0, x)$ 和 $(0, 0, -x)$($x = 5$ nm^{-1})处，是六重简并的。价带在 $k = 0$ 处在不计入自旋时是三度简并的，考虑自旋后则是六度简并的。与化合物半导体不同，Si 的自旋-轨道耦合带的极值与重空穴带和轻空穴带的极值是分开的，其等能面接近球面。因半导体中的跃迁主要发生在导带底与价带顶之间，所以通常只对这两个能带极值感兴趣。Si 能带极值处载流子的纵向有效质量 $m_{n,l}^* = 0.98\ m_0$，横向有效质量 $m_{n,t}^* = 0.19\ m_0$，这里 $m_0 = 9.11 \times$

10^{-31} kg(电子静止质量)。在价带顶附近(布里渊区的 Γ 点),三条价带之中有两条位于 0 eV 处,分别是轻空穴(light hole,lh)带和重空穴(heavy hole,hh)带,空穴的态密度有效质量分别是 $m_{lh}^*=0.16\ m_0$ 和 $m_{hh}^*=0.46\ m_0$;极值位于 $E_{v,so}=-0.044$ eV 处的是自旋-轨道耦合带,其态密度有效质量 $m_{v,so}^*=0.29\ m_0$。

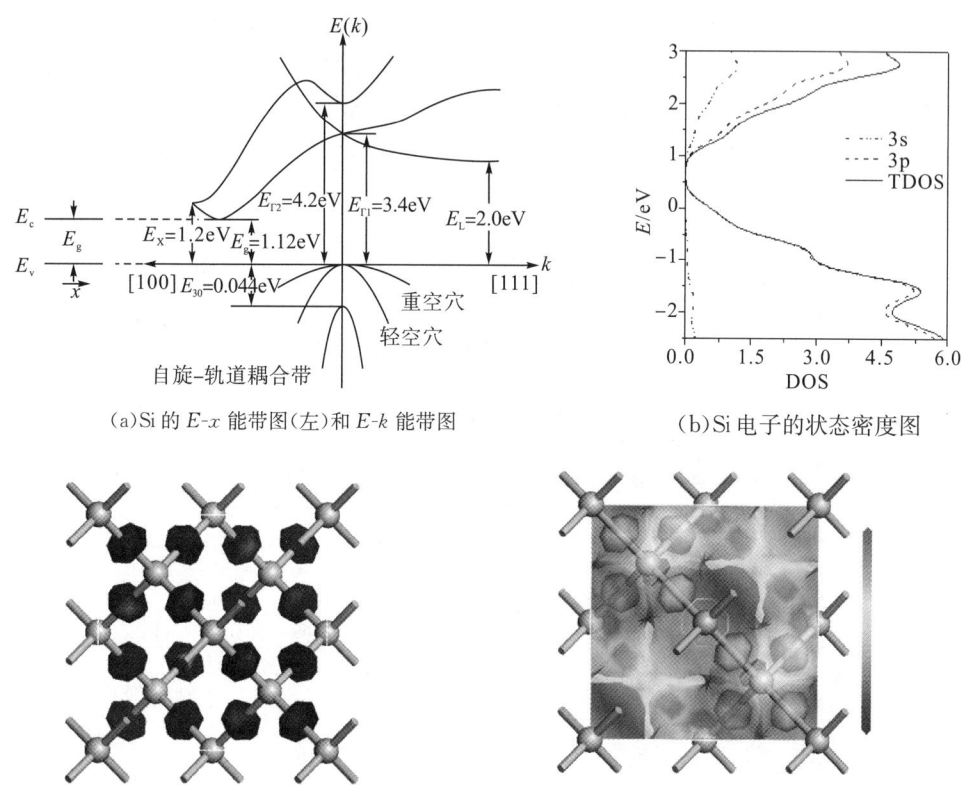

图 2-9 由第一性原理密度泛函理论计算得到的硅的电子结构

图 2-9(b)是 Si 电子的状态密度(density of states,DOS)图,它能够给出价电子的轨道电子对能带的具体贡献程度。价带附近的电子态基本上由 Si 的 3p 轨道电子决定,3s 轨道电子的作用基本可以忽略;在导带附近,3p 轨道电子的影响最大,3s 轨道电子也有一定程度的贡献。图中的实线是电子的总状态密度图(total density of states,TDOS)。图 2-9(c)就是一个 Si 晶胞内的电荷密度分布图,显示电荷均匀分布在相邻两个原子之间。图 2-9(d)为在(100)面上的差分电荷密度投影分布图,图中的差分电荷分布状况呈现高度对称的色块分布,同时与图 2-9(c)的电荷均匀分布互为印证,表明了 Si 晶胞的典型的共价键特征。

例 6:从 Si 的 E-k 能带图能确定它的哪些主要特征。

解:一般能从 E-k 能带图确定如下三个主要特征:

(1) Si 的两个能带极值所对应的波数不同($k_c \neq k_v$),所以它是间接能隙半导体。

(2) 从导带底和价带顶能够确定其禁带宽度。

(3) 在能带极值附近作抛物线曲线拟合能得到电子的有效质量。

例7：描述禁带宽度的含义。

解：禁带宽度的数值决定了价电子从价带顶跃迁到导带底所需的最小能量。

2. Ge 的能带结构

Ge 与 Si 都是间接能隙半导体。其导带极值沿布里渊区的 [111] 方向，其室温下的能隙宽度 Ge 为 0.67 eV。它的直接能隙能谷都位于布里渊区的中心，为 $E_{\Gamma 1}=0.8$ eV。其价带结构也与 Si 的类似，也是由轻空穴带和重空穴带构成，如图 2-10 所示。Ge 能带结构有一个特点，它有较小的空穴有效质量，所以其电子迁移率与空穴迁移率比较接近。

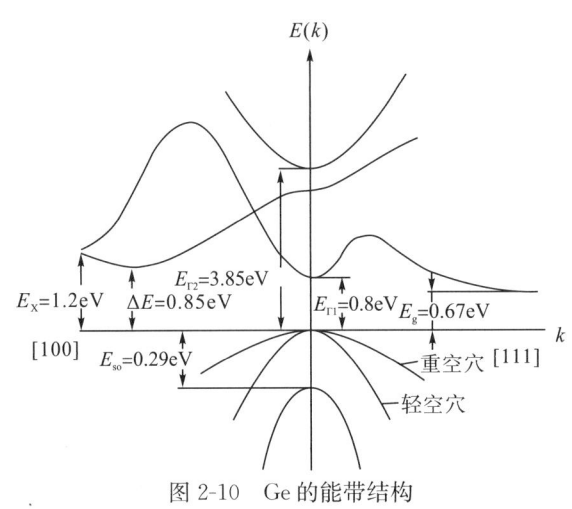

图 2-10　Ge 的能带结构

2.5.2　部分Ⅲ-Ⅴ族化合物半导体的能带结构

1. GaAs 的能带结构

图 2-11 所示是 GaAs 的 E-k 图。300 K 下，它的直接能隙禁带宽度是 1.42 eV。其主能谷是 Γ 能谷。在 $0<T<10^3$ K 下，Γ 能谷的带隙宽度随温度的变化关系为

$$E_g = 1.519 - 5.405 \times 10^{-4} \cdot T^2/(T+204)(\text{eV}) \tag{2-52}$$

此外，它还有两个次能谷：X 能谷和 L 能谷。L 能谷与 Γ 能谷的能量差值是 0.29 eV。L 能谷沿布里渊区的 [111] 方向，为六重简并。当载流子获得足够大的能量时，载流子可以跃迁到曲率变化率相对更小的 L 能谷，则载流子的有效质量变大，使得其电迁移能力变小。所以，L 能谷的电子与 Γ 能谷的电子性质是有差异的。在布里渊区的中心处，众多的化合物半导体的价带都有相似的特点，其价带在布里渊区的中心是简并的，有一条重空穴带、一条轻空穴带和一条自旋-轨道耦合而分裂出来的第三条带。L 能谷的带隙宽度随温度的变化关系为

$$E_L = 1.815 - 6.05 \times 10^{-4} \cdot T^2/(T+204)(\text{eV}) \tag{2-53}$$

X 能谷的带隙宽度随温度的变化关系为

$$E_X = 1.981 - 4.60 \times 10^{-4} \cdot T^2/(T+204)(\text{eV}) \tag{2-54}$$

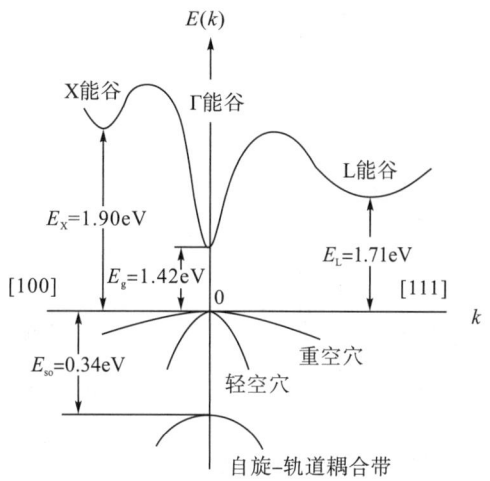

图 2-11 GaAs 的 E-k 图

在重掺杂下，GaAs 受主产生的重掺杂禁带宽度变窄效应关系为

$$\Delta E_g \approx 2 \cdot 10^{-11} \cdot N_A^{-1/2}(\text{eV}) \tag{2-55}$$

其中，N_A 为受主浓度(cm^{-3})。在流体静压力下，Γ 能谷、L 能谷和 X 能谷的带隙宽度随流体静压力(P/kbar)的变化关系为

$$E_g = E_g(0) + 0.0126P - 3.77 \times 10^{-5}P^2(\text{eV}) \tag{2-56}$$

$$E_L = E_L(0) + 5.5 \times 10^{-3}P(\text{eV}) \tag{2-57}$$

$$E_X = E_X(0) + 1.5 \times 10^{-3}P(\text{eV}) \tag{2-58}$$

2. $\text{Al}_x\text{Ga}_{1-x}\text{As}$ 的能带结构

GaAs 是直接能隙半导体，而 AlAs 是间接能隙半导体。对于 $\text{Al}_x\text{Ga}_{1-x}\text{As}$，当 Al 的摩尔组分 $x < 0.45$ 时，其 Γ 能谷为最低能谷，能隙为直接能隙；随着 x 逐渐增加，$\text{Al}_x\text{Ga}_{1-x}\text{As}$ 的导带向高能方向移动，且 L 能谷向上的移动量比 Γ 能谷向上的移动量小；当 $x > 0.45$ 时，L 能谷成为次能谷，X 能谷成为最低能谷，$\text{Al}_x\text{Ga}_{1-x}\text{As}$ 的能隙类型变为间接能隙，如图 2-12(b) 所示。其禁带宽度与 x 的关系(图 2-13)为

$$E_g = 1.424 + 1.247x(\text{eV}), \quad x < 0.45 \tag{2-59}$$

$$E_g = 1.9 + 0.125x + 0.143x^2(\text{eV}), \quad x > 0.45 \tag{2-60}$$

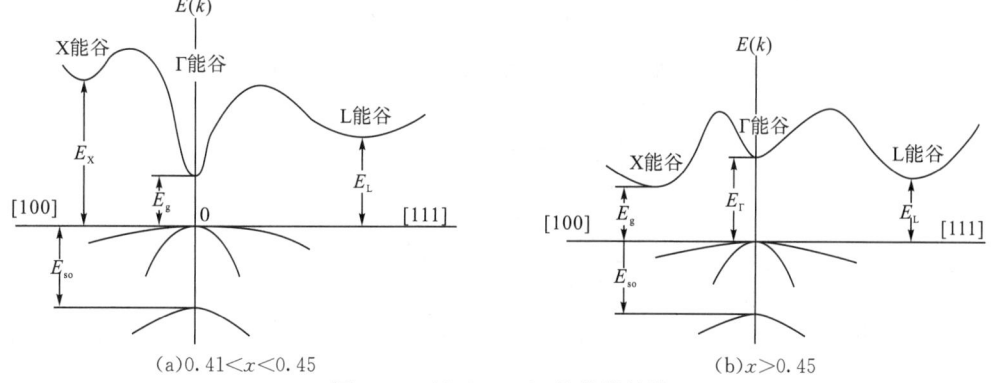

图 2-12 $\text{Al}_x\text{Ga}_{1-x}\text{As}$ 的能带结构

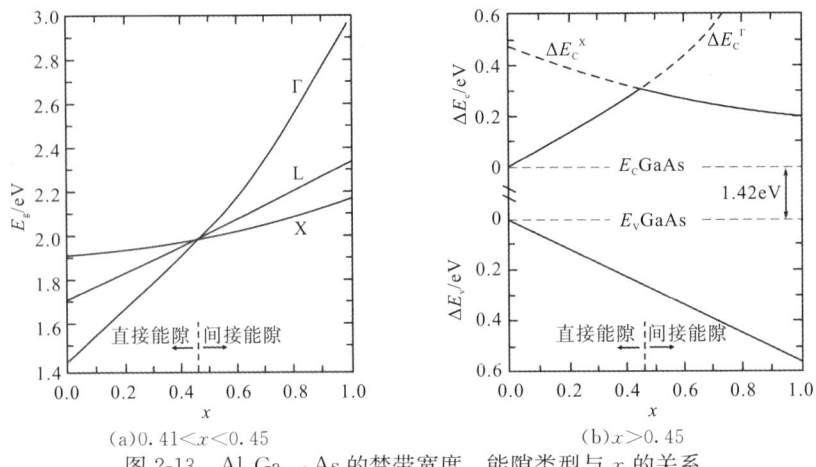

(a) $0.41<x<0.45$ (b) $x>0.45$

图 2-13 $Al_xGa_{x-1}As$ 的禁带宽度、能隙类型与 x 的关系

3. InAs 的能带结构

室温下，InAs 是禁带宽度为 0.35 eV 的窄能隙、直接能隙半导体(图 2-14)。其导带极值依次位于布里渊区的 Γ、L 和 X 处。L 能谷与 Γ 能谷的能量差是 0.73 eV。在 $0<T<300$ K 下，Γ能谷的禁带宽度随温度的变化关系为

$$E_g = 0.415 - 2.76 \times 10^{-4} \cdot T^2/(T+83)(\text{eV}) \tag{2-61}$$

在流体静压力下，Γ能谷和 L 能谷禁带宽度随流体静压力(P)的变化关系为

$$E_g \approx E_g(0) + 4.8 \times 10^{-3} P(\text{eV}) \tag{2-62}$$
$$E_L \approx E_L(0) + 3.2 \times 10^{-3} P(\text{eV}) \tag{2-63}$$

在重掺杂下，InAs 也存在禁带宽度变窄效应，其施主、受主的重掺杂禁带宽度变窄关系分别为

$$\Delta E_g = 14.0 \times 10^{-9} \cdot N_D^{1/3} + 1.97 \times 10^{-7} \cdot N_D^{1/4} + 57.9 \times 10^{-12} \cdot N_D^{1/2}(\text{eV}) \tag{2-64}$$
$$\Delta E_g = 8.34 \times 10^{-9} \cdot N_A^{1/3} + 2.91 \times 10^{-7} \cdot N_A^{1/4} + 4.53 \times 10^{-12} \cdot N_A^{1/2}(\text{eV}) \tag{2-65}$$

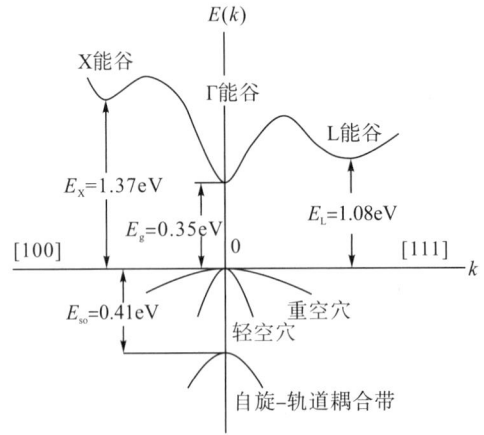

图 2-14 InAs 的能带结构

4. InP 的能带结构

InP 与 GaAs 都是 Ⅲ-Ⅴ 族的二元化合物半导体。图 2-15 所示是 InP 的 E-k 图，它与

GaAs 较相似。300 K 下，它的直接能隙禁带宽度是 1.34 eV。其主能谷是Γ能谷。X 能谷和 L 能谷是其次能谷。L 能谷与Γ能谷的能量差值是 0.59 eV。L 能谷沿布里渊区的 [111] 方向，X 能谷则沿布里渊区的 [100] 方向。

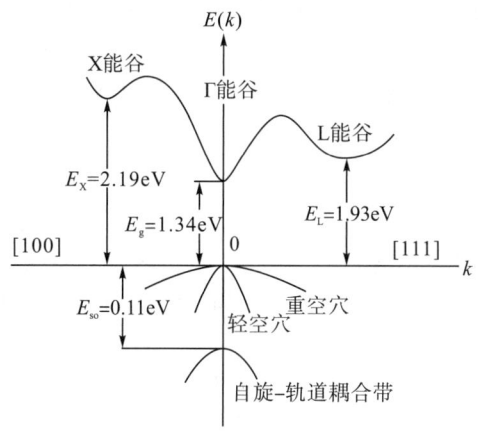

图 2-15 磷化铟的能带结构

2.6 有效质量

2.6.1 有效质量的定义

简单起见，考虑球形等能面能谷的情况。假设 $E(0)$ 为导带底或价带顶，将 $E(k)$ 在 $k=0$ 附近作泰勒级数展开：

$$E(k) = E(0) + \left(\frac{\mathrm{d}E}{\mathrm{d}k}\right)_{k=0} k + \frac{1}{2}\left(\frac{\mathrm{d}^2 E}{\mathrm{d}k^2}\right)_{k=0} k^2 + \cdots \tag{2-66}$$

定义电子有效质量(effective mass)

$$m^* = \frac{\hbar^2}{\dfrac{\mathrm{d}^2 E}{\mathrm{d}k^2}} \tag{2-67}$$

因能带极值处 $\left(\dfrac{\mathrm{d}E}{\mathrm{d}k}\right)_{k=0}=0$，所以

$$E(k) - E(0) = \frac{1}{2}\left(\frac{\mathrm{d}^2 E}{\mathrm{d}k^2}\right)_{k=0} k^2 \tag{2-68}$$

由该式可知，m_n^* 在导带底和价带顶有显著的不同：对于价带顶的情形，由于 $E(k)<E(0)$，故 m_n^* 取负号；对于导带底的情形，由于 $E(k)>E(0)$，故 m_n^* 取正号。因此，在导带底附近的电子具有正的有效质量，在价带顶附近的电子具有负的有效质量。这个结果就引出了一个新的概念，带负电的电子具有负的有效质量，其运动等效于一个带正电荷的具有正的有效质量的粒子，我们称这个准粒子为空穴。

电子有效质量 m_n^* 概括了在布里渊区特定的位置处半导体内部势场的作用，它是表征载流子迁移运动的重要物理量。式(2-67)显示，有效质量反比于 E-k 函数的曲率的变

化率：m^* 越大，E-k 函数的曲率的变化率越小；能带极值附近越平坦，m^* 越大。在三维能带中，$\boldsymbol{m}^*$ 是张量。导带底曲率的变化率为正值，价带顶曲率的变化率为负值，故导带底电子的有效质量为正值，而价带顶电子的有效质量为负值，二者符号相反。这样，可以视其与一个带

> 带负电的电子具有负的有效质量，其运动等效于一个带正电荷的具有正的有效质量的粒子，这个准粒子称为空穴。

正电的有效质量为正值的等效载流子等效，这个等效载流子称为空穴，它是准粒子（如同水中的气泡）。用 m_n^* 和 m_p^* 分别表示电子的有效质量和空穴的有效质量，则

$$m_p^* = -m_n^* \tag{2-69}$$

空穴的作用将在后面章节讨论。

由于能带结构与温度有一定关系，因此，载流子的有效质量与温度之间也有关系。根据 Barber 分析结果，在 200 K≤T≤700 K 的温度范围内，本征 Si 的载流子有效质量与温度之间的关系近似为

$$\begin{aligned} m_n^* &= [1.028 + (6.11 \times 10^{-4})T - (3.09 \times 10^{-7})T^2]m_0 \\ m_p^* &= [0.610 + (7.83 \times 10^{-4})T - (4.46 \times 10^{-7})T^2]m_0 \end{aligned} \tag{2-70}$$

2.6.2 有效质量的意义

在外电场 E 的作用下，电子受到电场力 $f = -qE$ 的作用，电场力对电子所作的功导致电子能量发生变化，所以

$$dE = f \cdot ds = f(v \cdot dt) \tag{2-71}$$

量子力学得到的半导体中的电子的速度与能量的关系为

$$v = \frac{1}{\hbar} \frac{dE}{dk} \tag{2-72}$$

利用式(2-71)和式(2-72)，有

$$a = \frac{dv}{dt} = \frac{d}{dt}\left(\frac{1}{\hbar}\frac{dE}{dk}\right) = \frac{1}{\hbar}\frac{d}{dk}\left(\frac{dE}{dt}\right) = \frac{f}{\hbar^2}\frac{d^2E}{dk^2} = \frac{f}{m^*} \tag{2-73}$$

即

$$f = m^* a \tag{2-74}$$

显然，电子运动的加速度体现了半导体内部势场与外电场共同作用于电子上的结果。

载流子有效质量是将量子力学结果与经典力学方程相结合而得到的物理量，体现的是晶体内部势场和量子力学的效应。它的表述简单而有效。对于真实的晶体，有效质量的概念更加复杂。测量方法不同，有效质量也会不同。而且，有效质量随温度变化会有轻微的变化。

2.6.3 状态密度、态密度有效质量和电导有效质量

1. 状态密度和态密度有效质量

在能带中，能量 E 与 $E+\mathrm{d}E$ 之间的能量间隔 $\mathrm{d}E$ 内有量子态 $\mathrm{d}Z$ 个，则定义状态密度 $g(E)$ 为

$$g(E) = \frac{\mathrm{d}Z}{\mathrm{d}E} \tag{2-75}$$

能带 $E\text{-}k$ 关系表明，半导体中电子的能量状态（能级）与波矢有对应关系，波矢的取值是由整数 (n_x, n_y, n_z) 决定的，

$$\begin{cases} k_x = \dfrac{2\pi n_x}{L}, & n_x = 0, \pm 1, \pm 2, \cdots \\ k_y = \dfrac{2\pi n_y}{L}, & n_x = 0, \pm 1, \pm 2, \cdots \\ k_z = \dfrac{2\pi n_z}{L}, & n_x = 0, \pm 1, \pm 2, \cdots \end{cases} \tag{2-76}$$

其中，L 是晶体的线度，$L^3 = V$ 是晶体的体积。每个允许的能量状态在 k 空间中与由整数组 (n_x, n_y, n_z) 决定的一个代表点 (k_x, k_y, k_z) 相对应。由式(2-76)可知，k 空间中的一个代表点的密度为

$$\frac{1}{\left(\dfrac{2\pi}{L}\right)^3} = \frac{V}{8\pi^3} \tag{2-77}$$

k 空间中的一个代表点表示的是自旋方向相反的两个量子态。计入电子的自旋，则 k 空间中电子的允许量子态密度是

$$2 \times \frac{V}{8\pi^3} \tag{2-78}$$

这里，每一个量子态最多容纳一个电子。

考虑最简单的球形等能面情况。为简化计算，假设导带底在 $k=0$ 处，且

$$E(k) = E_\mathrm{c} + \frac{h^2 k^2}{2m_\mathrm{n}^*} \tag{2-79}$$

在 k 空间中，以 $|k|$ 为半径的球面就是能量为 $E(k)$ 的等能面；类似的，以 $|k+\mathrm{d}k|$ 为半径的球面就是能量为 $E(k+\mathrm{d}k)$ 的等能面。k 空间中半径为 $|k+\mathrm{d}k|$ 的球与半径为 $|k|$ 的球之间的球壳的体积微元为 $4\pi k^2 \mathrm{d}k$。因此，在能量 $E \sim E+\mathrm{d}E$ 之间的量子态数就是量子态密度与该体积微元之积，为

$$\mathrm{d}Z = \left[2 \times \left(\frac{V}{8\pi^3}\right)\right](4\pi k^2 \mathrm{d}k) = \frac{V}{\pi^2} k^2 \mathrm{d}k \tag{2-80}$$

利用式(2-79)，有

$$k = \frac{(2m_\mathrm{n}^*)^{\frac{1}{2}}}{h}(E-E_\mathrm{c})^{\frac{1}{2}} \tag{2-81}$$

$$k\,\mathrm{d}k = \frac{m_\mathrm{n}^*}{h^2}\mathrm{d}E \tag{2-82}$$

将式(2-81)和式(2-82)代入式(2-80)，有

$$dZ = \frac{V}{2\pi^2} \frac{(2m_n^*)^{\frac{3}{2}}}{h^3} (E - E_c)^{\frac{1}{2}} dE \tag{2-83}$$

所以，导带底附近的状态密度为

$$g_c(E) = \frac{dZ}{dE} = \frac{V}{2\pi^2} \frac{(2m_n^*)^{\frac{3}{2}}}{h^3} (E - E_c)^{\frac{1}{2}} \tag{2-84}$$

该式在导带底以上有效。同理，可以得到价带顶的量子态密度为

$$g_v(E) = \frac{dZ}{dE} = \frac{V}{2\pi^2} \frac{(2m_p^*)^{\frac{3}{2}}}{h^3} (E_v - E)^{\frac{1}{2}} \tag{2-85}$$

对于大部分实际的半导体，能带极值的等能面基本都不是球面。例如，Ge、Si的等能面是旋转椭球等能面。类似的，在能带极值附近可以得到

$$g_c(E) = \frac{V}{2\pi^2} \frac{(2m_n^*)^{\frac{3}{2}}}{h^3} (E - E_c)^{\frac{1}{2}} \tag{2-86}$$

$$g_v(E) = \frac{V}{2\pi^2} \frac{(2m_p^*)^{\frac{3}{2}}}{h^3} (E_v - E)^{\frac{1}{2}} \tag{2-87}$$

但这里的载流子有效质量分别为

$$m_n^* = m_{n,DOS} = s^{\frac{2}{3}} (m_l m_t^2)^{\frac{1}{3}} \tag{2-88}$$

$$m_p^* = m_{p,DOS} = [(m_p)_l^{\frac{3}{2}} + (m_p)_h^{\frac{3}{2}}]^{\frac{2}{3}} \tag{2-89}$$

这里 $m_{n,DOS}$ 是导带底电子的状态密度有效质量，$m_{p,DOS}$ 是价带顶空穴的状态密度有效质量。其中，m_l 和 m_t 分别为电子的纵向有效质量和横向有效质量。对于 Si，导带底有 6 个旋转椭球等能面，$s=6$；对于 Ge，导带底有 4 个旋转椭球等能面，$s=4$。GaAs 只有一个导带能谷，其等能面是球面，故 $m_{dn} = m_n$。m_p 的下标 l 和 h 分别对应轻空穴和重空穴。

由于在半导体的禁带中没有量子态，所以

$$g(E)|_{E_v < E < E_c} = 0 \tag{2-90}$$

$$\begin{aligned} E(\boldsymbol{k}) &= E(\boldsymbol{k}_0) + \frac{1}{2} \frac{\partial^2 E}{\partial k_1^2}\bigg|_{k_1=k_{10}} (k_1 - k_{10})^2 + \frac{1}{2} \frac{\partial^2 E}{\partial k_2^2}\bigg|_{k_2=k_{20}} (k_2 - k_{20})^2 \\ &\quad + \frac{1}{2} \frac{\partial^2 E}{\partial k_3^2}\bigg|_{k_3=k_{30}} (k_3 - k_{30})^2 + \cdots \\ &\approx E(\boldsymbol{k}_0) + \frac{\hbar^2}{2m_1^*} \frac{\partial^2 E}{\partial k_1^2}\bigg|_{k_1+k_{10}} (k_1 - k_{10})^2 + \frac{\hbar^2}{2m_2^*} \frac{\partial^2 E}{\partial k_2^2}\bigg|_{k_2=k_{20}} (k_2 - k_{20})^2 \\ &\quad + \frac{\hbar^2}{2m_3^*} \frac{\partial^2 E}{\partial k_3^2}\bigg|_{k_3=k_{30}} (k_3 - k_{30})^2 \end{aligned} \tag{2-91}$$

例如，对于 Si，有

$$m_n^* = m_{n,DOS} = s^{\frac{2}{3}} (m_l m_t^2)^{\frac{1}{3}} = 6^{\frac{2}{3}} \times (0.98 \times 0.19 \times 0.19)^{\frac{1}{3}} = 1.08 \, m_0 \tag{2-92}$$

2. 电导有效质量

在研究载流子的电输运性能时，还会使用到与载流子的迁移率和扩散相关联的载流子电导有效质量，它与半导体的结构相关联。由于材料的电导率与有效质量成反比，材料能带极值处有几个旋转椭球等能面，所以，

$$m_n^* = m_{n,\text{cond}} = \frac{3}{\frac{1}{m_t}+\frac{1}{m_l}+\frac{1}{m_l}} \tag{2-93}$$

例如，对于 Si，在 X 能谷处的电子电导有效质量为

$$m_n^* = m_{n,\text{cond}} = \frac{3}{\frac{1}{m_t}+\frac{1}{m_l}+\frac{1}{m_l}} = \frac{1}{\frac{1}{0.89}+\frac{1}{0.19}+\frac{1}{0.19}} = 0.26\,m_0 \tag{2-94}$$

在 E-k 能带图的极值附近通过抛物线拟合可得到电子的有效质量。表 2-9 给出了 Si、Ge、GaAs 的禁带宽度、电子和空穴的态密度有效质量和电导有效质量。

表 2-9　300 K 下 Si、Ge、GaAs 的禁带宽度、态密度有效质量和电导有效质量

名称	物理量	材料		
		Ge	Si	GaAs
$k=0$				
禁带宽度	E_g (eV)	0.8	3.2	1.424
有效质量	m_n^*/m_0	0.041	0.2	0.067
$k \neq 0$				
禁带宽度	E_g (eV)	0.66	1.12	1.734
纵向有效质量	m_l/m_0	1.64	0.98	1.98
横向有效质量	m_t/m_0	0.082	0.19	0.37
纵向方向		(111)	(100)	(111)
态密度有效质量	$m_{n,\text{DOS}}^*/m_0$ $m_{p,\text{DOS}}^*/m_0$	0.56 0.29	1.08 0.57/0.81[a]	0.067 0.47
电导有效质量	$m_{n,\text{cond}}^*/m_0$ $m_{p,\text{cond}}^*/m_0$	0.12 0.21	0.26 0.36/0.386[a]	0.067 0.34

注：a 处为轻空穴和重空穴的有效质量；m_0 是电子静止质量

例 8：图 2-16 中的 A、B 分别为两种半导体材料价带中载流子的 E-k 关系抛物线，试确定两种电子的有效质量（以自由电子质量为单位）；从绝对数值来看，其中哪个材料的电子有效质量大？为什么？

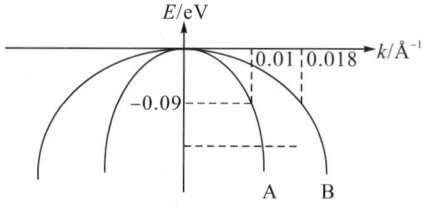

图 2-16　载流子 E-k 关系抛物线

解：设 E-k 能带图极值附近的抛物线方程为 $E = bk^2$，则 $\frac{d^2 E}{dk^2} = 2b = \frac{2E_0}{k_0^2}$，

$$\frac{\left(\frac{d^2 E}{dk^2}\right)_A}{\left(\frac{d^2 E}{dk^2}\right)_B} = \frac{\left(\frac{2E_0}{k_0^2}\right)_A}{\left(\frac{2E_0}{k_0^2}\right)_B} = \left(\frac{(k_0)_B}{(k_0)_A}\right)^2 = \left(\frac{0.018}{0.01}\right)^2 = 3.24$$

说明 A 材料的曲率变化比 B 的大。

$$\therefore \frac{m_A^*}{m_0} = \frac{\dfrac{\hbar^2}{\dfrac{d^2E}{dk^2}}}{m_0} = \frac{\hbar^2}{m_0 \dfrac{2E_0}{k_0^2}} = \frac{\hbar^2 k_0^2}{2m_0 E_0} = \frac{(1.054\times10^{-34})^2 \times (0.01\times10^{10})^2}{2\times(9.11\times10^{-31})\times(-0.09\times1.6\times10^{-19})}$$

$$= -0.00423$$

$$\frac{m_B^*}{m_0} = \frac{\dfrac{\hbar^2}{\dfrac{d^2E}{dk^2}}}{m_0} = \frac{\hbar^2}{m_0 \dfrac{2E_0}{k_0^2}} = \frac{\hbar^2 k_0^2}{2m_0 E_0} = \frac{(1.054\times10^{-34})^2 \times (0.018\times10^{10})^2}{2\times(9.11\times10^{-31})\times(-0.09\times1.6\times10^{-19})}$$

$$= -0.0137$$

由于 A 材料能带极值附近的曲率变化比 B 的大，使得 $|m_B^*| > |m_A^*|$，因此，B 材料的电子有效质量比 A 的大。

2.7 能带工程简介

半导体的能隙宽度与发光波长之间存在反比关系：$E_g = h\nu = hc/\lambda$。器件对发光波长的客观要求需要半导体具有特定的能隙宽度数值和直接能隙。对于工作在可见光波段的半导体发光二极管和激光器，以及工作波段在 $1.3\sim1.5\mu m$ 的光纤，需要直接能隙半导体才能高效工作。在半导体光电子学发展的早期阶段，可以由 GaAs 及其三元化合物如 AlGaAs 和 InGaAs 等Ⅲ-Ⅴ族材料得到直接能隙半导体。对于三元化合物 $Al_xGa_{1-x}As$，可以方便地通过调制 Al 的摩尔组分 x 来调控带隙。然而，当 $x>45\%$ 时，直接能隙变为间接能隙，其直接能隙宽度是 $1.42\sim1.97eV$（$630\sim873$ nm，近红外波段）。随后业界对四元化合物 AlGaInP 开展了广泛的研究，但一直不能在 GaAs 衬底上获得绿光和蓝光发光器件。原因在于，随着带隙增加，直接能隙变为间接能隙，使得器件的光电转换效率大幅降低。绿光和蓝光发光半导体要求宽禁带半导体，如氮基、碳基半导体。1990 年，氮基半导体的 p 型杂质的成功激活使得蓝、绿光器件的制备得以实现。然而，在半导体的发展过程中，现有的以杂质工程为主的体材的应用出现较大局限性。因此能带工程应运而生。

能带工程(energy band engineering)又名带隙工程，由 Esaki 和 Tsu 于 1970 年首先提出。能带工程由两个方面构成：能带结构和带隙图形，系通过人工设计的半导体材料达到调制其能带结构的目的。带隙图形工程是基于对不同带隙材料的剪裁，使电子在半导体内的运动发生重大变化，从而获得性能优越的新器件；能带结构工程通过改变材料的能带结构，使电子在半导体内的运动发生变化，从而获得性能优越的新器件。

2.7.1 同质结、异质结及其带不连续

带隙相同的同种半导体 A 和 B 构成的结叫做同质结(homojunction)，带隙不同的半导体 A 和 B 构成的结就称为异质结(heterojunction)。如图 2-17 所示，异质结的能带排列有三种基本类型，分别为Ⅰ型(Type-Ⅰ)、Ⅱ型(Type-Ⅱ)和Ⅲ型(Type-Ⅲ)。因Ⅰ型异

质结中宽带隙半导体的两个能带边跨立在窄带隙半导体的能带边之外，所以又名跨立型；Ⅱ型结构又称错开型，其中一种半导体的两个能带边与另一种半导体的两个能带边向同一方向有一定移动；Ⅲ型可称为破隙型，其中一种半导体的两个能带边与另一种半导体的两个能带边为错开排列。

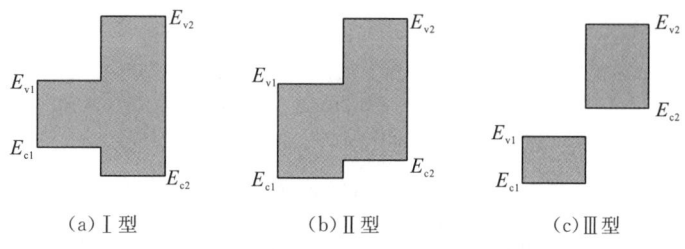

图 2-17　异质结能带排列的三种基本类型

以Ⅰ型异质结为例（图 2-18），其中 $\Delta E_{\mathrm{c}}^{\mathrm{AB}} = E_{\mathrm{c}}^{\mathrm{B}} - E_{\mathrm{c}}^{\mathrm{A}}$ 为导带不连续值，$\Delta E_{\mathrm{v}}^{\mathrm{AB}} = E_{\mathrm{v}}^{\mathrm{A}} - E_{\mathrm{v}}^{\mathrm{A}}$ 为价带不连续值。显然，$\Delta E_{\mathrm{g}} = E_{\mathrm{c}}^{\mathrm{AB}} + \Delta E_{\mathrm{v}}^{\mathrm{AB}}$ 是体异质结性质的最重要的能带参数。

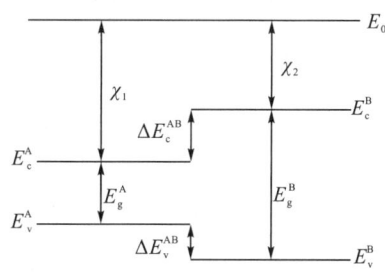

图 2-18　Ⅰ型异质结的带不连续

2.7.2　超晶格与量子限制结构

超晶格（super lattices，SLs）是超薄异质结周期性重复而成的人工结构。如果载流子在一个或多个空间维度的运动是受限的，这种结构就称为量子限制结构。在量子限制结构中，电子或空穴被势垒限制在一个或几个方向，其结构分别是量子阱、量子线和量子点（表 2-10），图 2-19 为部分量子限制结构示例。当受限结构的尺度与电子或空穴的德布罗意波长接近时，量子尺寸效应（quantum size effects，QSE）变得非常显著。

表 2-10　量子限制结构分类

结构	自由方向（维度）	受限方向
量子阱	$2(x, y)$	$1(z)$
量子线	$1(x)$	$2(y, z)$
量子点	无	$3(x, y, z)$
体材	$3(x, y, z)$	0

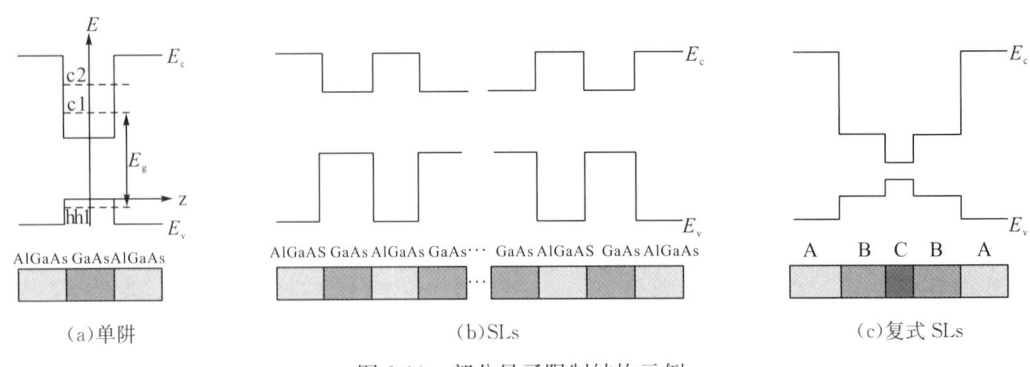

图 2-19 部分量子限制结构示例

例如，质量为 m 的粒子沿 z 方向运动，其德布罗意波长与温度的关系是

$$\lambda_{deB} = \frac{h}{\sqrt{m^* k_B T}} \tag{2-95}$$

对于 GaAs，$m_n^* = 0.067 m_0$，则 300 K 时，其 $\lambda_{deB} = 42$ nm。则在其厚度约为 10 nm时在室温下可观察到量子限制效应。

在两种组分的系统中再加入第三种成分，例如在 AlAs-GaAs 系统中增加 AlGaAs，由此添加了一个自由度，就构成了复式 SLs(图 2-19(c))。当层厚度足够薄时，就可以通过均匀的晶格畸变消除晶格失配。

2.7.3 能带工程应用举例

1. Si/Ge 纳米线

准一维结构的 [112] 取向的 Si/Ge 核壳纳米线的电子结构能实现有效的电子-空穴分离，如图 2-20 所示。由于能带排列为 II 型结构，电子和空穴分别分布在 Si、Ge 量子阱中。

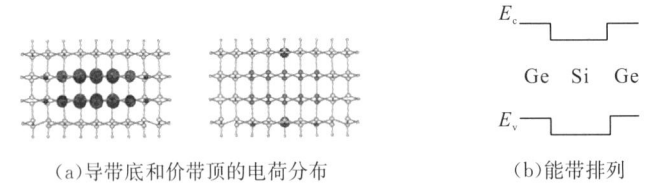

(a) 导带底和价带顶的电荷分布　　(b) 能带排列

图 2-20　[112] 取向的 Si/Ge 核壳纳米线的电荷分布与能带排列

2. 石墨烯扶手椅纳米带

石墨烯是由 Geim 和 Novoselov 于 2004 年首次获得。石墨烯的电子能带结构受到几何结构对称性的强烈影响，在高对称点 K 上形成两条线性交叉的能带，如图 2-21 所示。这两条圆锥形的线性能带为 π 价带和 π^* 导带，它们由碳原子 A 与 B 的 $2p_z$ 轨道所贡献，其交叉点恰好落在费米能级(Fermi level)处，形成所谓的狄拉克锥(Dirac cones)结构。石墨烯线性能带交叉点(狄拉克锥)附近的载流子行为类似有效质量为零的狄拉克费米子(massless Dirac fermion)，所以该点又称为狄拉克点(Dirac point)。对于同样拥有蜂巢晶

格的氮化硼(BN)，因两个基元 A 和 B 分别为 N 和 B，其结构不具有六角对称性，导致在高对称点 K 处打开了能隙。所以，结构的对称性主导了蜂巢晶格的低能量范围的电子性质。

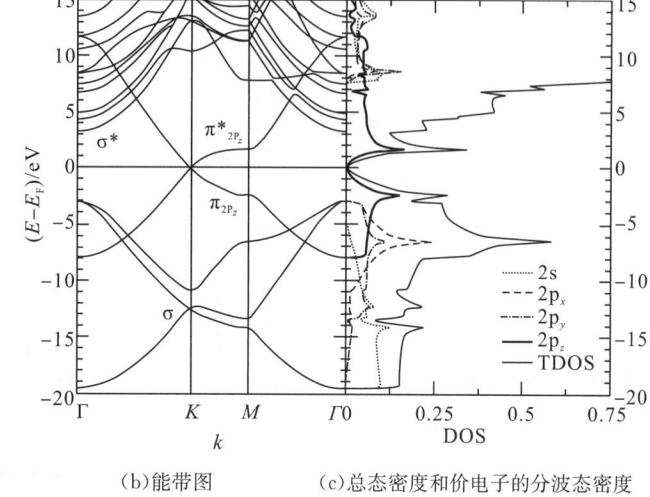

(a)狄拉克锥　　　　(b)能带图　　　(c)总态密度和价电子的分波态密度

图 2-21　石墨烯的电子结构

与富勒烯和碳纳米管类似，石墨烯可以通过化学修饰、化学掺杂、表面官能化、生成衍生物等改性方式打开能隙。图 2-22 所示为扶手椅型石墨烯纳米带（aGNR）改性前后的带隙与宽度之间的关系曲线。

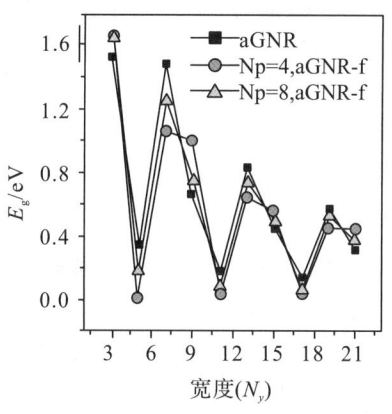

图 2-22　扶手椅型石墨烯纳米带改性前(aGNR)、后(aGNR-f)的带隙与宽度之间的关系曲线

2.8 本章小结

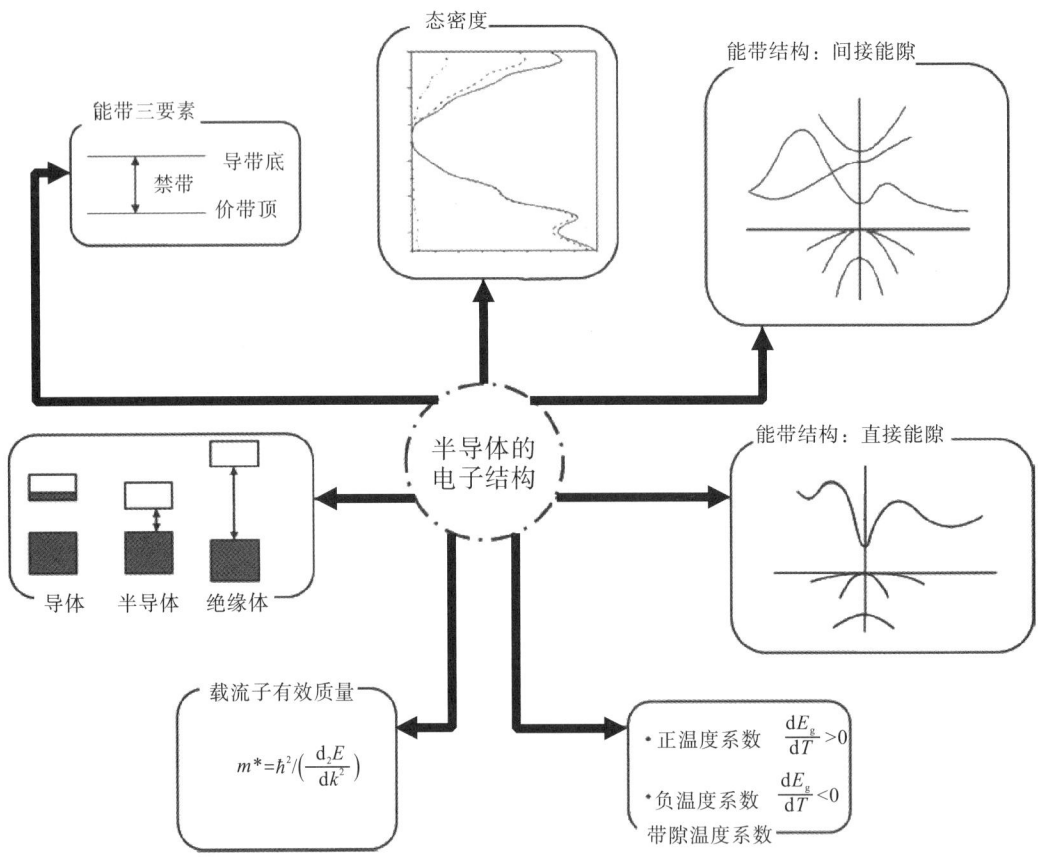

重要术语一览

(1) 量子：热辐射的粒子形态。
(2) 德布罗意波长：普朗克常量与粒子的动量 p 的比值。
(3) 海森伯测不准原理：对于同一粒子，不可能同时确定其坐标和动量。
(4) 量子化能级：束缚态粒子的分立的能级。
(5) 波粒二象性：微观粒子有时表现为波动形态，而电磁波有时表现为粒子形态。
(6) 光生载流子：光照产生的载流子。
(7) 热生载流子：热激发产生的载流子。
(8) 半导体能带结构：分为 E-k 图和 E-x 图。
(9) 导带：价带上能量最低的允带。
(10) 价带：价电子所在的允带。
(11) 禁带：导带底与价带顶之间的能量区域。
(12) 禁带宽度：导带底与价带顶之间的能量差。
(13) 直接能隙：跃迁前后导带底对应的波数（k_e）的位置与价带顶所对应波数（k_h）相同的能隙类型。

(14) 直接能隙半导体：能隙为直接能隙的半导体。

(15) 间接能隙：跃迁前后 k_v 的位置与 k_c 不同的能隙类型。

(16) 间接能隙半导体：能隙为间接能隙的半导体。

(17) 有效质量：$m^* = \hbar^2 / \left(\dfrac{\mathrm{d}^2 E}{\mathrm{d} k^2}\right)$。

思考题

1. 解释有效质量、纵向有效质量与横向有效质量。
2. 试述有效质量和空穴的意义。引入它们有何用处？
3. 简述 Ge、Si 和 GaAS 的能带结构的主要特征。
4. 试述导体、半导体和绝缘体能带结构的基本特征。
5. 半导体和半金属有何异同？

习题

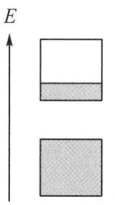

图 2-23 某固体的能带结构

1. 某固体有如图 2-23 所示的能带结构，阴影区域是被电子填充的能带区域，下面的能带被电子填满，上面的能带被电子部分填充。

(1) 判断图中所示能带结构所对应的固体呈现金属、半导体还是绝缘体的电导性能。

(2) 如果下面能带有部分的电子移动到上面的能带，该固体呈现金属、半导体还是绝缘体的电导性能？

(3) 如果上面能带的电子全部移走，该固体呈现金属、半导体还是绝缘体的电导性能？

(4) 在上面的部分填充能带中加入电子使其为满带，预测该固体呈现金属、半导体还是绝缘体的电导性能。

2. 图 2-24 中的 A、B 分别为两种半导体材料导带中载流子的 $E\text{-}k$ 关系抛物线，其中哪个材料的电子有效质量小？为什么？试确定两种电子的有效质量之比（以自由电子质量为单位）。

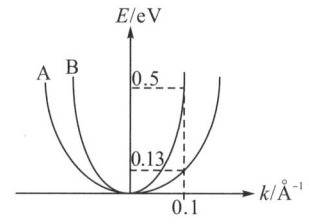

图 2-24 载流子的 $E\text{-}k$ 关系抛物线

测试题

1. 图 2-25 所示为某半导体材料的价带，试说明其 A、B 和 C 三条价带的载流子有效质量从大到小的排列顺序，并给出理由。

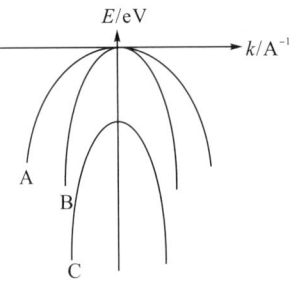

图 2-25　某半导体材料的价带

2. Si 的禁带宽度为 1.12 eV。试求将价带电子激发到导带中的光子的最小频率及其所对应的带隙波长。

主要参考文献

[1] 黄昆,谢希德. 半导体物理学. 北京:科学出版社,1965.

[2] 黄昆,韩汝琦. 半导体物理基础. 北京:科学出版社,1979.

[3] 刘恩科,朱秉升,罗晋生. 半导体物理学. 北京:电子工业出版社,2005.

[4] 萨支唐. 固态电子学基础. 上海:复旦大学出版社,2002.

[5] Robert F Pierret. 半导体器件基础. 北京:电子工业出版社,2004.

[6] Donald A N. 半导体器件与物理. 北京:电子工业出版社,2010.

[7] Warner R M,Grung B L. Semiconductor-Device Electronics. 北京:电子工业出版社,2002.

[8] Ng K. Complete Guide to Semiconductor Devices. McGraw-Hill,1995.

[9] Sze S. Physics of Semiconductor Devices. New York:Wiley,second ed. ,1981.

[10] Singh J. Physics of Semiconductors and their Heterostructures. McGraw Hill,1993.

[11] D Bose,Nag B R. Electron Velocity in Indium Phosphide Single-Heterojunction Quantum Wells. Semicond. Sci. Technol. ,1991,6(12):1135—1140.

[12] Adachi S. GaAs,AlAs,and $Al_xGa_{1-x}As$:Material Parameters for Use in Research and Device Applications. J. Appl. Phys. ,1985,58(3):R1—R29.

[13] Krijn M. Heterojunction Band Offsets and Effective Masses in Ⅲ-Ⅴ Quaternary Alloys. Semicond. Sci. Technol. ,1991,6(1):27—31.

[14] Landolt M,Börnstein J. Zahlenwerte und Funktionen aus Naturwissenschaften und Technik,vol. 17/A of Neue Serie,Gruppe Ⅲ. Berlin:Springer,1982.

[15] Fischetti M,Laux S. Monte Carlo Simulation of Transport in Technologically Significant Semiconductors of the Diamond and Zinc-Blende Structures-Part Ⅱ:Submicrometer MOSFETs. IEEE Trans. Electron Devices,1991,38(3):650—660.

[16] Schubert E. Doping in Ⅲ-Ⅴ Semiconductors. Cambridge University Press,1993.

[17] Tiwari S. Compound Semiconductor Device Physics. Academic Press,1992.

[18] Nag B. Electron Transport in Compound Semiconductors,vol. 11 of Springer Series in Solid-State Sciences. Springer,1980.

[19] Jalali B,Pearton S. InP HBTs:Growth,Processing,and Applications. Boston:Artech House,1995.

[20] Varshni Y. Temperature Dependence of the Energy Gap in Semiconductors. Physica,1967,34(1):149-154.
[21] Wilkinson V,Adams A. The Effect of Temperature and Pressure on InGaAs Band Structure. in Bhattacharya[111],section 3.2,pp. 70-75.
[22] Wang P,Holmes S,Le T,et al. Electrical and Magneto-Optical Studies of MBE InAs on GaAs. Semicond. Sci. Technol. ,1992,7(6):767-786.
[23] Katz A. Indium Phosphide and Related Materials. Boston:Artech House,1992.
[24] Palankovski V,Knaipp M,Selberherr S. Influence of the Material Composition and Doping Profiles on HBTs Device Performance,in Proc. Intl. Conf. on Modelling and Simulation(Pittsburgh,USA),pp. 7-10,1998.
[25] Casey H,Panish M. Heterostructure Lasers,Part B:Materials and Operating Characteristics. Academic Press,1978.
[26] Bugajski M,Kontkiewicz A,Mariette H. Energy Bands of Ternary Alloy Semiconductors: Coherent-Potential-Approximation Calculations. Physical Review B,1983,28(12):7105-7114.
[27] Adachi S. Physical Properties of Ⅲ-Ⅴ Semiconductor Compounds. New Jersey:Wiley,1992.
[28] Tiwari S,Wright S L. Material properties of p-type GaAs at large dopings. Appl. Phys. Lett. ,1990,56(6):563-565.
[29] Fang Z M,Ma K Y,Jaw D H,et al. Stringfellow,Photoluminescence of InSb,InAs,and InAsSb grown by organometallic vapor phase epitaxy. J. Appl. Phys. ,1990,67:11 7034-7039.
[30] Edwards A L,Drickamer H G. Effect of Pressure on the Absorption Edges of Some Ⅲ-Ⅴ,Ⅱ-Ⅵ,and Ⅰ-Ⅷ Compounds. Phys. Rev. ,1961,122:1149-1157.
[31] Jain S L,McGregor J M,Roulston D J. Band-gap narrowing in novel Ⅲ-Ⅴ semiconductors,J. Appl. Phys. ,1990,68,7,3747-3749.
[32] Esaki L,Tsu R. Superlattice and Negative Differential Conductivity in Semiconductors. IBM J. Res. Dev. ,1970,14,61.
[33] Aspnes D E. GaAs Lower Conduction Band Minima:Ordering and Properties. Phys. Rev. B,1976,14:5331.
[34] Glisson T H,et al. Energy Bandgap and Lattice Constant Contours of Ⅲ-Ⅴ Quaternary Alloys. J. Electronic Materials,1978,7:1.
[35] Semiconductors Z K,Semimetals,Vol. 13. New York:Academic Press,1978.
[36] Willardson R K,Beer A C. Semiconductors and Semimetals,Vol. 18. New York:Academic Press,1981.
[37] Bean J C. Silicon-based semiconductor heterostructures:Column Ⅳ Bandgap Engineering. Proc. IEEE,1992,80:571.
[38] Novoselov K S,Geim A K,Morozov S V,et al. Electric Field Effect in Atomically Thin Carbon Films. Science,2004,306,666.
[39] Novoselov K S,Geim A K,Morozov S V,et al. Two-dimensional gas of massless Dirac fermions in grapheme. Nature,2005,438,197.
[40] Liu N,Li Y R,Lu N,et al. Charge localization in[112]Si/Ge and Ge/Si core-shell nanowires,J. Phys. D:Appl. Phys. ,43,275404(2010).
[41] Nuo Liu,Zheqi Zheng,Yongxin Yao,et al. Fine band gap modulation effects of aGNRs by an organic functional group:a first-principles study,2013 J. Phys. D:Appl. Phys. 46 235101.

第二篇　半导体中的载流子

第3章　半导体中载流子的定性描述

目标：
(1)描述载流子的产生和复合。
(2)理解本征激发及其特征。
(3)理解施主电离及n型半导体的特征。
(4)理解受主电离及p型半导体的特征。
(5)理解杂质补偿。
(6)描述并理解直接复合。
(7)描述并理解间接复合。
(8)理解载流子的俘获。
(9)描述半导体中的载流子。
(10)分别定性阐述本征半导体和本征载流子。
(11)分别定性阐述非本征半导体和非本征载流子。

化学键与能带模型相结合，能够定性理解半导体中的跃迁，并引出一个新的载流子——空穴。电子和空穴是半导体中的载流子，它们的定向运动——输运就形成相应的电流。本章重点定性阐述半导体中的载流子。杂质工程是半导体展现强大生机的一个重大里程碑。半导体中的杂质按照能级位置可以分为浅能级杂质和深能级杂质。浅能级杂质又分为施主杂质和受主杂质，它们不仅决定半导体的导电类型是以空穴导电的p型半导体和以电子导电的n型半导体，非简并下它们的浓度大小还决定了半导体的导电能力——电导率。深能级杂质的作用则与浅能级杂质相反，在非平衡态下，它们以复合中心或陷阱的身份减小载流子的浓度。本章将结合化学键与能带模型描述半导体中的载流子的基本跃迁这一物理图像，它们将是第4章定量分析载流子浓度及其变化的定性基础。

半导体可以分为两类，本征半导体与非本征半导体。前者是没有杂质原子和缺陷的纯净晶体，其特点是电子-空穴成对出现。非本征半导体是掺入特定的、微量的替位型杂质的掺杂半导体。杂质能调控半导体是以哪种载流子导电为主以及载流子的浓度大小，从而调控半导体的电导能力和电流大小。以电子导电为主的非本征半导体称为n型半导体，以空穴导电为主的称为 p 型半导体。正是杂质工程的出现，使得导电性能很差的半导体被赋予了强大的生命力。

半导体中的杂质有几类。第一类是作为施主或受主的杂质，称为掺杂杂质，其作用是改变半导体的导电类型和载流子浓度。掺杂半导体称为非本征半导体。另一种是帮助电子-空穴复合(recombination)的杂质，称为复合中心杂质，其作用是使电子、空穴成对消失；还有一种是俘获电子或空穴的杂质，称为陷阱杂质，其作用是电子和空穴通过陷阱复合而消失或随机地产生，形成漏电流和噪声，使得晶体管性能变坏。

半导体中的掺杂是比较复杂的问题。例如，对于Ⅳ族的 Ge 和 Si，Ⅲ族的替位元素替位掺杂后表现为单一的一重受主，Ⅴ族替位元素替位掺杂后表现为一重施主。但是，如掺入其他族元素，由于价电子数的差异问题，杂质原子替位掺杂后会发生多次电离。在 Si 中，Ⅱ族的替位元素替位掺杂后表现为二重受主，Ⅰ族替位元素替位掺杂后表现为三重受主。Ⅴ、Ⅵ和Ⅶ族元素替位掺杂后依次表现为一重施主、二重施主和三重施主，如表 3-1 所示。对于Ⅳ族的 Ge 和 Si，Ⅲ族的单一的一重受主和Ⅴ族的一重施主的杂质能级距离能带边缘很近，电离能都很小(小于 150 meV，即 $E_{A/D} \ll E_g$)，这类杂质称为浅能级杂质。而非Ⅲ、Ⅴ族的杂质在Ⅳ族的 Ge 和 Si 中表现为多重能级，它们在禁带中产生的施主能级距离导带底较远，受主能级距离价带顶也较远。与浅能级相对应的，这类电离能大于 150 meV 的杂质就称为深能级杂质。深能级杂质会使得晶体中出现晶格弛豫(lattice relaxation effects)效应或晶格畸变效应(distortion effects)。

表 3-1 Ⅳ族基体原子中的可能的施主和受主杂质(黑体部分已被实验证实)

Ⅰ	Ⅱ	Ⅲ	Ⅳ	Ⅴ	Ⅵ	Ⅶ
Li	Be	**B**	C	**N**	O	F
Na	Mg	**Al**	Si	**P**	**S**	Cl
Cu	**Zn**	**Ga**	**Ge**	**As**	**Se**	Br
Ag	**Cd**	**In**	Sn	**Sb**	**Te**	I
Au	**Hg**	**Tl**	Pb	**Bi**	Po	At
三重受主	二重受主	一重受主	基体原子	一重施主	二重施主	三重施主

图 3-1 中给出了浅能级和深能级中发生电子跃迁后的示意图，该图显示，前者起着为半导体增加载流子的作用，而后者则是使载流子浓度减少。所以，浅能级杂质和深能级杂质在半导体中起着不同的作用。

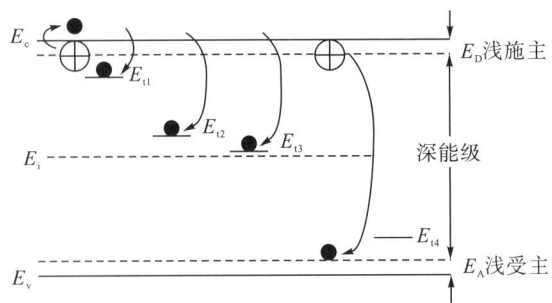

图 3-1 浅能级杂质和深能级杂质

3.1 热平衡态与非平衡态

当系统的待观察性质不随时间发生变化时,就称为平衡。从微观的方面观察,材料中的电子和原子并不是固定不动的,在力、热、光、电场的作用下,电子的运动状态也在不断地变化,同时,电子也在不断地产生、消失(复合)、俘获之中,所以微观下半导体的电子的速度也在不断变化,它们不可能保持平衡。

这里所定义的热平衡状态(简称热平衡态)特指无外界的光照、电场、磁场和温度梯度等影响下半导体所处的状态。在热平衡态下,半导体中没有净电流,电流和电压同时为零,半导体的所有状态都与时间无关。在这种状态下,晶体点阵上原子振动的动能的宏观平均值不随时间和空间而发生变化。这时电子和晶格之间处于平衡状态。采用有效温度代表每一种粒子的平均动能,根据温度 T 的定义,粒子动能$=(3/2)k_B T$,热平衡态下电子的温度 T_e、空穴的温度 T_h、声子的温度 T_L、施主离子的温度 T_D、受主离子的温度 T_A 就是相等的。在热平衡态下,$T_e = T_h = T_L = T_D = T_A =$ 环境温度 T。通常用小写英文符号表示载流子浓度,n 代表电子浓度(电子数 cm^{-3}),p 代表空穴浓度(空穴数 cm^{-3})。在这两个符号的右下角标以"0",则 n_0 和 p_0 分别代表热平衡态下的载流子浓度。热平衡态是研究半导体物理学的起点,是一种动态平衡。半导体中的电子和空穴在不断地产生和复合,且单位时间内产生的电子和空穴数量与单位时间里复合的电子和空穴数量是相等的。产生与复合是一个动态的微观过程,在平衡态下,载流子的产生与复合达到动态平衡。所以,热平衡态下载流子的浓度值是一定的。

与平衡态相对应的,对平衡态的偏离就称为非平衡态。在这种状态下产生的载流子就是过剩载流子,其浓度分别表示为 Δn 和 Δp。则非平衡态下的载流子浓度就分别表示为

> ➤ 热平衡态是一种动态平衡,热平衡态下载流子的浓度值是一定的。
> ➤ 非平衡态是对平衡态的偏离。

$$\begin{cases} n = n_0 + \Delta n \\ p = p_0 + \Delta p \end{cases} \tag{3-1}$$

这时候,产生和复合之间的相对平衡被打破。如果非平衡激发因素撤出,则非平衡态载流子逐渐复合,体系会逐渐恢复到平衡态。

3.2 杂质与杂质能级

杂质对晶体周期性的势场产生微扰,从而在禁带中形成新的电子能态——杂质能级。半导体中的掺杂,特指掺入特殊的、微量的替位杂质(其半径小于基体原子的半径),以达到控制半导体的导电类型和载流子浓度的目的。占据在原子与原子之间的间隙处的杂质称为间隙杂质,它们的半径比基体原子的大,在半导体中的性质是非激活的,对半导体的电学性质的影响没有替位杂质的大。

半导体中的多数载流子决定了半导体的导电类型。如果电子为半导体中的多数载流子(多子),即 $n_0 > p_0$,则半导体称为 n 型半导体(n-type semiconductors)。反之,若 $p_0 > n_0$,空穴为半导体中的多数载流子,该半导体就是 p 型半导体(p-type semiconductors)。非本征半导体是制造各种半导体器件的基础。有两类替位杂质,分别是施主(donor)和受主(acceptor)。掺入施主杂质能够获得以电子导电为主的 n 型半导体,掺入受主杂质则能够获得以空穴导电为主的 p 型半导体。微量的杂质在禁带中引入杂质能级,图 3-1 中的 E_D 和 E_A 分别为施主能级(donator level)和受主能级(acceptor level)。在重掺杂的半导体中,杂质能级将会展宽为杂质能带。替位杂质掺杂赋予了半导体不同的导电能力。

单重的施主能级一般距离导带底很近,单重的受主能级一般距离价带顶也很近,它们因在能带极值边缘而被称为浅能级。这类杂质叫浅能级杂质。而复合中心杂质和陷阱杂质能级 E_t 则距离能带极值较远,所以被称为深能级,如图 3-1 所示。与 E_t 所相应的杂质就叫做深能级杂质。对大多数半导体,尤其是间接能隙半导体,缺陷和杂质会降低载流子的寿命。

半导体中的深能级与浅能级的作用大不相同,前者的浓度通常比后者的小得多,通常在 $10^{12} \sim 10^{18}$ cm^{-3}。由于其浓度很低不足以影响载流子的浓度,所以深能级对半导体电导率的影响基本可以忽略。但是,根据深能级在禁带中的具体位置,它们对器件性能的影响有利有弊。

调控杂质浓度的方法有:①在单晶生长过程中掺入杂质;②在高温下通过杂质扩散工艺掺入杂质;③离子注入杂质;④在外延工艺中掺入杂质;⑤用合金工艺掺入杂质。此外,原子吸附、功能团等也是调控半导体的导电性能的掺杂方式之一。

3.3 载流子的产生

3.3.1 本征半导体与本征激发

本征半导体(intrinsic semiconductor)是没有杂质原子和缺陷的纯净晶体。

以 Si 为例,在绝对零度时,$T=0$ K,晶格是被冻结的,所有原子都被冻结在晶格位置上,没有晶格振动,晶格振动能为零,电子填满了价带及其以下的能级,所有价电子都组成了共价键;价带之上的导带没有电子,是空带,如图 3-2(a)所示。在一定温度下,晶格不再处于冻结状态,它因获得一定的动能而出现晶格振动,当晶格温度和环境温度相等时，晶体和环境之间达到热平衡。

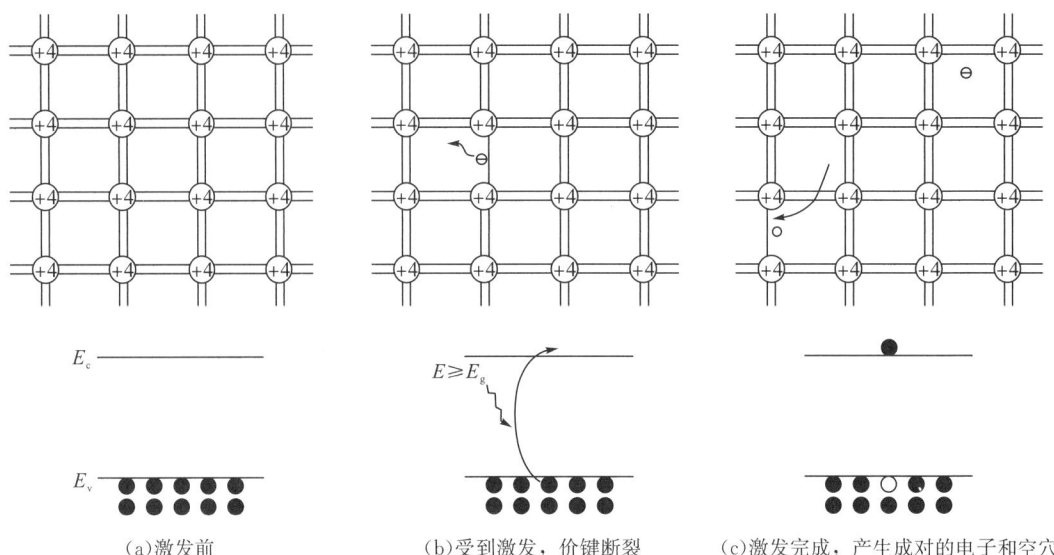

(a) 激发前　　　　　(b) 受到激发，价键断裂　　　(c) 激发完成，产生成对的电子和空穴

图 3-2　本征激发的价键图和相应的能带图

随着温度从 0 K 开始上升，一些价带顶附近的电子可能获得大于或等于禁带宽度 E_g 的热能，使得共价键断裂，如图 3-2(b) 所示，价电子向上跃迁到导带底的附近成为导带电子。半导体是电中性的，带负电的电子脱离原来的价键位置，就会在价带留下一个带正电的"空的状态"。这个空的带正电的状态就称为空穴，它是准粒子。跃迁的结果是半导体中出现成对的电子和空穴，这个跃迁过程就是本征激发。随着温度的升高，会有更多的价键断裂，越来越多的价电子跃入导带，相应地在价带出现等量的空穴。图 3-2(b) 和 3-2(c) 给出了本征激发的过程。本征激发产生的本征电子和空穴构成了半导体的本征电导。本征电导由本征半导体本身的固有性质所决定，与杂质和缺陷无关。因为导带电子和价带空穴可以在晶体中自由游动，就被称为载流子；它们都处于晶体的周期性势场之中，所以它们与自由电子不同，是"准自由"的。价键断裂所需的能量就是能带图中价电子从价带跃迁到导带成为导带电子所需的能量。本书后面内容所提到的电子都特指导带电子。

如果空穴附近的价带电子移动到空穴所在的空位处，则在该价带电子原来所在位置处相应地留下一个空穴，这种交替运动就形成了空穴的移动。空穴是半导体中的第二种载流子。所以，半导体中有两种载流子：电子和空穴。这是它与金属的不同处之一。电子和空穴都对形成电流有贡献。在室温下，剧烈的晶格振动使得价键断裂，在本征 Si 中大约会产生 10^{10} cm^{-3} 对电子-空穴对；对于室温下的本征 Ge，由于其室温禁带宽度 $[E_g(300\ K)=0.67\ eV]$ 比 Si 的窄，本征激发所需要的能量比硅的小，会有更多的价带电子被激发到导带，所以其本征载流子浓度比 Si 的高；对于 GaAs，其禁带宽度比 Si 的要宽，本征激发产生的载流子浓度就比 Si 的要低 (表 3-2)。所以，在相同温度下，禁带宽度不同的半导体，带宽越小，价带电子向上的跃迁就越容易，则本征载流子浓度越高。对同一种半导体，如 Ⅲ-Ⅴ 化合物半导体，由于禁带宽度随温度升高而变窄，则温度升高将使得本征载流子的浓度也升高。因此，本征载流子

> ➤ 价带电子移动到空穴所在位置就形成了空穴的移动。

浓度与禁带宽度和温度有关。我们将会看到，在载流子浓度的定量描述中，本征载流子浓度不仅与禁带宽度有关，更是温度的强函数。

表 3-2　Ge、Si 和 GaAs 的室温下（300 K）的禁带宽度与本征载流子浓度

半导体	Ge	Si	GaAs
E_g/eV	0.67	1.12	1.42
n_i/cm^{-3}	2.33×10^{13}	10^{10}	1.1×10^7

> ▶ 本征激发是因价键断裂使得价带电子跃迁到导带称为导带电子的过程。
> ▶ 本征载流子浓度与禁带宽度和温度有关。

对于本征载流子，因电子空穴成对出现也成对消失，即 $n_0 = p_0$，则用一个统一的符号"n_i"代表本征载流子浓度。显然，对本征半导体，有

$$n_0 = p_0 = n_i \tag{3-2}$$

从下面对非本征半导体（extrinsic semiconductor）的描述中将会看到，可以通过在半导体中掺入杂质来调控载流子的浓度和半导体的电导率（$10^{-19}\,\text{s/cm} \leqslant \kappa \leqslant 10^3\,\text{s/cm}$）。

3.3.2　非本征半导体与非本征激发

1. 施主与 n 型半导体

元素周期表中的 V 族元素替位 IV 族的 Si 时是施主。V 族元素最外壳层有 5 个价电子，一个 V 族元素的原子替位一个 Si 原子后，它的 4 个价电子分别与最近邻的 4 个 Si 原子配对组成共价键。其第 5 个价电子因不能进入共价键结构而成为多余的电子，这个电子在施主原子实周围形成较弱的束缚[图 3-3(a)]，多余的电子与施主原子实的相互作用对晶体周期性的势场产生微扰，从而在禁带中形成新的电子能态——施主能级 E_D，其能级位置较导带电子能量低；同时，施主原子实对它的吸引作用比共价键结合弱，因此，其能量较价带电子高[图 3-3(a)]。因施主能级距导带底 E_c 很近，这个电子很容易获得足够的能量（$E \geqslant \Delta E_D$），挣脱晶格的束缚跃迁到导带底成为导带电子，在晶格中准自由地移动而形成电流。

施主杂质受激前后的过程如图 3-3 所示。施主电离所需的最低能量称为施主电离能 ΔE_D，显然，$\Delta E_D = E_C - E_D$。在激发前，它是电中性的；电离后，施主原子因失去一个电子而成为正电中心。这个正电中心是不能活动的，原子与原子的价键完好，同时伴随着准自由电子释放到导带。因这类原子是将电子施予半导体，故称其为施主。在该半导体中，因这类杂质在导带产生了电子，但不在价带中产生空穴。故而称掺施主杂质的半导体为 n 型半导体。

显然，从图 3-3 的能带图能更形象地理解施主的激发过程。室温下，非重掺杂半导体中的施主全部被电离。n 型半导体由于电子浓度的增加而增强了半导体的导电能力。

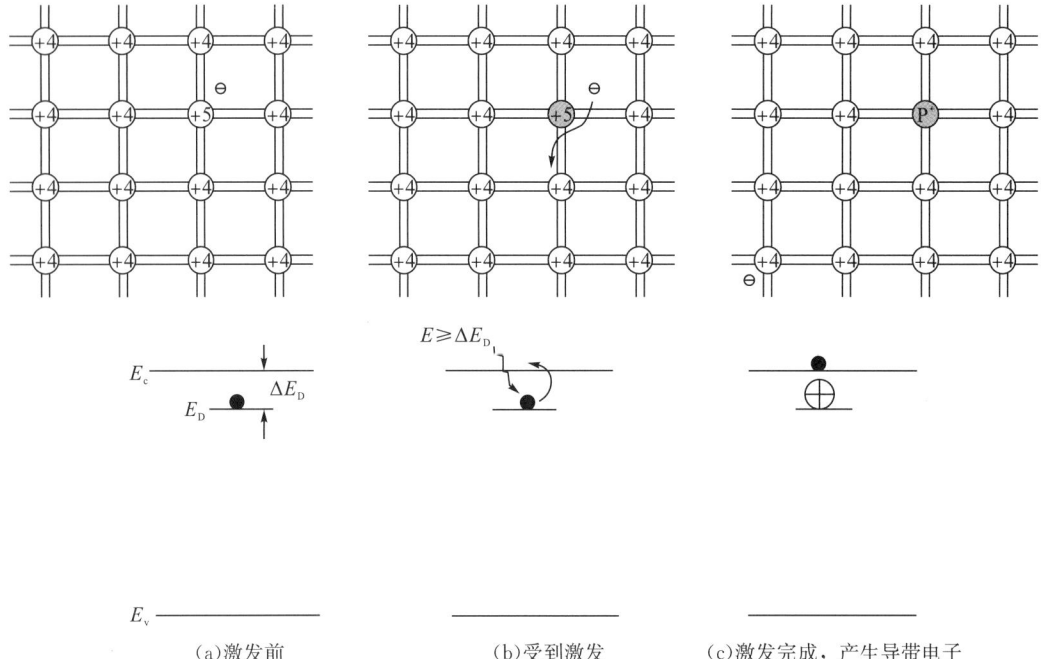

(a) 激发前　　　　　　　　(b) 受到激发　　　　　　(c) 激发完成，产生导带电子

图 3-3　施主杂质激发的价键图和相应的能带图

理论上，V族元素 N、P、As、Sb 和 Bi 都可作为 Si 的施主杂质，其施主电离能见表 3-3。但并不是所有的施主杂质都有预期的电学活性。例如 N 在 Si 中就没有电学活性的报道。

表 3-3　Si 和 Ge 中的杂质电离能　　　　　　　　　　（单位：meV）

基体半导体	施主电离能			受主电离能			
	Sb	As	P	B	Al	Ga	In
Si	44	45	54	57	65	160	39
Ge	12.6	10.4	12.7	10.2	11	11	9.6

对于化合物半导体，如 GaAs，IV族的 Si 替位III族的 Ga 原子就成为施主原子。Ge 也类似。

2. 受主与 p 型半导体

元素周期表中的III族元素替位IV族的硅时是受主。III族元素最外壳层有 3 个价电子，一个III族元素的原子替位一个 Si 原子后，它的 3 个价电子分别与最近邻的 4 个 Si 原子配对组成共价键。共价键结构还缺少一个共价配对的电子[图 3-4(a)]，必须从附近接受或夺取一个价电子，这个空穴在受主周围形成较弱的束缚，在能带图中位于受主能级 E_A 上[图 3-4(a)]。因受主能级距价带顶 E_v 很近，价带顶的电子很容易获得足够的能量（$E \geqslant \Delta E_A$）挣脱晶格的束缚跃迁到受主能级 E_A 上，因此在价带中留下一个空穴，空穴在晶格中准自由地移动而形成电流。硼（B）受主杂质受激前后的过程如图 3-4 所示。受主电离所需的最低能量就称为受主电离能 ΔE_A，显然，$\Delta E_A = E_A - E_V$。在受主被激发前，它是电中性的；电离激发后，受主原子因接受一个电子而成为负电中心。这个负电中心是固定在晶格上的，原子与原子的价键完好。因这类原子是由掺杂原子接受电子，故称其为受主。在该半导体中，因这类杂质在价带产生了空穴，但不在导带中产生电子，故而称掺受主杂质的半导体为 p 型半导体。

理论上，Ⅲ族元素 B、Al、Ga 和 In 都可作 Si 的受主杂质，其受主电离能见表 3-3。

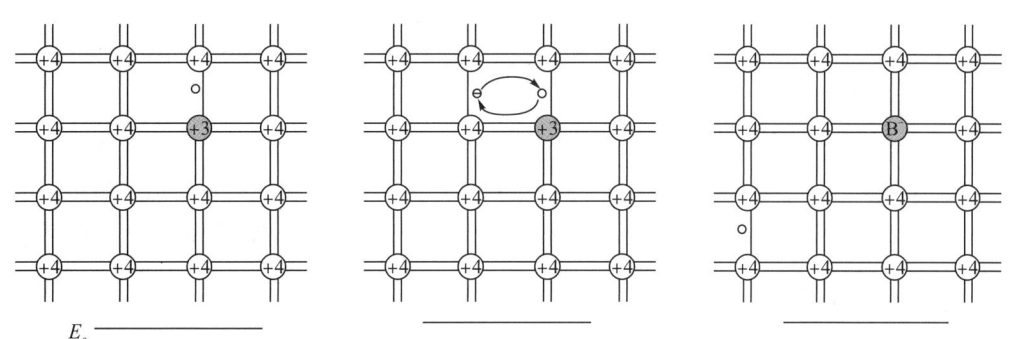

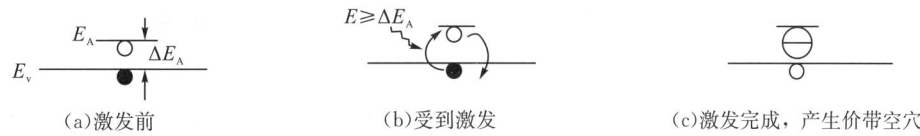

(a)激发前　　　　　　　(b)受到激发　　　　　　(c)激发完成，产生价带空穴

图 3-4　受主杂质激发的价键图和相应的能带图

对于化合物半导体，例如 GaAs，Ⅳ族的 Si 原子替位Ⅴ族的 As 原子就成为受主原子。Ge 原子替位 As 原子也类似。这种Ⅳ族原子在Ⅲ-Ⅴ族化合物半导体中通过替位不同基体原子而分别呈现施主、受主作用的杂质称为双性杂质。但 GaAs 的实验发现，Si 在 GaAs 中主要起施主杂质的作用，而 Ge 在 GaAs 中主要起受主杂质的作用。表 3-4 列出了 GaAs 中的不同杂质的电离能。

表 3-4　GaAs 中的杂质电离能　　　　　　　　　　　　（单位：meV）

施主电离能				受主电离能				
Se	Te	Si	Ge	Be	Zn	Cd	Si	Ge
5.9	5.8	5.8	6.1	28	30.7	34.7	34.5	40.4

3. 杂质补偿

在半导体中，如果希望将 n 型半导体变为 p 型半导体，可以通过杂质补偿（dopant compensation）的方法改变半导体的导电类型。反之，也可以将 p 型半导体通过杂质补偿的方法转变为 n 型半导体。既掺有施主又掺有受主的同一半导体就称为补偿半导体。当半导体中既掺有施主杂质又掺有受主杂质时，杂质之间会首先彼此"抵消"，即施主能级上的电子首先与受主能级上的空穴复合，这称为杂质补偿。杂质补偿之后，剩余的杂质才贡献电子或空穴给半导体。杂质补偿根据杂质浓度的不同而分为下面三种情形，如

图 3-5 所示，其中，N_D 表示施主杂质的浓度，N_A 表示受主杂质的浓度。

1) $N_D > N_A$ 的情形

如图 3-5(a)所示，施主原子上的电子首先向下跃迁到受主能级上，还有 $N_D - N_A$ 个电子在施主能级上。杂质补偿的结果，有效的施主浓度 $N_D^* = N_D - N_A$。未被抵消的杂质电离后，在该半导体中，电子是多数载流子（多子），空穴是少数载流子（少子），即 $n_0 > p_0$，所以，$N_D > N_A$ 的半导体因以电子导电为主而为 n 型半导体。

2) $N_D < N_A$ 的情形

如图 3-5(b)所示，施主原子上的电子首先向下跃迁到受主能级上，还有 $N_A - N_D$ 个空穴在受主能级上。杂质补偿的结果，有效的受主浓度 $N_A^* = N_A - N_D$。未被抵消的杂质电离后，空穴是多子，电子是少子，即 $p_0 > n_0$，所以，掺受主杂质的半导体因以空穴导电为主而为 p 型半导体。

3) $N_D = N_A$ 的情形

如图 3-5(c)所示，因施主与受主浓度相等，有效的杂质浓度为零，这种情况叫做杂质的高度补偿。杂质高度补偿的半导体满足 $n_0 = p_0 = n_i$，但它不是本征半导体。这样得到的半导体的导电性能很差，不能用于制备半导体器件。

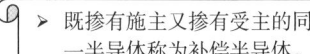

> 既掺有施主又掺有受主的同一半导体称为补偿半导体。
> 通过杂质补偿的方法能够改变半导体的导电类型。

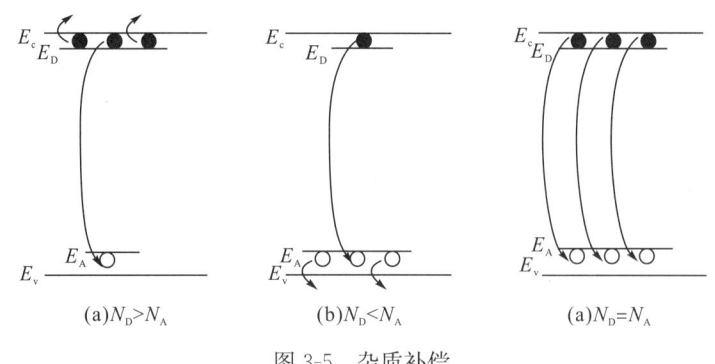

图 3-5 杂质补偿

例 1：在图 3-6 所示半导体的 4 种掺杂情况中，哪个能带图对应的掺杂能够得到 p 型半导体？请给出理由。

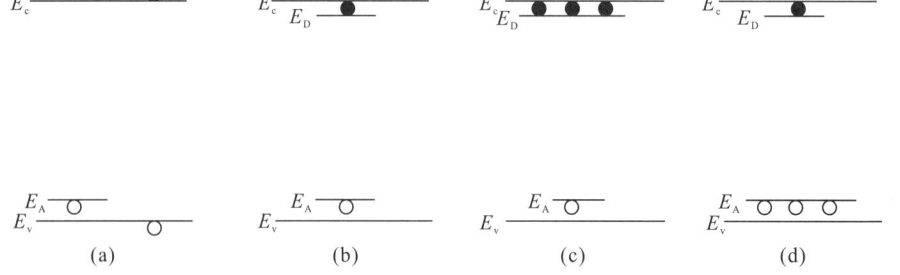

图 3-6 能带图

答：(a)、(d)两种情况的掺杂能够有效地产生空穴而得到 p 型半导体。(a)情况中，本征激发产生的导带电子向下跃迁被 E_A 上的空穴俘获，留下价带空穴。(b)、(c)、(d)

都属于杂质补偿，施主能级 E_D 上的电子向下跃迁被 E_A 上的空穴俘获。(b)情况形成杂质高度补偿，半导体中不会产生非本征激发载流子。(c)中 $N_D>N_A$，空穴将其中一个电子俘获，其余电子就可被激发到导带成为导带电子，形成 n 型半导体；(d)中 $N_D<N_A$，则杂质补偿的结果，还有两个空穴能被激发到价带顶成为载流子。

在室温下，如果半导体是非重掺杂半导体，杂质通常已经完全电离。半导体中的载流子既有本征激发的贡献也有非本征激发的贡献，图 3-7 分别用虚线框示意给出了 n 型半导体和 p 型半导体中源于非本征激发和本征激发的载流子。随着温度的升高，本征激发贡献的载流子会越来越多；当工作温度足够高时，本征激发提供的载流子浓度将远远大于非本征激发的载流子浓度，半导体进入高温本征工作区，掺杂不再有意义。这种情况下的半导体已不能正常工作。

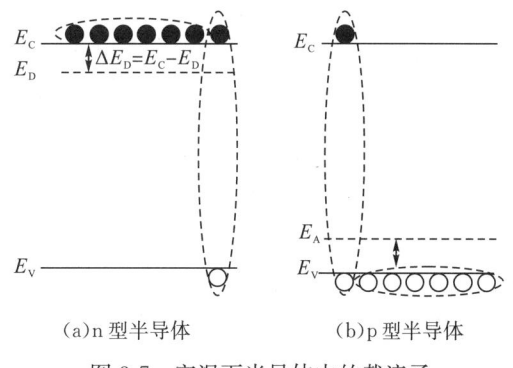

(a) n 型半导体　　　　(b) p 型半导体

图 3-7　室温下半导体中的载流子

例 2：为什么温度升高到使半导体进入高温本征工作区时掺杂不再有意义？

答：掺杂的意义在于决定半导体的导电类型和所需的多子浓度及少子浓度。当温度升高到使半导体进入高温本征工作区时，近似有 $n=p=n_i$，半导体表现为本征导电，所以掺杂不再有意义。

3.4　载流子的复合与俘获

载流子成对消失的过程称为复合（recombination），它是激发的逆过程。载流子的俘获是指一种载流子陷落在杂质或缺陷能级上。

非平衡态下载流子的复合是载流子的复合超过产生的一个净复合过程。复合可以通过直接复合、间接复合、俄歇(Auger)复合、激子复合、施主-受主对复合等途径，它是统计性的宏观过程和现象。在复合的过程中，非平衡载流子并不能与平衡载流子相区分，所有载流子的热跃迁都考虑在内。在复合过程中，载流子成对消失就说明电子与空穴的复合率相等。复合伴随着产生一个光子并带走复合释放出来的能量，这样的光产生就称为光发射或辐射复合；如果复合只产生声子就是无辐射复合。辐射复合是 LED 和 pn 结激光二极管工作的基础。半导体的载流子因吸收光子而被激发的过程称为光吸收，它是半导体光敏电阻、光敏电容、太阳能电池、光生伏特二极管和光电晶体管等器件的基本工作原理。

载流子的寿命 τ 是非平衡载流子的重要表征参量之一，它由具体的复合机制所决定。通常它由三部分构成：

$$\frac{1}{\tau} = \frac{1}{\tau_r} + \frac{1}{\tau_d} + \frac{1}{\tau_{Aug}} \tag{3-3}$$

其中，τ_r 为过剩载流子直接复合的寿命；τ_d 为过剩载流子间接复合的寿命；τ_{Aug} 则为过剩载流子的俄歇复合的寿命。在大多数半导体中，其中一种复合机制会占主导因素，载流子的寿命主要由该复合机制决定。寿命的倒数就是复合几率。

复合中心杂质是使电子-空穴对复合的中心，它们会极大地影响半导体的光电性质。例如，它能缩短载流子的寿命，这对于半导体光电池是非常无益的，但对于快开关器件却是有益的；它能增加辐射复合，通过有目的地在半导体 LED 中掺入深能级杂质，从而发出特定波长的光波。然而，对于未知的或难以控制的深能级，它们会使器件性能退化。所以，复合中心的深能级有时也被称为"辐射杀手中心(radiative killer centers)"。

3.4.1 直接复合

直接复合(direct recombination)是发生在导带和价带之间的电子-空穴对的复合[图 3-8(a)]，复合的同时伴随着产生一个光子并带走复合释放出来的能量，它是本征激发的逆过程。这样的光产生又称为本征光发射、带间光发射、带间辐射复合或本征辐射复合。直接复合主要发生在直接能隙半导体中。这种复合原理是 LED 和 pn 结激光二极管等光电器件得以实现电光转换的主要工作机理。在高质量的直接能隙半导体中，辐射复合是主要的复合机制，其载流子的寿命在 1~10 ns。通常禁带宽度越小，直接复合发生的概率越大。在间接能隙半导体中有微弱的直接复合，如图 3-8(b)所示，为了满足动量守恒，复合时在辐射光子的同时要辐射声子。

> - 直接复合主要发生在直接能隙半导体中。
> - 禁带宽度越小，直接复合发生的概率越大。
> - 直接能隙半导体具有高的光电转换效率。

直接复合的跃迁发射光子同时满足动量守恒和能量守恒，其跃迁是只有电子和空穴参与的二体跃迁，故直接能隙半导体具有高的光电转换效率或高的量子转换效率。对于 Si 和 Ge 之类的间接能隙半导体，间接能隙结构使得跃迁前后电子的波数 k 发生较大变化，故其动量 $p = \hbar k$ 也发生相应的较大变化。复合过程中为满足动量守恒，需要声子参与跃迁来带走电子的动量变化，故这种跃迁是三体跃迁。三体跃迁的几率比二体跃迁的几率小得多，所以，间接能隙半导体的光电转换效率或量子转换效率很低。

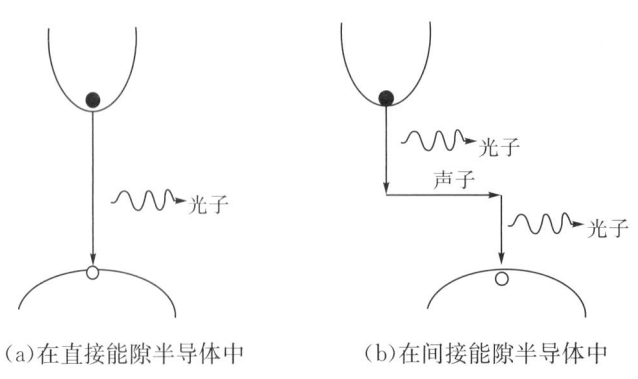

(a)在直接能隙半导体中　　　(b)在间接能隙半导体中

图 3-8　载流子的直接复合

3.4.2 载流子的间接复合

> 间接复合主要发生在间接能隙半导体中,它在室温下的非简并半导体的低电场区也起着重要的作用。

间接复合(indirect recombination)主要发生在间接能隙半导体中,在室温下,它在非简并半导体的低电场区也起着重要的作用。它是载流子通过杂质或缺陷在禁带中引入的深能级 E_t,形成类似于台阶的辅助作用而进行的跃迁复合。由于载流子是因 E_t 而复合,故将 E_t 称为复合中心,也叫深中心(deep levels/deep centers)。对大多数半导体,尤其是间接能隙半导体,缺陷和杂质会降低载流子的寿命。这种复合称为 Shockley-Read-Hall(SRH)复合,是无辐射复合。这种复合过程不是简单的由上向下的一步过程,图 3-9(a)示意给出的是它的矛盾对立的 4 个微观过程:①电子被 E_t 俘获,所释放的复合能被声子带走;②电子被 E_t 发射回到导带底,半导体吸收声子以便电子获得足够的能量回到导带底;③空穴被 E_t 俘获,④空穴被 E_t 发射回到价带顶。其中,过程①与②为互逆过程,过程③与④也是互逆过程,跃迁过程中也伴随着半导体放出或吸收声子。过程①和③都是间接复合。

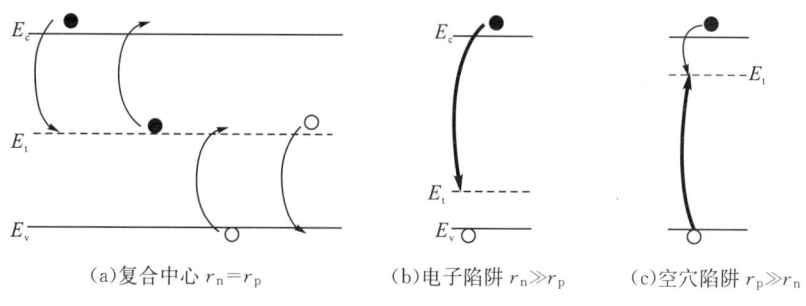

(a)复合中心 $r_n = r_p$ (b)电子陷阱 $r_n \gg r_p$ (c)空穴陷阱 $r_p \gg r_n$

图 3-9 不同的深能级杂质对半导体的影响对比

E_t 越接近禁带中央,同时俘获导带底的电子的几率 r_n 和价带顶的空穴的几率 r_p 越接近,即发生间接复合的几率越大。间接复合还与带宽有关,它在窄带隙和中等带隙的间接能隙半导体中是主要的复合机制;在这种情况下,电子寿命与空穴寿命很接近。在复合中心浓度很高时,两种载流子的寿命是一定的,但不一定相等。相反的,如果 E_t 靠近费米能级 E_F,E_t 俘获一种载流子的几率比俘获另一种载流子的大,其作用等同于陷阱。与深能级相比,浅能级不能成为有效的复合中心。由于受主能级俘获的空穴与导带电子复合而释放出来的能量与禁带宽度非常接近,这个复合能很难耗散,需要比深能级复合要求多得多的声子参与。在 Si 中,通常带隙中心处的深能级与 Cu、Fe 等过渡金属有关。表 3-5 总结了部分深能级杂质对半导体寿命和辐射复合的影响。

表 3-5 深能级杂质对半导体寿命和辐射复合的影响对比

半导体的参数	好处	坏处
缩短非平衡载流子的寿命	加快开关速度,提高双极晶体管的电流增益,控制结型二极管、晶体管和动态随机存储器的刷新率	光电池效率
提高辐射复合	提高发光效率在 LED 中成为色心	在不能控制的情况下使器件性能退化

3.4.3 激子复合

激子(excitons)是一个由激发态电子和价带空穴构成的双粒子体系。这个双粒子体系对应的电子-空穴对的复合就是激子复合。在这个体系中，电子与空穴因库仑相互作用而相互联系，它是电中性的且不能传导电流。激子在半导体或绝缘体禁带中的导带底附近形成束缚能级。有两种激子态，分别是弗伦克尔(Frenkel)激子和旺尼尔(Wannier)激子。图 3-10 给出的是不同带隙结构中的激子复合的示意图，图 3-11 分别给出的是激子复合的几种模型示意图。

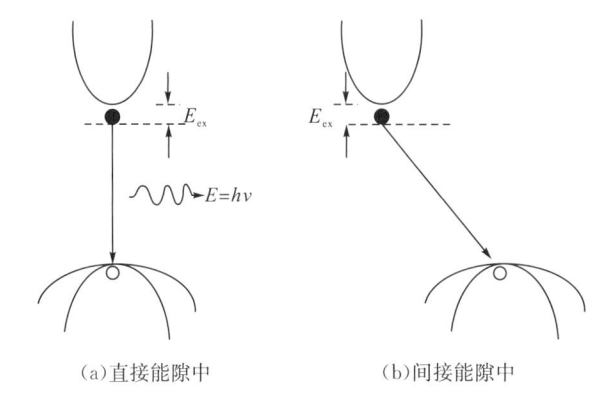

(a)直接能隙中　　　　　(b)间接能隙中

图 3-10　激子复合

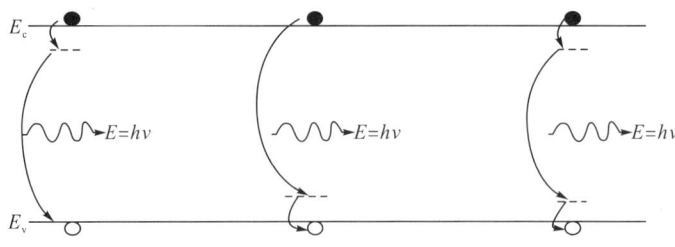

图 3-11　激子复合的几种模型

弗伦克尔激子又称紧束缚激子，其电子和空穴形成一个点偶极矩，其激子半径与晶格常数接近，其运动过程是作为一个整体从一个原胞位置移动到另一个原胞位置，这种运动比较困难。弗伦克尔激子一般出现在绝缘体和分子晶体中，用紧束缚模型描述，同时伴随着强烈的电子-声子相互作用。

旺尼尔激子也称松束缚激子，它的激子半径远大于晶格常数，能够在晶体内运动并传递能量。旺尼尔激子一般出现在半导体和半绝缘体中。

自由激子是低激发密度下半导体中电子和空穴对的能量最低的本征激发态。光激发电子经过发射声子弛豫到禁带中的导带底附近的分离能级上，之后形成自由激子，在晶体中运动，最后通过辐射光子而复合，这就是自由激子的复合，如图 3-12 所示。入射光子可以与自由激子耦合，从而形成激子

> ➢ 通常在低温下，体材半导体中能观察到自由激子效应。
> ➢ 低维半导体形成的量子阱在室温下有显著的准二维激子效应。

极化激元(exciton-polaritons)。激子的辐射复合过程就是向半导体表面传播的激子极化激元模发射出光子的过程。

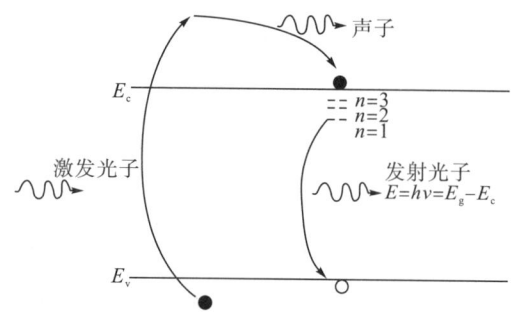

图 3-12　自由激子的激发与复合过程示意

注：电子吸收光子被激发到导带，然后通过释放声子弛豫到激子量子化能级的最低能级处，最后激子复合辐射光子

激子效应与半导体吸收光谱中与分立的谱线相对应，位于本征吸收边的附近。本征吸收边是价带顶的电子通过光子激发而跃迁到导带底从而在吸收光谱上所形成的陡峭上升的图谱。在低温下，体材半导体中能观察到自由激子效应。低维半导体形成的量子阱在室温下有显著的准二维激子效应，即自由激子复合为主要的本征复合。这是由于量子阱结构是准二维结构，因载流子在一个维度方向的运动受到限制，从而使得电子-空穴之间的库仑相互作用大大增强。当量子阱的宽度远小于三维激子的玻尔半径（$L \ll a^*$）时，其等效玻尔半径接近三维激子的等效玻尔半径，激子的跃迁强度远远大于三维激子。量子阱中的准二维激子具有比三维激子显著的非线性光学效应和斯塔克效应。低维半导体中的激子效应在半导体发光二极管、半导体激光器、光导纤维等中具有重要的应用价值。

3.4.4　俄歇复合

俄歇复合是有三个电荷参与的三粒子过程。其中一对电子-空穴复合，将多余的能量传递给第三个粒子(电子或空穴)，使之获得较高的动能；高能电子通过与晶格连续散射(连续放出声子)的方式逐渐释放这个动能而弛豫到能带极值处。总共有 5 种可能的俄歇复合过程，如图 3-13 所示。

> ➤ 俄歇复合主要发生在重掺杂半导体、窄禁带半导体中或高温下。

俄歇复合是无辐射复合，没有光子放出。在缺陷吸引两个载流子的情况也可能产生俄歇复合。俄歇复合主要发生在重掺杂半导体、窄禁带半导体中或高温下。由于需要满足能量守恒和动量守恒，故在间接能隙半导体中也有俄歇复合。在重掺杂半导体中，俄歇复合率与杂质浓度的平方根成正比。因载流子浓度增加，载流子与载流子的碰撞数也相应增加，俄歇复合的频率也随之增加。所以，在半导体器件的重掺杂区，必须考虑俄歇复合。

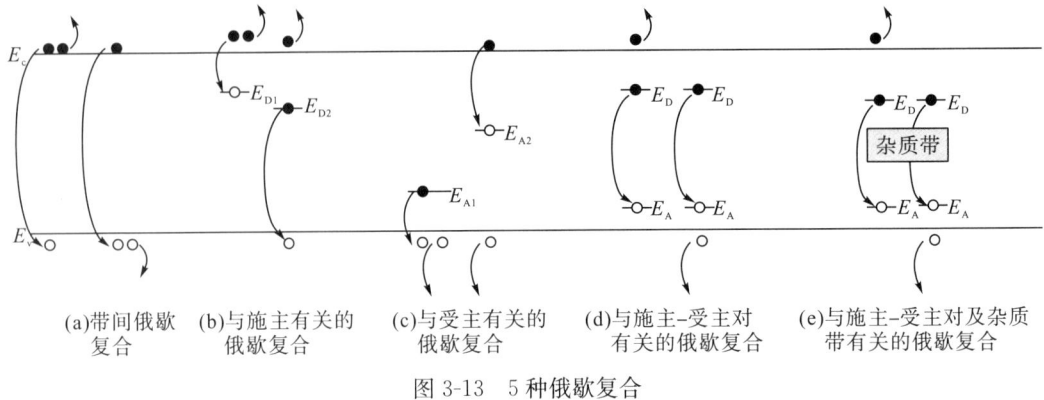

(a)带间俄歇复合　(b)与施主有关的俄歇复合　(c)与受主有关的俄歇复合　(d)与施主-受主对有关的俄歇复合　(e)与施主-受主对及杂质带有关的俄歇复合

图 3-13　5 种俄歇复合

3.4.5　施主-受主对之间的复合

还有三种与施主、受主或施主-受主对相关的复合，如图 3-14 所示。

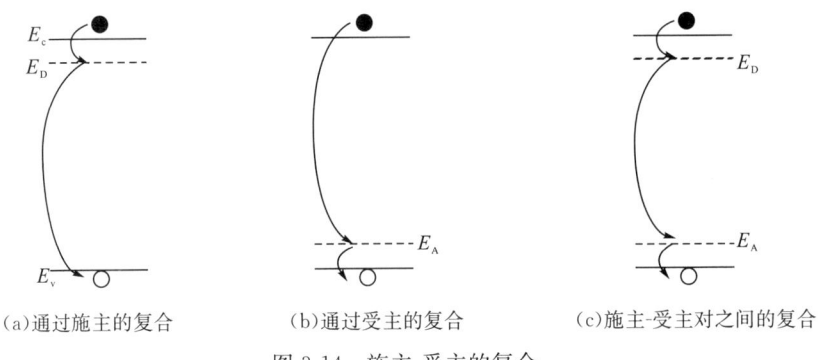

(a)通过施主的复合　(b)通过受主的复合　(c)施主-受主对之间的复合

图 3-14　施主-受主的复合

3.4.6　载流子的俘获

如果杂质或缺陷能级 E_t 接近费米能级 E_F，倾向于俘获一种载流子，或者说 E_t 有收纳一种载流子的作用。如图 3-9(b) 和 3-9(c) 所示，如果俘获系数满足 $r_n \gg r_p$，该陷阱就是电子陷阱；反之，则是空穴陷阱。杂质能级的这种积累非平衡载流子的效应称为陷阱效应。具有显著陷阱效应的杂质或缺陷称为陷阱中心，其能级 E_t 称为陷阱。陷阱通常为少子陷阱。在要求载流子寿命长的器件中，陷阱是不受欢迎的。寿命短的陷阱会产生多个与无辐射复合相关的能量通道。陷阱上俘获的载流子也通过热激发的方式回到能带，如图 3-15 所示。

从图 3-9 可知，杂质或缺陷能级 E_t 共计有 4 种作用：使电子-空穴复合，使电子-空穴产生，电子陷阱，空穴陷阱。E_t 在禁带中的具体位置决定其中哪个作用发生的几率最大。

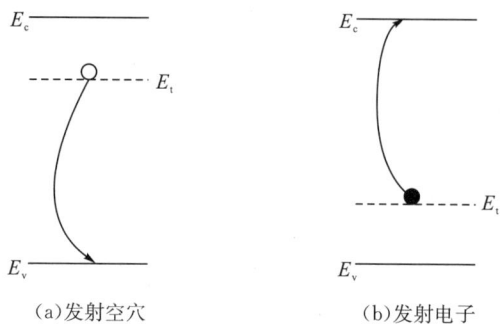

(a) 发射空穴　　　　(b) 发射电子

图 3-15　陷阱热发射载流子

3.5　本章小结

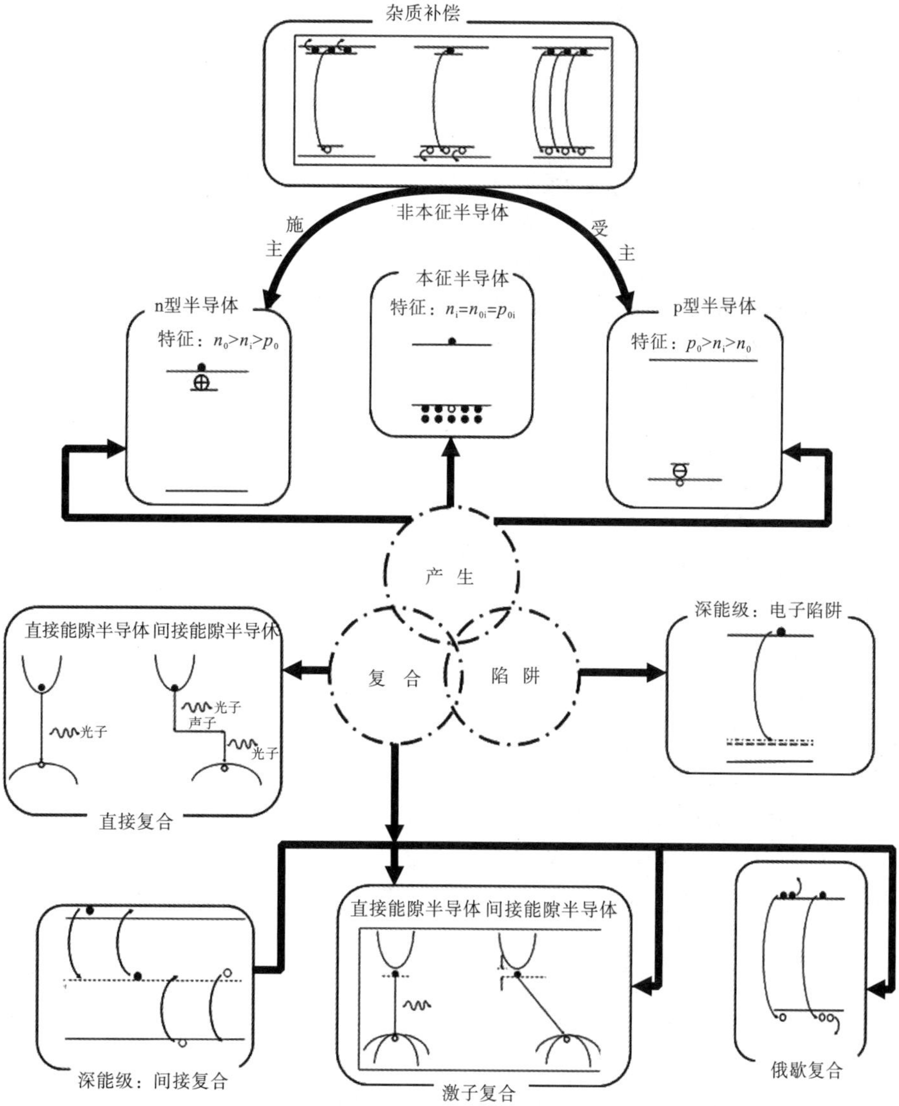

重要术语一览

(1)产生：电子被激发到导带或(和)空穴被激发到价带的过程，它们伴随着产生电子或空穴。

(2)复合：电子从导带回到价带的过程。

(3)本征半导体：无杂质无缺陷的纯净半导体。

(4)非本征半导体：掺有杂质的半导体。

(5)本征激发：电子从价带被激发到导带的过程，它们伴随着产生成对的电子和空穴。

(6)施主与施主电离：将电子施予半导体导带的杂质、缺陷叫施主。施主能级上的电子被激发到半导体导带的过程称为施主电离。

(7)受主与受主电离：将空穴施予半导体价带(或接受价带电子)的杂质、缺陷叫受主。受主能级上的空穴被激发到半导体价带的过程称为受主电离。

(8)杂质补偿：半导体中既掺有施主杂质又掺有受主杂质时，杂质之间会首先彼此"抵消"，这称为杂质补偿。杂质补偿之后，剩余的杂质才贡献电子或空穴给半导体。

(9)杂质补偿半导体：同一半导体中既掺有施主杂质又掺有受主杂质的半导体。

(10)直接复合：导带电子直接回到价带与空穴复合的过程。

(11)间接复合：导带电子通过深能级间接回到价带与空穴复合的过程。

(12)陷阱：俘获一种载流子的深能级。

(13)激子复合：由激发态电子和价带空穴对应的电子-空穴对的复合。

(14)俄歇复合：是有三个电荷参与的三粒子过程，其中一对电子-空穴复合，同时将多余的能量传递给第三个电荷(电子或空穴)。

思考题

1. 什么叫本征激发？
2. 定性说明温度越高本征激发的载流子越多。
3. 什么叫浅能级杂质？它们电离后有何特点？
4. 什么叫施主？什么叫施主电离？施主电离前后有何特征？试举例说明之，并用能带图表征。
5. 什么叫受主？什么叫受主电离？受主电离前后有何特征？试举例说明之，并用能带图表征。
6. 两性杂质和其他杂质有何异同？
7. 试用能带图说明深能级杂质和浅能级杂质有何差异？
8. 什么是补偿半导体？杂质补偿的意义何在？
9. 何谓非平衡载流子？非平衡状态与平衡状态的差异何在？

习题

1. 掺杂半导体与本征半导体之间有何差异？试举例说明掺杂对半导体的导电性能的影响。
2. 试简述杂质在半导体中的几种作用，并分别在能带图上标志出其在半导体中的跃迁过程。

3. 试说明浅能级杂质和深能级杂质的物理意义及特点。

4. 何谓非平衡载流子？非平衡状态与平衡状态的差异何在？

5. 简述半导体中不同复合之间的异同。

6. 复合中心与陷阱有何异同？

测试题

1. 对 As、Ga 和 C，哪个能将纯 Si 掺杂为 n 型半导体？解释其原因。

2. 对 In、Si、Br 和 N，哪个能将纯 Ge 掺杂为 p 型半导体？解释其原因。

主要参考文献

[1] 黄昆,谢希德. 半导体物理学. 北京:科学出版社,1965.

[2] 黄昆,韩汝琦. 半导体物理基础. 北京:科学出版社,1979.

[3] 刘恩科,朱秉升,罗晋生. 半导体物理学. 北京:电子工业出版社,2005.

[4] 萨支唐. 固态电子学基础. 上海:复旦大学出版社,2002.

[5] Robert F P. 半导体器件基础. 北京:电子工业出版社,2004.

[6] Donald A N. 半导体器件与物理. 北京:电子工业出版社,2010.

[7] Warner R M,Grung B L. Semiconductor-Device Electronics. 北京:电子工业出版社,2002.

[8] 沈学础. 半导体光谱和光学性质. 北京:科学出版社,2002.

[9] Kohn W. Solid state Physics. New York:Acad. Press,1957,Vol. 5. 258.

[10] Ning T H,Sah C T. Multivalley Effective-mass Approximation for Donor State in Silicon:Ⅰ Shallow-level Group-Ⅴ Impurities. Phys,Rev. B,1971,4:3468.

[11] Sze S M,Ng Kwork K. Physics of Semiconductor Devices. Third Edition. New Jersey:Jhon Wiley and Sons,2007,Chap 1.

[12] Glodeanu A. Helium-Like Impurities in Semiconductors. Phys. Status Solidi. ,1967,19(1):K43−K46.

[13] Milnes A G. Deep Impurities in Semiconductors,New York:John Wiley and Sons,1973,11.

[14] Madelung O. Semiconductors:Group Ⅳ Elements and Ⅲ-Ⅴ Compounds. New York:Springer-verlag,1991,99.

[15] Modelung O. Physice of Ⅲ-Ⅴ Compounds. New York:John Wiley and Sons,1964,221.

[16] Lebedev A A. Deep Level Centers in silicon Carbide:A Review. Semicondtors. ,1999,33(2):107−130.

[17] Shockley W,Read W T. Statistics of the Recombinations of Holes and Electrons. Phys. Rev. ,1952,87(5):835−842.

[18] Hall R N. Electron-hole Recombination in Germanium. Phys. Rev. ,1952,87(2):387.

第4章 半导体中载流子的定量统计描述

目标：

(1) 理解并推导电子浓度 n_0 的公式与空穴浓度 p_0 的公式。

(2) 推导并理解质量作用定律及其意义。

(3) 推导并求解本征半导体的载流子浓度及本征费米能级 E_{Fi} 的相对位置，并理解温度对本征半导体载流子浓度的制约关系。

(4) 根据电中性关系和质量作用定律，掌握求解非本征半导体中的载流子浓度及费米能级 E_F 的相对位置的基本方法，并理解温度和杂质是影响非本征半导体中载流子浓度及费米能级 E_F 的相对位置的因素。

(5) 了解过剩载流子的产生和复合。

(6) 推导并理解在从非平衡弛豫到平衡态的过程中过剩载流子的浓度随时间变化的指数衰减规律。

(7) 推导并理解直接复合过剩载流子的寿命表示式及大、小注入下影响寿命的因素。

(8) 推导并理解间接复合过剩载流子的寿命表示式及大、小注入下影响寿命的因素，了解有效的复合中心。

(9) 推导并理解陷阱俘获的载流子的浓度以及陷阱能级 E_t 与陷阱有效性之间的关系。

平衡态是研究半导体物理学的起点，器件工作时的系统则处于非平衡状态。本章在第3章定性描述半导体中载流子的基本跃迁的物理概念的基础上，应用统计力学描述的电子数分布——费米-狄拉克分布函数和玻尔兹曼分布函数，引入平衡半导体的费米能级，定量阐述如何求解半导体的载流子的浓度。因此，本章首先介绍平衡态下载流子浓度的统计分布，然后分别介绍如何利用电中性方程和质量作用定量求解载流子的浓度和费米能级。在非平衡态，载流子的定量阐述对载流子的输运及器件的电学特性的分析具有重要的基础作用，对非平衡载流子需要引入电子准费米能级和空穴准费米能级。最后，阐述在不同复合机制下非平衡载流子的寿命。这些关于载流子的浓度及其变化规律的定量阐述将为分析半导体器件中的电流打下重要基础。

4.1 载流子浓度

导带的电子浓度与单位体积中导带中允许的分布函数与量子态密度的乘积有关，表示为

$$n_0 = \frac{\int_{E_c}^{E_{top}} f(E) \cdot g_c(E) dE}{V} \tag{4-1}$$

同理，价带中空穴的浓度与单位体积价带中允许的量子态密度与量子态不被电子占

据的状态密度的乘积有关，表示为

$$p_0 = \frac{\int_{E_{\text{bottom}}}^{E_v} [1-f(E)] \cdot g_v(E) \mathrm{d}E}{V} \tag{4-2}$$

其中，$f(E)$为电子的分布函数；$g_c(E)$是导带底的量子态密度；$g_v(E)$为价带顶的量子态密度；V为晶体的体积。

4.1.1 量子态密度

假设在能量 E 与 $E+\mathrm{d}E$ 之间的能量间隔 $\mathrm{d}E$ 内有 $\mathrm{d}Z$ 个量子态，则定义状态密度 $g(E)$ 为

$$g(E) = \frac{\mathrm{d}Z}{\mathrm{d}E} \tag{4-3}$$

对于大部分实际的半导体，等能面基本都不是球面。如 Ge、Si 的等能面是旋转椭球等能面。我们在第 2 章中已经得到

$$g_c(E) = \frac{V}{2\pi^2} \frac{(2m_n^*)^{\frac{3}{2}}}{h^3} (E-E_c)^{\frac{1}{2}} \tag{4-4}$$

$$g_v(E) = \frac{V}{2\pi^2} \frac{(2m_p^*)^{\frac{3}{2}}}{h^3} (E_v-E)^{\frac{1}{2}} \tag{4-5}$$

由于在半导体的禁带中没有量子态，所以

$$g(E)|_{E_v<E<E_c} = 0 \tag{4-6}$$

如果电子有效质量与空穴有效质量相等，则 $g_c(E)=g_v(E)$，说明二者是关于禁带中线相互对称的，如图 4-1 所示。对于 $m_n^* \neq m_p^*$ 的半导体，二者不是关于禁带中线相互对称的。$g_c(E)$表示的是在单位能量间隔内导带量子态的数量，$g_v(E)$表示的是在单位能量间隔内价带量子态的数量

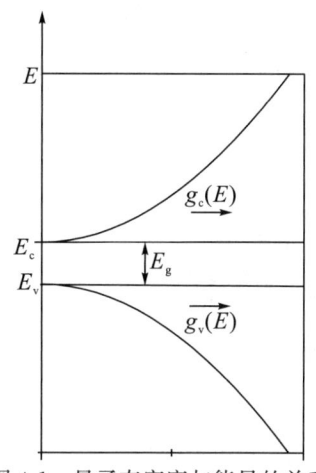

图 4-1 量子态密度与能量的关系

4.1.2 分布函数

1. 费米-狄拉克分布函数

从大量电子整体的统计意义而言,在热平衡态下,电子按能量大小有一定的统计分布。从费米-狄拉克分布函数就能得到能量为 E 的量子态被电子填充的几率。在平衡态,如果 $E_c - E_F \ll k_0 T$,则 $E - E_F \ll k_0 T$。能量为 E 的能级被电子占据的几率就为

$$f_{Fn}(E) = \frac{1}{1 + e^{\frac{E-E_F}{k_0 T}}} \tag{4-7}$$

其中,T 为晶格温度,该分布几率称为费米-狄拉克分布函数。

费米-狄拉克分布函数与能量之间存在依存关系。为了方便理解分布函数与费米能级 E_F 之间的关系,图 4-2(a)给出了在不同温度下的分布函数与能量之间的关系,其中将费米能级 E_F 取为参考能量位置。在 $T=0$ K 时,有

$$\begin{cases} f_{Fn}(E) = 1, & E < E_F \\ f_{Fn}(E) = 0, & E > E_F \end{cases} \tag{4-8}$$

说明在绝对零度时,费米-狄拉克分布为阶跃函数,所有电子都填充了费米能级 E_F 以下的能级,在费米能级 E_F 之上的能级没有电子占据。当 $T>0$ K 时,费米能级 E_F 以下的一些电子获得足够的能量就跃迁到费米能级 E_F 之上的能级。假设费米能级 E_F 与温度无关,则有

$$\begin{cases} 50\% < f_{Fn}(E) < 100\%, & E < E_F \\ f_{Fn}(E) = 50\%, & E = E_F \\ 0\% < f_{Fn}(E) < 50\%, & E > E_F \end{cases} \tag{4-9}$$

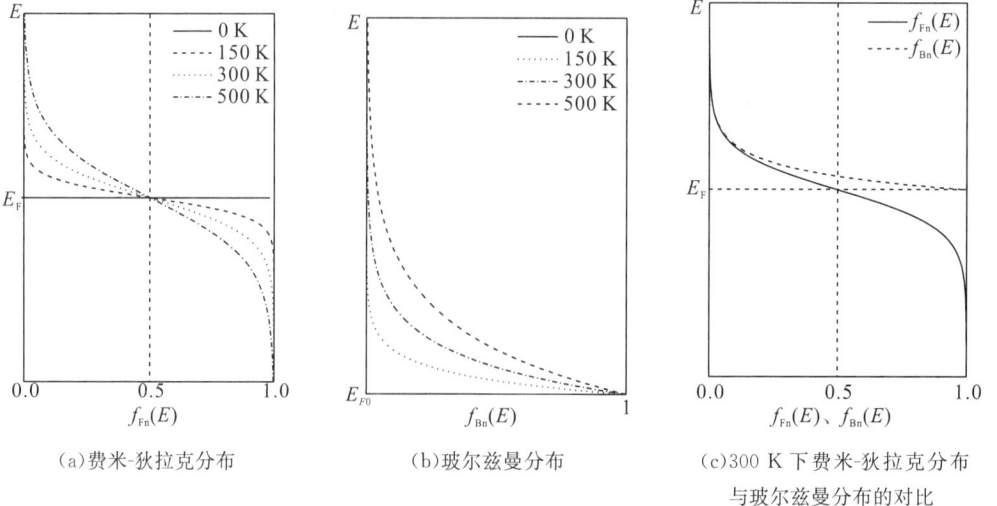

(a) 费米-狄拉克分布　　(b) 玻尔兹曼分布　　(c) 300 K 下费米-狄拉克分布与玻尔兹曼分布的对比

图 4-2　在不同温度下分布函数随电子能量 E 的变化

可见,$E=E_F$ 的量子态被电子占据的可能为 50%,仍有 50% 以上的电子占据了费

米能级 E_F 以下的能级，电子占据费米能级 E_F 之上的能级的几率在 50% 以下。随着温度升高，费米能级 E_F 之上的能级被越来越多的电子填充，费米能级 E_F 以下出现未被占据的能级[几率为 $f_{Fp}(E) = 1 - f_{Fn}(E)$]，说明随着电子热能的增加，有越来越多的电子跃迁进入更高的能级，而费米能级 E_F 以下的能级出现空态。

因此，费米能级 E_F 的位置比较直观地反映了电子占据电子态的情况，它标志了电子填充能级的水平。费米能级 E_F 越高，说明有较多的能量较高的电子态上有电子占据。费米能级 E_F 是决定电子在各能级上的统计分布的一个基本物理参量，它是分析半导体系统特性的基础，了解系统的费米能级 E_F 的相对位置非常重要。

对于空穴，其分布函数为

$$f_{Fp}(E) = 1 - f_{Fn}(E) = \frac{1}{1 + e^{-\frac{E - E_F}{k_0 T}}} \tag{4-10}$$

通常，服从费米-狄拉克分布的电子系统称为简并系统。相应的半导体叫做简并半导体。

费米-狄拉克分布函数只适用于热平衡条件。它不仅仅应用于半导体，也广泛地适用于描述金属和绝缘体等材料体系的电子的统计分布。费米能级与导带底和价带顶的相对位置非常重要。在本章后面的论述中将会看到，费米能级与导带底和价带顶的相对位置能够表示半导体的导电类型，并定性地表示半导体中的掺杂情况。

2. 玻尔兹曼分布函数

当 $E_c - E_F \gg k_0 T$ 时，$E - E_F \gg k_0 T$，有 $e^{\frac{E-E_F}{k_0 T}} \gg 1$，费米-狄拉克分布简化为玻尔兹曼分布，为

$$f_{Bn}(E) = e^{-\frac{E - E_F}{k_0 T}} \tag{4-11}$$

这就是经典的玻尔兹曼分布函数，它是能量为 E 的能级被电子占据的几率，如图 4-2(b) 所示。相应的，对于空穴，能量为 E 的能级不被电子占据的几率分布函数为

$$f_{Bp}(E) = 1 - f_{Bn}(E) = 1 - e^{-\frac{E - E_F}{k_0 T}} \tag{4-12}$$

服从玻尔兹曼分布的电子系统称为非简并系统。相应的半导体叫做非简并半导体。图 4-2(c) 给出了 300 K 下费米-狄拉克分布与玻尔兹曼分布的对比图。

将电子能量 E 表示为

$$E = E_c + \frac{1}{2} m^* v^2 \tag{4-13}$$

那么式(4-11)就表示为

$$f_{Bn} = e^{(E_F - E_c)/k_B T} e^{-m^* v^2 / 2 k_B T} = C e^{-m^* v^2 / 2 k_B T} \tag{4-14}$$

该式显示，对于满足玻尔兹曼分布函数的非简并半导体，载流子的 π 率分布为高斯分布(或麦克斯韦分布)，且 f_{Bn} 是 v 的偶函数。

例 1：在 300 K 下，分别计算比费米能级高 $2k_0 T$ 和 $3k_0 T$ 的能级被电子占据的几率。

解：$f_{Fn}(E)\big|_{E - E_F = 2k_0 T} = \frac{1}{1 + e^{\frac{E - E_F}{k_0 T}}} = \frac{1}{1 + e^{\frac{2k_0 T}{k_0 T}}} = \frac{1}{1 + e^2} = 11.92\%$

$f_{Fn}(E)\big|_{E - E_F = 3k_0 T} = \frac{1}{1 + e^{\frac{E - E_F}{k_0 T}}} = \frac{1}{1 + e^{\frac{3k_0 T}{k_0 T}}} = \frac{1}{1 + e^3} = 4.74\%$

例2：图 4-3 所示为 p-Ge、i-Ge 和 n-Ge 的能带图，虚线是费米能级的位置，图中三个图分别表示 E_c-E_F 为 $22k_0T$、$13k_0T$ 和 $2k_0T$。计算这三种情况下的导带底被电子占据的几率和价带顶被空穴占据的几率。

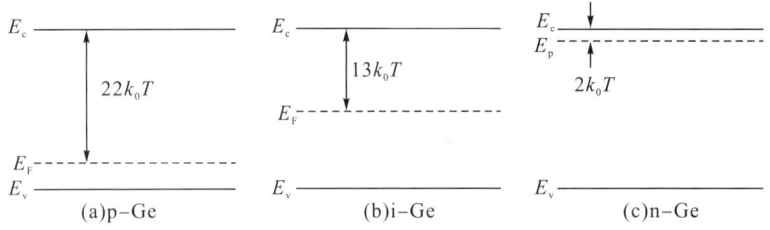

图 4-3 p-Ge、i-Ge 和 n-Ge 的能带图

解：

$$\begin{cases} f_{Fn}(E)\mid_{E-E_F=22k_0T} = \dfrac{1}{1+e^{\frac{E-E_F}{k_0T}}} = \dfrac{1}{1+e^{\frac{22k_0T}{k_0T}}} = \dfrac{1}{1+e^{22}} = 0.000000001\% \\ f_{Fp}(E)\mid_{E-E_F=22k_0T} = 1 - f_{Fn}(E)\mid_{E-E_F=22k_0T} = 1 - \dfrac{1}{1+e^{\frac{E-E_F}{k_0T}}} \\ \qquad = 1 - 0.000000001\% = 99.999999999\% \end{cases}$$

$$\begin{cases} f_{Fn}(E)\mid_{E-E_F=13k_0T} = \dfrac{1}{1+e^{\frac{E-E_F}{k_0T}}} = \dfrac{1}{1+e^{\frac{13k_0T}{k_0T}}} = \dfrac{1}{1+e^{13}} = 0.000226\% \\ f_{Fp}(E)\mid_{E-E_F=13k_0T} = 1 - f_{Fn}(E)\mid_{E-E_F=13k_0T} = 1 - \dfrac{1}{1+e^{\frac{E-E_F}{k_0T}}} \\ \qquad = 1 - 0.000226\% = 99.999774\% \end{cases}$$

$$\begin{cases} f_{Fn}(E)\mid_{E-E_F=2k_0T} = \dfrac{1}{1+e^{\frac{E-E_F}{k_0T}}} = \dfrac{1}{1+e^{\frac{2k_0T}{k_0T}}} = \dfrac{1}{1+e^2} = 11.92\% \\ f_{Fp}(E)\mid_{E-E_F=2k_0T} = 1 - f_{Fn}(E)\mid_{E-E_F=2k_0T} = 1 - \dfrac{1}{1+e^{\frac{E-E_F}{k_0T}}} \\ \qquad = 1 - 11.92\% = 89.08\% \end{cases}$$

说明：在 E_c-E_F 大于数倍 k_0T 的情况下，费米-狄拉克分布函数就能够用玻尔兹曼分布函数近似表示。费米能级位置越接近导带底，就有越多的电子填充导带底的能级。费米能级位置越低，有越多的空穴填充价带顶的能级。由此说明，费米能级与导带底和价带顶的相对位置非常重要。

因此，费米能级的位置直观地反应了电子占据量子态的情况。

> 费米能级与导带底和价带顶的相对位置非常重要。

对于非重掺杂半导体，半导体的费米能级都位于禁带之中，且与导带底或价带顶的距离都大于 k_0T。因此，电子占据导带中能级的几率 $f_{Fn}(E)\ll 1$，空穴占据价带能级的几率 $1-f_{Fn}(E)\ll 1$。也就是说，电子和空穴的分布均能用玻尔兹曼分布描述。图 4-2(c) 是 300 K 下的费米-狄拉克分布函数与玻尔兹曼分布函数的对比，其中后者用虚线表示。显然，在 $E-E_F$ 大于 2 倍 k_0T 的情况下，费米-狄拉克分布函数就能够用玻尔兹曼分布函数近似表示，这对应于非重掺杂（如对于 Si，杂质浓度小于 $10^{18}\,\mathrm{cm}^{-3}$）的情况——非简并半导体。对于高电子浓度的重掺杂半导体、导体或金属，必须用费米-狄拉克分布函数描述电子的分布。

4.1.3 电子浓度 n_0 方程与空穴浓度 p_0 方程

为了分析和计算半导体器件的电学性质，必须得到导带电子浓度和价带空穴浓度的解析表示式。热平衡态时，非简并半导体的载流子的浓度定义为单位体积内导带或价带中允许的量子态密度与玻尔兹曼分布函数的乘积：

$$\begin{cases} n_0 = \dfrac{\int_{E_c}^{E_{top}} f_{Bn}(E) \cdot g_c(E) dE}{V} & (4\text{-}15a) \\ p_0 = \dfrac{\int_{E_{bottom}}^{E_v} [1 - f_{Bn}(E)] \cdot g_v(E) dE}{V} & (4\text{-}15b) \end{cases}$$

式中，E_{top} 对应于导带顶，E_{bottom} 对应于价带底。因为非简并半导体的玻尔兹曼分布函数随能量增加而迅速趋近于零，导带中绝大部分电子都位于导带底，所以 E_{top} 可以近似为正无穷大；类似的，价带中绝大部分空穴都位于价带顶，E_{bottom} 可以近似为负无穷大。这样近似的结果并不会影响所得结果，但数学处理上却带来方便。将 $f_B(E)$ 和 $g_c(E)$ 分别代入 n_0 的定义式，有

$$n_0 = \int_{E_c}^{+\infty} \left[4\pi \dfrac{(2m_n^*)^{\frac{3}{2}}}{h^3} (E - E_c)^{\frac{1}{2}} \right] e^{-\frac{E - E_F}{k_0 T}} dE \qquad (4\text{-}16)$$

为简化数学推导，作变量替换，设

$$x = \dfrac{E - E_c}{k_0 T} \qquad (4\text{-}17)$$

式(4-16)变为

$$n_0 = \dfrac{4\pi (2m_n^* k_0 T)^{\frac{3}{2}}}{h^3} \cdot e^{-\frac{E_c - E_F}{k_0 T}} \int_0^{\infty} x^{\frac{1}{2}} e^{-x} dx \qquad (4\text{-}18)$$

积分为伽马函数，其值为

$$\int_0^{\infty} x^{\frac{1}{2}} e^{-x} dx = \dfrac{\sqrt{\pi}}{2} \qquad (4\text{-}19)$$

式(4-18)就变为

$$n_0 = 2 \left(\dfrac{2\pi m_n^* k_0 T}{h^2} \right)^{\frac{3}{2}} \cdot e^{-\frac{E_c - E_F}{k_0 T}} \qquad (4\text{-}20)$$

定义参数

$$N_c = 2 \left(\dfrac{2\pi m_n^* k_0 T}{h^2} \right)^{\frac{3}{2}} \qquad (4\text{-}21)$$

则导带的热平衡电子浓度表示为

$$n_0 = N_c \cdot e^{-\frac{E_c - E_F}{k_0 T}} \qquad (4\text{-}22)$$

参数 N_c 称为导带底有效状态密度。它与半导体的电子结构参数之一——有效质量有关，也与温度有关。电子有效质量随温度有一定的变化，导带底有效状态密度也会随之相应变化。

类似的，将 $f_{Bn}(E)$ 和 $g_v(E)$ 分别代入 p_0 定义式，有

$$p_0 = \int_{-\infty}^{E_v} \left[4\pi \frac{(2m_p^*)^{\frac{3}{2}}}{h^3} (E_v - E)^{\frac{1}{2}} \right] e^{-\frac{E_F - E}{k_0 T}} dE \tag{4-23}$$

对式(4-23)做类似的变量替换,设

$$x' = \frac{E_F - E}{k_0 T} \tag{4-24}$$

式(4-23)变为

$$p_0 = \left[-4\pi \frac{(2m_p^* k_0 T)^{\frac{3}{2}}}{h^3} e^{-\frac{E_F - E_v}{k_0 T}} \right] \int_{+\infty}^{0} (x')^{\frac{1}{2}} e^{-x'} dx' = \left[2 \left(\frac{2\pi m_p^* k_0 T}{h^2} \right)^{\frac{3}{2}} \right] \cdot e^{-\frac{E_F - E_v}{k_0 T}} \tag{4-25}$$

定义参数

$$N_v = 2 \left(\frac{2\pi m_p^* k_0 T}{h^2} \right)^{\frac{3}{2}} \tag{4-26}$$

式(4-25)就表示为

$$p_0 = N_v \cdot e^{-\frac{E_F - E_v}{k_0 T}} \tag{4-27}$$

参数 N_v 称为价带顶有效状态密度。导带底有效状态密度和价带有效状态密度中的 m_n^* 和 m_p^* 是态密度有效质量。N_c 和 N_v 与半导体的电子结构参数之一——态密度有效质量和温度有关。室温下 GaAs、Si 和 Ge 的电子和空穴的有效状态密度和有效质量见表4-1。

表 4-1 室温下的有效状态密度和有效质量

	N_c/cm^{-3}	N_v/cm^{-3}	m_n^*/m_0	m_p^*/m_0
GaAs	4.5×10^{17}	8.1×10^{18}	0.068	0.47
Si	2.8×10^{19}	1.1×10^{19}	1.062	0.59
Ge	1.05×10^{19}	3.9×10^{18}	0.56	0.29

这样,热平衡态时,半导体中的载流子浓度就表示为

$$\begin{cases} n_0 = N_c \cdot e^{-\frac{E_c - E_F}{k_0 T}} & (4\text{-}28\text{a}) \\ p_0 = N_v \cdot e^{-\frac{E_F - E_v}{k_0 T}} & (4\text{-}28\text{b}) \end{cases}$$

可见,半导体的电子浓度和空穴浓度与载流子的有效质量有关,同时还与费米能级 E_F 在能带中的相对位置以及温度 T 有关。而费米能级 E_F 也与半导体中的杂质类型及其浓度密切相关。所以,电子浓度和空穴浓度与载流子的有效质量、杂质和温度都有关系。

令 E_{Fi} 表示本征半导体的费米能级,在 $E_{Fi} \approx E_i$ 成立的条件下,式(4-28)还可以利用本征载流子浓度 n_i 表示为

$$\begin{cases} n_0 = n_i \cdot e^{\frac{E_F - E_i}{k_0 T}} \\ p_0 = n_i \cdot e^{\frac{E_i - E_F}{k_0 T}} \end{cases} \tag{4-29}$$

式(4-29)的两个表示式互相对称。在已知费米能级在能带中的相对位置的情况下,可以利用式(4-28)或式(4-29)计算半导体的平衡载流子浓度的数值,即半导体的平衡电学性质。

4.1.4 质量作用定律

> - 质量作用定律表明，半导体中电子浓度与空穴浓度的乘积只与本征载流子的浓度有关。
> - 质量作用定律是计算非简并半导体的载流子浓度的一个关系式。

将式(4-28)中的两式相乘，

$$n_0 \times p_0 = N_c N_v \cdot e^{-\frac{E_c-E_v}{k_0 T}} \tag{4-30}$$

利用

$$E_g = E_c - E_v \tag{4-31}$$

式(4-30)就表示为

$$n_0 \times p_0 = N_c N_v \cdot e^{-\frac{E_g}{k_0 T}} \tag{4-32}$$

而对于本征半导体，

$$n_{0i} = p_{0i} = n_i \tag{4-33}$$

也有

$$n_i^2 = n_{0i} \times p_{0i} = N_c N_v \cdot e^{-\frac{E_g}{k_0 T}} \tag{4-34}$$

将式(4-30)与式(4-34)结合，所以

$$n_0 p_0 = n_i^2 \tag{4-35}$$

式(4-35)称为质量作用定律(the law of mass action)。它表明半导体中电子浓度与空穴浓度的乘积是一个"常数"，这个常数就是 n_i^2；说明 $n_0 p_0$ 与费米能级 E_F 无关，也就是与杂质类型及其数量都无关，而与半导体的本征性质——电子有效质量、空穴有效质量和禁带宽度，以及半导体的工作温度有关。在一定工作温度下，对于基体半导体相同但掺杂类型和掺杂浓度不同的两种半导体，虽然载流子浓度因掺杂不同而不同，但同一半导体中的两种载流子浓度的乘积不变，满足 $n_{01} p_{01} = n_{02} p_{02} = n_i^2$。

质量作用定律的另一个重要意义在于，通常在求解半导体的热平衡载流子浓度的具体数值时，如果知道了一种载流子浓度的数值，就能够利用它求解另一种载流子浓度的具体数值。所以它是计算载流子浓度的一个关系式。质量作用定律是热平衡半导体的一个基本公式，它是在玻尔兹曼分布成立的条件下得到的。换言之，假如所研究的半导体是简并半导体，则质量作用定律失效。因此，质量作用定律同时适用于本征半导体和非简并半导体。

对于掺杂半导体，例如 p 型半导体，载流子浓度之间总有这样的关系：多子浓度＞n_i＞少子浓度。这是由于掺入杂质后载流子发生了重新分布，如图4-4所示。有部分本征电子跃迁到受主能级，使得总的电子浓度比相应的本征半导体的电子浓度少。同时，价带中总的空穴浓度也不是简单的电离受主浓度与本征空穴浓度之和。但是，质量作用定律给出了一个重要的事实，半导体中多子浓度与少子浓度的乘积是一个"常数"，这个常数就是 n_i^2。

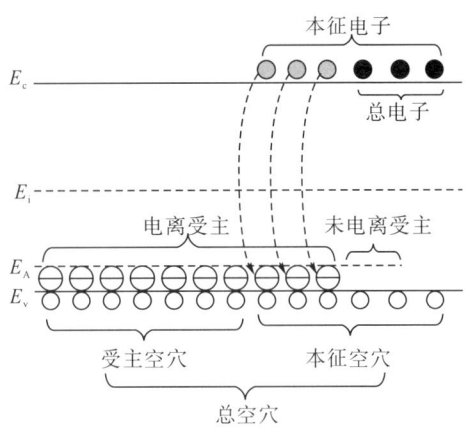

图 4-4 掺入受主后载流子重新分布的能带图
注：导带中的灰色小球表示跃迁到受主能级上的本征电子

4.1.5 简并半导体与非简并半导体

根据杂质半导体中掺杂浓度的高低，杂质半导体又分为简并半导体和非简并半导体。

当杂质浓度在重掺杂浓度以下时，杂质在半导体中引入的是分离且无相互作用的杂质能级，该半导体就是非简并半导体。非简并半导体中的载流子遵从玻尔兹曼分布。

当杂质浓度足够高时，杂质原子之间逐渐相互靠近，相邻的杂质原子发生相互作用，原来分离的杂质能级发生分裂、移动并逐渐展宽，形成杂质能带；对 n 型半导体，当杂质浓度足够高时，使得施主浓度 N_D 与导带底的有效状态密度 N_c 的数值接近，施主的杂质能带会与导带底发生部分重叠。当多子浓度 n_0 大于导带底的有效状态密度 N_c，即

$$n_0 = N_c \cdot e^{-\frac{E_c - E_F}{k_0 T}} > N_c \tag{4-36}$$

有

$$E_F > E_c \tag{4-37}$$

说明费米能级 E_F 进入导带，这就是 n 型简并半导体。类似的，对于 p 型简并半导体，受主浓度 N_A 增加到与价带顶的有效状态密度 N_v 的数值接近时，受主能级也会因杂质原子之间的相互作用而发生分裂、移动并逐渐展宽，形成受主杂质能带，并与价带顶发生部分重叠。当多子浓度 p_0 大于价带顶的有效状态密度 N_v 时，费米能级 E_F 进入价带，这就是 p 型简并半导体。简并半导体中的载流子遵从费米-狄拉克分布。

对于 n 型半导体，通常以费米能级 E_F 与导带底 E_c 之间的相对位置作为是否发生简并的标准，即

$$\begin{cases} E_c - E_F > 3k_0 T & \text{非简并} \\ 0 < E_c - E_F < 3k_0 T \text{ 或 } 0 < E_F - E_v < 3k_0 T & \text{弱简并} \\ E_c - E_F \leqslant 0 & \text{简并} \end{cases} \tag{4-38}$$

该标准如图 4-5(a)所示，图中同时给出了 p 型半导体的情况。n 型和 p 型简并半导体的示例能带图分别如图 4-5(b)和(c)所示，费米能级 E_F 以下的量子状态基本被电子占据（阴影部分），费米能级 E_F 之上的量子状态基本是空的。所以，n 型简并半导体导带底

E_c 附近的电子浓度较高，p 型简并半导体的费米能级 E_F 和价带顶之间的空穴浓度较高。

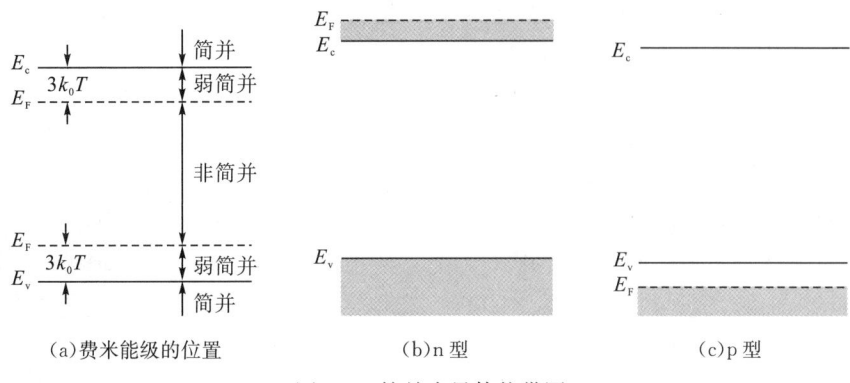

图 4-5 简并半导体能带图

通常，发生简并的杂质浓度与杂质电离能有关。杂质电离能越小，发生简并的杂质浓度越低；此外，简并化发生在一个温度范围，杂质浓度越高，发生简并的温度范围也越宽。

4.2 本征半导体

4.2.1 本征半导体的载流子

本征半导体(intrinsic semiconductor)中电子-空穴成对出现，所以其电子浓度 n_{0i} 与空穴浓度 p_{0i} 相等。为简化表达，用 n_i 表示本征半导体的载流子浓度，用 E_{Fi} 表示本征半导体的费米能级。这样，本征半导体的载流子浓度的定量描述可以表示为

$$n_i = n_{0i} = p_{0i} \tag{4-39}$$

于是，本征半导体的载流子浓度

$$n_i = \sqrt{n_{0i} \times p_{0i}} = \sqrt{N_c N_v}\, e^{-\frac{E_g}{2k_0 T}} \tag{4-40}$$

式(4-40)显示，本征半导体的载流子浓度与其带隙宽度有关；随着温度在一定范围内变化，本征载流子浓度能够变化几个数量级。如在 300K 附近，本征 Si 的温度每升高 8K 左右，其本征载流子浓度增加一倍左右；本征 Ge 的温度每升高 12K 左右，其本征载流子浓度增加一倍左右。因此，本征载流子浓度是温度的强函数。由于本征载流子浓度随温度变化急剧变化这个特点，用本征材料制作的半导体器件的性能极不稳定。而通过适当掺杂得到的杂质半导体在本征温度 T_i 以下工作时性能稳定。所以杂质半导体在半导体中扮演了极其重要的角色。然而，当杂质半导体的工作温度升高到本征温度 T_i 以上之后，半导体中的本征载流子浓度在比杂质浓度低一个数量级时，随着温度升高，半导体中的本征激发将占据主要的激发地位，即半导体进入高温本征激发阶段，器件将不能正常工作。所以，本征温度 T_i 是器件工作的极限温度。

图 4-6 所示为 GaAs、Si 和 Ge 的本征载流子浓度 n_i 随温度 T 的变化图。图 4-6 显示，在相同温度下，禁带宽度越宽的半导体，本征载流子浓度越低。对同一半导体，温

度越高，本征载流子浓度越高。这是由于温度升高，带隙宽度变窄，有更多的价带电子跃迁到导带底。

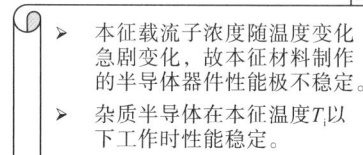
- 本征载流子浓度随温度变化急剧变化，故本征材料制作的半导体器件性能极不稳定。
- 杂质半导体在本征温度 T_i 以下工作时性能稳定。

表 4-2 列出了 300 K 时公认的 GaAs、Si 和 Ge 的本征载流子浓度 n_i。实验测量的本征载流子浓度 n_i 与理论计算存在一定的差异。可能的原因为：首先，载流子的有效质量是由低温回旋共振实验测得，严格意义上说，载流子的有效质量由半导体的电子结构得到，而电子结构与温度有关，所以载流子的有效质量也应随温度相应变化；其次，有效状态密度是从三维无限深势阱中的电子模型推导出来的，它与实验结果之间有一定偏差，且它也与载流子的有效质量相关，所以有效状态密度 N_c 和 N_v 也与实际结果之间存在一定偏差。因此，理论计算的本征载流子浓度与实验值之间有一定差异，但这个差异并不显著。

在 275K≤T≤375K 的温度范围内，Si 的本征载流子浓度与温度的关系还可利用 Sproul 和 Green 从实验拟合的经验公式求得：

$$n_i = (9.15 \times 10^{19}) \left(\frac{T}{300}\right)^2 e^{-\frac{0.5928}{k_0 T}}, \quad 275\text{K} \leq T \leq 375\text{K} \tag{4-41}$$

表 4-2 $T=300$ K 时的本征载流子浓度的公认值

半导体	n_i/cm^{-3}
GaAs	1.1×10^7
Si	1.2×10^{10}
Ge	2.33×10^{13}

例 3：推导本征载流子浓度与温度的关系表示式。

解：因为

$$n_i = \sqrt{N_c N_v} e^{-\frac{E_g}{2k_0 T}}$$

而

$$N_c = 2\left(\frac{2\pi m_n^* k_0 T}{h^2}\right)^{\frac{3}{2}}, \quad N_v = 2\left(\frac{2\pi m_p^* k_0 T}{h^2}\right)^{\frac{3}{2}}, \quad E_g(T) = E_g(0\text{K}) - \frac{\alpha T^2}{\beta + T}$$

则

$$n_i = 2\left(\frac{2\pi k_0 T}{h^2}\right)^{\frac{3}{2}} (m_n^* m_p^*)^{\frac{3}{4}} e^{-\frac{E_g(0\text{K}) - \frac{\alpha T^2}{\beta + T}}{2k_0 T}}$$

说明：本征载流子浓度是温度的强函数。这里忽略了载流子有效质量与温度的关系。

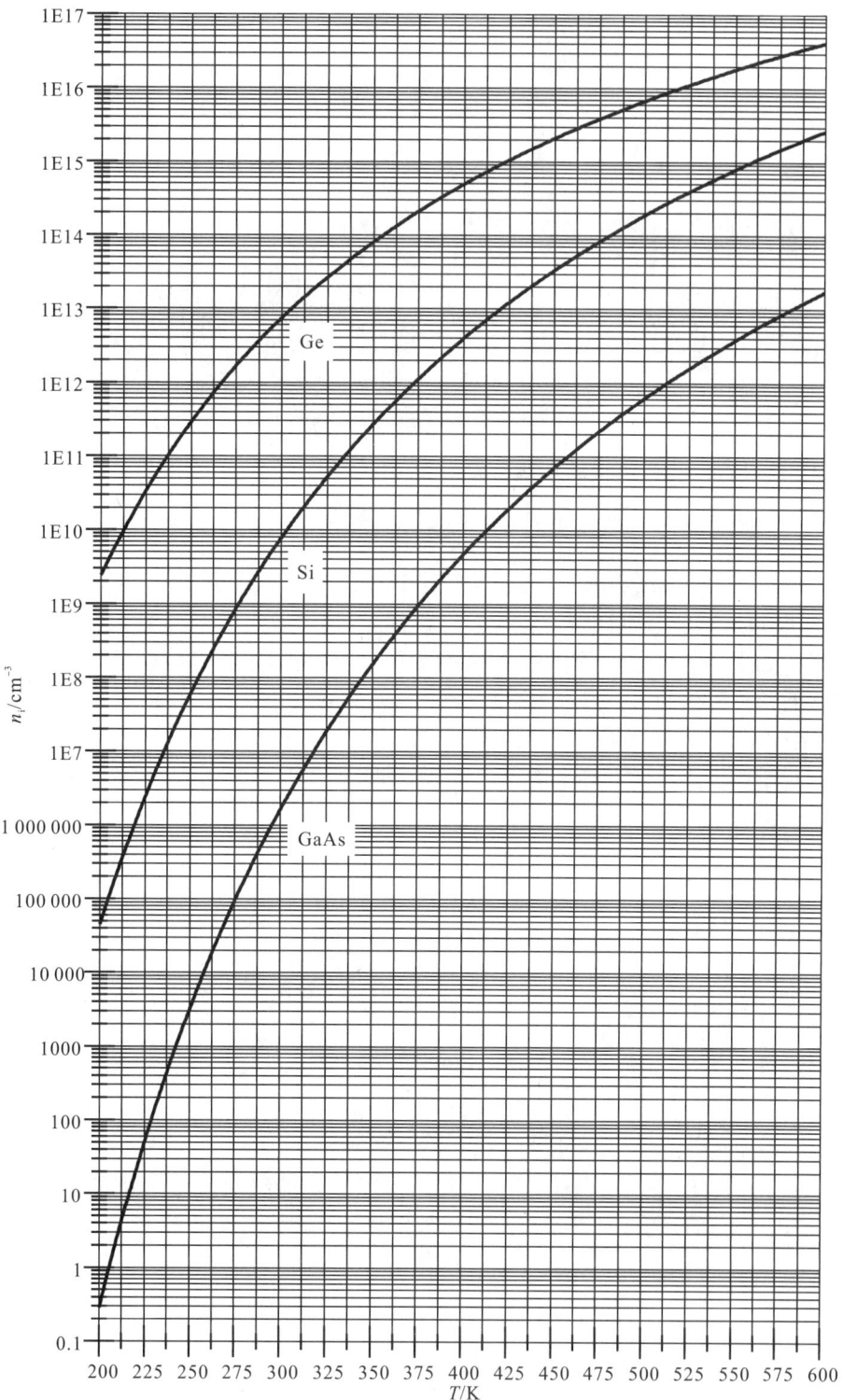

图 4-6 GaAs、Si 和 Ge 的本征载流子浓度和半导体温度的函数关系

4.2.2 本征费米能级 E_{Fi}

将式(4-28)的两式代入式(4-39):

$$N_c \cdot e^{-\frac{E_c-E_{Fi}}{k_0 T}} = N_v \cdot e^{-\frac{E_{Fi}-E_v}{k_0 T}} \tag{4-42}$$

对式(4-42)两边同时取自然对数,得到本征半导体的费米能级

$$E_{Fi} = \frac{E_c + E_v}{2} + \frac{1}{2} k_0 T \ln\left(\frac{N_v}{N_c}\right) \tag{4-43}$$

因式(4-43)第一项就是禁带中央 E_i,即 $E_i = \frac{E_c+E_v}{2}$,所以

$$E_{Fi} = E_i + \frac{1}{2} k_0 T \ln\left(\frac{N_v}{N_c}\right) \tag{4-44}$$

由式(4-21)和式(4-26),可以将(4-44)表示为

$$E_{Fi} = E_i + \frac{3}{4} k_0 T \ln\left(\frac{m_p^*}{m_n^*}\right) \tag{4-45}$$

由此可见,由于 $m_p^* \neq m_n^*$,所以本征半导体的费米能级 E_{Fi} 不是刚好位于禁带中央 E_i 处。如果 $m_p^* < m_n^*$,本征费米能级 E_{Fi} 就略低于禁带中央 E_i,这是大部分半导体中出现的情况;如果 $m_p^* > m_n^*$,则本征费米能级 E_{Fi} 就略高于于禁带中央 E_i。对于非窄禁带半导体,通常可以认为 $E_{Fi} \approx E_i$,这也是式(4-29)成立的条件。

例 4:试计算在 300℃ 时 Si 的本征费米能级。

解:对于本征半导体,热平衡时达到电中性,有

$$n_i = n_{0i} = p_{0i}$$

即

$$N_c \cdot e^{-\frac{E_c-E_F}{k_0 T}} = N_v \cdot e^{-\frac{E_F-E_v}{k_0 T}}$$

所以,

$$E_{Fi} = E_i + \frac{3}{4} k_0 T \ln\left(\frac{m_p^*}{m_n^*}\right) = E_i + \frac{3}{4} \times \frac{0.026 \times 573}{300} \ln\left(\frac{0.56}{1.08}\right) = E_i - 0.02445 (eV)$$

$$E_g(573K) = E_g(0K) - \frac{\alpha T^2}{\beta + T} = 1.028 - \frac{(4.73 \times 10^{-4}) \times 573^2}{636 + 573} = 0.8995 (eV)$$

$$\frac{|E_i - E_F|}{E_g(573K)} = \frac{0.0163}{0.8995} \approx 3\%$$

说明:在 573 K 时,与禁带宽度相比,本征费米能级对禁带中央的相对偏离只有 1.81 %,仍可近似认为本征费米能级在禁带中央处。

例 5:在 $E_{Fi} \approx E_i$ 成立的条件下,证明以下公式成立。

$$\begin{cases} n_0 = n_i \cdot e^{\frac{E_F-E_i}{k_0 T}} \\ p_0 = n_i \cdot e^{\frac{E_i-E_F}{k_0 T}} \end{cases}$$

证:因为

$$\begin{cases} n_0 = N_c \cdot e^{-\frac{E_c-E_F}{k_0 T}} & \text{①} \\ p_0 = N_v \cdot e^{-\frac{E_F-E_v}{k_0 T}} & \text{②} \end{cases}$$

假设本征半导体的费米能级近似在禁带中央，即 $E_{\text{Fi}} \approx E_i$，则将 $E_{\text{Fi}} \approx E_i$ 分别代入①式和②式，有

$$\begin{cases} n_i = n_{0i} = N_c \cdot e^{-\frac{E_c - E_i}{k_0 T}} & \text{③} \\ n_i = p_{0i} = N_v \cdot e^{-\frac{E_i - E_v}{k_0 T}} & \text{④} \end{cases}$$

用①式除以③式，得

$$\frac{n_0}{n_i} = \frac{N_c e^{-\frac{E_c - E_F}{k_0 T}}}{N_c e^{-\frac{E_c - E_i}{k_0 T}}} = e^{\frac{E_F - E_i}{k_0 T}} \qquad \text{⑤}$$

对⑤式两边同时乘以 n_i，则

$$n_0 = n_i \cdot e^{\frac{E_F - E_i}{k_0 T}} \qquad \text{⑥}$$

同理得到

$$p_0 = n_i \cdot e^{\frac{E_i - E_F}{k_0 T}} \qquad \text{⑦}$$

证毕。

一般温度下，Si、Ge、GaAs 等本征半导体的费米能级 E_F 近似在禁带中央 E_i 处，只有温度较高时，E_F 才会明显偏离 E_i。但对于某些窄禁带半导体则不然，如 InSb（$E_g = 0.18\text{eV}$），其本征半导体的费米能级 E_F 靠近导带底。

4.3 非本征半导体的载流子

非本征半导体是掺有杂质的半导体。本节将详细讨论非本征半导体中的载流子浓度、费米能级 E_F 与杂质浓度之间的关系。

4.3.1 杂质能级上的电子和空穴

费米-狄拉克分布函数和玻尔兹曼分布函数描述的是半导体能带中的能级被电子占据的几率，其基本前提是泡利不相容原理，即一个量子态只允许容纳一个载流子。对于杂质能级，泡利不相容原理同样适用，杂质能级最多只能容纳某个自旋方向的一个电子。

1. 施主能级上的电子浓度

电子在施主能级上的分布函数为

$$f_D(E) = \frac{1}{1 + \frac{1}{g_D(E)} e^{\frac{E_D - E_F}{k_0 T}}} \tag{4-46}$$

式中，E_D 是施主能级；$g_D(E)$ 是施主的基态简并因子，取值为 2。用 N_D 表示施主杂质的浓度，则施主能级上的电子浓度 n_D 为

$$n_D = N_D f_D(E) = \frac{N_D}{1 + \frac{1}{g_D(E)} e^{\frac{E_D - E_F}{k_0 T}}} \tag{4-47}$$

电离施主的浓度 n_D^+ 就表示为

$$n_D^+ = N_D(1 - f_D(E)) = \frac{N_D}{1 + g_D(E)e^{-\frac{E_D - E_F}{k_0 T}}} \tag{4-48}$$

2. 受主能级上的空穴浓度

空穴在受主能级上的分布函数为

$$f_A(E) = \frac{1}{1 + \frac{1}{g_A(E)}e^{\frac{E_F - E_A}{k_0 T}}} \tag{4-49}$$

式中，E_A 是受主能级；$g_A(E)$ 是受主的基态简并因子，取值为 4。用 N_A 表示受主杂质的浓度，则受主能级上的空穴浓度为

$$p_A = \frac{N_A}{1 + \frac{1}{g_A(E)}e^{\frac{E_F - E_A}{k_0 T}}} \tag{4-50}$$

电离受主的浓度 p_A^- 就表示为

$$p_A^- = N_A(1 - f_A(E)) = \frac{N_A}{1 + g_A(E)e^{-\frac{E_F - E_A}{k_0 T}}} \tag{4-51}$$

从式(4-46)和式(4-49)可知，杂质能级与费米能级 E_F 之间的相对位置显示了电子或空穴占据杂质能级的情况。在 $E_D - E_F \gg k_0 T$ 或 $E_F - E_A \gg k_0 T$ 的情况下，即费米能级 E_F 远在施主能级 E_D 之下或远在受主能级 E_A 之上的情况下，有 $n_D^+ \approx N_D$ 和 $p_A^- \approx N_A$，表明杂质基本全部电离；相反，在 $E_D - E_F \ll k_0 T$ 或 $E_F - E_A \ll k_0 T$ 的情况下，即费米能级 E_F 远在施主能级 E_D 之上或远在受主能级 E_A 之下的情况下，有 $n_D^+ \approx 0$ 和 $p_A^- \approx 0$，说明杂质基本没有电离。当费米能级 E_F 与杂质能级重合时，电离杂质浓度分别为

$$n_D^+ = \frac{N_D}{g_D(E) + 1} \tag{4-52}$$

$$p_A^- = \frac{N_A}{g_A(E) + 1} \tag{4-53}$$

说明只有部分杂质电离。可见，费米能级的位置能够说明杂质电离的情况。那么，决定费米能级的因素是什么呢？如何得到费米能级在能带中的相对位置呢？答案将在下面的定量分析中加以阐述。

4.3.2 电中性关系

对均匀掺杂的非简并半导体，以 n 型半导体为例，假设半导体中只掺有一种施主杂质。在热平衡态时，半导体是电中性的，即半导体中的净电荷为零，或正、负两类电荷的浓度数值相等。图 4-7(a)给出了

> 电中性方程与质量作用定量方程，是计算载流子浓度的两个关系式。

该半导体中的带电粒子，分别为电子、电离施主和空穴。其中的正电荷为价带空穴 p_0 和电离施主 n_D^+，负电荷为导带电子 n_0。图中显示，导带电子有两种来源，分别是本征激发和非本征激发所作的贡献；价带空穴来自本征激发产生的空穴。电中性关系为

$$n_D^+ + p_0 = n_0 \tag{4-54}$$

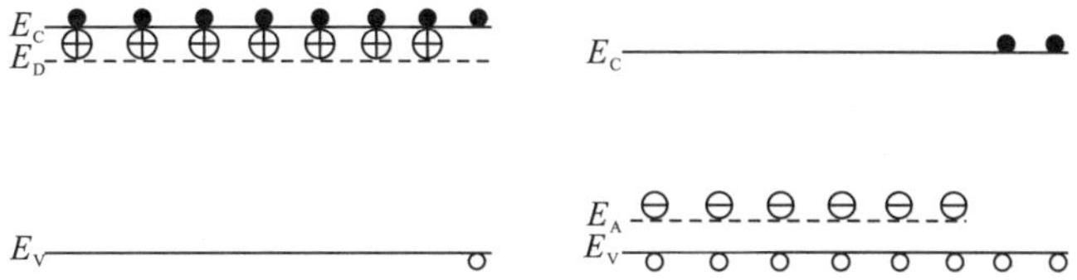

第4章 半导体中载流子的定量统计描述

图 4-7 热平衡下的杂质半导体

(a) n 型半导体　　(b) p 型半导体

式(4-54)的等号左边表示单位体积中半导体的正电荷，等号右边表示单位体积中半导体的负电荷。

对于只掺有一种受主杂质的均匀掺杂的 p 型半导体(图 4-5(b))，电中性关系为

$$p_0 = p_A^- + n_0 \tag{4-55}$$

电中性关系又称为电中性方程或电中性条件。联立电中性方程与质量作用定律 (4-43)，就能够定量求出半导体的载流子浓度。因此，电中性方程是计算载流子浓度的第二个关系式。

对于掺有 n 种浅能级施主和 m 种浅能级受主的均匀掺杂半导体，电中性方程为

$$p_0 + \sum_{i=1}^{n} n_{Di}^+ = n_0 + \sum_{j=1}^{m} p_{Aj}^- \tag{4-56}$$

4.3.3 载流子浓度

对均匀掺杂的 n 型半导体，将电子浓度 n_0 和空穴浓度 p_0 的表示式(4-28)和电离施主浓度 n_D^+ 的表示式(4-48)代入其电中性方程(4-54)，有

$$\frac{N_D}{1 + 2e^{-\frac{E_D - E_F}{k_0 T}}} + N_v \cdot e^{-\frac{E_F - E_v}{k_0 T}} = N_c \cdot e^{-\frac{E_c - E_F}{k_0 T}} \tag{4-57}$$

如何求解非简并半导体中的载流子浓度？
- 方法一：首先求出费米能级 E_F，再由载流子浓度表示式与质量作用定律方程计算载流子浓度的具体数值。
- 方法二：已知一种载流子浓度，利用质量作用定律方程计算另一种载流子的浓度。

很显然，对于均匀掺杂的非本征半导体，通过联立电中性方程与质量作用定量方程不能直接求出电子浓度 n_0 和空穴浓度 p_0，必须首先由式(4-57)求出费米能级 E_F，再由载流子浓度表示式(4-28)与质量作用定律(4-35)计算电子浓度 n_0 和空穴浓度 p_0 的具体数值。这是定量计算均匀掺杂的非本征半导体的载流子浓度的基本方法。

式(4-57)是确定费米能级的关系式。从该式可以看到，除了费米能级 E_F 为未知量，其余参数都是已知量。由于该式为非线性方程，可采用 MATLAB 等软件直接求解费米能级 E_F。但要直接得到费米能级 E_F 的解析式比较困难，需要根据多子浓度在不同温度范围的变化特点(图 4-8)对式(4-57)加以简化。

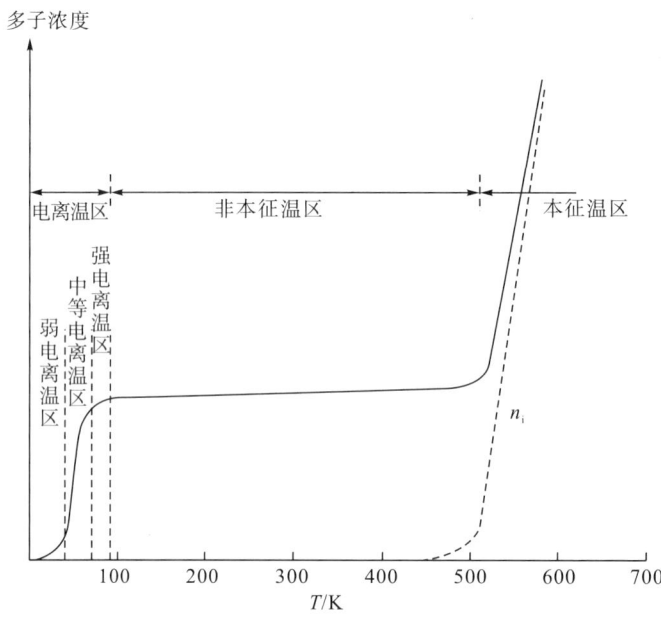

(a) Si 中的多子浓度与温度的关系

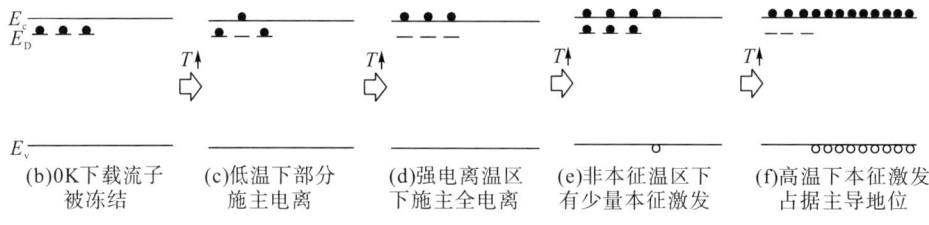

(b) 0K下载流子被冻结　(c) 低温下部分施主电离　(d) 强电离温区下施主全电离　(e) 非本征温区下有少量本征激发　(f) 高温下本征激发占据主导地位

图 4-8　多子浓度在不同温度范围的变化特点

如果半导体中的温度由低温逐渐升高，多子浓度与温度的关系可以大致分为 5 个温区：弱电离区、中间电离区、强电离区、非本征区和高温本征区。其具体激发特征如表 4-3 所示。为了得到费米能级 E_F 的解析式并计算载流子浓度，下面根据不同温区加以讨论。

表 4-3　半导体在不同温区的特征

温区	半导体中载流子的激发特征
弱电离区	极少量杂质电离，本征激发可以忽略
中间电离区	杂质电离越来越多，本征激发可以忽略
强电离区	杂质完全电离，本征激发可以忽略
非本征区	杂质完全电离，本征激发不能忽略
高温本征区	本征激发随温度升高占据主导地位

1. 弱电离区

在绝对零度，即 $T=0$ K 时，施主杂质上的电子都被"冻结"在施主能级上，必有 $n_D=N_D$，由式(4-54)，有 $E_F>E_D$。对于 p 型半导体，受主杂质上的空穴也被"冻结"在受主能级上，则有 $E_F<E_A$。说明杂质处于束缚态。

随着温度的升高，杂质获得能量逐渐电离。由于温度非常低，只有极少量杂质发生电离，杂质能级仍被电子占据，这种情况就是弱电离情况，又称低温弱电离。由于温度足够低，价带电子无法获得足够的能量跃迁到导带，所以不可能发生本征激发，导带电子完全由电离施主提供。因此，$n_0 = n_D^+ \ll N_D$，$p_0 = 0$。电中性方程(4-54)简化为

$$\frac{N_D}{1 + 2e^{-\frac{E_D - E_F}{k_0 T}}} = N_c \cdot e^{-\frac{E_c - E_F}{k_0 T}} \tag{4-58}$$

由于 $n_D^+ \ll N_D$，低温弱电离的条件就是式(4-58)分母中的 $e^{-\frac{E_D - E_F}{k_0 T}} \gg 1$，即 $E_F > E_D$，分母中的 1 可以忽略。式(4-58)进一步简化为

$$\frac{N_D}{2e^{-\frac{E_D - E_F}{k_0 T}}} = N_c \cdot e^{-\frac{E_c - E_F}{k_0 T}} \tag{4-59}$$

对式(4-59)两边同时取自然对数并化简，就有

$$E_F = \frac{E_c + E_D}{2} + \left(\frac{k_0 T}{2}\right) \ln\left(\frac{N_D}{2N_c}\right) \tag{4-60}$$

式(4-60)就是弱电离情况下的费米能级 E_F 的解析式。费米能级 E_F 是随温度而变化的。由该式可见，

$$\lim_{T \to 0K} E_F = \frac{E_c + E_D}{2} \tag{4-61}$$

表明在低温极限，费米能级 E_F 位于导带底和施主能级之间的中线处。当 $N_D = 2N_c$ 时，也有

$$E_F = \frac{E_c + E_D}{2} \tag{4-62}$$

将式(4-60)对温度求微商，有

$$\frac{dE_F}{dT} = \frac{k_0}{2}\left[\ln\left(\frac{N_D}{2N_c}\right) - \frac{3}{2}\right] \tag{4-63}$$

在

$$N_c = \frac{N_D}{2} e^{-\frac{3}{2}} \tag{4-64}$$

或

$$T = \left(\frac{N_D}{4}\right)^{\frac{2}{3}} \left(\frac{\hbar^2}{2\pi e m_n^* k_0}\right) \tag{4-65}$$

的时候，

$$\frac{d^2 E_F}{dT^2} < 0 \tag{4-66}$$

说明在满足式(4-64)或式(4-65)的情况下，费米能级 E_F 有极大值，为

$$(E_F)_{\max} = \frac{E_c + E_D}{2} + \frac{3k_0 T}{4} \tag{4-67}$$

费米能级 E_F 的极大值位于导带底和施主能级的中线上方 $3k_0 T/4$ 处，费米能级 E_F 到达极值的温度与杂质浓度 N_D 和本征电子结构参数 m_n^* 有关。随着温度逐渐上升，费米能级 E_F 首先从导带底和施主能级的中线处上升，到达极值 $(E_F)_{\max}$ 处后逐渐减小。

将式(4-60)代入式(4-22)，就得到电子浓度 n_0 为

$$n_0 = \left(\frac{N_D N_c}{2}\right)^{\frac{1}{2}} e^{-\frac{E_c - E_D}{2k_0 T}} = \left(\frac{N_D N_c}{2}\right)^{\frac{1}{2}} e^{-\frac{\Delta E_D}{2k_0 T}} \tag{4-68}$$

对式(4-68)两边同时取自然对数并化简，可以得到

$$\Delta E_D = -2k_0 T \ln(n_0) + k_0 T \ln\left(\frac{N_D N_c}{2}\right) \tag{4-69}$$

可见，可以通过在弱电离情况下测量多子的浓度，可进而求得杂质电离能 ΔE_D。

2. 中间电离区

在中间电离区，温度升高，杂质电离也随之增加，直接由式(4-58)得到

$$E_F = E_D + k_0 T \ln\left\{\frac{1}{4}\left[\left(1 + \frac{8N_D}{N_c}e^{\frac{\Delta E_D}{k_0 T}}\right)^{\frac{1}{2}} - 1\right]\right\} \tag{4-70}$$

如果

$$N_D = 3N_c e^{-\frac{\Delta E_D}{k_0 T}} \tag{4-71}$$

则 $E_F = E_D$，说明费米能级 E_F 与施主能级重合。

将式(4-70)代入式(4-22)，就得到电子浓度 n_0，表示为

$$n_0 = N_c \left\{\frac{1}{4}\left[\left(1 + \frac{8N_D}{N_c}e^{\frac{\Delta E_D}{k_0 T}}\right)^{\frac{1}{2}} - 1\right]\right\} e^{-\frac{\Delta E_D}{k_0 T}} \tag{4-72}$$

在费米能级 E_F 与施主能级 E_D 重合的时候，电子浓度 n_0 表示为

$$n_0 = N_c e^{-\frac{\Delta E_D}{k_0 T}} \tag{4-73}$$

3. 强电离区

当温度升高到使得大部分杂质全部电离且本征激发仍可忽略的时候，就称为强电离。这时电中性方程为

$$n_0 \approx N_D \tag{4-74}$$

即

$$N_c \cdot e^{-\frac{E_c - E_F}{k_0 T}} = N_D \tag{4-75}$$

对式(4-75)两边同时取自然对数并化简，得

$$E_F = E_c + k_0 T \ln\left(\frac{N_D}{N_c}\right) \tag{4-76}$$

如果 $N_c = N_D$，有 $E_F = E_c$，这时费米能级 E_F 与导带底 E_c 重合。在通常情况下，$N_c > N_D$，有 $E_c - E_F > 0$，说明费米能级 E_F 在导带底 E_c 下方。在一定温度下，如果掺杂浓度增加，则费米能级 E_F 向导带底 E_c 靠近；在掺杂浓度一定的情况下，温度升高，N_c 随之增大，则费米能级 E_F 向禁带中央 E_i 靠近。

4. 非本征温区

当温度继续升高，进入非本征区，这时杂质全电离且本征激发不能忽略，即 $n_D^+ = N_D$ 且 $p_0 \neq 0$，联立电中性方程与质量作用定律(4-35)，

$$\begin{cases} n_0 = N_D + p_0 \\ n_0 p_0 = n_i^2 \end{cases} \tag{4-77}$$

解方程组，有

$$\begin{cases} n_0 = \dfrac{N_D}{2}\left(1 + \sqrt{1 + \dfrac{4n_i^2}{N_D^2}}\right) \\ p_0 = \dfrac{\dfrac{2n_i^2}{N_D}}{1 + \sqrt{1 + \dfrac{4n_i^2}{N_D^2}}} \end{cases} \tag{4-78}$$

将式(4-28)中的 n_0 代入式(4-78)的 n_0 方程，得到费米能级 E_F 相对于禁带中央 E_i 的位置为

$$E_F = E_i + k_0 T \ln\left(\frac{N_D + \sqrt{N_D^2 + 4n_i^2}}{2n_i}\right) \tag{4-79}$$

如果杂质浓度很低，即 $N_D \ll n_i$，式(4-78)就简化为

$$\begin{cases} n_0 \approx \dfrac{N_D}{2} + n_i \approx n_i \\ p_0 \approx -\dfrac{N_D}{2} + n_i \approx n_i \end{cases} \tag{4-80}$$

且

$$E_F \approx E_i \tag{4-81}$$

情况接近于本征激发一边的情况。

反之，如果杂质浓度很高，即 $N_D \gg n_i$，利用

$$\left(1 + \frac{4n_i^2}{N_D^2}\right)^{\frac{1}{2}} = 1 + \frac{1}{2}\frac{4n_i^2}{N_D^2} + \cdots \tag{4-82}$$

略去高次项并代入式(4-78)，有

$$\begin{cases} n_0 \approx N_D + \dfrac{n_i^2}{N_D} \\ p_0 = n_0 - N_D \approx \dfrac{n_i^2}{N_D} \end{cases} \tag{4-83}$$

且

$$E_F \approx E_i + \ln\left(\frac{N_D}{n_i}\right) \tag{4-84}$$

情况接近于强电离一边的情况。

考虑导带电子浓度与导带和施主能级上的电子总浓度之和的比值。假设 $(E_D - E_F) \gg k_0 T$，利用式(4-22)和(4-47)，有

$$\frac{n_0}{n_0 + n_D} = \frac{N_c e^{-\frac{E_c - E_F}{k_0 T}}}{N_c e^{-\frac{E_c - E_F}{k_0 T}} + 2N_D e^{-\frac{E_D - E_F}{k_0 T}}} = \frac{1}{1 + \dfrac{2N_D}{N_c} e^{\frac{\Delta E_D}{k_0 T}}} \tag{4-85}$$

例6：分别计算 150 K 和 300 K 时导带电子浓度与导带和施主能级上的电子总浓度之和的比值。Si 中的 P 浓度为 $10^{15}\,\text{cm}^{-3}$。

解：因为

$$N_c(150\text{K}) = \left(\frac{150}{300}\right)^{\frac{3}{2}} \times (2.8 \times 10^{19}) = 9.8995 \times 10^{18}\,(\text{cm}^{-3})$$

利用式(4-92)，得

$$\left.\frac{n_0}{n_0+n_\mathrm{D}}\right|_{150K} = \frac{1}{1+\frac{2N_\mathrm{D}}{N_\mathrm{c}}\mathrm{e}^{\frac{\Delta E_\mathrm{D}}{k_0 T}}} = \frac{1}{1+\frac{2\times 10^{15}}{9.8995\times 10^{18}}\mathrm{e}^{\frac{0.045}{0.013}}} = 99.36\%$$

$$\left.\frac{n_0}{n_0+n_\mathrm{D}}\right|_{300K} = \frac{1}{1+\frac{2N_\mathrm{D}}{N_\mathrm{c}}\mathrm{e}^{\frac{\Delta E_\mathrm{D}}{k_0 T}}} = \frac{1}{1+\frac{2\times 10^{15}}{2.8\times 10^{19}}\mathrm{e}^{\frac{0.045}{0.026}}} = 99.96\%$$

说明：150 K 和 300 K 时导带电子浓度与导带和施主能级上的电子总浓度之和的比值都高达 99% 以上，说明施主杂质已经基本完全电离。

对于 p 型半导体，也有类似的结果。室温下，受主杂质也基本完全电离。严格意义上来说，热平衡状态下的非本征半导体并不存在本征载流子浓度，虽然它包含了一定数量的热生载流子浓度。

在室温（300 K）时，Si 的本征载流子浓度约为 $10^{10}\,\mathrm{cm}^{-3}$，而半导体中的有效杂质浓度通常在 $10^{14}\,\mathrm{cm}^{-3}$ 及以上，所以满足 $N_\mathrm{D}\gg n_\mathrm{i}$ 或 $N_\mathrm{A}\gg n_\mathrm{i}$。对于 $N_\mathrm{D}\gg n_\mathrm{i}$ 的非简并 n 型半导体，如果杂质全电离，式(4-78)可以简化为

> - 在室温时，对于 $N_\mathrm{D}\gg n_\mathrm{i}$ 或 $N_\mathrm{A}\gg n_\mathrm{i}$ 的非简并半导体，如果杂质全电离，计算载流子浓度的公式可以简化。
> - 只有在 $|N_\mathrm{D}-N_\mathrm{A}|$ 与 n_i 接近的情况下才需要严格求解式(4-78)。

$$\begin{cases} n_0 \approx N_\mathrm{D} \\ p_0 \approx \dfrac{n_\mathrm{i}^2}{N_\mathrm{D}} \end{cases} \qquad (4\text{-}86)$$

类似的，对于 $N_\mathrm{A}\gg n_\mathrm{i}$ 的非简并 p 型半导体，如果杂质全电离，可以得到

$$\begin{cases} n_0 \approx \dfrac{n_\mathrm{i}^2}{N_\mathrm{A}} \\ p_0 \approx N_\mathrm{A} \end{cases} \qquad (4\text{-}87)$$

所以，在实际计算中，可以这样简化计算。

例 7：计算室温（300 K）时 Si 的 B 受主能级中的空穴数占空穴总数的比例。Si 中的 B 浓度为 $10^{17}\,\mathrm{cm}^{-3}$。

解：利用式(4-27)和式(4-50)，有

$$\frac{p_\mathrm{A}}{p_0+p_\mathrm{A}} = \frac{4N_\mathrm{A}\mathrm{e}^{-\frac{E_F-E_A}{k_0 T}}}{N_\mathrm{v}\mathrm{e}^{-\frac{E_F-E_v}{k_0 T}}+4N_\mathrm{A}\mathrm{e}^{-\frac{E_F-E_A}{k_0 T}}} = \frac{1}{1+\frac{N_\mathrm{v}}{4N_\mathrm{A}}\mathrm{e}^{-\frac{\Delta E_A}{k_0 T}}}$$

$$= \frac{1}{1+\frac{1.04\times 10^{19}}{4\times 10^{17}}\mathrm{e}^{-\frac{0.045}{0.026}}} = 0.18 = 18\%$$

说明：有 82% 的受主原子电离。

例 8：Si 晶体中含有 $10^{17}\,\mathrm{cm}^{-3}$ 的 P，室温下杂质全部电离。

(1) 问此时 E_F 相对于 E_i 的位置以及导带中的电子浓度和价带中的空穴浓度分别是多少？

(2) 若同时又在 Si 中掺入 $2\times 10^{17}\,\mathrm{cm}^{-3}$ 的 B，此时 E_F 相对于 E_v 的位置以及导带中的电子浓度和价带中的空穴浓度又分别是多少？已知 $N_\mathrm{v}=1.1\times 10^{19}\,\mathrm{cm}^{-3}$。

解：(1) 热平衡时，半导体是电中性的，所以

$$n_0 = n_\mathrm{D}^+ + p_0 \qquad \text{①}$$

由于杂质全部电离，则

①式变为
$$n_0 = N_D + p_0 \qquad ②$$

联立
$$n_0 p_0 = n_i^2 \qquad ③$$

得到
$$\begin{cases} n_0 = \dfrac{N_D}{2}\left(1+\sqrt{1+\dfrac{4n_i^2}{N_D^2}}\right) \approx N_D = 10^{17}(\text{cm}^{-3}) \\ p_0 = \dfrac{n_i^2}{n_0} = \dfrac{(1.2\times 10^{10})^2}{10^{17}} \approx 1.44\times 10^{3}(\text{cm}^{-3}) \end{cases}$$

由
$$n_0 = n_i \cdot e^{\frac{E_F - E_i}{k_0 T}}$$

得到
$$E_F - E_i = k_0 T \ln\left(\frac{n_0}{n_i}\right) = 0.026 \times \ln\left(\frac{10^{17}}{1.2\times 10^{10}}\right) = 0.41(\text{eV})$$

（2）这是杂质补偿的情况，有效受主浓度为
$$N_A^* = N_A - N_D = 2\times 10^{17} - 10^{17} = 10^{17}(\text{cm}^{-3})$$

考虑到杂质全电离，则
$$\begin{cases} p_0 \approx N_A^* = 10^{17}(\text{cm}^{-3}) \\ n_0 = \dfrac{n_i^2}{p_0} = \dfrac{(1.2\times 10^{10})^2}{10^{17}} \approx 1.44\times 10^{3}(\text{cm}^{-3}) \end{cases}$$

利用
$$p_0 = N_v \cdot e^{-\frac{E_F - E_v}{k_0 T}}$$

得到
$$E_F - E_v = k_0 T \ln\left(\frac{N_v}{p_0}\right) = 0.026 \times \ln\left(\frac{1.1\times 10^{19}}{10^{17}}\right) = 0.1222(\text{eV})$$

5. 本征温区与本征温度

当半导体中的温度升高到使得本征激发占据主导地位时，载流子的变化越来越接近本征半导体。在高温下，半导体的非本征特性逐渐消失，表现得像本征半导体。这时杂质全电离且本征激发越来越显著，即 $n_D^+ = N_D$ 且 $p_0 \neq 0$，计算载流子浓度的方法与非本征区的类似，通过联立电中性方程与质量作用定律来求解载流子浓度的具体数值。

实际上，当温度高于临界温度时，对于 n 型半导体，有 $n_0 \gg N_D$；对于 p 型半导体，有 $p_0 \gg N_A$。这个临界温度称为本征温度 T_i。在 $T \gg T_i$ 的时候，由于半导体中的电子浓度与空穴浓度已与杂质浓度无关，载流子浓度的计算直接采用本征半导体的计算方法，有

$$n_0 \approx p_0 = n_i = \sqrt{N_c N_v}\, e^{-\frac{E_g(T)}{2k_0 T}} \qquad (4\text{-}88)$$

这时费米能级 E_F 接近禁带中央 E_i。在高温本征区，导带电子有两个来源：占据主要贡献的本征激发的电子，施主电离的电子；空穴则来自本征激发的空穴。由于本征激发的电子浓度远远大于电离杂质所贡献的载流子，所以，后者的贡献可以忽略不计。

对于宽禁带半导体，禁带宽度越宽，掺杂浓度越高，则相应器件的极限工作温度就越高。SiC、GaN等宽禁带半导体就因此而在大功率、抗辐射等领域有重要应用价值。

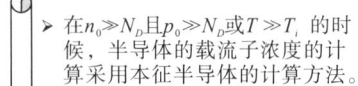
- 在$n_0 \gg N_D$且$p_0 \gg N_D$或$T \gg T_i$的时候，半导体的载流子浓度的计算采用本征半导体的计算方法。
- 本征温度是器件工作的极限温度。

本征温度T_i是半导体工作的高温极限温度。对于要求电子和空穴浓度有很大差别的器件，当半导体器件的工作温度高于本征温度T_i时，器件性能发生畸变，器件不能正常工作。例如，双极晶体管失去开关性能，pn结失去整流特性。在实际应用时，对于较宽的带隙，激发电子从价带进入到导带需要更高的能量，本征温度T_i也会更高。表4-4列出的是Ge、Si和GaAs的本征温度。

表4-4　半导体的本征温度

半导体	Ge	Si	GaAs	GaP	SiC
T_i/K	466	635	909	<1250	<1607
N_D/cm^{-3}	10^{15}	10^{15}	10^{15}	10^{15}	10^{15}
$E_g(T_i)/eV$	0.6	0.945	1.19	<2.24	<3.0

对于$N_D > N_A$的杂质补偿的情况，在$n_i = N_D - N_A$时的本征温度则由

$$N_D - N_A = n_i = \sqrt{N_c N_v} \cdot e^{-\frac{E_g(T)}{2k_0 T}} \tag{4-89}$$

确定。实际上，在n-Si中，当n_i仅仅增加到$(N_D - N_A)$的10%时，晶体管的特性已经产生了根本性的退化。对于p-Si也是一样。

例9：对于Si，

(1) 在某种p型Si材料中，每百万个Si原子中有一个杂质原子，计算室温下材料中少数载流子的浓度(Si晶体的原子密度为$4.96 \times 10^{22} cm^{-3}$)。

(2) 温度升到573K时，$n_i \cong 3 \times 10^{15} cm^{-3}$，设掺入的杂质浓度不变，问此时半导体呈现什么导电性？电子与空穴的浓度大致等于多少？

(3) 画出室温下该p型Si的能带图，当杂质原子浓度增加时，费米能级将如何变化？

解：(1) 因为$N_A = (4.96 \times 10^{22}) \times 10^{-6} = 4.96 \times 10^{16} (cm^{-3})$，则半导体中的多子浓度为

$$p_0 \approx N_A = 4.96 \times 10^{16} (cm^{-3})$$

所以，少子浓度为

$$n_0 = \frac{n_i^2}{p_0} \approx \frac{(1.2 \times 10^{10})^2}{4.96 \times 10^{16}} = 2.9 \times 10^3 (cm^{-3})$$

(2) 573K时，进入高温本征激发区。由电中性条件

$$\begin{cases} n_0 + N_A = p_0 \\ n_0 p_0 = n_i^2 \end{cases}$$

求得$n_0 = 5.035 \times 10^{13} (cm^{-3})$，$p_0 = 4.96 \times 10^{16} (cm^{-3})$。可见，$n_0 < p_0$。因此，半导体呈现为p型导电性。

(3) 室温下该p型Si的能带图见图4-9，当杂质原子增加时，费米能级将向价带顶靠近。

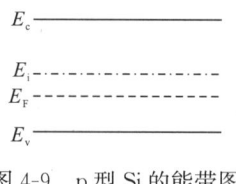

图 4-9 p 型 Si 的能带图

4.3.4 费米能级 E_F 是温度和杂质的函数

费米能级 E_F 在禁带中的位置高低直观地反应了电子占据量子态的情况。图 4-10 中的虚线给出了强 p 型、弱 p 型、本征、弱 n 型和强 n 型半导体中的费米能级的分布情况。以禁带中央为分水岭，对于本征半导体，费米能级 E_F 位于禁带中线，导带电子浓度与价带空穴浓度相等。对于给定的基体半导体和环境温度，对 p 型半导体(图 4-10(a)和(b))，受主浓度越高，则价带空穴浓度越高，电子浓度越低，费米能级 E_F 越靠近价带顶(强 p 型)；对 n 型半导体[图 4-10(d)和图 4-10(e)]，导带中的电子浓度越高，费米能级就越靠近导带底(强 n 型)。所以，费米能级 E_F 在能带图中的位置非常直观、定性地反映了半导体的掺杂情况，它堪称除能带三要素之外的能带第四要素。

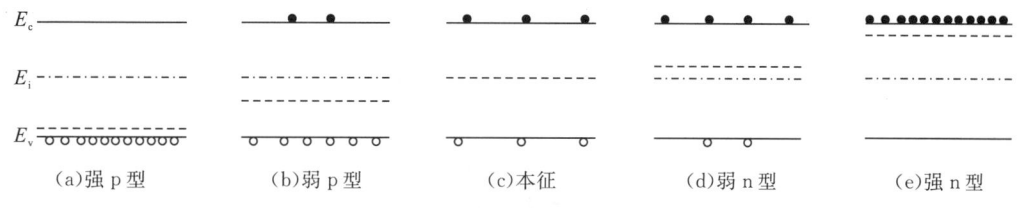

(a)强 p 型   (b)弱 p 型   (c)本征   (d)弱 n 型   (e)强 n 型

图 4-10 不同掺杂情况下的费米能级

例 10：证明 n 型半导体的费米能级在其本征半导体的费米能级之上。即 $E_{Fn} > E_{Fi}$。

证：设 n_n 为 n 型半导体的电子浓度，n_i 为本征半导体的电子浓度。有 $n_n > n_i$，即

$$N_c \cdot \exp\left(-\frac{E_c - E_{Fn}}{k_0 T}\right) > N_c \cdot \exp\left(-\frac{E_c - E_{Fi}}{k_0 T}\right) \quad ①$$

对式①两边同时取自然对数并化简，得

$$E_{F_n} > E_{F_i}$$

温度为 300 K 时，Si 中费米能级 E_F 位置与掺杂浓度的关系如图 4-11 所示。图中 E_{Fn} 和 E_{Fp} 分别是 n 型和 p 型半导体的费米能级。当掺杂浓度大于非简并受主浓度或施主浓度的最大值时，半导体成为简并半导体，其费米能级 E_F 在禁带中距离能带极值的距离会小

> ▶ 费米能级 F_E 在能带图中的位置直观、定性地反映了半导体的掺杂情况。
> ▶ 费米能级 E_F 是能带第四要素。

于 $3k_0 T$；杂质浓度进一步增加，费米能级 E_F 就进入能带。简并半导体中的掺杂浓度很高，通常又称为高掺杂半导体。在室温时，Si 的非简并掺杂浓度的最大值分别是 $N_A = 9.1 \times 10^{17} \text{cm}^{-3}$ 和 $N_D = 1.6 \times 10^{18} \text{cm}^{-3}$。对于简并半导体，式(4-22)和式(4-27)或式(4-28)不再适用，计算载流子浓度必须使用其相应的载流子浓度表示式。

图 4-12 给出了 Si 的费米能级位置与掺杂浓度和温度的函数关系。在掺杂浓度相同的情况下，随着温度升高，费米能级 E_F 向禁带中央(本征费米能级 E_i)靠近，温度对费米能

级 E_F 的影响增大；在高温下，半导体的非本征特性开始消失，渐渐呈现本征导电特点。在温度相同时，杂质浓度降低，费米能级 E_F 向禁带中央靠近。需要指出的是，在极低的温度下，杂质是部分电离、有束缚态的杂质，系统不适用于玻尔兹曼分布。

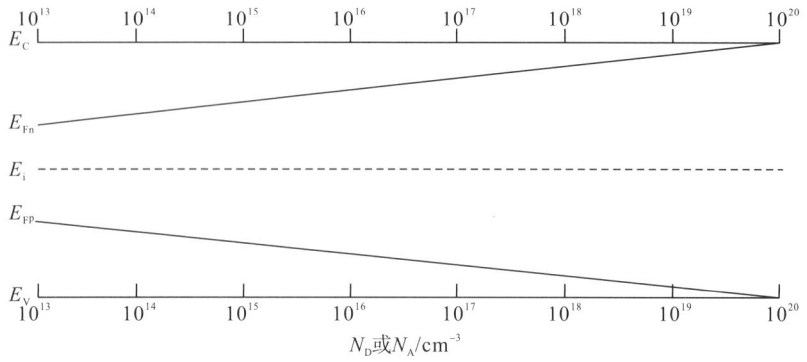

图 4-11　Si 中费米能级位置与掺杂浓度的关系

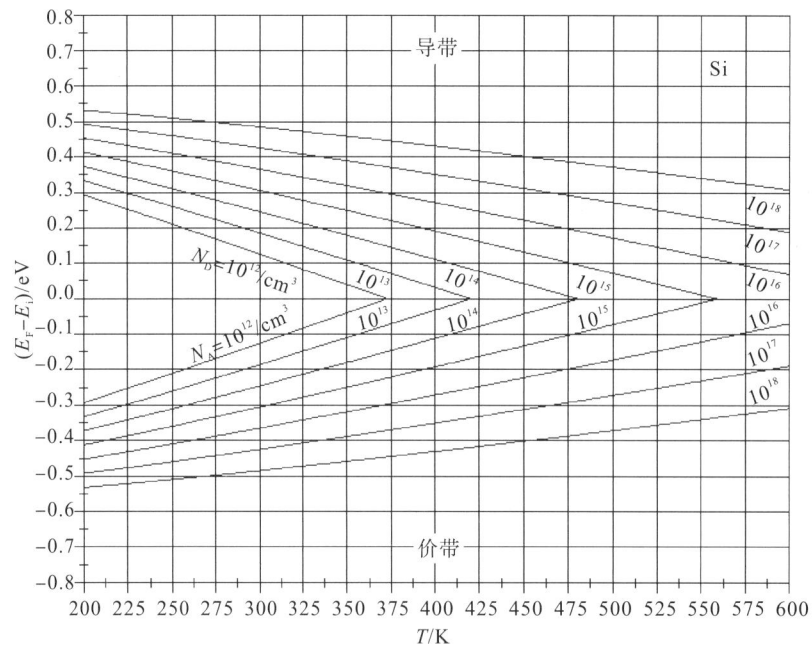

图 4-12　Si 的费米能级位置与掺杂浓度和温度的函数关系

在热平衡态下，系统的费米能级 E_F 是一个常数。如果两块半导体或半导体与金属紧密接触，根据能量最低原则，整个体系内的电子都倾向于填充能量最低的量子态。如果材料 A 的费米能级 E_{FA} 低于材料 B 的费米能级 E_{FB}，材料 B 的电子就会流向材料 A，与此同时，材料 A 因有电子流入而导致其费米能级 E_{FA} 及其能带随之相应地上升（类似于水涨船高的作用），并伴随着材料 B 的费米能级 E_{FB} 下降。当两块材料的费米能级达到 $E_{FA}=E_{FB}$ 时，系统中的净电流为零，系统就达到动态的热平衡。

例 11：在室温下，Si 的有效状态密度 $N_c=2.8\times 10^{19}\,\mathrm{cm}^{-3}$，$N_v=1.1\times 10^{19}\,\mathrm{cm}^{-3}$。

(1) 计算 77K 时的 N_c 和 N_v。

(2) 77K 时，$E_g = 1.166$eV，求这两个温度时的本征载流子浓度。

(3) 77K 时，Si 的电子浓度为 10^{17} cm^{-3}，假定受主浓度为零，且 $E_c - E_D = 0.02$eV，求 Si 中施主浓度 N_D 为多少。

解：(1) 由

$$N_c = 2\frac{(2\pi m_n^* k_0 T)^{\frac{3}{2}}}{h^3}$$

得到

$$N_c(77\text{K}) = N_c(300\text{K})\left(\frac{77}{300}\right)^{\frac{3}{2}} = (2.8 \times 10^{19}) \times \left(\frac{77}{300}\right)^{\frac{3}{2}} = 3.64 \times 10^{18}(\text{cm}^{-3})$$

同理，

$$N_v = 2\frac{(2\pi m_p^* k_0 T)^{\frac{3}{2}}}{h^3}$$

有

$$N_v(77\text{K}) = N_v(300\text{K})\left(\frac{77}{300}\right)^{\frac{3}{2}} = 1.1 \times 10^{19} \times \left(\frac{77}{300}\right)^{\frac{3}{2}} = 1.43 \times 10^{18}(\text{cm}^{-3})$$

(2) 77K 时，

$$\begin{aligned} n_i &= \sqrt{N_c(77\text{K}) N_v(77\text{K})} \cdot e^{-\frac{E_g(77\text{K})}{2k_0 T}} \\ &= \sqrt{(3.64 \times 10^{18})(1.43 \times 10^{18})} \cdot e^{-\frac{1.166}{2 \times 0.026 \times \frac{77}{300}}} \\ &= 1.87 \times 10^{-20}(\text{cm}^{-3}) \end{aligned}$$

300 K 时，

$$E_g(300\text{K}) = E_g(0\text{K}) - \frac{\alpha T^2}{T + \beta} = 1.17 - \frac{4.73 \times 10^{-4} \times 300^2}{300 + 636} = 1.125(\text{eV})$$

所以，

$$\begin{aligned} n_i(300\text{K}) &= \sqrt{N_c(300\text{K}) N_v(300\text{K})} \cdot e^{-\frac{E_g(300\text{K})}{2k_0 T}} \\ &= \sqrt{(2.8 \times 10^{19}) \times (1.1 \times 10^{19})} \cdot e^{-\frac{1.125}{2 \times 0.026}} \\ &\approx 1.75 \times 10^9(\text{cm}^{-3}) \end{aligned}$$

(3) 由于

$$n_0 = n_D^+ = \frac{N_D}{1 + 2e^{-\frac{E_D - E_F}{k_0 T}}}, n_0 = N_c \cdot e^{-\frac{E_c - E_F}{k_0 T}}$$

所以，

$$\begin{aligned} N_D &= n_0\left(1 + 2e^{-\frac{E_D - E_F}{k_0 T}}\right) \\ &= n_0\left(1 + 2e^{\frac{(E_c - E_D) - (E_c - E_F)}{k_0 T}}\right) \\ &= n_0\left(1 + \frac{2n_0}{N_c}e^{-\frac{\Delta E_D}{k_0 T}}\right) \\ &= 10^{17}\left(1 + \frac{2 \times 10^{17}}{3.64 \times 10^{18}} \times e^{\frac{0.02}{0.026 \times \frac{77}{300}}}\right) \\ &\approx 2.1 \times 10^{17}(\text{cm}^{-3}) \end{aligned}$$

4.4 非平衡载流子

4.4.1 过剩载流子与非平衡载流子

以 p 型非简并半导体为例。在室温、热平衡态下，载流子的浓度 n_0 和 p_0 是不随时间和空间发生变化的，即 $p_0 = N_A$，$n_0 = n_i^2/N_A$。类似的，n 型半导体的热平衡载流子浓度 $n_0 = N_D$，$p_0 = n_i^2/N_D$。当半导体的状态偏离热平衡态，例如半导体受到光注入（$h\nu \geqslant E_g$）、电注入、高能粒子辐照、电场或磁场等外界因素的激发时，这时的半导体就处于非平衡态，相应的载流子浓度分别用 n 和 p 表示，为非平衡态下的载流子浓度。我们定义过剩载流子浓度（又称为非平衡载流子）为非平衡态下的载流子浓度与热平衡态下的载流子浓度的差值，即

$$\begin{cases} \Delta p = p - p_0 \\ \Delta n = n - n_0 \end{cases} \tag{4-90}$$

在光注入的情况下，过剩载流子成对产生，$\Delta p = \Delta n$，如图 4-13 所示。

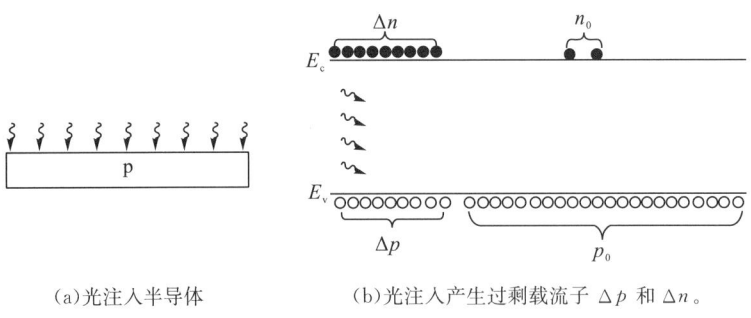

(a) 光注入半导体   (b) 光注入产生过剩载流子 Δp 和 Δn。

图 4-13 光照产生非平衡载流子

过剩载流子浓度 Δp 和 Δn 与热平衡载流子浓度 n_0 和 p_0、非平衡载流子浓度 n 和 p 的不同之处在于，它们可以是正值或负值。Δp 和 Δn 取正值表示有过剩载流子产生，Δp 和 Δn 取负值表示有过剩载流子消失。

半导体中的小注入（low level injection）定义为过剩载流子浓度远小于平衡多子的浓度的情形。

对 p 型半导体，

$$n_0 < (\Delta p = \Delta n) < p_0 \tag{4-91}$$

小注入下的非平衡载流子浓度为

$$\begin{cases} n = n_0 + \Delta n \approx \Delta n \\ p = p_0 + \Delta p \approx p_0 \end{cases} \tag{4-92}$$

对 n 型半导体，$p_0 < (\Delta p = \Delta n) < n_0$，小注入下的非平衡载流子浓度为

$$\begin{cases} n = n_0 + \Delta n \approx n_0 \\ p = p_0 + \Delta p \approx \Delta p \end{cases} \tag{4-93}$$

由此可知，在小注入下过剩少子的浓度决定了非平衡少子的浓度。因此，通常小注

第4章 半导体中载流子的定量统计描述

> - 小注入定义为过剩载流子浓度远小于平衡多子的浓度的情况。
> - 小注入下的过剩载流子都是特指过剩少子。

入下的过剩载流子都是特指过剩少子。当注入水平与平衡多子浓度接近时，过剩载流子对非平衡多子的影响不能忽略。过剩载流子浓度大于平衡多子的浓度的情况就称为大注入。

通过外场产生过剩载流子，就有 $np > n_i^2$，称为过剩载流子的注入。反之，通过外加电压使得载流子浓度减小，使得 $np < n_i^2$，就称为过剩载流子的抽取。

例12：假设室温下某均匀掺杂的 Si 中的热平衡载流子浓度之间的关系为 $p_0 = 10^{-4} n_0$，光注入的载流子浓度为 $\Delta p = \Delta n = 10^{-2} n_0$，问：

(1)小注入是否成立？说明其原因。
(2)平衡载流子浓度分别是多少？
(3)非平衡载流子浓度分别是多少？

解：(1)因为满足 $p_0 < (\Delta p = \Delta n) < n_0$，所以小注入成立。

(2)利用 $n_0 p_0 = n_i^2$，则

$$n_0 \times (10^{-4} n_0) = n_i^2$$

所以平衡载流子浓度分别为

$$n_0 = 10^2 n_i = 1.2 \times 10^{12} (\text{cm}^{-3})$$
$$p_0 = 10^{-4} n_0 = 1.2 \times 10^{6} (\text{cm}^{-3})$$

(3)非平衡载流子浓度分别为

$$n = n_0 + \Delta n \approx n_0 = 1.2 \times 10^{12} (\text{cm}^{-3})$$
$$p = p_0 + \Delta p \approx \Delta p = 1.2 \times 10^{10} (\text{cm}^{-3})$$

4.4.2 非平衡载流子的寿命

本节将使用的重要符号及其定义见表 4-5。

表 4-5 本节的重要符号及其定义

符号	定义
N_t	复合中心的浓度
n_t	复合中心 E_t 上的电子浓度
G_n, G_p	过剩电子发射率和过剩空穴发射率
R_n, R_p	过剩电子俘获率和过剩空穴俘获率
τ_n, τ_p	过剩少子寿命

当外界注入因素撤出，半导体中的过剩载流子会逐渐复合而消失。例如，光照停止后，经过一定时间，过剩载流子浓度趋于零。设在光照停止的瞬间过剩载流子浓度为 $\Delta p(t=0) = (\Delta p)_0$。在单位时间单位体积内有 $-\dfrac{\Delta p(t)}{dt}$ 个载流子减少，在单位时间内的复合率与过剩载流子的浓度成正比，表示为 $C\Delta p(t)$。则在单位时间单位体积内减少的载流子数就等于在单位时间单位体积内复合的载流子数，

$$-\frac{\Delta p(t)}{\mathrm{d}t} = C\Delta p(t) \tag{4-94}$$

系数 C 称为复合系数，小注入时它是一恒量。式(4-94)的通解为

$$\Delta p(t) = A\mathrm{e}^{-Ct} \tag{4-95}$$

利用 $\Delta p(t=0) = (\Delta p)_0$，则 $A = (\Delta p)_0$，则

$$\Delta p(t) = (\Delta p)_0 \mathrm{e}^{-Ct} \tag{4-96}$$

因此，过剩载流子浓度随时间的变化呈现指数衰减规律。该结果与实验测量的少子衰减规律是吻合的。过剩载流子浓度随时间的逐渐减少，说明过剩载流子的复合有先后之分。再来看系数 C 的物理意义，利用式(4-95)，过剩载流子的平均生存时间为

$$\tau = \bar{t} = \frac{\int_0^\infty t\,\mathrm{d}\Delta p(t)}{\int_0^\infty \mathrm{d}\Delta p(t)} = \frac{\int_0^\infty t\mathrm{e}^{-Ct}\mathrm{d}t}{\int_0^\infty \mathrm{e}^{-Ct}\mathrm{d}t} = \frac{1}{C} \tag{4-97}$$

证明复合几率系数 C 的倒数就是过剩载流子的平均生存时间——寿命 τ。这样，式(4-95)就表示为

$$\Delta p(t) = (\Delta p)_0 \mathrm{e}^{-\frac{t}{\tau}} \tag{4-98}$$

显然，当光照撤除时间为 τ 时，过剩载流子的浓度是 $(\Delta p)_0$ 的 $\frac{1}{\mathrm{e}}$ 倍。表明半导体中还有 $(\Delta p)_0/\mathrm{e}$ 的过剩载流子。

前面的分析说明过，在半导体中，过剩少子在非平衡少子中占据主导地位，所以过剩载流子的寿命 τ 又称为少子寿命，它表征了复合的强弱。在不同的情况下，复合作用的强弱是不同的。图 4-14(a)给出的是两个寿命不同但光照撤除时过剩载流子浓度初值 $(\Delta p)_0$ 相同的半导体中的过剩载流子浓度随时间的衰减变化情况。显然，过剩载流子的寿命 τ 越长，复合几率 C 越小，因此，过剩载流子的浓度随时间的衰减越慢。对于过剩载流子寿命相同的半导体，在光注入强度不同的情况下(假设光注入 $h\nu \geqslant E_g$)，光照撤除后，虽然复合几率 C 相同，但总有 $\Delta p_1(t) > \Delta p_2(t)$，过剩载流子的衰减变化如图 4-14(b)所示。

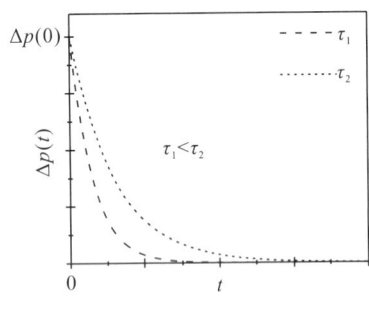
(a)光注入强度相同、寿命不同的半导体

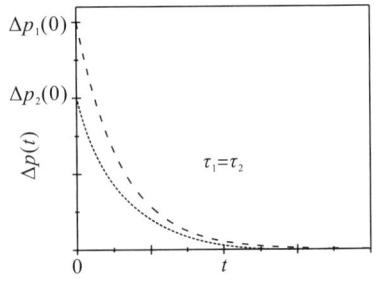
(b)光注入强度不同、寿命不同的半导体

图 4-14 过剩载流子浓度随时间的衰减

直接能隙半导体 GaAs 有较高的复合几率，其数量级为纳秒分之一，所以其寿命较短；而间接能隙半导体 Si、Ge 的复合几率的数量级为毫秒分之一，说明其寿命较长。因此，基于体材的这种基本差异，直接

> 寿命短的直接能隙半导体是有效的光发射器件材料。

能隙半导体是有效的光发射器件材料，间接能隙半导体则不发光。故对于依靠少子传送放大信号的器件，少子寿命较长的 Si、Ge 能够使双极晶体管具有较高的电流增益，而 GaAs 就很难制作成高增益的双极晶体管。需要指出的是，随着纳米半导体和能隙工程的不断发展，人们已经能够调制半导体的能带结构，从而获得所需的半导体光电材料和电子材料。以 Si、Ge 纳米线为例，它们是准一维半导体，通过不同的晶向、宽长比、应力效应等就能方便地获得所需的能带结构，从而使 Si、Ge 的应用范围大大拓宽。更为重要的是，这种低维结构能够与现有的成熟的 Si 工艺相兼容，可望获得极大的应用。

在单位时间单位体积内产生的电子-空穴对定义为产生率 G，在单位时间单位体积内复合的电子-空穴对定义为复合率 R。则过剩载流子的净复合率为

$$U_d = R - G \tag{4-99}$$

在热平衡态下，产生和复合之间保持动态平衡，有 $U_d=0$。在非平衡态下，外界注入（光注入、电注入）使得 $\Delta n = \Delta p > 0$。因过剩载流子的存在，产生和复合之间的动态平衡就被破坏了，这时，非平衡电子和空穴浓度比平衡电子和空穴浓度增多了，即载流子在热运动过程中相遇而复合的几率也随之增加，故复合大于产生而存在净复合，即 $U_d > 0$，净复合因此而掌控了过剩载流子的数量。在载流子被抽取的情况下（例如 pn 结反偏），$\Delta n = \Delta p < 0$，非平衡载流子浓度比平衡载流子浓度少，则电子与空穴相遇而复合的几率也相对减少，电子和空穴的产生就会超过复合，这时净复合就为负值，即 $U_d < 0$，表示有净产生。

非平衡态下载流子的复合是载流子复合超过产生的一个净复合过程。当外界注入撤除后，净复合使过剩载流子的浓度逐渐减少直至完全消失。过剩载流子的浓度随时间的衰减与其寿命密切相关。过剩载流子的寿命又与复合机制相关。半导体中最主要的复合机制是直接复合和间接复合，那么，在这两种不同的复合机制中，过剩载流子的寿命与哪些因素有关呢？这是下面要讨论的问题。

1. 直接复合

在 3.4.1 节已经定性介绍过直接复合主要发生在直接能隙半导体中。复合率 R 与电子浓度、空穴浓度成正比，即

$$R = rnp \tag{4-100}$$

式中的系数 r 是电子-空穴的复合几率。在热平衡态下，均匀掺杂的半导体中的载流子的产生率 G_0 与复合率 R_0 相等，半导体中的载流子向上的跃迁与向下的跃迁保持动态平衡，平衡载流子浓度是一定的，所以

$$G_0 = R_0 = rn_0 p_0 = rn_i^2 \tag{4-101}$$

考虑 n 型半导体中的直接复合，过剩载流子的净复合率 U_d 为

$$\begin{aligned} U_d &= R - G_0 \\ &= rnp - rn_i^2 \\ &= r[(n_0 + \Delta n)(p_0 + \Delta p)] - rn_0 p_0 \\ &= r(n_0 + p_0)\Delta p + r(\Delta p)^2 \end{aligned} \tag{4-102}$$

而过剩载流子的净复合率 U_d 与复合几率 C 以及过剩载流子浓度 Δp 成正比，即

$$U_d = C\Delta p = \frac{1}{\tau}\Delta p \tag{4-103}$$

式(4-102)与式(4-103)等价，则由此得到过剩载流子浓度的寿命为

$$\tau = \left(\frac{1}{U_d}\right) \cdot \Delta p = \frac{1}{r[(n_0 + p_0) + \Delta p]} \tag{4-104}$$

在小注入下，因 $p_0 < (\Delta p = \Delta n) < n_0$，则过剩载流子浓度的寿命为

$$\tau = \frac{1}{r(n_0 + p_0)} \tag{4-105}$$

对于掺杂浓度一定的半导体，过剩少子的寿命与注入载流子浓度无关，它是一定的。而在大注入下，式(4-104)简化为

$$\tau = \frac{1}{r\Delta p} \tag{4-106}$$

它与注入载流子浓度是反比关系。

例 13：在掺杂浓度 $N_D = 10^{17} \text{cm}^{-3}$，少子寿命为 10 μs 的 Si 中。

(1) 少子在经过 30 微秒后将衰减到原来的百分之几？

(2) 少子在外界作用下被清除时，电子-空穴的产生率是多大？

解：(1) 由 $\Delta p(t) = (\Delta p)_0 e^{-\frac{t}{\tau}}$，

$$\frac{\Delta p(t)}{(\Delta p)_0} = e^{-\frac{t}{\tau}} = e^{-\frac{30}{10}} = \frac{1}{e^3} = 4.98\%$$

(2)
$$\Delta p = p - p_0 = -p_0 = -\frac{n_i^2}{N_D} = -2.25 \times 10^3 (\text{cm}^{-3})$$

$$U_d = \frac{1}{\tau}\Delta p = \frac{-2.25 \times 10^3}{10 \times 10^{-6}} = -2.25 \times 10^8 (\text{cm}^{-3}\text{s}^{-1})$$

U_d 为负值，表示有净的电子-空穴的产生。所以，电子-空穴的产生率是 $2.25 \times 10^8 \text{cm}^{-3}\text{s}^{-1}$。

例 14：一束恒定光源照在 n 型 Si 单晶样品上，其平衡载流子浓度 $n_0 = 10^{14} \text{cm}^{-3}$，且每微秒产生电子-空穴浓度为 10^{13}cm^{-3}。如 $\tau_n = \tau_p = 2\mu s$，试求光照后少数载流子的浓度（已知本征载流子浓度 $n_i = 9.65 \times 10^9 \text{cm}^{-3}$）。

解：由于

$$p = p_0 + \Delta p$$

$$p_0 = \frac{n_i^2}{n_0} = \frac{(9.65 \times 10^9)^2}{10^{14}} = 9.35 \times 10^5 (\text{cm}^{-3})$$

$$\Delta p = G\tau = \frac{10^{13}}{10^{-6}} \times 2 \times 10^{-6} = 2 \times 10^{13} (\text{cm}^{-3})$$

所以

$$p = p_0 + \Delta p \approx \Delta p = 2 \times 10^{13} (\text{cm}^{-3})$$

2. 间接复合

主要发生在间接能隙半导体中的间接复合被称为 SRH 复合，它由矛盾对立的 4 个基本过程组成：①电子俘获，是导带电子被深能级 E_t 俘获的过程；②电子发射，是深能级 E_t 上的电子被激发到导带的过程；③空穴俘获，是深能级 E_t 俘获价带空

> ➤ 作为复合中心的杂质或缺陷能级 E_t 被称为深能级。

穴的过程，它等价于深能级 E_t 上的电子被释放到价带上；④空穴发射，指深能级 E_t 上的空穴被激发到价带上，它等价于价带上的电子被激发到深能级 E_t 上，该过程与电子发射过程相对应。图 4-15 通过能带图示意说明了这 4 个由热辐射引起的电子-空穴跃迁过程。在复合过程中，所有载流子的热跃迁都考虑在内。因杂质或缺陷能级 E_t 较深，E_t 被称为深能级。图 4-15 的(a)和(b)给出的电子俘获与电子发射互为相反的过程。在这两个跃迁过程中，电子被深能级 E_t 俘获时会释放声子并带走复合能；电子被深能级 E_t 发射时，声子会被吸收并提供足够的能量给电子使之被发射到导带底。图 4-15 的(c)和(d)给出的空穴俘获与空穴发射也是互为相反的过程。在不同的深能级 E_t 上，有可能发生 4 种事件，使得深能级 E_t 在不同的情况下可能对载流子产生 4 种不同的作用，分别为电子-空穴复合中心、电子-空穴产生中心、空穴陷阱以及电子陷阱，如表 4-6 所示。

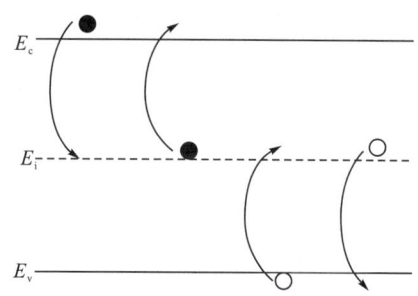

(a)电子俘获　(b)电子发射　(c)空穴俘获　(d)空穴发射

图 4-15　间接复合的 4 个跃迁过程

表 4-6　在深能级 E_t 上可能发生的 4 种事件

事件	跃迁	深能级 E_t 的作用
电子-空穴复合	电子俘获(a)然后空穴俘获(c)	电子-空穴复合中心
电子-空穴产生	电子发射(b)然后空穴发射(d)	电子-空穴产生中心
空穴俘获	空穴俘获(c)然后空穴发射(d)	空穴陷阱
电子俘获	电子俘获(a)然后电子发射(b)	电子陷阱

定义 N_t 表示深能级的浓度，n_t 表示深能级 E_t 上的电子浓度。间接复合的 4 个跃迁过程所对应的发生率分别为：电子俘获率 R_n、电子发射率 G_n、空穴俘获率 R_p 和空穴俘获发射率 G_p，则间接复合的 4 个跃迁过程所对应的发生率可以分别表示如下。

1) 电子俘获

单位时间、单位体积内被深能级 E_t 俘获的电子数称为电子俘获率，电子俘获率表示为
$$R_n = r_n n (N_t - n_t) \tag{4-107}$$
式中，r_n 为电子俘获系数，它反映复合中心俘获电子的能力强弱；$N_t - n_t$ 表示空的复合中心的浓度。式(4-107)表示导带电子浓度越高，空的复合中心的浓度越高，电子被复合中心俘获的可能性越大。

2) 电子发射

单位时间、单位体积内被深能级 E_t 激发到导带的电子数为电子发射率，电子发射率表示为

$$G_n = g_n n_t \tag{4-108}$$

式中，g_n 代表电子发射系数，它反映复合中心发射电子的能力强弱。电子发射率与复合中心上的电子浓度 n_t 成正比。

3）空穴俘获率

单位时间、单位体积内被深能级 E_t 俘获的来自价带的空穴数为空穴俘获率，空穴俘获率表示为

$$R_p = r_p p n_t \tag{4-109}$$

式中，r_p 为空穴俘获系数，它反映复合中心俘获空穴的能力强弱。这个过程与电子俘获过程相对应，所不同的是深能级 E_t 俘获的是来自价带的空穴。因它等价于深能级 E_t 上的电子被释放到价带上，深能级 E_t 变空。只有有电子的深能级 E_t 才能俘获空穴，所以空穴俘获率 R_p 与深能级 E_t 上的电子浓度 n_t 成正比，与价带空穴浓度 p 也成正比。

4）空穴发射率

单位时间、单位体积内被深能级 E_t 激发到价带的空穴数为空穴发射率，空穴发射率表示为

$$G_p = g_p (N_t - n_t) \tag{4-110}$$

式中，g_p 为空穴发射系数，它反映复合中心发射空穴的能力强弱。它与深能级 E_t 上的空的复合中心的浓度 $N_t - n_t$ 成正比。

当发生电子-空穴复合时，在热平衡态下，电子俘获率与电子发射率之间达到动态平衡，空穴俘获率与空穴发射率之间也达到动态平衡，这两步过程分别表示为

$$\begin{cases} R_{n0} = G_{n0} \\ R_{p0} = G_{p0} \end{cases} \tag{4-111}$$

将式(4-107)至式(4-110)依次代入式(4-111)，

$$\begin{cases} r_n n (N_t - n_t) = g_n n_t \\ r_p p n_t = g_p (N_t - n_t) \end{cases} \tag{4-112}$$

由此得到电子俘获系数 r_n 与电子发射系数 g_n、空穴俘获系数 r_p 与空穴发射系数 g_p 之间满足关系

$$\begin{cases} g_n = r_n n_l \\ g_p = r_p p_l \end{cases} \tag{4-113}$$

其中，

$$\begin{cases} n_l = N_c e^{-\frac{E_c - E_t}{k_0 T}} & (4\text{-}114a) \\ p_l = N_v e^{-\frac{E_t - E_v}{k_0 T}} & (4\text{-}114b) \end{cases}$$

n_l 和 p_l 分别等价于复合中心 E_t 与费米能级 E_F 重合时的电子浓度和空穴浓度，式中的 $E_c - E_t$ 就是复合中心 E_t 上的电子被激发到导带底所需要的能量，而 $E_t - E_v$ 对应着复合中心 E_t 上的空穴被激发到价带顶所需要的能量。式(4-113)分别反映了电子俘获几率 r_n 与电子发射几率 g_n 之间、空穴俘获几率 r_p 与空穴俘获发射几率 g_p 之间这两组对立过程之间的内在联系，说明复合中心 E_t 俘获电子的能力越强，发射电子的能力也越强。同理，复合中心 E_t 俘获空穴的能力越强，它发射空穴的能力也越强。

在非平衡态下，复合中心对电子的净俘获率为

$$U_n = R_n - G_n \tag{4-115}$$

复合中心对空穴的净俘获率为

$$U_p = R_p - G_p \tag{4-116}$$

在稳态时，

$$U_n = U_p \tag{4-117}$$

将式(4-107)和式(4-108)代入式(4-115)，式(4-109)和式(4-110)代入式(4-116)后，则式(4-117)展开为

$$r_n n(N_t - n_t) - g_n n_t = r_p p n_t - g_p (N_t - n_t) \tag{4-118}$$

将式(4-113)代入式(4-118)，化简，得到 E_t 上的电子浓度为

$$n_t = N_t \frac{nr_n + p_l r_p}{r_n(n + n_l) + r_p(p + p_l)} \tag{4-119}$$

电子-空穴通过复合中心复合时，过剩载流子的净复合率为

$$U = R_n - G_n = R_p - G_p \tag{4-120}$$

将式(4-118)和 $n_1 \cdot p_l = n_i^2$ 分别代入式(4-120)，得到

$$U = \frac{N_t r_n r_p (np - n_i^2)}{r_n(n + n_l) + r_p(p + p_l)} \tag{4-121}$$

该结果非常重要，它是通过复合中心复合的普遍理论公式，是讨论载流子复合规律的基础，由 Shockly、Read 和 Hall 导出，称为 SRH 复合理论。因此得到重要结论，在热平衡态下，因 $np = n_0 p_0$，则 $U=0$；在非平衡态下，$np > n_0 p_0$，则 $U>0$，说明有电子-空穴净复合，复合的动力与 $np - n_i^2$ 成正比；反之，$np < n_0 p_0$，则 $U<0$，则有电子-空穴净产生，$G = -U$。

> - 在热平衡态下，$U=0$。
> - 在非平衡态下，$U>0$，说明有电子-空穴净复合；反之，$U<0$，则有电子-空穴净产生。

因此，将式(4-120)代入式(4-103)并利用 $n = n_0 + \Delta n$、$p = p_0 + \Delta p$ 和 $\Delta n = \Delta p$，于是得到过剩载流子的寿命为

$$\tau = \frac{\Delta p}{U} = \frac{r_n(n_0 + n_l + \Delta p) + r_p(p_0 + p_l + \Delta p)}{N_t r_n r_p (n_0 + p_0 + \Delta p)} \tag{4-122}$$

该式表明过剩载流子的寿命 τ 与复合中心的浓度 N_t 是反比关系；复合中心的浓度 N_t 越大，过剩载流子的寿命 τ 越短。它对电子和空穴是完全对称的。

在小注入下，由于 $(n_0 + p_0) \gg \Delta p$，对于 r_n 与 r_p 比较接近的复合中心，式(4-122)可以简化为

$$\tau = \frac{r_n(n_0 + n_l) + r_p(p_0 + p_l)}{N_t r_n r_p (n_0 + p_0)} \tag{4-123}$$

说明在小注入下少子寿命与少子浓度无关。在 n_0、p_0、n_1 和 p_1 的指数项的分子比 $k_0 T$ 大时，则 n_1、p_1 比 n_0、p_0 小得多。这样，式(4-123)中的 n_1、p_1 可以忽略不计。再假设复合中心满足 $r_n = r_p$。对于掺杂较重的强 n 型半导体，有 $n_0 \gg p_0$、n_1 和 p_1，式(4-123)就简化为

$$\tau = \tau_p \approx \frac{1}{N_t r_p} \tag{4-124}$$

该结果说明，对于深能级复合中心，它们基本被多子填满，对少子的俘获决定了过剩载流子的寿命。在 n 型半导体中，电子浓度很高，复合中心上空穴浓度增加一点，则

数量众多的电子就能产生足够大的电子俘获率与空穴俘获率相平衡。所以，限制复合的是少子寿命。因此，对于掺杂较重的强 n 型半导体，决定少子寿命的主要因素是复合中心的浓度 N_t 和复合中心对少子的俘获系数 r_p。少量、有效的复合中心就能大大缩短少子的寿命。类似的，对于掺杂较重的强 p 型半导体，有 $p_0 \gg n_0$、n_l 和 p_l，式(4-123)就简化为

$$\tau = \tau_n \approx \frac{1}{N_t r_n} \tag{4-125}$$

可见复合中心的浓度 N_t 和复合中心对少子的俘获系数 r_n 共同决定少子的寿命。由于复合中心总是基本上填满了多子，所以，复合中心对少子的俘获决定了寿命。

> 复合中心的浓度及其对少子的俘获决定了寿命。

将式(4-124)和式(4-125)代入式(4-122)，得

$$U = \frac{np - n_i^2}{\tau_p(n + n_l) + \tau_n(p + p_l)} \tag{4-126}$$

复合中心在器件的空间电荷区中的复合作用会导致产生复合电流，从而影响器件的性能。假设 $\tau_n = \tau_p$（$\tau_n = \tau_p$ 只有在低复合中心浓度时才成立。高复合中心浓度时，$\Delta n \neq \Delta p$，则 $\tau_n \neq \tau_p$），并将式(4-114)代入式(4-126)，得

$$U = \frac{N_t r(np - n_i^2)}{n + p + 2n_i \cdot \text{ch}\left(\dfrac{E_t - E_i}{k_0 T}\right)} \tag{4-127}$$

> 最有效的复合中心在禁带中央附近。

显然，在 $E_t \approx E_i$ 时，式(4-127)分母中的 $\text{ch}\left(\dfrac{E_t - E_i}{k_0 T}\right)$ 有极小值，则 U 趋于极大。说明最有效的复合中心在禁带中央附近。而施主能级和受主能级都是远离禁带中央的能级，作为浅能级的施主能级上的电子发射过程占据主导地位，所以不能成为有效的复合中心；同理，受主能级上的空穴发射过程占据主导地位，所以也不能成为有效的复合中心。

通常，在 Si 中起复合中心作用的杂质包括 Au、Cu、Ni、Fe、Mn、In 等。Ge 中起复合中心作用的是 Au、Cu、Ni、Fe、Mn、Co 等。对于多重能级杂质，在已知的半导体中只有一个能级起主导作用。以 Au 为例，金在 n-Si 或 p-Ge 中都是有效的复合中心。Au 在 Si 中产生的双重能级分别是一个深受主能级 E_{tA} 和一个深施主能级 E_{tD}（图 4-16），但它们不会同时起作用。对 n-Si，浅施主能级浓度不太低时，费米能级 E_F 接近导带底 E_c，Au 接受电子而带负电，说明其深受主能级 E_{tA} 起作用。对 p-Si，浅受主能级浓度不太低时，费米能级 E_F 则接近价带顶 E_v，Au 释放电子而带正电，其深施主能级 E_{tD} 起作用。因此，可以通过调节 Au 的浓度来控制少子的寿命。

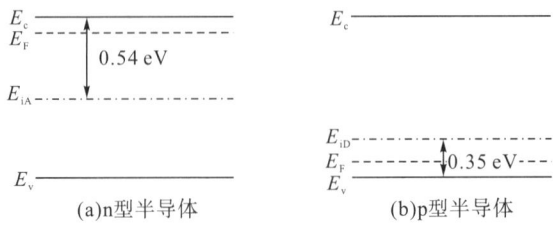

图 4-16　Au 在 Si 中的受主能级和施主能级

利用式(4-126)，少子寿命可表示为

$$\tau = \frac{\Delta p}{U} = \Delta p \cdot \frac{\tau_p(n+n_l) + \tau_n(p+p_l)}{np - n_i^2} \tag{4-128}$$

对于存在陷阱的半导体，例如存在陷阱的 p 型半导体，光注入下少数载流子浓度为

$$\Delta p = \Delta n + \Delta n_t \tag{4-129}$$

则过剩载流子产生的过剩电导率为

$$\Delta\sigma = \sigma - \sigma_0 = q(\Delta p \mu_p + \Delta n \mu_n) = q(\mu_n + \mu_p)\Delta n + q\mu_p \Delta n_t \tag{4-130}$$

式(4-130)等式右边的第二项就是陷阱中的电子间接引入的附加电导率。当光照撤除后，因电子陷阱的存在，电导率的衰减不再是按简单的指数式衰减。所以，光电导衰减法测量少子寿命的时候，需要减小或消除陷阱效应；在脉冲光照的同时加恒定光照，使陷阱始终处于饱和。

3. 表面复合

表面复合是发生在半导体表面的复合。表面缺陷和杂质（如表面的悬挂键）在半导体表面引入复合中心。表面复合率为

$$U_s = s(\Delta p)_s \tag{4-131}$$

式中，$(\Delta p)_s$ 为表面的非平衡载流子浓度；s 具有速度的量纲，为表面复合速度，表示表面复合的强弱。表面复合的意义在于，表面复合速度越小，则注入载流子在表面的复合较少，器件性能会更好。

实际测量的半导体寿命是体内复合与表面复合的综合效果。考虑表面复合的情况下，半导体的有效复合几率就是体内复合几率 $\frac{1}{\tau_v}$ 与表面复合几率 $\frac{1}{\tau_s}$ 的总和：

$$\frac{1}{\tau} = \frac{1}{\tau_v} + \frac{1}{\tau_s} \tag{4-132}$$

因此，非平衡载流子的寿命与材料的深能级杂质和浅能级杂质的浓度、材料的完整性、表面的粗糙度、表面的清洁度以及表面的化学气氛都有关系。所以，寿命 τ 是一个"结构灵敏因子"。

4.5 陷 阱

在小注入下，能级 E_t 上积累的电子浓度为

$$\Delta n_t = \left(\frac{\partial n_t}{\partial n}\right)_0 \Delta n + \left(\frac{\partial n_t}{\partial p}\right)_0 \Delta p \tag{4-133}$$

陷阱的作用是仅俘获一种载流子。对于电子陷阱，就只需考虑式(4-133)等号后的第一项。对空穴陷阱，则只要考虑式(4-133)等号后的第二项。对于电子陷阱，利用式(4-119)，

$$\Delta n_t = \left(\frac{\partial n_t}{\partial n}\right)_0 \Delta n = \left\{\frac{N_t r_n (r_n n_l + r_p p_0)}{[r_n(n_0 + n_l) + r_p(p_0 + p_l)]^2}\right\} \Delta n \tag{4-134}$$

假设 $r_n = r_p$，式(4-134)简化为

$$\Delta n_t = \frac{N_t}{n_0 + n_l + p_0 + p_l} \cdot \frac{n_l + p_0}{n_0 + n_l + p_0 + p_l} \Delta n \tag{4-135}$$

式(4-135)中的第二项

$$\frac{n_l + p_0}{n_0 + n_l + p_0 + p_l} < 1 \tag{4-136}$$

以过剩载流子浓度 Δn 为标准，显然，除非式(4-135)的第一项很大，使得 $N_t > n_0 + p_0$，才会发生显著的电子陷阱效应。因此，有显著电子陷阱效应的典型陷阱不能有 $r_n = r_p$ 这个假设，换言之，典型的电子陷阱应该是载流子的俘获系数满足 $r_n \gg r_p$，近似为 $r_p = 0$，即可以忽略对空穴的俘获。因此，$r_n \gg r_p$ 的陷阱能级 E_t 可以作为电子陷阱俘获导带中的电子。$r_p = 0$ 时，式(4-134)就简化为

$$\Delta n_t = \frac{N_t n_l}{(n_0 + n_l)^2} \cdot \Delta n \tag{4-137}$$

当 $n_0 = n_l$ 时，

$$\Delta n_t \leqslant \frac{N_t}{4n_0} \cdot \Delta n \tag{4-138}$$

说明在 $E_t \approx E_F$ 时，

$$(\Delta n_t)_{\max} = \frac{N_t}{4n_0} \cdot \Delta n \tag{4-139}$$

陷阱是最有效的陷阱，式(4-139)显示，在满足 $N_t \gg 4n_0$ 的情况下，就会有

$$(\Delta n_t)_{\max} \gg \Delta n \tag{4-140}$$

出现显著的陷阱效应。

对于 n 型半导体，电子是多子，如果陷阱杂质的浓度 N_t 很大，能够大于等于平衡多子的浓度，就出现显著的陷阱效应。

对于 p 型半导体，电子是少子，很容易就满足 $N_t \gg 4n_0$，使非平衡载流子大多陷落在陷阱能级 E_t 上，出现显著的陷阱效应。因此，最有效的陷阱都是少子陷阱。

然而，一定的杂质能否形成有效的陷阱还与其能级位置有关。如果 E_t 位于费米能级之上，费米能级之上的能级本身就是空的，则 E_t 能够作陷阱。反之，如果 E_t 位于费米能级之下，平衡态下费米能级之下的能级已经被电子填满，则该能级的陷阱作用就变得没有意义了。

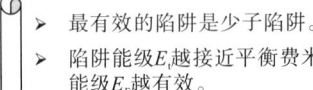

> 最有效的陷阱是少子陷阱。
> 陷阱能级E_t越接近平衡费米能级E_F越有效。

因此，对 p 型半导体来说，最有效的陷阱能级 E_t 位于平衡费米能级 E_F 附近及其之上，陷阱能级 E_t 越接近平衡费米能级 E_F 越有效，如图 4-17 所示。

图 4-17　p 型半导体的陷阱能级 E_t

4.6 准费米能级

实际器件都工作在非平衡态下。对于 n 型半导体,小注入下,$n \approx n_0$,过剩载流子的注入对多子的影响很小,半导体可以近似视为平衡半导体。但对于少子来说,$p \approx \Delta p$,载流子的浓度变化很大,因而,载流子的分布远远偏离了平衡态下的分布,费米能级也有较大变化。因此,半导体可以视为由三个子系统构成:导带、价带、杂质。对于非简并半导体,在热平衡态下,这三个子系统共同构成的整个系统具有统一的费米能级,其中的载流子浓度为

$$\begin{cases} n_0 = N_c e^{-\frac{E_c - E_F}{k_0 T}} \\ p_0 = N_v e^{-\frac{E_F - E_v}{k_0 T}} \end{cases} \tag{4-141}$$

在小注入下,非平衡态对平衡态的偏离不是很大。当系统从非平衡态向热平衡态过渡时,这个过程是一个弛豫过程,系统的弛豫过程是通过电子的跃迁来实现的。在同一能带内的电子弛豫较快,而在不同能带之间的弛豫较慢。所以,各个子系统能较快地恢复到热平衡态,而不同的子系统之间都达到热平衡态的时间较长。我们将各子系统分别达到热平衡态、而不同的子系统之间未达到热平衡态的状态称为准平衡态。在准平衡态下,费米能级和玻尔兹曼分布函数仍然可以用来描述载流子,但它们有自己的费米能级,导带的费米能级称为电子的准费米能级 E_F^n,价带的费米能级称为空穴的准费米能级 E_F^p,它们分别满足

$$\begin{cases} n = N_c e^{-\frac{E_c - E_F^n}{k_0 T}} \\ p = N_v e^{-\frac{E_F^p - E_v}{k_0 T}} \end{cases} \tag{4-142}$$

对于 n 型半导体,

$$E_F^n - E_F < E_F - E_F^p \tag{4-143}$$

说明电子的准费米能级 E_F^n 在平衡费米能级 E_F 之上,空穴的准费米能级 E_F^p 在平衡费米能级 E_F 之下;少子的准费米能级 E_F^p 相对于平衡费米能级 E_F 的偏离比多子的准费米能级 E_F^n 对平衡费米能级的偏离大,体现了非平衡态下因少子的数量变化大而导致其准费米能级 E_F^p 发生的相应的变化大,而多子的准费米能级 E_F^n 的变化不大。对 p 型半导体,有

$$E_F^n - E_F > E_F - E_F^p \tag{4-144}$$

如图 4-18 所示。

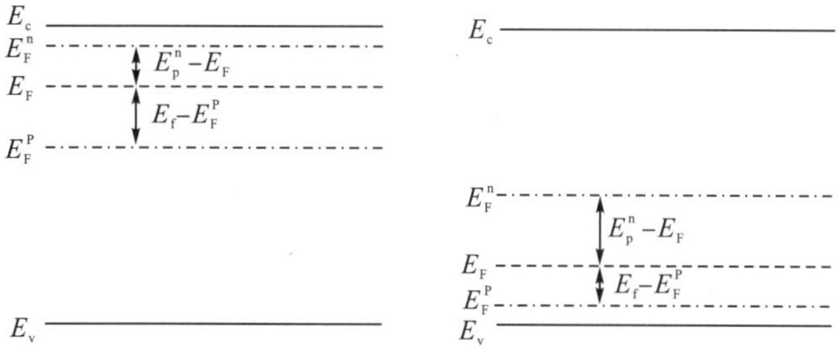

(a) n 型半导体　　　　(b) p 型半导体

图 4-18　准费米能级偏离费米能级

准费米能级变化大的系统对载流子的输运性质影响较大。在小注入条件下，非平衡载流子多子浓度与热平衡值接近，其准费米能级相对费米能级的偏离与少子相比很小；但是，在大注入条件下，非平衡载流子少子的浓度远高于热平衡时的浓度，准费米能级相对费米能级的偏离很大，因此在产生和复合时，少子的准费米能级变化是很大的。准费米能级变化很大的系统对载流子的输运性质影响也很大。导带和价带之间的不平衡表现在它们的准费米能级不重合。当三个子系统达到热平衡态时，少子的准费米能级 E_F^p 和多子的准费米能级 E_F^n 与平衡费米能级 E_F 重合。

例 15：证明对于 n 型半导体，有 $E_F^n - E_F < E_F - E_F^p$。

证：由

$$\begin{cases} n = N_c e^{-\frac{E_c - E_F^n}{k_0 T}} \\ p = N_v e^{-\frac{E_F^p - E_v}{k_0 T}} \end{cases} \quad \text{和} \quad \begin{cases} n_0 = N_c e^{-\frac{E_c - E_F}{k_0 T}} \\ p_0 = N_v e^{-\frac{E_F - E_v}{k_0 T}} \end{cases}$$

分别有

$$\frac{n}{n_0} = \frac{N_c e^{-\frac{E_c - E_F^n}{k_0 T}}}{N_c e^{-\frac{E_c - E_F}{k_0 T}}} = e^{\frac{E_F^n - E_F}{k_0 T}}$$

和

$$\frac{p}{p_0} = \frac{N_v e^{-\frac{E_F^p - E_v}{k_0 T}}}{N_v e^{-\frac{E_F - E_v}{k_0 T}}} = e^{\frac{E_F - E_F^p}{k_0 T}}$$

由于

$$\frac{n}{n_0} = \frac{n_0 + \Delta n}{n_0} \approx \frac{n_0}{n_0} \approx 1$$

$$\frac{p}{p_0} = \frac{p_0 + \Delta p}{p_0} \approx \frac{\Delta p}{p_0} \gg 1$$

所以

$$\frac{n}{n_0} < \frac{p}{p_0}$$

即

$$e^{\frac{E_F^n - E_F}{k_0 T}} < e^{\frac{E_F - E_F^p}{k_0 T}}$$

对上式两边同时取自然对数，则 $E_F^n - E_F < E_F - E_F^p$。

4.7 本章小结

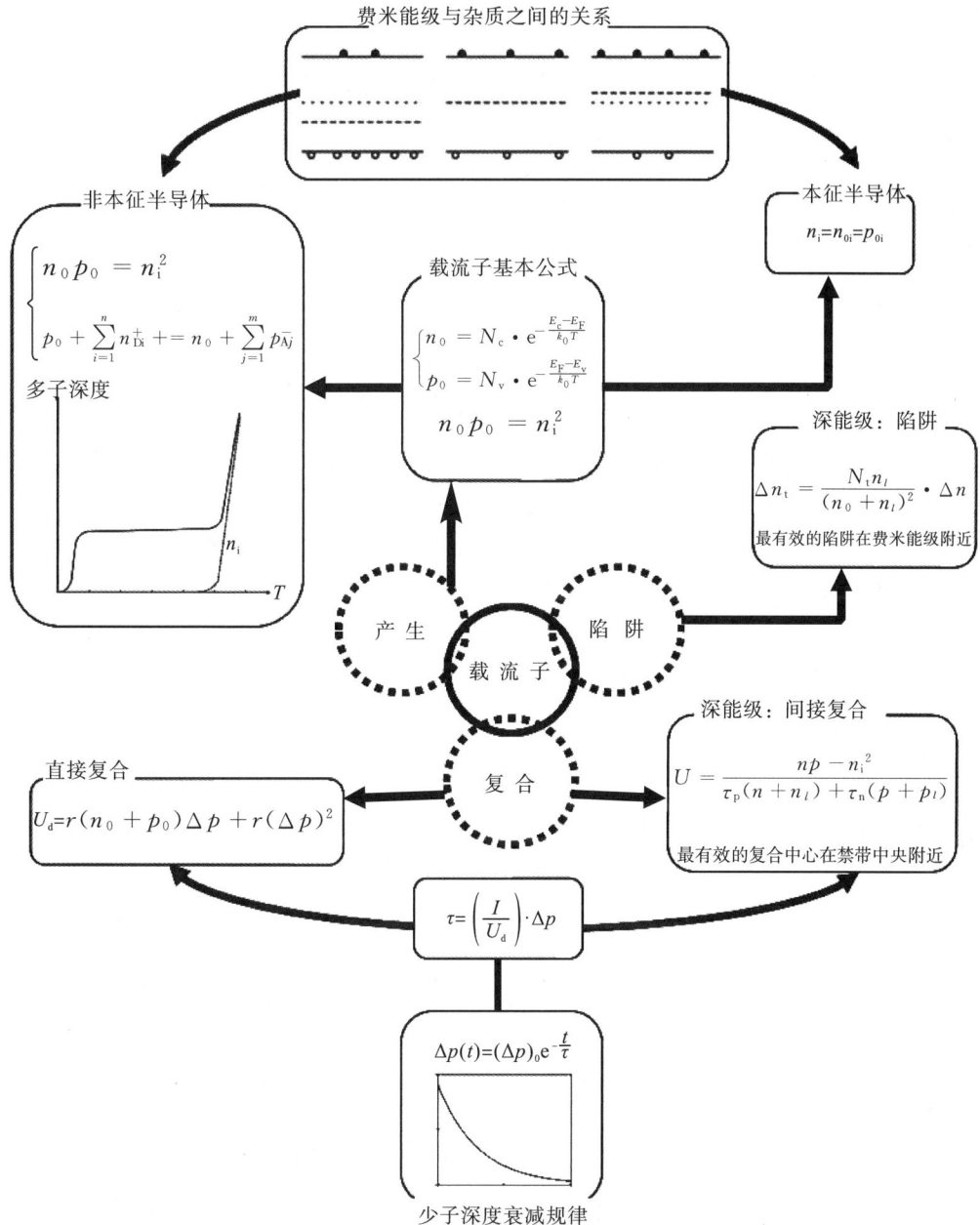

重要术语一览

(1) 量子态密度：在能带中能量 E 与 $E+dE$ 之间的能量间隔 dE 内的量子态 dZ 的数。

(2) 分布函数：能量为 E 的允态能级被电子占据的概率。

(3) 费米能级：表征电子填充能级的水平。

(4) 质量作用定律：热平衡态下，半导体中的两种载流子浓度的乘积为本征载流子浓度的平方。

(5) 非简并半导体：浅能级杂质的浓度不太高，其中的杂质能级为分立能级，且满足玻尔兹曼分布函数的非本征半导体。

(6) 简并半导体：浅能级杂质的浓度足够高，费米能级接近或进入允带，且满足费米-狄拉克分布函数的非本征半导体。

(7) 过剩载流子：在非平衡态下产生的非平衡载流子。

(8) 小注入：如果 $\Delta n = \Delta p$，且满足过剩载流子浓度远小于平衡多子浓度的情况。

(9) 准费米能级：非平衡态下电子系统或空穴系统的准费米能级。

(10) 复合率：电子-空穴对复合的速率。

(11) 少子寿命：过剩载流子的平均生存时间。

思考题

1. 什么是禁带宽度变窄效应？
2. 试比较半导体中浅能级杂质和深能级杂质的异同。
3. 什么叫陷阱效应？有效的陷阱是如何定义的？什么叫复合中心？试说明间接复合的每个微观过程和哪些参数有关。
4. 最有效的复合中心能级位置在何处？最有利陷阱作用的能级位置在何处？
5. 陷阱中心和复合中心有何区别？

习题

1. 证明 n 型半导体的费米能级在本征半导体的费米能级之上。

2. 室温下，半导体 Si 掺 B 的浓度为 10^{14} cm^{-3}，同时掺有浓度为 1.1×10^{15} cm^{-3} 的 P，分别求电子浓度、空穴浓度及费米能级相对于导带底的位置。将该半导体由室温升至 570 K，则多子浓度、少子浓度又分别是多少？费米能级相对于禁带中央的位置如何？已知：室温下，$n_i \approx 1.5 \times 10^{10}$ cm^{-3}，573 K 时，$n_i \approx 3 \times 10^{15}$ cm^{-3}。

3. 试定性定量说明：在一定温度下，对本征材料而言，材料的禁带宽度越窄，载流子浓度越高。

4. 室温下，若两块 Si 样品中的电子浓度分别为 2.25×10^{10} cm^{-3} 和 6.8×10^{16} cm^{-3}，试分别求出其中的空穴浓度和费米能级的相对位置，并判断样品的导电类型。假如再在其中都掺入浓度为 2.25×10^{16} cm^{-3} 的受主杂质，这两块样品的导电类型又将怎样？

5. 掺有受主浓度为 8.0×10^{6} cm^{-3} 和施主浓度为 7.25×10^{17} cm^{-3} 的 Si 材料，试求温度分别为 300 K 和 400 K 时此材料的载流子浓度和费米能级的相对位置。

6. 试分别计算在 77 K、300 K 和 500 K 下本征 Si 的载流子浓度。

7. Si 样品中的施主浓度为 4.5×10^{16} cm^{-3}，试计算 300 K 时的电子浓度和空穴浓度。

8. 有一 Si 样品，在温度为 300 K 时，施主与受主的浓度差 $N_D - N_A = 10^{14}$ cm^{-3}，设杂质全部电离，已知该温度下导带底的有效状态密度 $N_c = 2.9 \times 10^{19}$ cm^{-3}，Si 的本征载流子浓度 $n_i = 1.5 \times 10^{10}$ cm^{-3}，试求样品的费米能级位置。

9. 室温下，某非简并 n 型 Si 样品中受主杂质浓度为 $N_A = 10^{16}$ cm^{-3}，其费米能级位于导带底之下 0.20 eV 处。假设杂质全部电离。试求其中施主浓度的数值。

10. 证明非平衡载流子的浓度满足 $\Delta p(t) = \Delta p_0 e^{-\frac{t}{\tau}}$。

11. n-Si 半导体样品受均匀光照产生非平衡载流子电子-空穴对，其净产生率 $G = 10^{16}/(\text{cm}^3 \cdot \text{s})$。已知注入为小注入水平，非子空穴的寿命 $\tau_p = 10\mu\text{s}$，求光照停止 $30\mu\text{s}$ 后的过剩空穴浓度。

测试题

1. 某掺施主杂质的非简并 Si 样品，试求 $E_F = (E_C + E_D)/2$ 时施主的浓度。

2. 证明：对于基体半导体相同的 p 型非简并半导体和 n 型非简并半导体，如果 $N_A = N_D$，则这两个半导体的费米能级 E_{Fp} 和 E_{Fn} 是关于禁带中央对称的。假设杂质全电离。

3. 300 K 时，掺 B 的 p-Si 中有 $E_F - E_A = 2.6 k_0 T$。假设杂质全部电离。试求费米能级的相对位置和受主的浓度。

4. 某掺杂 B 的非简并 p 型 Si 中含有一定浓度的 In，室温下测出空穴浓度为 $p_0 = 1.1 \times 10^{16} \text{cm}^{-3}$，已知 B 的浓度为 $N_{A1} = 10^{16} \text{cm}^{-3}$，其电离能为 $\Delta E_{A1} = 0.045\text{eV}$，In 的电离能为 $\Delta E_{A2} = 0.16\text{eV}$，求半导体中 In 的浓度。另已知 $N_v = 1.04 \times 10^{19} \text{cm}^{-3}$。

5. 试证明在小信号条件下，本征半导体的非平衡载流子的寿命最长。

6. 一束恒定光源照在 n 型 Si 单晶样品上，其平衡载流子浓度 $n_0 = 10^{14} \text{cm}^{-3}$，且每微秒产生的电子-空穴对浓度为 10^{13}cm^{-3}。如 $\tau_n = \tau_p = 2\mu\text{s}$，试求光照后少数载流子的浓度。已知本征载流子浓度 $n_i = 9.65 \times 10^9 \text{cm}^{-3}$。

7. 施主浓度为 10^{15}cm^{-3} 的均匀半无限长 Si 棒($x=0$)的一端受到光辐照产生了过剩空穴。光只照在表面而形成了稳态，过剩空穴浓度分布为 $\Delta p_n(x) = \Delta p_{n0} \exp(-x/L_p)$，光照表面处的 $\Delta p_{n0} = 1.5 \times 10^{10} \text{cm}^{-3}$。已知小注入条件成立。

(1) 对于光照的半导体样品，分别写出载流子浓度分布关系 $n(x)$ 和 $p(x)$。

(2) 在光照的 Si 半导体样品内，分别建立电子和空穴的准费米能级的关系式。

主要参考文献

[1] 黄昆,谢希德. 半导体物理学. 北京:科学出版社,1965.

[2] 黄昆,韩汝琦. 半导体物理基础. 北京:科学出版社,1979.

[3] 刘恩科,朱秉升,罗晋生. 半导体物理学. 北京:电子工业出版社,2005.

[4] 萨支唐. 固态电子学基础. 上海:复旦大学出版社,2002.

[5] Robert F P. 半导体器件基础. 北京:电子工业出版社,2004.

[6] Donald A N. 半导体器件与物理. 北京:电子工业出版社,2010.

[7] Warner R M,Grung B L. Semiconductor-device electronics. 北京:电子工业出版社,2002.

[8] Ng K. Complete guide to semiconductor devices. McGraw-Hill,1995.

[9] Sze S. Physics of Semiconductor Devices. New York:Wiley,second ed.,1981.

[10] Sproul B,Green M A,Improved value for the silicon intrinsic carrier concentration from 275 to 375 K. J. Appl. Phys.,1991,70,846.

[11] Sproul A B,Green M A. Improved value for the silicon intrinsic carrier concentration from 275 to 375 K. J. Appl. Phys.,1991,70(2):846−854.

[12] Shockley W,Read W T. Statistics of the recombinations of holes and electrons. Phys. Rev.,1952,87(5):835−842.

[13] Hall R N. Electron-hole recombination in germanium. Phys. Rev.,1952,87(2):387.

[14] W. Shockley, Read W T. Statistics of the recombinations of holes and electrons. Physical Rev., 1952, 87(5):835—842.

[15] Chih-Tang Sah, Shockley W. Electron-Hole recombination statistics in semiconductors through flaws with many charge conditions. Phys. Rev., 1958, 109(4):1103—1115.

第 5 章　三维半导体中载流子的电输运

目标：
(1) 描述漂移运动与漂移电流。
(2) 解释两种基本的散射机构：电离杂质散射和晶格振动散射。
(3) 理解和讨论迁移率与散射、杂质浓度和温度之间的关系。
(4) 理解电导率及其与温度、载流子浓度之间的关系，计算电导率。
(5) 理解产生速度过冲与负微分电导效应的机制。
(6) 描述扩散运动与扩散电流。
(7) 根据电流密度方程计算半导体中的漂移电流和扩散电流。
(8) 推导并应用爱因斯坦关系。
(9) 理解连续性方程的物理意义并应用连续性方程。

本章阐述三维半导体中载流子的电输运机制。半导体器件是通过载流子的输运实现信息的处理和存储的，因此，了解载流子的电输运现象（漂移和扩散）是研究半导体电子器件性能的基础。在热平衡态下，半导体中没有净电流。在电、磁、光或热等外场的激发下，半导体进入非平衡态，载流子会发生定向运动，这就是载流子的输运现象。本章介绍半导体中的两种基本电输运：漂移、扩散。漂移运动源于电场对载流子的电场力作用，形成相应的漂移电流。漂移电流是 MOSFET 和 JFET 中的主电流。载流子浓度梯度引起扩散运动，从而形成扩散电流。BJT 和 pn 结二极管中的主导电流就是扩散电流。本章重点从统计力学的角度阐述其中最为重要的漂移和扩散的输运机制，并分析电离杂质散射和晶格振动散射对迁移率和电导率的影响，导出漂移电流和扩散电流的定量公式，并引入半导体基本方程中最重要的电流密度方程和连续性方程。

5.1　漂移运动与漂移电流

在外加电场的作用下，载流子产生的定向运动就是漂移运动。载流子的漂移运动形成漂移电流。

5.1.1　漂移运动、散射与热运动

在加上外电场 E 的理想状态下，载流子因电场力的作用获得加速度，从而产生定向运动，这就是漂移运动。漂移运动形成漂移电流。电子因带负电荷，其漂移运动的方向与电场方向相反；空穴的漂移运动方向与电场方向相同，如图 5-1 所示。

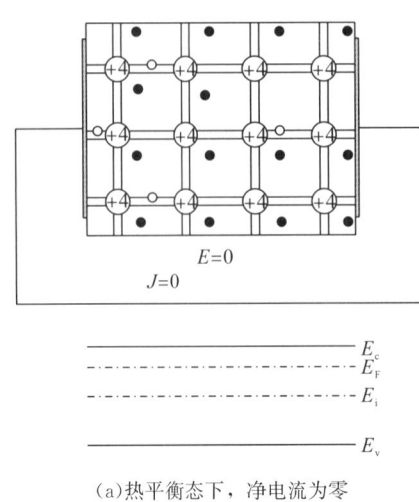 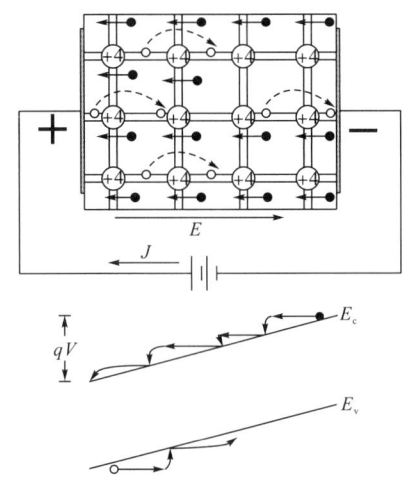

(a) 热平衡态下，净电流为零　　　　(b) 外电场 E 下载流子的漂移运动产生漂移电流 J（能带图中包括了因散射损失能量）

图 5-1　半导体中的电导

在严格的周期性势场(理想)中运动的载流子在电场力的作用下将获得加速度，其漂移速度 v 应越来越大。带正电的空穴的运动方程为

$$F = m^* \frac{\mathrm{d}v}{\mathrm{d}t} = qE \tag{5-1}$$

在理想周期性势场作用下，载流子做准自由运动。载流子因电场力获得一个加速度，载流子的运动速度与时间成正比，其值应越来越大。但任何破坏严格周期性势场的因素都将使载流子遭受散射（又称碰撞），散射使得载流子的运动表现为高速的随机热运动，如图 5-2(a) 所示。从微观而言，载流子运动过程中因杂质或晶格原子的碰撞而损失能量并改变运动轨迹，之后载流子的加速度被改变，直到遭受下一次散射。这个过程不断循环。因此，在周期性势场和散射的双重作用下，载流子在电场作用下的运动是电场力产生的加速运动与因散射导致的杂乱无章的热运动叠加的结果[图 5-2(b)]，散射使得加速运动的最大速度（漂移速度）受到限制。也就是说，散射改变了粒子的速度特性——电子的微观运动。在热平衡态下，室温时，载流子热运动的平均速度大约为光速的千分之一。由于热运动的随机性特点，在无外电场时，宏观上载流子的平均速度为零，所以不能形成传导电流。所谓自由载流子，只有在连续两次散射之间才是真正自由的运动。载流子连续两次散射间自由运动的平均路程称为平均自由程，走过平均自由程所需的时间称为平均自由时间。所以，从宏观而言，在统计意义上，在整个运动过程中，载流子有一个平均漂移速度，分别为电子的平均漂移速度 v_{dn} 和空穴的平均漂移速度 v_{dp}。

> ➤ 因电场力使载流子产生的定向运动叫做漂移运动。漂移运动形成漂移电流。
> ➤ 载流子连续两次散射间自由运动的平均路程称为平均自由程。
> ➤ 走过平均自由程所需的时间称为平均自由时间。

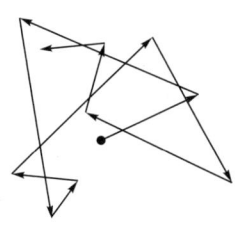
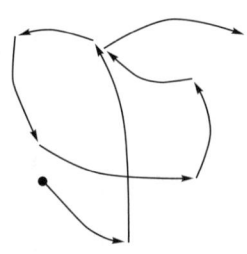

(a)载流子的随机热运动　　　　(b)微观尺度的载流子漂移

图 5-2　热运动与漂移运动

5.1.2　漂移电流密度

载流子的净漂移运动形成漂移电流。漂移电流定义为单位时间通过单位横截面积的载流子的电量。根据定义，$v_{dp} \times t$ 表示在 t 时间内带电量为 q 的速度为 v_{dp} 的空穴从与 v_{dp} 方向垂直的平面流过的路程，$A \times (t \times v_{dp})$ 表示在 t 时间内流过横截面积为 A 的体积，$p \times [A \times (t \times v_{dp})]$ 表示在 t 时间内流过横截面积 A 的空穴的总数。因此，在 t 时间内流过横截面积为 A 的总电流就是 $q \times p[A \times (t \times v_{dp})]$。那么，单位时间通过单位横截面积的空穴电量，即空穴漂移电流密度 J_{dp} 就表示为

$$J_{dp} = q \times p[1 \times (1 \times v_{dp})] = pqv_{dp} \tag{5-2}$$

类似的，电子漂移电流密度 J_{dn} 表示为

$$J_{dn} = nqv_{dn} \tag{5-3}$$

其单位为 A/cm^2。

5.1.3　迁移率与散射

1. 迁移率的定义

在弱电场情况下，空穴平均漂移速度 v_{dp} 与电场强度成正比，表示为

$$v_{dp} = \mu_p E \tag{5-4}$$

μ_p 称为空穴迁移率，表示为

$$\mu_p = \frac{v_{dp}}{E} \tag{5-5}$$

迁移率是表征半导体电迁移能力的重要参数，单位为 $cm^2/(V \cdot s)$。它表示单位电场下空穴的平均漂移速度 v_{dp}。在高电场时，载流子平均漂移速度 v_d 与电场强度之间的关系表示为

$$v_d = \frac{\mu_0 E}{\left[1 + \left(\frac{\mu_0 E}{v_{sat}}\right)^\alpha\right]^{\frac{1}{\alpha}}} \tag{5-6}$$

式中，v_{sat} 为载流子的饱和漂移速度；μ_0 为其低场迁移率；α 为实验拟和参数。对于 Si 中的电子，$\alpha=2$，对于 Si 中的空穴，也有 $\alpha=2$。

由式(5-1)有 $dv_p = \dfrac{qE}{m_p^*}dt$，对之积分，有

$$v_p = \dfrac{q\tau_p}{m_p^*}E \quad (5\text{-}7)$$

式中，τ_p 就是载流子走过平均自由程所需的平均自由时间。比较式(5-4)和式(5-7)，得到

$$\mu_p = \dfrac{q\tau_p}{m_p^*} \quad (5\text{-}8)$$

类似的，对电子可以定义电子迁移率

$$\mu_n = \dfrac{v_{dn}}{E} \quad (5\text{-}9)$$

也有

$$\mu_n = \dfrac{q\tau_n}{m_n^*} \quad (5\text{-}10)$$

由式(5-8)和式(5-10)可知，有两个物理机制共同决定半导体的载流子迁移率：半导体的电子结构参数之一——载流子的有效质量 m^*，以及载流子散射机制决定的载流子平均自由时间 τ。显然，要获得高的载流子迁移率，需要小的载流子有效质量。以石墨烯为例，其载流子有效质量接近于零，所以石墨烯的载流子具有很高的迁移率，它是非常有应用前景的高速半导体材料。能带工程的任务之一，就是获得载流子有效质量小的半导体材料。要获得高的载流子迁移率，需要长的载流子的平均自由时间，散射几率减小则能够得到长的载流子的平均自由时间。因此，了解半导体中的散射机制非常重要。

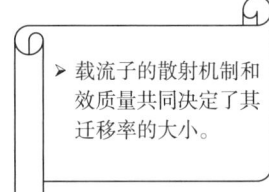

➤ 载流子的散射机制和有效质量共同决定了其迁移率的大小。

2. 散射

散射过程的物理本质是各种散射机构。这些散射机构因在晶体周期性势场中引入附加势场而产生微扰，引起载流子散射。最基本的载流子散射机构是电离杂质散射和晶格振动散射。

1) 电离杂质散射

➤ 最基本载流子散射的是电离杂质散射和晶格振动散射。

从前面的知识已经知道，施主杂质和受主杂质能够为半导体提供多子，从而改变和控制半导体的导电性能。室温下，非简并半导体中的杂质已经全部电离。杂质电离后成为带电的粒子，在它附近会产生一个库仑势场，这个局域性势场对晶体的周期性势场形成微扰，它对运动经过其附近的电子或空穴产生库仑作用力，即产生库仑散射，从而改变载流子的运动速度。图 5-3 为电离受主和电离施主对电子和空穴散射的示意图。杂质浓度越高，载流子受到的散射概率越大，迁移率因此而减小。而温度越低，电离的杂质越少，说明电离杂质散射随之减弱。因此，在只有电离杂质散射存在时，载流子的平均自由时间 τ 表示为

$$\tau_i \propto \dfrac{T^{\frac{3}{2}}}{N_i} \quad (5\text{-}11)$$

式中，$N_i = N_A + N_D$，表示半导体中的电离杂质总浓度。常用散射概率 P 来描述散射的

强弱，它表示单位时间内载流子遭受散射的次数。平均自由时间 τ 与散射概率 P 是反比关系：

$$P = \frac{1}{\tau} \tag{5-12}$$

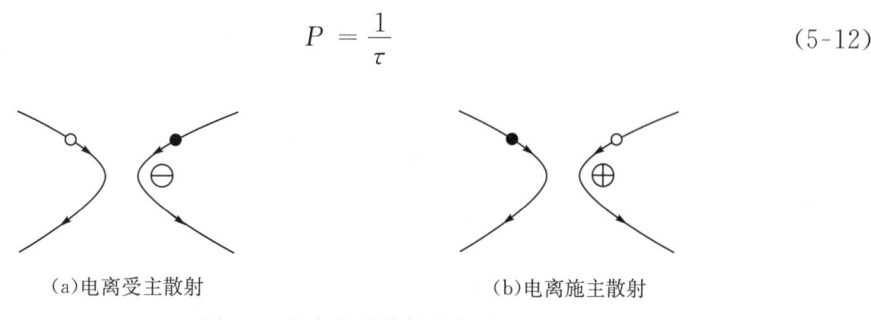

图 5-3 电离杂质散射示意图

定义 μ_i 为只有电离杂质散射存在时的迁移率，有

$$\mu_i \propto \frac{T^{\frac{3}{2}}}{N_i} \tag{5-13}$$

杂质随机分布在半导体中，所以电子杂质散射也是随机散射。电离杂质的散射是非本征的、静态的。

2) 晶格振动散射

当温度高于绝对零度时，半导体中有晶格振动，又称原子振动。它由若干不同的基本振动按照波的叠加原理组合构成。这些基本的振动就是格波。晶格振动对载流子的散射称为晶格振动散射。有 N 个原胞的晶体就有 N 个格波波矢 q。按照振动方式，原子位移格波分为三支光学波和三支声学波。从格波的传播方向与原子位移方向的关系来看，三支光学波中，有一支为纵波，另两只为横波；声学波也有一支纵波和两只横波。光学波和声学波的不同在于，后者的原胞中相邻的两个原子的运动方向是一致的，其频率与波数成正比关系；而前者的原胞中相邻的两个原子的运动方向则相反，其频率基本是常数。在半导体中起主要散射作用的是长波，它的波长比原子间距大若干倍。在长波之中，光学波声子的能量比声学波声子的能量大得多，发射或吸收光学波声子对载流子的散射的影响很大。在原子晶体中，纵声学波的散射占据了主导地位；而在离子晶体中，则以纵光学波为主。

格波的能量效应以 $h\nu_a$ 为单元，将这个能量子称为声子。声子是准粒子，它能形象地描述格波的量子化。如果格波能量减少一个 $h\nu_a$，就称晶体放出一个声子；相反的，格波能量增加一个 $h\nu_a$，就称晶体吸收一个声子。这样，就将载流子受到晶格振动的散射描述为载流子与声子之间的相互碰撞。

考虑能带具有单一极值的半导体，其中起主要散射作用的是声学波声子，而在其中，又只有纵波在散射中占据主要作用。在只有声学波声子散射存在时，载流子的平均自由时间 τ 表示为

$$\tau_s \propto T^{-\frac{3}{2}} \tag{5-14}$$

定义 μ_s 表示只有晶格振动中的声学波声子散射存在时的迁移率，有

$$\mu_s \propto T^{-\frac{3}{2}} \tag{5-15}$$

温度下降，使得声学波声子振动减弱，导致声学波声子散射概率相应减小，所以在

只有声学波声子散射存在时，迁移率会相应地提高。

只有光学波声子散射存在时，载流子的平均自由时间 τ 表示为

$$\tau_{\mathrm{o}} \propto \frac{\left(\mathrm{e}^{\frac{h\nu}{k_0 T}}-1\right) f\left(\frac{h\nu}{k_0 T}\right)}{T^{\frac{1}{2}}} \tag{5-16}$$

式中，ν 为光学波声子频率；$f\left(\frac{h\nu}{k_0 T}\right)$ 是随温度缓慢变化的函数。定义 μ_{o} 表示只有晶格振动中的光学波声子散射存在时的迁移率，有

$$\mu_{\mathrm{o}} \propto \left(\mathrm{e}^{\frac{h\nu}{k_0 T}}-1\right) \tag{5-17}$$

式(5-17)中的指数项随温度下降而快速变大，但温度升高，该指数项减小迅速。光学波声子散射在有离子性成分的 II-VI、III-V 族化合物半导体中很重要。

3）其他散射

(1) 中性杂质散射。在简并半导体中或低温下，只有部分杂质被电离，未电离的杂质是电中性的。中性杂质因对晶体的周期性势场形成微扰而对载流子产生散射。在低温下，电离杂质散射和晶格振动散射都很弱的情况下，中性杂质散射是主要的散射机构。

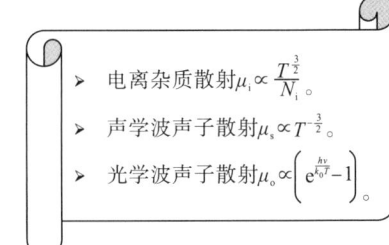

> 电离杂质散射 $\mu_{\mathrm{i}} \propto \frac{T^{\frac{3}{2}}}{N_{\mathrm{i}}}$。
> 声学波声子散射 $\mu_{\mathrm{s}} \propto T^{-\frac{3}{2}}$。
> 光学波声子散射 $\mu_{\mathrm{o}} \propto \left(\mathrm{e}^{\frac{h\nu}{k_0 T}}-1\right)$。

(2) 等同的能谷间散射。等同能谷半导体中的载流子从一个等能面散射到另一个等能面的散射称为等同的能谷间散射，简称谷间散射。发生谷间散射时伴随有交换短波声子，其散射是非弹性的。低温时，谷间散射很小。

(3) 位错散射。刃型位错因价键不饱和而成为负电中心。该负电中心对晶体的周期性势场产生各向异性的微扰。在位错密度高于 $10^4 \mathrm{~cm}^{-3}$ 的情况下，位错散射会很显著。

(4) 合金散射。对于三元甚至四元化合物半导体混合晶体，如果晶体中的两种同族元素在晶体中为随机的无序排列，则这种排列会在晶体的周期性势场中引入附加微扰，这就是合金散射。

(5) 载流子——载流子散射。这是在强简并半导体中出现的散射。

因此，考虑电离杂质散射、声学波声子散射和光学波声子散射这几种基本的散射机构后，载流子的总散射概率 P 一般为

$$P = \frac{1}{\tau} = \frac{1}{\tau_{\mathrm{i}}} + \frac{1}{\tau_{\mathrm{s}}} + \frac{1}{\tau_{\mathrm{o}}} \tag{5-18}$$

3. 迁移率与杂质浓度和温度的关系

只有电离杂质散射、声学波声子散射和光学波声子散射这几种基本机构存在时，迁移率可表示为

$$\frac{1}{\mu} = \frac{1}{\mu_{\mathrm{i}}} + \frac{1}{\mu_{\mathrm{s}}} + \frac{1}{\mu_{\mathrm{o}}} \tag{5-19}$$

式中，μ_{i} 为与电离杂质散射相应的迁移率；μ_{s} 为与声学波声子散射相应的迁移率；μ_{o} 为与光学波声子散射相应的迁移率。

完整的迁移率公式非常复杂，需要用到量子统计理论。对 Ge、Si 这样的原子晶体，迁移率的理论近似为

$$\mu = \frac{q}{m_n^*}\left(\frac{aN_i}{T^{\frac{3}{2}}} + bT^{\frac{3}{2}}\right)^{-1} \tag{5-20}$$

式中，a 和 b 为拟合参数。在低温下，以电离杂质散射为主时，迁移率主要受到式(5-20)括号中的第一项的支配；在高温下，则以式(5-20)括号中的第二项为主。如图 5-4 所示。当存在多重散射机构时，总迁移率会进一步减小。从简单的物理角度来看，式(5-20)已经将两个最基本的散射机构考虑在内。在工程技术和集成电路设计中，更多的是采用通过实验数据拟合得到的经验公式。

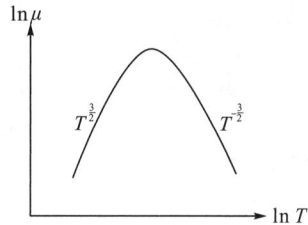

图 5-4　低温和高温下迁移率与温度的关系

事实上，载流子的迁移率不仅与温度和杂质浓度有关，还与具体的杂质有关。表 5-1 给出了 300 K 时，低掺杂浓度下 GaAs、Si 和 Ge 的载流子的典型迁移率值。在室温下，Si 中掺 P 和 B 的情况下，迁移率与杂质浓度的经验公式为

$$\mu_n = 68.5 + \frac{1345.5}{1 + \left(\dfrac{N}{9.2 \times 10^{16}}\right)^{0.711}}(\text{cm}^2/(\text{V}\cdot\text{s})) \tag{5-21}$$

$$\mu_p = 44.9 + \frac{425.6}{1 + \left(\dfrac{N}{2.23 \times 10^{17}}\right)^{0.719}}(\text{cm}^2/(\text{V}\cdot\text{s})) \tag{5-22}$$

表 5-1　300 K 时，低掺杂浓度下 GaAs、Si 和 Ge 的载流子的典型迁移率值

半导体	$\mu_n(\text{cm}^2/(\text{V}\cdot\text{s}))$	$\mu_p(\text{cm}^2/(\text{V}\cdot\text{s}))$
GaAs	8500	400
Si	1350	480
Ge	3900	1900

图 5-5 是室温时 Si 中载流子的迁移率与杂质的关系曲线。它表明，在相同温度下，杂质浓度数值相等的时候，电子迁移率 μ_n 比空穴迁移率 μ_p 大，这是由于电子有效质量比空穴有效质量小的缘故。对于同种载流子，相同温度下，随着杂质浓度的增加，由于迁移率与杂质浓度之间的反比例关系，载流子的迁移率会相应减小。

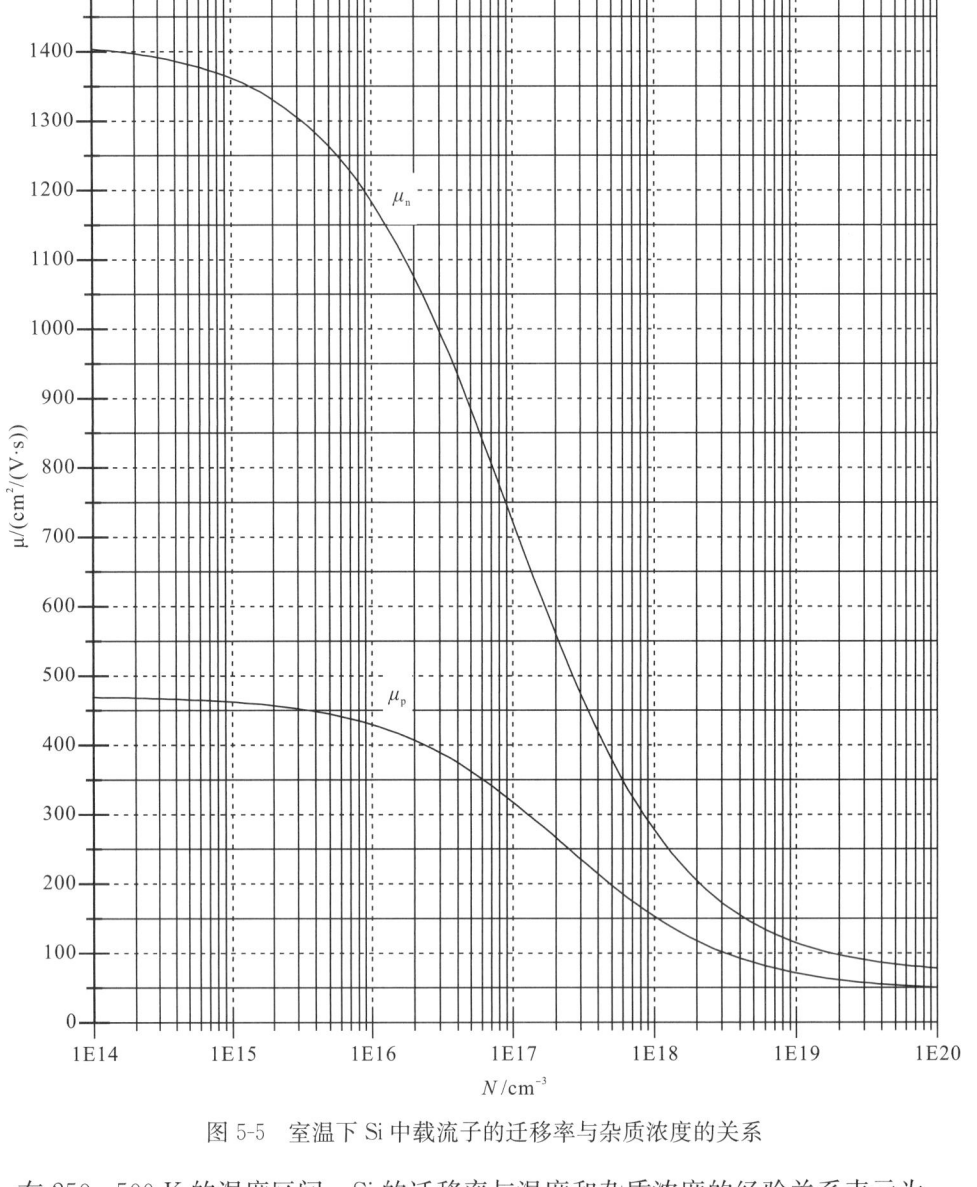

图 5-5 室温下 Si 中载流子的迁移率与杂质浓度的关系

在 250~500 K 的温度区间，Si 的迁移率与温度和杂质浓度的经验关系表示为

$$\mu_n = 88\left(\frac{T}{300}\right)^{0.57} + \frac{7.4 \times 10^8 T^{-2.33}}{1 + \frac{N}{1.26 \times 10^{17}\left(\frac{T}{300}\right)^{2.4}} 0.88\left(\frac{T}{300}\right)^{-0.146}} (\text{cm}^2/(\text{V} \cdot \text{s})) \quad (5\text{-}23)$$

$$\mu_p = 54.3\left(\frac{T}{300}\right)^{0.57} + \frac{1.36 \times 10^8 T^{-2.33}}{1 + \frac{N}{2.35 \times 10^{17}\left(\frac{T}{300}\right)^{2.4}} 0.88\left(\frac{T}{300}\right)^{-0.146}} (\text{cm}^2/(\text{V} \cdot \text{s}))$$

$$(5\text{-}24)$$

如图 5-6 和图 5-7 所示。

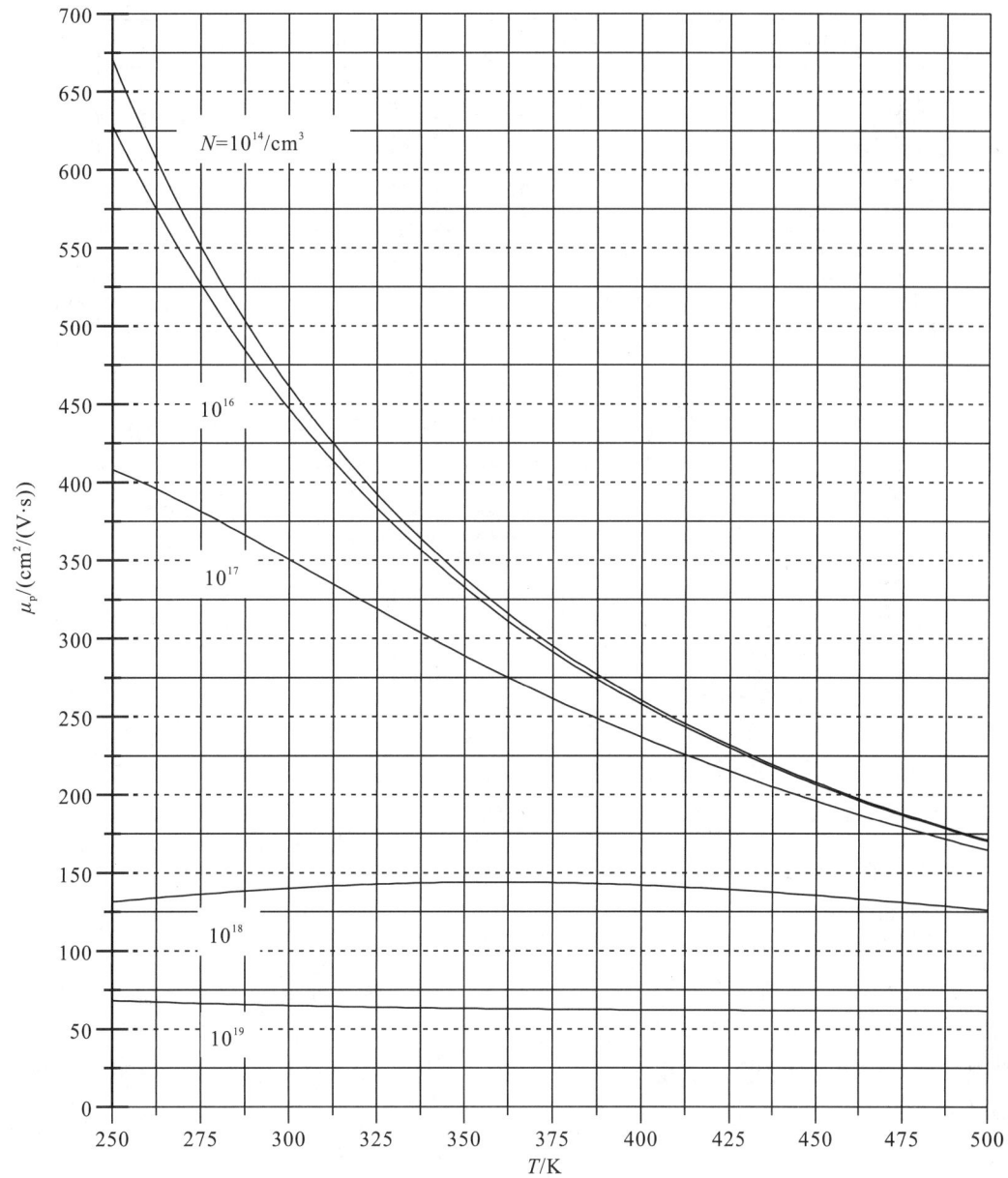

图 5-6　Si 中杂质浓度在 $10^{14}\,\text{cm}^{-3} \sim 10^{19}\,\text{cm}^{-3}$ 的空穴迁移率与温度的关系

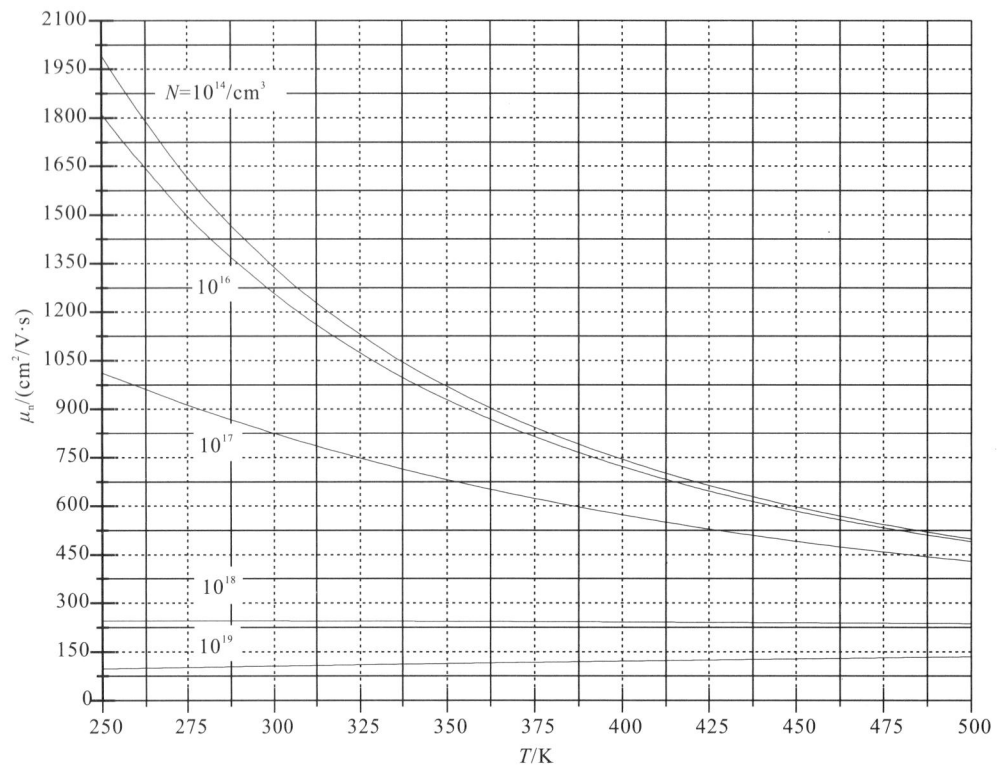

图 5-7 Si 中杂质浓度在 $10^{14}\,\text{cm}^{-3} \sim 10^{19}\,\text{cm}^{-3}$ 的电子迁移率与温度的关系

高的迁移率对于半导体器件及其电路具有重要意义。迁移率的具体数值可以通过霍尔效应、磁输运、截止频率等技术获得。公式 $\mu = \dfrac{q\tau}{m^*}$ 显示了两种获得高迁移率的途径：减小载流子有效质量以及减小散射。前者是能带工程的任务之一。对于后者，调制掺杂(modulated doping)结构就是一种能有效减小电离杂质散射的重要结构。在调制掺杂结构中，量子阱中的电子因与其母体——量子势垒材料中的电离杂质在空间上彼此分离，故二者之间的库仑作用力随距离的增加而减小，从而使得电离杂质散射大大减弱。所以，这种结构中的载流子具有比体半导体中的载流子高的迁移率。这种基本结构在异质结、超晶格等结构中有广泛的应用。

> 减小载流子有效质量以及减小散射是获得高迁移率的途径。

5.1.4 半导体中的电导率及其与温度和杂质浓度的关系

根据欧姆定律，空穴电流密度

$$J_{\text{dp}} = \sigma_{\text{p}} E \tag{5-25}$$

其中，σ_{p} 是空穴的电导率，其单位是 S/m，它表示价带空穴对电流密度的贡献。式(5-25)与式(5-2)等价，结合式(5-4)，则

$$\sigma_{\text{p}} = pq\mu_{\text{p}} \tag{5-26}$$

类似的，电子的电导率为

$$\sigma_n = nq\mu_n \tag{5-27}$$

因半导体有电子和空穴两种载流子，一般情况下，半导体的电导率是两种载流子的电导率之和，为

$$\sigma = \sigma_n + \sigma_p = nq\mu_n + pq\mu_p \tag{5-28}$$

对杂质半导体，由于多子浓度与少子浓度之间的数量级相差较大，而两种载流子的迁移率一般相差几倍。这样，半导体的电导率由多子的电导率决定，少子对电导率的贡献可以忽略。所以，杂质半导体的电导率是多子浓度及其迁移率的函数。因此，对于 p 型半导体，有

$$\sigma_p = pq\mu_p \tag{5-29}$$

对于 n 型半导体，有

$$\sigma_n = nq\mu_n \tag{5-30}$$

对本征半导体，因为 $n_i = n_{0i} = p_{0i}$，所以其电导率为

$$\sigma_i = n_i q(\mu_n + \mu_p) \tag{5-31}$$

例 1：假设 $n_0 = 100 n_i$，$\Delta n = \Delta p = n_i$，$\mu_n = 3\mu_p$，光照后样品的电导率 σ 是光照前 σ_0 的多少倍？如果光照使得 $\Delta p = \Delta n = n_0$，样品的电导率 σ 是光照前 σ_0 的多少倍？

解：由于 $\Delta p = \Delta n = 10^{-2} n_0$，有

$$\frac{\sigma}{\sigma_0} = \frac{nq\mu_n + pq\mu_p}{n_0 q\mu_n} \approx \frac{nq\mu_n + (\Delta p)q\mu_p}{n_0 q\mu_n} = \frac{(10^2 n_i)(3\mu_p) + n_i \mu_p}{(10^2 n_i)(3\mu_p)} = \frac{301}{300} = 1\frac{1}{300}$$

如果光照使得 $\Delta p = \Delta n = n_0$，则

$$\frac{\sigma}{\sigma_0} = \frac{nq\mu_n + pq\mu_p}{n_0 q\mu_n} \approx \frac{nq\mu_n + (\Delta p)q\mu_p}{n_0 q\mu_n} = \frac{(2\times 10^2 n_i)(3\mu_p) + (10^2 n_i)\mu_p}{(10^2 n_i)(3\mu_p)} = 2\frac{1}{3}$$

例 2：在室温下，对于具有相同电阻率的 n-Ge 和 n-Si 半导体，哪个材料的多子浓度高？哪个材料的少子浓度高？解释原因。

解：由题意，$\rho_{Ge} = \rho_{Si}$ 即

$$\frac{1}{n(Ge)q\mu_n(Ge)} = \frac{1}{n(Si)q\mu_n(Si)} \qquad ①$$

则 $n(Ge)\mu_n(Ge) = n(Si)\mu_n(Si)$。由于 $\mu_n(Ge) > \mu_n(Si)$，则由式①得到

$$n(Ge) < n(Si) \qquad ②$$

因此，Si 的多子浓度高。利用质量作用定律 $np = n_i^2$，有

$$\frac{[n_i(Ge)]^2}{p(Ge)} < \frac{[n_i(Si)]^2}{p(Si)} \qquad ③$$

式③也能表示为

$$\frac{[n_i(Ge)]^2}{[n_i(Si)]^2} < \frac{p(Ge)}{p(Si)} \qquad ④$$

由于 $n_i^2 = N_c N_v e^{-\frac{E_g}{k_0 T}}$，$E_g(Ge) < E_g(Si)$，有 $n_i(Ge) > n_i(Si)$，所以

$$1 < \frac{[n_i(Ge)]^2}{[n_i(Si)]^2} < \frac{p(Ge)}{p(Si)} \qquad ⑤$$

得到 $p(Ge) > p(Si)$。

电导率是载流子浓度和迁移率的函数。对于杂质半导体，载流子浓度和迁移率都与温度和杂质浓度有关。所以，电导率是关于温度和杂质浓度的复杂函数。

以 n 型半导体为例，其电导率与温度的 $\ln(\sigma)$-$\frac{1}{T}$ 关系呈现三段式特点，AB 段：电离温区及非本征温区中的较低温区；BC 段：非本征温区中的温度较高温区；CD 段：本征温区，如图 5-8(a)所示。图中同时还给出了 $\ln(n)$-$\frac{1}{T}$ 的变化示意，以便在分析 $\ln(\sigma)$-$\frac{1}{T}$ 时联系相关物理量的变化作辅助分析。在电离温区所对应的 AB 段，由于温度很低，本征激发非常微弱，可以忽略，电离杂质浓度很低，晶格振动可以忽略；散射以电离杂质散射为主，载流子的迁移率与 $T^{\frac{3}{2}}$ 成正比，所以，温度升高，$\ln(\sigma)$ 相应升高。在非本征温区温度较高温区所对应的 BC 段，多子浓度由杂质浓度决定，因本征激发不显著，多子浓度的数值随温度上升增加不多，但迁移率由电离杂质散射占主导逐渐叠加了越来越强的晶格振动散射，晶格振动散射下的载流子迁移率与 $T^{-\frac{3}{2}}$ 成正比，使得出现 $\ln(\sigma)$ 随温度升高而减少的 BC 段。在本征温区对应的 CD 段，载流子受到的散射完全由晶格振动散射主宰，随着温度升高，迁移率减小，然而这时的载流子浓度是温度的强函数，温度上升导致本征载流子浓度急剧增加，所以在 CD 段出现与本征半导体的 $\ln(\sigma_i)$-$\frac{1}{T}$［图 5-8(b)］一样的变化趋势。

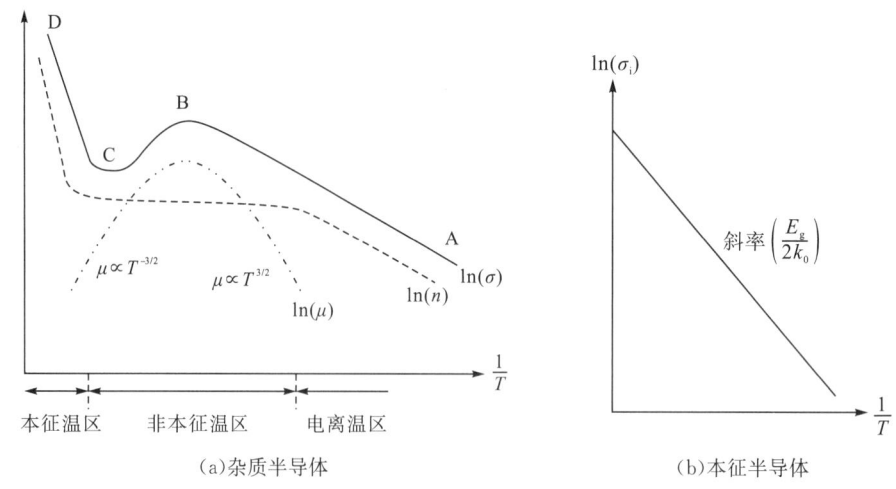

(a) 杂质半导体　　(b) 本征半导体

图 5-8　半导体的电导率与温度的关系

对于 Ge、Si 之类的原子晶体，本征半导体只考虑晶格振动散射 $\mu_n \propto T^{-\frac{3}{2}}$ 和 $\mu_p \propto T^{-\frac{3}{2}}$，$n_i \propto T^{\frac{3}{2}} e^{-\frac{E_g}{2k_0 T}}$，所以式(5-31)简化为

$$\sigma_i \propto A e^{-\frac{E_g}{2k_0 T}} \tag{5-32}$$

式中，A 为常数，就有

$$\ln(\sigma_i) = \ln A - \frac{E_g}{2k_0} \frac{1}{T} \tag{5-33}$$

所以，通过实验测量本征半导体的电导率与温度的关系，可得到图 5-8(b)所示的 $\ln(\sigma_i)$-$\frac{1}{T}$ 曲线，根据曲线斜率 $\frac{E_g}{2k_0}$ 就能计算得到与相应温度对应的带宽的数

> 测量本征半导体的 $\ln\sigma_i$-$\frac{1}{T}$ 曲线，根据曲线斜率 $\frac{E_g}{2k_0}$ 就能计算得到与相应温度对应的带宽的数值。

值。式(5-33)显示，本征半导体的电导率 σ_i 也是温度的强函数。

电导率的倒数就是电阻率，用 ρ 表示，为

$$\rho = \frac{1}{\sigma} \qquad (5\text{-}34)$$

电阻率的单位为 $\Omega \cdot cm$。图 5-9 分别给出了室温下 n-Si 和 p-Si 的电阻率与杂质浓度的关系曲线。由于迁移率的影响，电阻率是杂质浓度的复杂函数。

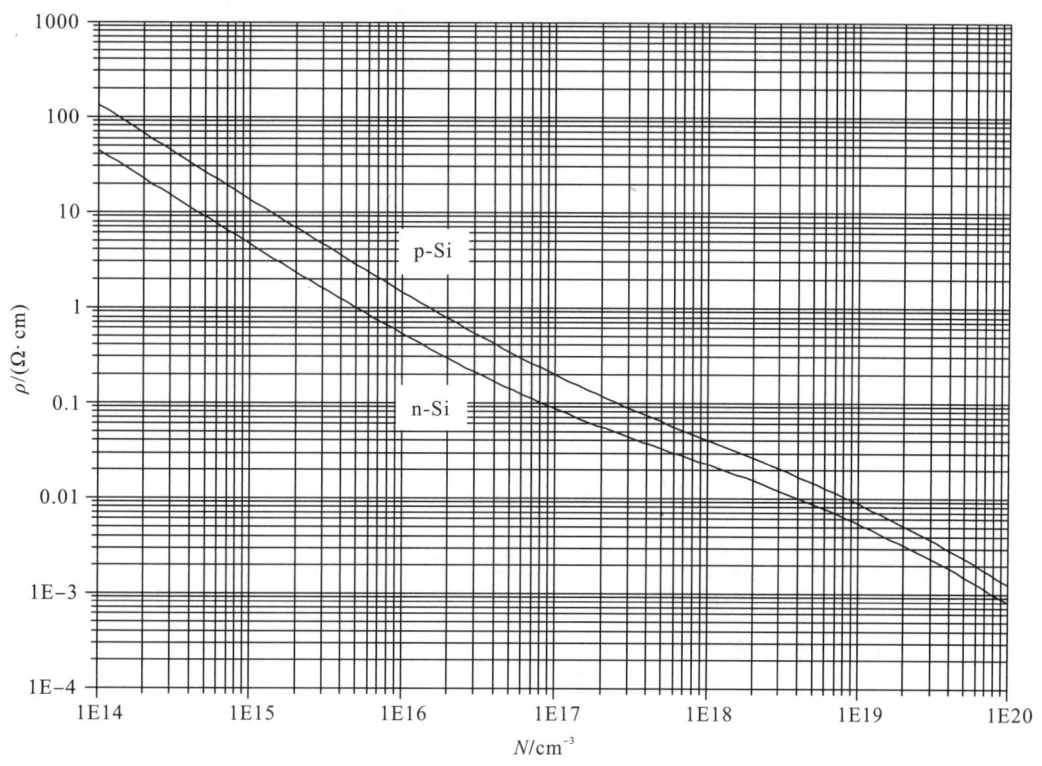

图 5-9 室温下 n-Si 和 p-Si 的电阻率与杂质浓度的关系

例 3：已知电阻率为 $\rho=1\Omega \cdot cm$ 的某 n-Si 中的电流密度为 $J=100A/cm^2$。求电场强度的数值和电子的漂移速度的数值。

解：利用欧姆定律，

$$J = \sigma E = \frac{1}{\rho} E$$

则

$$E = \rho \cdot J = 1 \times 100 = 100 (V/cm)$$
$$v_d = \mu E = 1500 cm^2/(V \cdot s) \times 100 V/cm = 1.5 \times 10^5 cm/s$$

例 4：分别计算掺有下列杂质的 Si 在室温下的载流子浓度、迁移率和电导率：
(1) $2 \times 10^{15} cm^{-3}$ 的 B；
(2) $2 \times 10^{15} cm^{-3}$ 的 B 和 $3 \times 10^{15} cm^{-3}$ 的 P。

解：(1) 在室温下，$N_A = 2 \times 10^{15} cm^{-3}$，故杂质全电离，有

$$p_0 \approx N_A = 2 \times 10^{15} cm^{-3}$$

所以，

$$n_0 = n_i^2/p_0 = (1.5 \times 10^{10})^2/2 \times 10^{15} = 1.125 \times 10^5 (\text{cm}^{-3})$$

由 $N_i = N_A = 2 \times 10^{15} \text{cm}^{-3}$，查图 5-5 得到 $\mu_p = 440 \text{ cm}^2/(\text{V} \cdot \text{s})$，

$$\begin{aligned}\sigma &= nq\mu_n + pq\mu_p \\ &\approx pq\mu_p \\ &= (2 \times 10^{15} \times 10^6) \times (1.6 \times 10^{-19}) \times (440 \times 10^{-4}) \\ &= 14.08 (\Omega^{-1} \cdot \text{m}^{-1})\end{aligned}$$

(2) 在室温下，$N_D^* = N_D - N_A = 1 \times 10^{15} \text{cm}^{-3}$，故杂质全电离，有

$$n_0 \approx N_D^* = 1 \times 10^{15} \text{cm}^{-3}$$

所以，

$$\begin{aligned}p_0 &= n_i^2/n_0 \\ &= (1.5 \times 10^{10})^2/1 \times 10^{15} \\ &= 2.25 \times 10^5 (\text{cm}^{-3})\end{aligned}$$

由 $N_i = N_A + N_D = 5 \times 10^{15} \text{cm}^{-3}$，查图 5-5 得到

$$\begin{cases}\mu_p \approx 420 \text{cm}^2/(\text{V} \cdot \text{s}) \\ \mu_n \approx 1800 \text{cm}^2/(\text{V} \cdot \text{s})\end{cases}$$

所以，

$$\begin{aligned}\sigma &= nq\mu_n + pq\mu_p \\ &\approx nq\mu_n \\ &= (1 \times 10^{15} \times 10^6) \times (1.6 \times 10^{-19}) \times (1800 \times 10^{-4}) \\ &= 28.8 (\Omega^{-1} \cdot \text{m}^{-1})\end{aligned}$$

例 5：证明当电子浓度和空穴浓度一定时，材料的电导率最小，并推导该最小电导率 $\sigma_{\min}$ 的表达式。

证：
$$\sigma = nq\mu_n + pq\mu_p = nq\mu_n + \frac{n_i^2}{n}q\mu_p = \left(n\mu_n + \frac{n_i^2}{n}\mu_p\right)q$$

根据柯西不等式，当 $a = b$ 时，$a + b \geq 2\sqrt{a \cdot b}$。因此，当 $n\mu_n = \left(\frac{n_i^2}{n}\right)\mu_p$，即

$$n = n_i \sqrt{\mu_p/\mu_n}$$

且

$$p = \frac{n_i^2}{n} = n_i \sqrt{\mu_n/\mu_p}$$

时，有

$$\sigma = q\left(n\mu_n + \frac{n_i^2}{n}\mu_p\right) \geq 2q\sqrt{(n\mu_n) \cdot \frac{n_i^2}{n}\mu_p} = 2n_i q \sqrt{\mu_n \mu_p}$$

即有

$$\sigma_{\min} = 2n_i q \sqrt{\mu_n \mu_p}$$

例 6：$T = 300 \text{ K}$ 时，GaAs 的掺杂浓度分别为 $N_A = 0$ 和 $N_D = 10^{16} \text{cm}^{-3}$。电子和空穴的迁移率分别为 $8500 \text{ cm}^2/(\text{V} \cdot \text{s})$ 和 $400 \text{ cm}^2/(\text{V} \cdot \text{s})$。若外加电场强度为 $E = 10 \text{ V/cm}$，求漂移电流密度。

解：
$$\begin{cases} n_0 \approx N_D = 10^{16}\,\mathrm{cm}^{-3} \\ p_0 = \dfrac{n_i^2}{n_0} = \dfrac{(1.8\times 10^6)^2}{10^{16}} = 3.24\times 10^{-4}\,(\mathrm{cm}^{-3}) \end{cases}$$

则

$$\begin{aligned} J_d &= (nq\mu_n + pq\mu_p)E \\ &\approx nq\mu_n E \\ &= 10^{16}\times 1.6\times 10^{-19}\times 8500\times 10 \\ &= 136\,(\mathrm{A/cm^2}) \end{aligned}$$

5.1.5 速度过冲与负微分电导效应

半导体中载流子的平均漂移速度与外加电场的关系显示，在弱电场情况下，漂移速度随着外加电场强度的增加而增加，载流子的漂移速度与外加电场之间是线性关系，如图 5-10(a)中的弱电场区（$E_1 < E < E_c$）所示，速-场曲线的斜率就是迁移率。表明载流子的迁移率不受电场强度的影响，受电场加速的载流子与晶格均处于热平衡态，载流子因能量不高而发生声学波声子散射。在强电场区，载流子的定向运动速度增加到能与热运动的速度可拟，漂移速度随着外加电场强度的增加严重偏离弱场区的线性变化情形，载流子无法得到进一步的加速，漂移速度到达一个峰值 v_{peak}；随着电场强度增加，载流子的能量与光学波声子的能量接近，载流子速度逐渐减小，最后达到一个饱和速度 v_{sat}，该值不再随电场强度的增加而增加；这时载流子因能量较高而发射光学波声子，这样其能量又损失很大一部分，使平均漂移速度达到饱和。当电场进一步增加时，就发生所谓的击穿现象。以 Si 为例，当外加电场强度在 30 kV/cm 时，电子漂移速度的饱和速度 $v_{\mathrm{sat}} = 10^7\,\mathrm{cm/s}$。设 μ_0 表示载流子的低场迁移率，则关于漂移速度的经验公式表示为

$$v_d = \frac{\mu_0 E}{\left[1 + \left(\dfrac{\mu_0 E}{v_{\mathrm{sat}}}\right)^{\alpha}\right]^{\frac{1}{\alpha}}} \approx \begin{cases} \mu_0 E, & E\to 0 \\ v_{\mathrm{sat}}, & E\to\infty \end{cases} \tag{5-35}$$

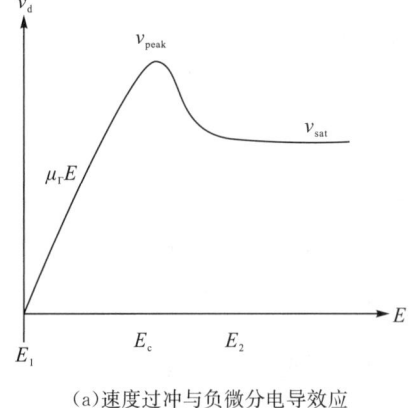
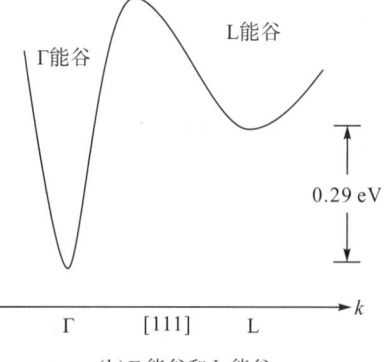

(a) 速度过冲与负微分电导效应　　(b) Γ能谷和 L 能谷

图 5-10　速度过冲效应

在强场下，因载流子从电场中获得的能量比热平衡时的大，故载流子处于非平衡态，其能量高于其热能 $k_0 T$。这样，可以用载流子的有效温度 T_e 来描述强场下的非平衡载流

子。显然,强场下的载流子的有效温度 T_e 比晶格温度 T 高,这种情况下的载流子称为热载流子(hot carriers),该物理效应称为强场效应,也称为速度过冲效应。强场效应是小尺寸半导体器件的一个重要的物理限制效应。

> - 强场下的载流子称为热载流子,该物理效应称为强场效应。
> - 强场效应是小尺寸半导体器件的一个重要的物理限制。

那么,强场下为何会产生速度过冲呢?这是由半导体的能带结构决定的。以 GaAs[图 5-10(b)]为例,不同电场强度下的载流子在能带图中的分布变化如图 5-11 所示。GaAs 的导带底是 Γ 能谷,它在布里渊区的 Γ 点。在布里渊区的 L 点有个次能谷,称为 L 能谷。L 能谷仅在 Γ 能谷之上 0.29 eV 附近。

> - 强场下的载流子称为热载流子。

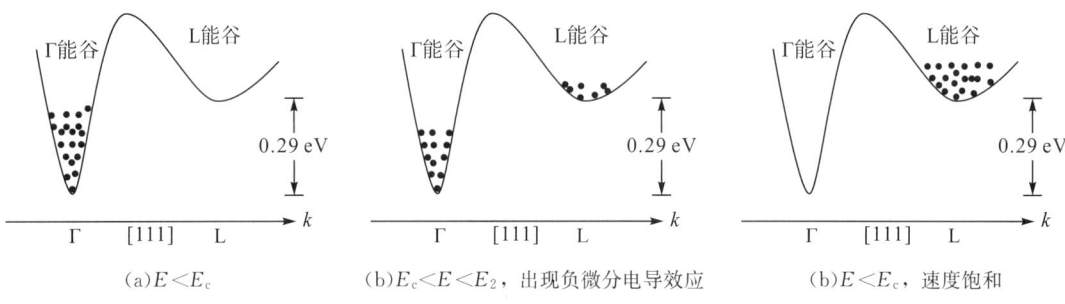

(a) $E<E_c$ (b) $E_c<E<E_2$,出现负微分电导效应 (b) $E<E_c$,速度饱和

图 5-11 在不同偏压下 GaAs 的两个能谷的电子的分布情况

根据有效质量的定义

$$m^* = \frac{\hbar^2}{\dfrac{\mathrm{d}^2 E}{\mathrm{d} k^2}} \tag{5-36}$$

可知,由于 Γ 能谷的曲率变化比 L 能谷的大,所以电子在这两个能谷的有效质量有这样的关系:

$$m_\Gamma^* < m_L^* \tag{5-37}$$

假设载流子在这两个能谷中散射的平均自由时间的差异不大,由

$$\mu = \frac{q\tau}{m^*} \tag{5-38}$$

可知,电子在 L 能谷的迁移率比在 Γ 能谷的小。即有

$$(\mu_\Gamma)_n > (\mu_L)_n \tag{5-39}$$

在低场下,即半导体中的电场小于临界电场 E_c 时,半导体中载流子的平均漂移速度与电场 E 之间是线性关系,满足

$$(v_\Gamma)_d = \mu_\Gamma E \tag{5-40}$$

载流子服从欧姆定律。随着电场强度逐渐增加到临界电场 E_c,电子的漂移速度达到峰值 v_{peak}。电场强度继续增强,有部分电子获得足够的能量发生谷间散射,从 Γ 能谷跃迁到 L 能谷,半导体中的电子浓度 n 为

$$n = n_\Gamma + n_L \tag{5-41}$$

式中,n_Γ 为 Γ 能谷的电子浓度;n_L 为 L 能谷的电子浓度。电导率 σ 为

$$\sigma = q(n_\Gamma(\mu_\Gamma)_n + n_L(\mu_L)_n) = nq\overline{\mu_n} \quad (5\text{-}42)$$

式(5-42)中的平均迁移率 $\overline{\mu_n}$ 为

$$\overline{\mu_n} = \frac{n_\Gamma(\mu_\Gamma)_n + n_L(\mu_L)_n}{n_\Gamma + n_L} \quad (5\text{-}43)$$

则平均漂移速度为

$$\overline{v_d} = \overline{\mu_n}E = \frac{n_\Gamma(\mu_\Gamma)_n + n_L(\mu_L)_n}{n_\Gamma + n_L}E \quad (5\text{-}44)$$

电流密度 J 为

$$J = nq\overline{\mu_n}E = nq\overline{v_d} \quad (5\text{-}45)$$

将式(5-45)对电场 E 求微分，

$$\frac{dJ}{dE} = nq\frac{d\overline{v_d}}{dE} \quad (5\text{-}46)$$

在 $E_c < E < E_2$ 的情况下，$\frac{d\overline{v_d}}{dE} < 0$，因此

$$\frac{dJ}{dE} < 0 \quad (5\text{-}47)$$

说明出现负的微分电导。$E_c < E < E_2$ 对应的速度-电场区就称为负微分电导区。当电场强度继续增大，使得 $E > E_2$，电子全部转移到 L 能谷，电子的速度不再增加，趋于一个饱和速度 v_{sat}，这就是速度过冲效应。

利用负微分电导可以产生微波振荡，制备多种工作模式的体效应微波器件。

5.2 扩散运动与扩散电流

扩散运动是半导体中载流子的另一种定向输运机构，相应的电流就是扩散电流。

5.2.1 扩散运动

> ▷ 浓度分布不均匀会使载流子从高浓度处向低浓度处的运动,这称为扩散运动。
> ▷ 扩散运动形成扩散电流。

当半导体的局部受到外界作用，例如，因光照($h\nu \geqslant E_g$)而在局部产生载流子，或者因杂质浓度梯度使载流子存在浓度梯度，则载流子在空间上的分布出现浓度不均匀。这种浓度分布不均匀会导致载流子从高浓度的地方向低浓度的方向运动，这种定向运动称为扩散运动，形成扩散电流，如图 5-12 所示。当半导体中载流子浓度达到处处相等时，扩散运动就结束了。

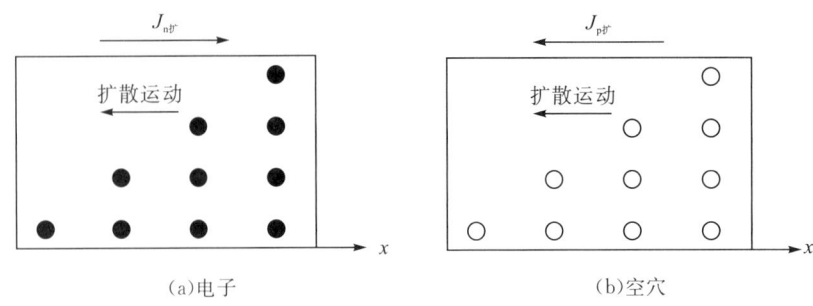

图 5-12 扩散运动与扩散电流

考虑简单的载流子浓度是一维变化的情况。定义过剩载流子的扩散流密度 S_p 为单位时间通过单位面积的粒子数,

$$S_p = -D_p \cdot \frac{d[\Delta p(x)]}{dx} \tag{5-48}$$

式中,D_p 为空穴扩散系数,单位为 cm^2/s,表征载流子扩散能力的强弱。式中的负号表示载流子从高浓度处向低浓度处扩散。半导体内过剩载流子的浓度梯度为 $\frac{d[\Delta p(x)]}{dx}$。

在稳定光照下,载流子的分布不随时间变化,达到稳定扩散。因扩散引起的单位时间通过单位体积所积累的空穴数 $-\frac{dS_p}{dx}$ 就等于单位时间通过单位体积因复合而减少的空穴数 $\frac{\Delta p(x)}{\tau}$。则得到稳定扩散方程

$$D_p \frac{d^2[\Delta p(x)]}{dx^2} = \frac{\Delta p(x)}{\tau} \tag{5-49}$$

方程的一般解的形式为

$$\Delta p(x) = A e^{-\frac{x}{L_p}} + B e^{\frac{x}{L_p}} \tag{5-50}$$

式中,$L_p = \sqrt{D_p \tau}$ 称为空穴扩散长度。下面考虑两种极端情形,分别讨论过剩载流子的分布情况:

(1) 当样品足够厚时,光照面在 $x=0$ 处,有边界条件

$$\begin{cases} \Delta p(x=0) = (\Delta p)_0 \\ \Delta p(x=\infty) = 0 \end{cases} \tag{5-51}$$

则得到

$$\Delta p(x) = (\Delta p)_0 \cdot e^{-\frac{x}{L_p}} \tag{5-52}$$

表明,过剩载流子在体内的分布是指数衰减式。在距离光照面足够远的半导体内已经没有过剩载流子,说明载流子处于平衡态。这种情况下,过剩载流子透入半导体的平均扩散距离为

$$\bar{x} = \frac{\int_0^\infty x \cdot [\Delta p(x)] dx}{\int_0^\infty [\Delta p(x)] dx} = L \tag{5-53}$$

说明扩散长度就是过剩载流子在半导体中的平均扩散距离。

(2)对于厚度为 W 且边界条件为

$$\begin{cases} \Delta p(x=W) = 0 \\ \Delta p(x=0) = (\Delta p)_0 \end{cases} \tag{5-54}$$

的半导体样品,则得到

$$\Delta p(x) = (\Delta p)_0 \frac{\text{sh}\left(\frac{W-x}{L_p}\right)}{\text{sh}\left(\frac{W}{L_p}\right)} \tag{5-55}$$

如果样品足够薄,使得 $W \ll L_p$,则

$$\Delta p(x) \approx (\Delta p)_0 \left(1 - \frac{x}{W}\right) \tag{5-56}$$

表明过剩载流子在体内的分布呈现线性衰减式。

5.2.2 扩散电流

扩散运动使载流子定向移动而形成的电流就是扩散电流。空穴的扩散电流与其扩散运动方向相同。由于电子带负电,其扩散电流方向与扩散运动方向相反。根据 Fick 定律,扩散电子流密度 F_n 与电子的浓度梯度成正比,对于一维情况,即

$$F_n = -D_n \frac{dn}{dx} \tag{5-57}$$

类似的,对空穴,有

$$F_p = -D_p \frac{dp}{dx} \tag{5-58}$$

因此,电子扩散电流密度为

$$J_{n扩} = (-q)F_n = qD_n \frac{dn}{dx} \tag{5-59}$$

类似的,空穴扩散电流密度为

$$J_{p扩} = (+q)F_p = -qD_p \frac{dp}{dx} \tag{5-60}$$

5.3 电流密度方程与爱因斯坦关系

5.3.1 电流密度方程

在半导体中,对于一维情况,当载流子既有漂移运动又有扩散运动时,半导体中的电流就是漂移电流和扩散电流的总和,其中,电子电流为

$$J_n = J_{n漂} + J_{n扩} = nq\mu_n E + qD_n \frac{dn}{dx} \tag{5-61}$$

空穴电流为

$$J_p = J_{p漂} + J_{p扩} = pq\mu_p E - qD_p \frac{dp}{dx} \tag{5-62}$$

因此,半导体中的总电流 J 为电子电流 J_n 与空穴电流 J_p 的总和,即

$$J = J_n + J_p \tag{5-63}$$

式(5-61)和式(5-62)称为电流密度方程,它们是半导体的重要方程之一。

5.3.2 电流密度方程与爱因斯坦关系

假设是非简并 n 型半导体的一维情况。在非简并半导体中有杂质分布呈现梯度分布的情况,因浓度梯度导致电子从浓度高的一方向浓度低的一方定向运动形成扩散电流,与此同时,因施主杂质是替位杂质,扩散出现的同时,带正电的电离施主在半导体中建立起一个内建电场 E_{bi}(图 5-13),它会引起载流子的漂移运动,其运动方向与内建电场 E_{bi} 的方向相反,同时,该电场会阻挡电子的扩散。

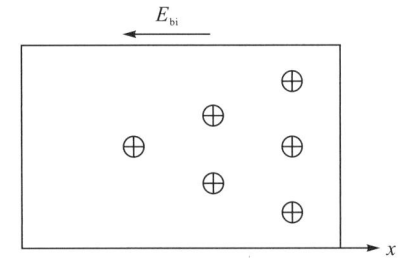

图 5-13 杂质浓度梯度形成的内建电场 E_{bi}

当系统达到热平衡时,半导体为电中性,其净电流

$$J_n = D_n q \frac{dn(x)}{dx} + n(x)q\mu_n E(x) = 0 \tag{5-64}$$

则从式(5-64)得到

$$\frac{dn(x)}{dx} = -\frac{\mu_n}{D_n} \cdot E(x) \cdot n(x) \tag{5-65}$$

对于非简并半导体,因内建电场的存在,电子的能量会附加一个静电势能 $(-q)V(x)$,所以

$$E_c(x) = E_c(0) + (-q)V(x) \tag{5-66}$$

电子浓度

$$n(x) = N_c \cdot e^{-\frac{E_c(x)-E_F}{k_0 T}} = N_c \cdot e^{-\frac{[E_{c0}+(-q)V(x)]-E_F}{k_0 T}} = n_0 \cdot e^{\frac{qV(x)}{k_0 T}} \tag{5-67}$$

将式(5-67)对 x 求导,并利用 $E(x) = -\frac{dV(x)}{dx}$,则

$$\frac{dn(x)}{dx} = \frac{q}{k_0 T} \cdot \frac{dV(x)}{dx} \cdot n(x) = -\frac{q}{k_0 T} \cdot E(x) \cdot n(x) \tag{5-68}$$

式(5-65)与式(5-68)等价,就得到

$$\frac{D_n}{\mu_n} = \frac{k_0 T}{q} \tag{5-69}$$

同理,也有

$$\frac{D_p}{\mu_p} = \frac{k_0 T}{q} \tag{5-70}$$

这就是非简并半导体满足的爱因斯坦关系。爱因斯坦在平衡态下推导出了这个关系。雷夫庚的实验已经证明，它同样适用于非平衡载流子。爱因斯坦关系反映了半导体中的漂移运动与扩散运动之间的关联性。由于散射对迁移率的影响，迁移率是温度的强函数。因此，扩散系数也是温度的强函数。

> - 爱因斯坦关系反映了半导体中的漂移运动与扩散运动之间的关联性。
> - 迁移率与扩散系数都是温度的强函数。

例 7：室温下，假设在 $0 \leqslant x \leqslant 1\mu\mathrm{m}$ 的变化范围内 n 型半导体的掺杂浓度是线性变化的，施主杂质浓度为 $N_\mathrm{D}(x) = 10^{16} - 10^{19}x\,(\mathrm{cm}^{-3})$，试推导热平衡半导体中的感生电场 $E(x)$。

解：在室温下，电子浓度

$$n(x) \approx N_\mathrm{D}(x) = 10^{16} - 10^{19}x\,(\mathrm{cm}^{-3}) \quad ①$$

相应的，

$$\frac{\mathrm{d}n(x)}{\mathrm{d}x} = -10^{19} \quad ③$$

半导体是电中性的，所以净电流密度为零，即

$$J_\mathrm{n} = n(x)q\mu_\mathrm{n}E(x) + qD_\mathrm{n}\frac{\mathrm{d}n(x)}{\mathrm{d}x} = 0 \quad ④$$

由式④并利用爱因斯坦关系 $\dfrac{D}{\mu} = \dfrac{k_0 T}{q} = 0.0259\,\mathrm{V}$，得到

$$E(x) = -\frac{D_\mathrm{n}}{\mu_\mathrm{n}} \frac{1}{n(x)} \frac{\mathrm{d}n(x)}{\mathrm{d}x} = -\frac{k_0 T}{q} \cdot \frac{-10^{19}}{10^{16} - 10^{19}x} = \frac{0.0259}{10^{-3} - x}(\mathrm{V/cm}) \quad ⑤$$

例 8：设半导体中杂质浓度分布均匀，而 E_g 呈线性变化（图 5-14），试求出热平衡时作用于电子和空穴上的力。

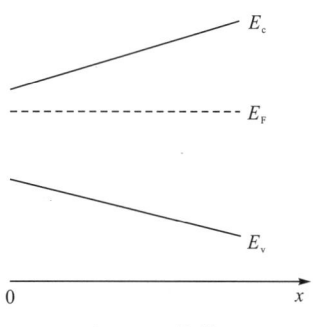

图 5-14　能带图

解：由 $E_\mathrm{c}(x) = E_\mathrm{c}(0) + (-q)V(x)$，将之对 x 求偏导数

$$\frac{\mathrm{d}E_\mathrm{c}(x)}{\mathrm{d}x} = -q\frac{\mathrm{d}V(x)}{\mathrm{d}x} = q \cdot \left(-\frac{\mathrm{d}V(x)}{\mathrm{d}x}\right) = qE(x)$$

所以，电子受到的电场力为

$$F_\mathrm{n} = (-q)E = -\frac{\mathrm{d}E_\mathrm{c}(x)}{\mathrm{d}x}$$

空穴受到的电场力为

$$F_\mathrm{p} = (+q)E = +\frac{\mathrm{d}E_\mathrm{c}(x)}{\mathrm{d}x}$$

5.4 连续性方程

载流子的浓度是时间和空间的函数。所有载流子的输运都会导致载流子浓度随时间而变化，当半导体中同时存在漂移、扩散、间接或直接复合以及其他类型的载流子的输运时，在单位时间内载流子的总浓度的变化 $\frac{\partial n}{\partial t}$ 和 $\frac{\partial p}{\partial t}$ 就是与之相关联的所有过程的总和。载流子的输运过程也必须满足载流子数守恒。考虑简单的一维情形，有

$$\begin{cases} \dfrac{\partial n}{\partial t} = \dfrac{\partial n}{\partial t}\bigg|_{\text{扩散}} + \dfrac{\partial n}{\partial t}\bigg|_{\text{漂移}} + \dfrac{\partial n}{\partial t}\bigg|_{\text{产生-复合}} + \dfrac{\partial n}{\partial t}\bigg|_{\text{其他}} \\ \dfrac{\partial p}{\partial t} = \dfrac{\partial p}{\partial t}\bigg|_{\text{扩散}} + \dfrac{\partial p}{\partial t}\bigg|_{\text{漂移}} + \dfrac{\partial p}{\partial t}\bigg|_{\text{产生-复合}} + \dfrac{\partial n}{\partial t}\bigg|_{\text{其他}} \end{cases} \quad (5\text{-}71\text{a})(5\text{-}71\text{b})$$

载流子浓度需要保持时间和空间上的连续性。对于电子，

$$\frac{\partial n}{\partial t}\bigg|_{\text{扩散}} + \frac{\partial n}{\partial t}\bigg|_{\text{漂移}} = \frac{1}{q}\frac{\partial J_n(x)}{\partial x} \quad (5\text{-}72)$$

$$\frac{\partial n}{\partial t}\bigg|_{\text{产生-复合}} = -\frac{\Delta n}{\tau_n} \quad (5\text{-}73)$$

$$\frac{\partial n}{\partial t}\bigg|_{\text{其他}} = g_n \quad (5\text{-}74)$$

对于空穴，

$$\frac{\partial p}{\partial t}\bigg|_{\text{扩散}} + \frac{\partial p}{\partial t}\bigg|_{\text{漂移}} = -\frac{1}{q}\frac{\partial J_p(x)}{\partial x} \quad (5\text{-}75)$$

$$\frac{\partial p}{\partial t}\bigg|_{\text{产生-复合}} = -\frac{\Delta p}{\tau_p} \quad (5\text{-}76)$$

$$\frac{\partial p}{\partial t}\bigg|_{\text{其他}} = g_p \quad (5\text{-}77)$$

因为电流密度

$$\begin{cases} J_n(x) = J_{n\text{漂}} + J_{n\text{扩}} = n(x)q\mu_n E + qD_n \dfrac{\mathrm{d}n(x)}{\mathrm{d}x} \\ J_p(x) = J_{p\text{漂}} + J_{p\text{扩}} = p(x)q\mu_p E - qD_p \dfrac{\mathrm{d}p(x)}{\mathrm{d}x} \end{cases} \quad (5\text{-}78\text{a})(5\text{-}78\text{b})$$

将式(5-78a)代入式(5-72)等号右边，有

$$\frac{1}{q}\frac{\partial J_n(x)}{\partial x} = \frac{1}{q}\left(\frac{\partial J_{n\text{漂}}}{\partial x} + \frac{\partial J_{n\text{扩}}}{\partial x}\right) = \left[\mu_n E \frac{\partial n(x)}{\partial x} + \mu_n n(x)\frac{\partial E}{\partial x}\right] + D_n \frac{\mathrm{d}^2[n(x)]}{\mathrm{d}x^2} \quad (5\text{-}79)$$

类似的，将式(5-78b)代入式(5-75)等号右边，有

$$-\frac{1}{q}\frac{\partial J_p(x)}{\partial x} = -\frac{1}{q}\left(\frac{\partial J_{p\text{漂}}}{\partial x} + \frac{\partial J_{p\text{扩}}}{\partial x}\right) = -\left[\mu_p E \frac{\partial p(x)}{\partial x} + p(x)\mu_p \frac{\partial E}{\partial x}\right] + D_p \frac{\mathrm{d}^2[p(x)]}{\mathrm{d}x^2} \quad (5\text{-}80)$$

将式(5-79)、式(5-73)、式(5-74)代入式(5-71a)，式(5-80)、式(5-76)和式(5-77)依次代入式(5-71b)，整理后就得到

$$\begin{cases} \dfrac{\partial n}{\partial t} = D_n \dfrac{\partial^2 n}{\partial x^2} + \mu_n |E| \dfrac{\partial n}{\partial x} + \mu_n n \dfrac{\partial |E|}{\partial x} - \dfrac{\Delta n}{\tau_n} + g_n & \text{(5-81a)} \\ \dfrac{\partial p}{\partial t} = D_p \dfrac{\partial^2 p}{\partial x^2} - \mu_p |E| \dfrac{\partial p}{\partial x} - \mu_p p \dfrac{\partial |E|}{\partial x} - \dfrac{\Delta p}{\tau_p} + g_p & \text{(5-81b)} \end{cases}$$

> ▶ 连续性方程表示了载流子浓度在时间和空间上的连续性，是反映载流子宏观运动的普遍规律。

式(5-81)表示了载流子浓度在时间和空间上的连续性。它就是在漂移运动和扩散运动同时存在时少子的连续性方程。它反映了载流子运动的普遍规律，是大多数微电子器件分析的基本方程。计算机仿真时将它与泊松方程联立就能数值求解载流子浓度随时空的变化。在简单的情况下，可以根据具体情况对方程予以简化，求出载流子浓度随时空的变化。

例 9：一块掺施主浓度为 6×10^{15} cm^{-3} 的 Si 片，相应的少子迁移率为 400 cm^2/(V·s)。光照射 Si 片，且光被样品均匀吸收，电子空穴的产生率为 $g=10^{17}$/(cm^3·s)。已知少子寿命为 5μs，表面复合速度 $s=200$ cm/s。

(1)写出稳态下少子的连续性方程，并写出方程的解；
(2)求单位时间单位面积上表面的复合空穴数。

解：(1)稳态下 $\dfrac{\partial p}{\partial t}$，且 $E=0$，由

$$\dfrac{\partial p}{\partial t} = D_p \dfrac{\partial^2 p}{\partial x^2} - \mu_p |E| \dfrac{\partial p}{\partial x} - \mu_p p \dfrac{\partial |E|}{\partial x} - \dfrac{\Delta p}{\tau_p} + g_p$$

有

$$D_p \dfrac{\partial^2 p}{\partial x^2} - \dfrac{\Delta p}{\tau_p} + g_p = 0$$

其解

$$p(x) = p_0 + \tau_p \cdot g \cdot \left(1 - \dfrac{s \cdot \tau_p}{L_p + s \cdot \tau_p} \cdot e^{-\frac{x}{L_p}}\right)$$

(2) $\Delta p\,|_{x=0} = p(x)\,|_{x=0} - p_0$

$$= \tau_p \cdot g \cdot \left(1 - \dfrac{s \cdot \tau_p}{L_p + s \cdot \tau_p}\right)$$

$$= \tau_p \cdot g \cdot \left(1 - \dfrac{s \cdot \tau_p}{\sqrt{D_p \cdot \tau_p} + s \cdot \tau_p}\right)$$

$$= \tau_p \cdot g \cdot \left(1 - \dfrac{s \cdot \tau_p}{\sqrt{\left(\dfrac{\mu_p \cdot q}{k_0 T}\right) \cdot \tau_p} + s \cdot \tau_p}\right)$$

$$= (5\times10^{-6})\times10^{17}\left(1 - \dfrac{200\times(5\times10^{-6})}{\sqrt{\dfrac{400}{0.0259}\times(5\times10^{-6})} + 200\times(5\times10^{-6})}\right)$$

$$= 2\times10^9 \text{(cm}^{-3}\text{)}$$

单位时间单位面积上表面的复合空穴数为

$$U_s = \Delta p\,|_{x=0} \cdot s = 4\times10^{11}/\text{(cm}^2\cdot\text{s)}$$

例 10：在室温下，均匀掺杂的非简并 n-Si 片在 $t=0$ 时突然受到光照，$\tau_p=10^{-6}$ s，

整个半导体内，单位体积单位时间内光生载流子为 10^{16} 对。在 $t>0$ 时，求 $\Delta p_n(t)$。

解：n 型半导体的少子满足的连续性方程

$$\frac{\partial p}{\partial t} = D_p \frac{\partial^2 p}{\partial x^2} - \mu_p |E| \frac{\partial p}{\partial x} - \mu_p p \frac{\partial |E|}{\partial x} - \frac{\Delta p}{\tau_p} + g_p \qquad ①$$

由于 $E=0$，则方程简化为

$$\frac{\partial p}{\partial t} = D_p \frac{\partial^2 p}{\partial x^2} - \frac{\Delta p}{\tau_p} + g_p \qquad ②$$

对于均匀掺杂半导体，$p = p_0 + \Delta p$，式②简化为

$$\frac{\partial \Delta p}{\partial t} = D_p \frac{\partial^2 \Delta p}{\partial x^2} - \frac{\Delta p}{\tau_p} + g_p \qquad ③$$

由题意，

$$\frac{\partial \Delta p}{\partial x} = 0, \quad \Delta p(t)\big|_{t=0} = 0 \qquad ④$$

式③简化为

$$\frac{\partial \Delta p}{\partial t} + \frac{\Delta p}{\tau_p} = g_p$$

所以，方程的解为

$$\begin{aligned}
\Delta p(t) &= -g\tau_p + A e^{-\frac{t}{\tau_p}} \\
&= -g\tau_p (1 - e^{-\frac{t}{\tau_p}}) \\
&= -10^{16} \times 10^{-6} (1 - e^{-\frac{t}{10^{-6}}}) \\
&= -10^{10} (1 - e^{-t \times 10^6})(\text{cm}^{-3})
\end{aligned}$$

5.5 本章小结

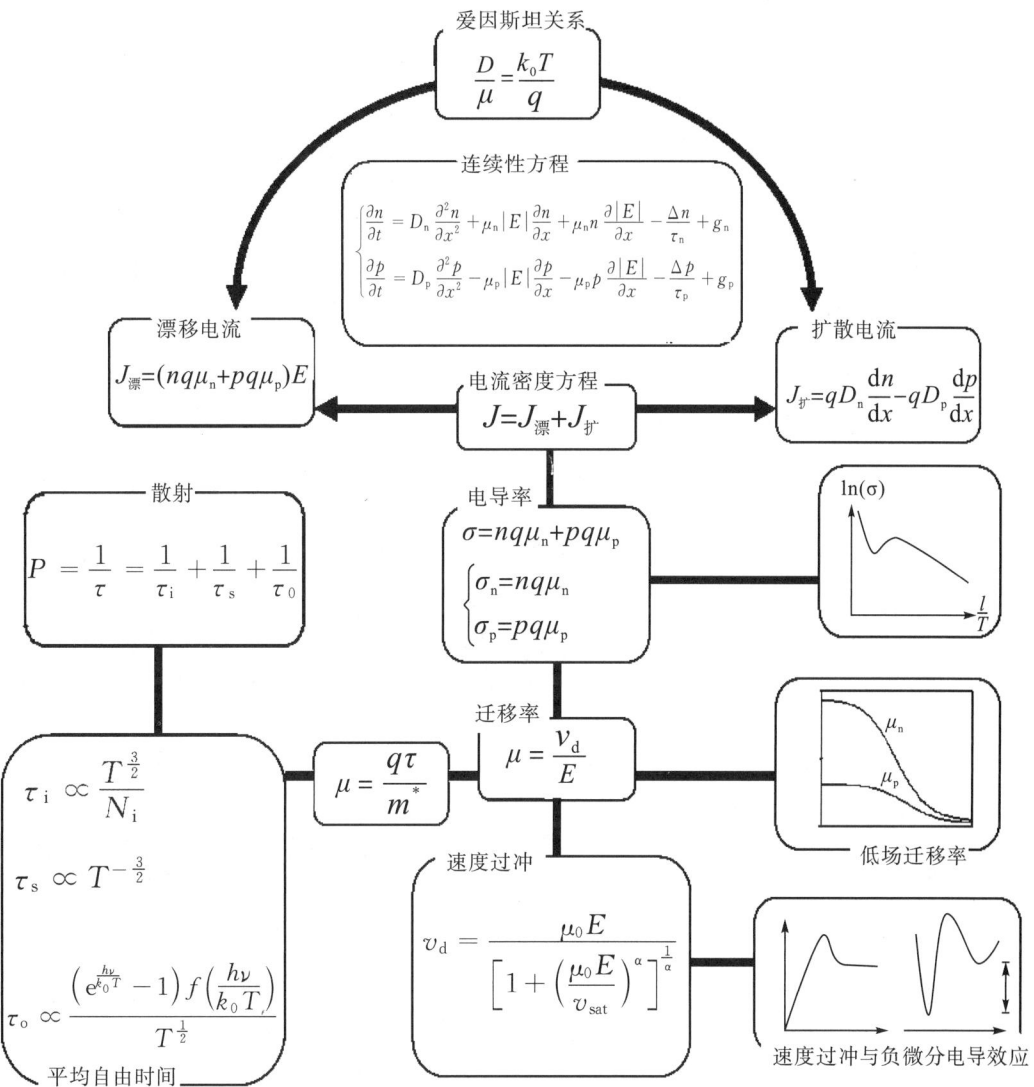

重要术语一览

(1) 漂移运动：在电场作用下载流子的定向运动。

(2) 漂移电流：载流子的漂移运动形成的电流。

(3) 电离杂质散射：载流子与电离杂质之间的相互作用。

(4) 晶格振动散射：载流子与热振动的晶格之间的相互作用。

(5) 扩散运动：因存在浓度梯度而引起的载流子的定向运动。

(6) 扩散电流：载流子的扩散运动形成的电流。

(7) 迁移率：单位电场下载流子的平均漂移速度。

(8) 电导率：漂移电流与电场强度之比。

(9) 饱和速度：电场足够强后，载流子的偏移速度达到的饱和值。
(10) 爱因斯坦关系：描述载流子的迁移率与扩散系数之间的关系。

思考题

1. 对于掺杂的元素半导体 Si、Ge，一般情形下载流子的主要散射机构是什么？写出其主要散射机构所决定的散射几率和温度的关系。

2. 漂移运动和扩散运动有什么不同？

3. 漂移运动与扩散运动之间有什么联系？非简并半导体的迁移率与扩散系数之间有什么联系？

4. 说明为什么室温下 p 型非简并半导体的电阻率比同样掺杂浓度大小的 n 型非简并半导体的要大很多？

5. 在一维情况下，描写非平衡态半导体中载流子(空穴)运动规律的连续方程为 $\frac{\partial p}{\partial t} = D_p \frac{\partial^2 p}{\partial x^2} - \mu_p |E| \frac{\partial p}{\partial x} - \mu_p p \frac{\partial |E|}{\partial x} - \frac{\Delta p}{\tau_p} + g_p$，请说明上述等式两边各项所代表的物理意义。

6. 非简并半导体的迁移率与扩散系数之间有什么联系？

7. 平均自由程与扩散长度有何不同？

8. 平均自由时间与非平衡载流子的寿命有何不同？

习题

1. 如图 5-15 所示的半导体同时处在均匀光照和外加电场作用下。
(1) 在图中分别标出所产生的各种电流及其方向。
(2) 试写出半导体中产生的总电流密度的详细表示式，并分别说明式中各项的物理意义。

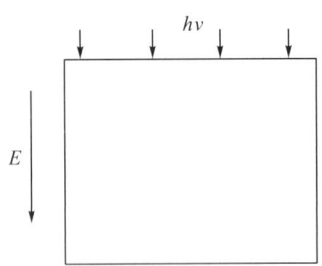

图 5-15 半导体受均匀光照和外加电场示意图

2. 一长度为 L，截面积为 A 的高阻 p 型半导体棒，在其两端加有电压 V，在光照下，棒内均匀产生电子-空穴对，产生率为 $G/(\mathrm{cm}^3 \cdot \mathrm{s})$。少子寿命为 τ，假设小注入条件成立，试证明因光照而形成的电流的增加值为 $\frac{G\tau q V A(\mu_n + \mu_p)}{L}$。

3. 证明非简并的非均匀 n 型半导体中的电子电流密度可表达为 $J = n\mu_n \frac{dE_F}{dx}$。

4. 假设 Si 中空穴浓度是线性分布，$\mu_p = 500 \text{cm}^2/\text{V} \cdot \text{S}$，在 $2\mu\text{m}$ 内的浓度差为 1×10^{16} cm^{-3}，试计算空穴的扩散电流密度。

5. 在一个均匀的 n 型半导体的表面的一点注入少数载流子空穴。在样品上施加一个 50 V/cm 的电场，在电场力的作用下，这些少数载流子在 $100\mu\text{s}$ 的时间内移动了 1 cm，求少数载流子的漂移速率、迁移率和扩散系数。

6. 有一半导体样品，它的空穴浓度分布如图 5-16 所示。
(1) 求无外加电场时的空穴电流密度 $J_p(x)$ 的表达式，并画出曲线。
(2) 设空穴浓度分布保持不变，若使净空穴电流为零，计算所需内建电场的表达式。
(3) 求 $x=0$ 和 $x=W$ 间的电势差分布表达式。

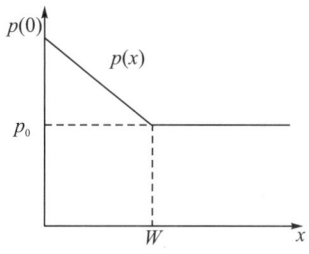

图 5-16 空穴浓度分布图

7. 导出非简并载流子满足的爱因斯坦关系。

8. 光均匀照射在电阻率为 $6\Omega \cdot \text{cm}$ 的 n 型 Si 样品上，电子-空穴对的产生率为 $1 \times 10^{20} \text{ cm}^{-3} \cdot \text{s}^{-1}$，样品寿命为 $6\mu\text{s}$。试计算光照前后样品的电导率。

9. 分析中等掺杂的 Si 的电阻率 ρ 随温度 T 的变化关系。

10. 对于电阻率为 $1\Omega \cdot \text{cm}$ 的 p 型 Si 样品，少子寿命 $\tau_n = 10 \text{ }\mu\text{s}$，室温下样品受到光的均匀照射，电子-空穴对的产生率是 $10^{20} \text{cm}^{-3} \cdot \text{s}^{-1}$。已知 $\mu_p = 417 \text{ cm}^2/(\text{V} \cdot \text{s}), n_i = 1.5 \times 10^{10} \text{ cm}^{-3}$。计算：
(1) 样品的电子浓度和空穴浓度；
(2) 电子和空穴准费米能级 E_F^n、E_F^p 与平衡费米能级 E_F 的距离。

11. 在某半导体材料中掺入施主的浓度为 $N_D = 10^{14} \text{ cm}^{-3}$，受主的浓度为 $N_A = 7 \times 10^{13} \text{ cm}^{-3}$；设室温下本征半导体的载流子浓度为 $2.4 \times 10^{13} \text{cm}^{-3}$，电子和空穴的迁移率分别为 $\mu_n = 3800 \text{ cm}^2/(\text{V} \cdot \text{s})$，$\mu_p = 1800 \text{ cm}^2/(\text{V} \cdot \text{s})$，若施加 2 V/cm 的电场强度，求流过样品的电流密度。

测试题

1. 制造晶体管一般是在高杂质浓度的 n 型衬底上外延一层 n 型外延层，再在外延层中扩散 B、P 而成的。假定少子寿命为 $30\mu\text{s}$，不随温度变化；300 K 时电子的迁移率为 $1200 \text{ cm}^2/(\text{V} \cdot \text{s})$，空穴的迁移率为 $500 \text{ cm}^2/(\text{V} \cdot \text{s})$，$n_i(300 \text{ K}) = 1.02 \times 10^{10} \text{ cm}^{-3}$，$n_i(500 \text{ K}) = 4.0 \times 10^{14} \text{ cm}^{-3}$。

(1) 设 n 型外延层杂质均匀分布，杂质浓度为 $4.6 \times 10^{15} \text{ cm}^{-3}$；在外延层中扩散 B 后，B 的浓度随样品深度而变化，设某一深度 B 的浓度为 $5.2 \times 10^{15} \text{ cm}^{-3}$，试计算 300 K 和 500 K 时样品的电导率。

(2) 若在其表面有稳定光照, 过剩载流子浓度为 10^{13} cm^{-3}。试计算 300 K 时从这个表面扩散进入半导体内部的空穴电流密度。

2. 掺杂 $N_D=10^{15}$ cm^{-3} 的薄 n 型 Si 样品, 寿命为 $1\mu s$, 室温下进行光照射, 光被均匀吸收, 电子-空穴对的产生率是 10^{20} cm^{-3}/s。已知: $\mu_n \approx 1100$ cm^2/(V·s), $\mu_p \approx 400$ cm^2/(V·s), $n_i=1.5\times 10^{10}$ cm^{-3}, 设杂质全电离, 计算:

(1) 光照下样品的电导率;

(2) 电子和空穴准费米能级 E_{Fn} 和 E_{Fp} 与平衡费米能级 E_F 的距离, 并在同一能带图标出 E_F、E_{Fn} 和 E_{Fp}。

3. 试在同一坐标中画出本征半导体、掺杂半导体和重掺杂高度补偿半导体的电阻率随温度的变化曲线并加以对比分析。

4. 证明: 热平衡态下均匀掺杂的半导体中费米能级是与位置无关的不变量。

主要参考文献

[1] 黄昆, 谢希德. 半导体物理学. 北京:科学出版社,1965.

[2] 黄昆, 韩汝琦. 半导体物理基础. 北京:科学出版社,1979.

[3] 刘恩科, 朱秉升, 罗晋生. 半导体物理学. 北京:电子工业出版社,2005.

[4] 萨支唐. 固态电子学基础. 阮刚, 汤庭鳌, 章倩苓, 等译. 上海:复旦大学出版社,2002.

[5] Pierret R F. 半导体器件基础. 黄如, 王漪, 王金延, 等译. 北京:电子工业出版社,2004.

[6] Neamen D A. 半导体器件与物理(2002 年第 3 版). 赵毅强, 姚素英, 解晓东译. 北京:电子工业出版社,2010.

[7] Warner R M, Grung B L. Semiconductor-Device Electronics(2002 年第 2 版). 北京:电子工业出版社,2002.

[8] Ng K. complete guide to semiconductor devices. McGraw-Hill,1995.

[9] Sze S. Physics of semiconductor devices. New York:Wiley,second ed. ,1981.

[10] Shockley W. Electrons and holes in semiconductors. 1950,258−264.

[11] Shockley W, Read W T. Statistics of the recombinations of holes and electrons. Phys. Rev. ,1952,87(5):835−842.

[12] Hall R N. Electron-hole recombination in germanium. Phys. Rev. ,1952,879(2):387.

[13] Conwell E, Weisskopf V F. Theory of Impurity scattering in semiconductors. Phys. Rev. ,1950,77(3):388−390.

[14] Bardeen J, Shockley W. Deformation Potentials and Mobilities in Non-Polar Crystals. Phys. Rev. ,1950,80(1):72−80.

[15] Fröhlich H. Electrons in lattice fields. Advances in Phys. ,1954,3(11):325−361.

[16] Shockley W, Read W T. Statistics of the recombinations of holes and electrons. Phys. Rev. ,1952,87(5):835−842.

[17] Haynes J R, Shockley W. The mobility and life of injected holes and electrons in Germanium. Phys. Rev. ,1951,81(5):835−843.

[18] Arora N D, Hauser J R, Roulston D J. Electron and hole mobilities in silicon as a function of concentration and temperature. IEEE Transations on electron devices,1982,29(2):292−295.

[19] Herring C. Transport Properties of a many-valley semiconductor. Bell Sys. Tech. J. ,1955,34(2):237−290.

[20] Pertitz R, Scanlon W. Mobility of electrons and holes in the polar crystal. PbS. Phys. Rev. ,1955,97

(6):1620-1626.
[21] Long D. Scattering of conduction electrons by vibrations in silicon. Phys. Rev., 1960,120(6):2024-2032.
[22] Bardeen J, Shockley W. Deformation potentials and mobilities in non-polar crystals. Phys. Rev., 1950, 80(1):72-80.
[23] Petritz R, Scanlon W. Mobility of electrons and holes in the polar crystal. PbS. Phys. Rev., 1955, 97(6):1620-1626.
[24] Long D. Scattering of conduction electrons by lattice vibrations in silicon. Phy. Rev., 1960,120(6): 2024-2032.
[25] Seeger K. Semiconductor Physics. 7e. New York: Springer-Verlag Wien, 1973.
[26] Herring C. Transport properties of a many-valley semiconductor. Bell Sys. Tech. J., 1955, 34(2):237-290.
[27] Klaassen D B M. A unified mobility model for device simulation-II (Temperature dependence of carrier mobility and lifetime). Solid State Electron., 1992,35(7):961-967.
[28] Anderson B L, Anderson R L. Fundamentals of semiconductor devices. McGraw-Hill, 2005.
[29] Prince M B. Drift Mobilities in Semiconductors, I. Germanium. Phys. Revs., 1953,92(3):681-687.
[30] Cuttriss D B. Relation between surface concentration and average conductivity in diffused layers in germanium. Bell Sys. Tech. J., 1961,40(2):509-521.
[31] Irvin J C. Resistivity of bulk silicon and of diffused layers in silicon. Bell Sys. Tech. J., 1962,41(2): 387-410.
[32] Sze S M, Irvin J C R. Mobility and impurity levels in GaAs, Ge and Si at 300 K. Solid State Electron., 1968,11(6):599-602.
[33] Bulucea C. Recalculation of irvin resistivity curves for diffused layers in silicon using updated bulk resistivity data. Solid State Electron., 1993,36(4):489-493.
[34] Noll J L. Physics of semiconductors. New York: McGraw-Hill, 1964, 198-210.
[35] Shockley W. Hot electrons in germanium and ohm's law. Bell Sys. Tech. J., 1951,30(4):990-1043;
[36] Conwell E. Lattice mobility of hot carriers. J. Phys. Chem. Solid, 1959, 8:234-239.
[37] Ridley B K, Watkins T B. The Possibility of negative resistance effects in semiconductors. Proc. Phys. Soc., 1961,78(2):293-304.
[38] Swirhun S E, Kwark Y H, Swanson R M. Measurement of electron lifetime, electron mobility and bandgap narrowing in heavily doped p-type silicon. IEDM Technical Digest, 1986,32:24-27.
[39] del Alamo J A, Swirhun S E, Swanson R M. Simultaneous measurement of hole lifetime, Hole mobility and bandgap norrowing in heavily doped n-type silicon. IEDM Technical Digest, 1985,31:290-293.

第6章 低维半导体中载流子的量子输运

目标:

(1)理解量子输运和经典输运之间的区别,例如势垒高度高于电子能量势垒时电子的隧穿过程。

(2)描述量子体系的电子输运过程,偏压降主要在电极和测量体系的连接界面处,同时体系的电导由费米面附近电子的透射率来决定。

(3)推导出连续模型和离散模型的转化和它们的适用范围。理解紧束缚近似模型。

(4)周期性晶体结构中电子波函数具有布洛赫波形式。晶体中存在无序时,电子多次散射之后产生量子干涉,可能导致电子安德森局域化,即电子态(分布的区域为有限,也即电子态)局域长度有限。当无序具有短程和长程关联性时,低维系统可能出现共振态或者扩展态能带。

(5)从薛定谔方程出发,用转移矩阵和格林函数方法计算电子透射率,同时结合电子态局域长度理解转移矩阵连续相乘后的数值误差原因。

(6)讨论最近研究热点——石墨烯和石墨烯纳米带。从单电子紧束缚近似出发推导出石墨烯电子满足无质量狄拉克方程。

(7)推导出石墨烯纳米带与量子线电极相连时电子输运的研究框架,并理解重整化转移矩阵方法。

(8)理解石墨烯纳米带电子电导与能带结构的关联性。

随着科学技术的发展以及对电子元器件处理速度和存储容量的要求越来越高,电子元器件变得越来越小,从微米量级向纳米量级转变。微米到纳米量级材料的电子输运特性一直是凝聚态物理关注的核心内容。因为目前大部分电子器件依然是电场或电压调控的。

电子在微米至纳米量级尺寸上运动由量子运动方程刻画,那么电子输运由量子输运描述。由量子力学得知,电子在一个或者几个维度被局限在有限空间内则具有量子效应。量子效应使得量子输运与宏观尺度下的经典输运截然不同。

量子输运中的最基本假设就是偏压降主要在电极和测量体系的连接界面处,并且体系的电导由费米面附近电子的透射率决定。电导一般是偏压趋于零时电流对电压的值,它和电阻的量纲互为倒数。微分电导是指电流对偏压的微分偏导。微分电导可为正值、负值和零值,其中负微分电导代表偏压增加时电流反而减少。

通过离散化,将薛定谔方程从连续形式转化成离散形式,后者适用于微米到纳米体系。单电子紧束缚近似模型是研究纳米体系电子特性的基础。单电子近似即忽略电子-电子相互作用,这是由于纳米体系电容量比较大,一般只存在少数电子。紧束缚近似假定原子或分子的电子波函数分布在原子或分子附近的有限区域内,同时系统波函数由这些局域的电子波函数线性组合而成。周期性排列的均匀晶体的电子波函数满足布洛赫波形式。

单电子紧束缚近似模型包括电子在每个晶格格点上的在位势能和邻近晶格间的跃迁能量。当晶格格点在位势能无序变化并且无任何关联时，就对应著名的安德森模型。它证实电子只能局域在有限的空间内而无法扩展到无限体系。因此随着系统尺寸的增大，电导将会逐渐下降。当无序的在位能具有短程关联时，体系会出现一个或者若干个电子共振态，不会出现真正的导带；长程关联无序体系随着关联程度的增加可能会出现导带。

紧束缚近似模型是研究电子的量子输运的基本出发点，最常用的数值方法有转移矩阵和格林函数方法。利用局域在格点处电子波函数系数的薛定锷方程而得出转移矩阵，多次连续相乘就得到左、右电极界面处波函数系数的关系式。转移矩阵的优点在于能快速、方便地研究几何结构规则的单电子体系。非平衡格林函数是一套比较普适的研究电输运的方案，可以处理不规则形状和相互作用，但是它包含了很多倒数运算，可能导致数值误差。

最后我们以热门的材料石墨烯为例研究它的电输运特性，因为它具有优异的电、热、光等特性而引起广泛关注。石墨烯是由碳原子组成的单层蜂窝状的体系，碳原子电子 sp^2 杂化后形成 π 电子。从紧束缚近似模型出发，推导出石墨烯电子能谱曲线，发现在布里渊区顶角处，石墨烯电子满足无质量狄拉克方程。当石墨烯宽度为有限时就成为石墨烯纳米带，根据其边缘结构可分为两种最基本的纳米带，即扶手椅和锯齿型石墨烯纳米带。它们的能带结构不同，其中锯齿型纳米带具有零能的边缘态。

实验观测发现电极对石墨烯电输运的影响很大，与石墨烯电极相比，量子线电极更适合用来研究石墨烯电输运特性。首先建立起量子线电极连接石墨烯纳米带的电输运研究方案。为研究尺寸与实验相当的体系，进一步采取重整化转移矩阵方法，既提高了运算速度，又保证了数值精度。重整化转移矩阵方法还可以推广到多电极结构、局部规则而整体不规则的大体系等。量子线电极连接石墨烯纳米带的电输运结果显示，石墨烯纳米带的拓扑性对电输运性质有重要影响，它们与广泛认同的石墨烯电输运有相同处也有显著不同，对于全面认识石墨烯电输运有很大帮助。

6.1 量子输运的基本概念和流守恒

6.1.1 量子隧穿

> 量子输运是指区别于宏观经典输运，发生在纳米到微米量级体系中的电子输运。

宏观体系中电子输运多由经典输运方程描述，比如最简单的扩散方程，它描述了粒子流的大小由扩散系数和粒子浓度梯度决定。电子的量子输运是指发生在微米至纳米体系中的电子输运现象，它与我们所熟知的宏观尺度下的经典输运截然不同。量子输运和经典输运的区别可以用最典型的电子隧穿过程来说明。当电子动能小于势垒，宏观体系中电子碰撞到势垒时无法跃过势垒而被反弹回来；而对于量子体系来说，电子则有一定的隧穿概率。图 6-1 给出了一维系统中电子经过势垒的隧穿过程。

图 6-1 电子经过势垒的量子隧穿示意图

例 1：一维体系中，能量为 E 的电子经过长度为 L、势垒高度为 V 的势垒隧穿几率。

解：与经典运动不同的是，虽然势垒高度 V 大于电子能量 E，电子从左边入射碰到势垒左壁会被部分反射和部分透射。透射过来的电子在势垒右壁同样会被部分反射和部分透射。电子在散射过程中始终保持能量守恒，$E = \frac{\hbar^2}{2m}k^2 + V(x)$，其中，$\hbar$、$m$、$k$ 分别为狄拉克常数、电子质量和电子动量矢量。势能函数 $V(x)$ 可表示成

$$V(x) = \begin{cases} 0, & x \leqslant 0, x \geqslant L \\ V, & 0 \leqslant x \leqslant L \end{cases} \tag{6-1}$$

电子波函数 $\psi(x)$ 在势垒区域外满足布洛赫波形式，在势垒区域内则呈衰减波形式，具体可表示如下：

$$\psi(x) = \begin{cases} e^{ikx} + re^{-ikx} & x \leqslant 0 \\ ae^{|q|x} + be^{-|q|x} & 0 \leqslant x \leqslant L \\ te^{ikx} & x \geqslant L \end{cases} \tag{6-2}$$

式中，r 和 t 是电子经过势垒时的反射、透射幅度；a 和 b 为系数；q 是虚数，满足 $\frac{\hbar^2}{2m}q^2 + V = E$。

根据电子流守恒规律，波函数在势垒边缘处满足连续和一阶倒数连续条件，即 $\psi|_{x=0^-} = \psi|_{x=0^+}$，$\psi|_{x=L^-} = \psi|_{x=L^+}$，$\psi'|_{x=0^-} = \psi'|_{x=0^+}$，$\psi'|_{x=L^-} = \psi'|_{x=L^+}$。最终可以求解出 r 和 t。

$$|r|^2 = \frac{(k^2+q^2)^2 \text{sh}^2 qL}{(k^2+q^2)^2 \text{sh}^2 qL + 4k^2 q^2} \tag{6-3}$$

量子隧穿过程中，$|r|^2$ 和 $|t|^2$ 代表电子反射率和透射率。如果用 v_i 和 v_o 标记电子入射速度和出射速度，流守恒定律表示成 $\frac{v_o}{v_i}|t|^2 + |r|^2 = 1$。在此例题中 $v_i = v_o$，因此 $|t|^2 + |r|^2 = 1$。

当 $qL \gg 1$ 时，电子经过势垒的透射率可近似表示成 $|t|^2 \approx \frac{16k^2 q^2}{(k^2+q^2)^2}e^{-2qL} = \frac{16E(V-E)}{V^2}\exp\left[-\frac{2L}{\hbar}\sqrt{2m(V-E)}\right]$。从公式中可以看出，透射率还是随着势垒高度 V 和长度为 L 呈指数衰减形式。

6.1.2 量子输运

与经典电输运测量类似，电子的量子输运测量经过两个或多个电极间的被测量体系的电流和电压。量子输运的第一个假设就是偏压 V 完全降落在电极和导体连接界面处。在没

> 量子输运的基本假设是偏压只降落在电极接触点，费米面附近电子的透射率决定系统电导。

加偏压时，左、右电极和测量体系的费米面都是 E_f。加上偏压 V 后，左、右电极和测量体系的费米面分别变成 $E_f+\frac{eV}{2}$、$E_f-\frac{eV}{2}$ 和 E_f，其中，e 为单个电子所带的电量。不仅电极间的偏压会影响电子输运，测量体系的门电压、外加磁场或光场等因素都可能会影响电子输运。施加在测量体系之上的门电压改变测量体系的费米面。电导是指电流除以偏压，与电阻的量纲相反。因此要计算电导，必须先计算出电流。电流包括两部分，一个是从左电极流向右电极的电流 $I_{L\to R}$，$I_{L\to R}=\frac{2e}{h}\int T(E)f_L\left(E+\frac{eV}{2}\right)\left[1-f_R\left(E-\frac{eV}{2}\right)\right]dE$，另一个是从右电极流向左电极的电流 $I_{R\to L}$，$I_{R\to L}=\frac{2e}{h}\int T(E)f_R\left(E-\frac{eV}{2}\right)\left[1-f_L\left(E+\frac{eV}{2}\right)\right]dE$。上述公式中，$h$、$f_L\left(E+\frac{eV}{2}\right)$、$f_R\left(E-\frac{eV}{2}\right)$ 和 $T(E)$ 分别为普朗克常量、左电极电子的费米分布、右电极电子的费米分布和能量为 E 的电子透射率。这两个电流的净和是左右电极的费米面之间的电流对整个体系的贡献。

$$I=I_{L\to R}-I_{R\to L}=\frac{2e}{h}\int T(E)\left[f_L\left(E+\frac{eV}{2}\right)-f_R\left(E-\frac{eV}{2}\right)\right]dE \tag{6-4}$$

假定在费米面附近小能量区域内电子透射率 $T(E)$ 固定不变，根据定义，零温时电导可表达如下：

$$G=\frac{I}{V}\bigg|_{V\to 0}=\frac{2e^2}{h}T(E)|_{E_f} \tag{6-5}$$

因此左右电极间偏压趋近零时，测量体系的电导由费米面附近电子透射率来决定。

量子输运中微分电导也是一个重要的概念。微分电导是指电流对偏压的导数：

$$G=\frac{dI}{dV} \tag{6-6}$$

与经典输运不同的是，量子输运中的微分电导可正、可负或者为零。其中，负微分电导对应着偏压增大时电流反而减小的情形，这往往是体系能带结构和体系-电极之间散射共同决定的。

6.2 电子紧束缚近似模型和周期结构中电子波函数

微米至纳米量级的体系包含几十至几万个格点，要研究这类体系的电输运特性，需要将连续形式的薛定谔方程转化成紧束缚近似形式。紧束缚近似就是假定电子局域在位于原子或分子附近有限区域内，同时电子在邻近的原子或分子间有跃迁能量。

> 薛定谔方程的连续形式和紧束缚形式可互相转化。

首先介绍如何从连续形式的薛定谔方程推导出紧束缚近似形式的薛定谔方程。当电子在势场中运动时，它的哈密顿量可写为 $H=-\frac{\hbar^2\nabla^2}{2m}+V$。当系统是一维时，动能部分可表示成两次有限差分形式，薛定谔方程就变成如下形式：

$$-\frac{\hbar^2}{2m}\frac{\psi(x+\Delta)+\psi(x-\Delta)-2\psi(x)}{\Delta^2}+V(x)\psi(x)=E\psi(x) \tag{6-7}$$

在晶格模型中，人们不太关心比晶格常数 a 还小的间距处波函数，从而上式中的 Δ 设为 a。式(6-7)可转化成下式：

$$t\psi_{n+1}+t\psi_{n-1}+\varepsilon_n\psi_n=E\psi_n \tag{6-8}$$

式中，$t=-\dfrac{\hbar^2}{2ma^2}$，为电子在最近邻格点之间的跳跃积分，是电子从一个格点运动到它的最邻近格点时的能量，等价于连续模型中的电子动能；ψ_n 是指标

> 周期性结构的晶体中电子波函数满足布洛赫波形式。

为 n 的格点处的波函数。$\varepsilon_n=V_n+\dfrac{\hbar^2}{2ma^2}$，为电子在格点 n 处的在位能，原子偏离平衡位置、掺杂或者空位时都会引起在位能的改变。著名的安德森模型描述的是在位能无序变化但近邻跳跃积分为常数的紧束缚模型。

体系本征波函数可表示成局域原子或分子轨道波函数的线性组合：

$$|\Psi\rangle=\sum_n\psi_n \tag{6-9}$$

假定左右电极是半无限体系，满足平移对称性，波函数满足布洛赫波形式。作为例子，我们先从一维原子链组成的体系出发。图 6-2 所示为一维原子链的电输运过程。

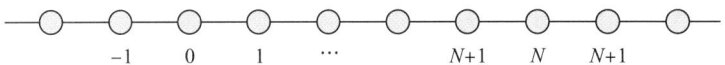

图 6-2 一维原子链的电输运过程

注：$n=0$，N 代表左、右电极与原子链的连接界面

格点 0 和 N 分别为左电极-中间导体、中间导体-右电极的连接界面。格点 $n\leqslant 0$ 和 $n\geqslant N$ 分别代表半无限长的左、右电极。电极中格点处波函数满足布洛赫波形式。

$$\psi_n=\begin{cases}\mathrm{e}^{\mathrm{i}kn}+r\mathrm{e}^{-\mathrm{i}kn}, & n\leqslant 0 \\ t\mathrm{e}^{\mathrm{i}kn}, & n\geqslant N\end{cases} \tag{6-10}$$

式中，r 和 t 分别为反射和透射幅度，晶格长度设为单位。k 为动量矢量，它满足色散关系 $E=2t\cos k$。结合格点 $n(0\leqslant n\leqslant N)$ 满足的薛定谔方程组，如式(6-8)所示，和电极中电子波函数，如式(6-10)所示，就可以直接求解出 r 和 t。

当电极为有限宽度时，可以用量子线来表示，如图 6-3 所示。

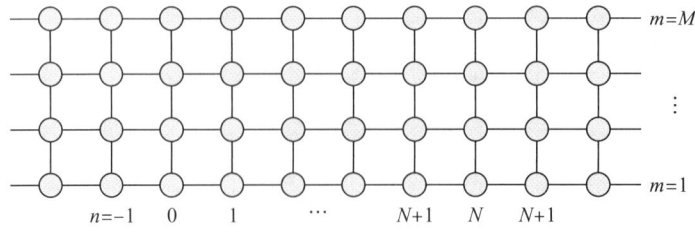

图 6-3 量子线的电输运过程

注：$n=0$，N 代表左、右电极与中间导体的连接界面，中间导体 x 和 y 方向分别有 N 和 M 个格点

二维体系的薛定谔方程写成如下公式：

$$t\psi_{n,m+1} + t\psi_{n,m-1} + t\psi_{n+1,m} + t\psi_{n-1,m} + \varepsilon_{n,m}\psi_{n,m} = E\psi_{n,m} \tag{6-11}$$

格点 $n=0$ 和 $n=N$ 分别为左电极-中间导体、中间导体-右电极的连接界面。格点 $n \leqslant 0$ 和 $n \geqslant N$ 分别代表半无限长的左、右电极。电极中格点处波函数满足布洛赫波形式。假定 y 方向电极宽度为有限宽度，即 $0 \leqslant m \leqslant M$。$y$ 方向多采用硬墙势（hard wall potential）边界条件，这样电极中波函数的 y 分量是驻波形式，即 $\psi_{n,m} = \psi_{n,m}^x \sin(k_y^{m'} m)$。其中，$k_y^{m'}$ 是 y 方向的动量分量，$k_y^{m'} = \dfrac{m'\pi}{M+1}$ 被称为模式 m' 或者通道 m'。二维量子线中的色散关系是 $E = 2t\cos(k_x^{m'}) + 2t\cos(k_y^{m'})$。散射过程中，电子可能从一个模式变化到其他模式，只要满足能量守恒定律。因此电极中波函数表达成所有模式波函数的线性组合，假定入射模式是 m''，

$$\psi_{n,m} = \begin{cases} \sum_{m'} (\delta_{m',m''} e^{ik_x^{m'} n} + r_{m',m''} e^{-ik_x^{m'} n}) \sin(k_y^{m'} m), & n \leqslant 0 \\ \sum_{m'} t_{m',m''} e^{ik_x^{m'} n} \sin(k_y^{m'} m), & n \geqslant N \end{cases} \tag{6-12}$$

式中，$r_{m',m''}$ 和 $t_{m',m''}$ 是模式 m'' 到模式 m' 的反射和透射幅度。结合格点 $n(0 \leqslant n \leqslant N)$ 处薛定谔方程[式(6-11)]和电极中波函数公式[式(6-12)]就可以求解出 $r_{m',m''}$ 和 $t_{m',m''}$。

6.3 无序和安德森局域化

本征晶体是指没有任何掺杂或无序的晶体。根据导带底部和价带顶部是否重合或分开，由导电性能的差异，晶体可分为导体、绝缘体和半导体。晶体的导电性能由费米面附近电子态密度决定，导体、绝缘体和半导体的费米面电子态密度分布为有限、零和接近于零，但半导体可以通过掺杂增强费米面附近的电子态密度。但是实际材料中不可避免地存在杂质、缺陷或无序，它们对晶体电导性能的影响是一个非常重要的问题。不难想象，杂质、缺陷或无序肯定会使得晶体的导电性能有所下降，但晶体依然是导体还是变成绝缘体，需要定性定量地去研究。如果无序使得晶体变成绝缘体，无序引起的电子散射并引起量子干涉是主要原因。而本征绝缘体是由体系的电子能带结构决定的。

本征导体中晶体结构满足平移不变性，从而电子波函数具有布洛赫波形式，格点 j 处电子波函数幅度可写成 $\psi(j) \propto e^{ikj}$。此时任何一个电子从一个格点可以传播到无限远处的格点上，这样的电子态被称为扩展态并且对电子输运有贡献。在单电子近似下，电子色散关系 $E = 2t\cos k$，其中，E、k 和 t 分别为电子能量、波矢量 k 和最近邻格点间的跳跃积分。那么无序如何影响电子波函数？20 世纪末以前，研究主要集中在完全无关联性的无序对体系中电输运的影响。对于无关联性的无序模型，安德森证明了一维无序体系中所有电子态局域在有限区域内，电子波函数幅度呈指数衰减形式。标度理论进一步指出，维度小于、等于 2 的系统中不存在金属-绝缘体转变，即不存在由迁移率边分开的能量范围，一边是扩展态而另一边是局域态。20 世纪末，人们开始关注具有短程和长程关联性的无序体系是否存在扩展态或者扩展能带。

6.3.1 安德森局域化

著名的安德森模型描述电子在近邻格点之间的跃迁积分为常数但在位能无序变化。其中，在位能的变化可以由杂质或无序引起。电子在无序体系中受到多次散射而产生量子干涉，从而可能被局域在有限区域而不能扩展到整个体系。此时电子态被称为局域电子态，由无序而引起电子局域化就被称为安德森局域化。

当无序强度超过临界值时，所有电子态都将局域在有限区域内。局域电子波函数的幅度由不衰减的 1 变成指数式衰减形式 $e^{-l/\xi}$。其中，l 是电子离原点的较远距离，假定电子是从原点传播出来的。ξ 为局域长度，表征着电子所分布的范围。如果电子为完全扩展态，ξ 趋近于无穷大。

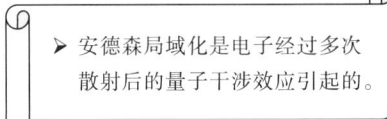

> 安德森局域化是电子经过多次散射后的量子干涉效应引起的。

当系统费米能 E_F 处电子是局域态时，那么系统是绝缘体；若电子是扩展态，系统则是金属。改变各种参量，有可能使费米面电子从局域态变为扩展态，系统发生金属-绝缘体相变，这是一种量子相变。在研究量子相变时，人们关心的是在什么条件下发生相变以及相变点附近的临界行为。

6.3.2 单参量标度理论

1978 年，亚伯拉罕等提出单参量标度理论。它主要是研究无标度电导 $g(L) = \dfrac{h}{2e^2}G(L)$ 随系统尺寸变化的标度行为。当系统尺寸增加 a 倍，无标度电导 $g(aL)$ 是 $g(L)$ 的函数，表示成 $g(aL) = f(g(L))$。那么标度函数定义为

$$\beta(\ln g) = \frac{\partial \ln g}{\partial \ln L} \tag{6-13}$$

当系统属于金属相时，电导随着系统尺寸增大而增大。此时电导满足欧姆定律，$G(L) \propto L^{d-2}$，所以 $\beta = d-2$。反之，当系统属于绝缘体相，电子波函数的渐近行为是 $e^{-l/\xi}$，同样的，电导也具有类似标度行为 $G(aL) \propto e^{-aL/\xi}$，所以 $\beta = \ln g - \ln g_c$，其中，g_c 是临界无标度电导。此时 g 随着 l 的增大而减小，因此 $\beta < 0$。

综上所述，当系统维度 $d > 2$ 时，金属相时 $\beta > 0$，而绝缘体相 $\beta < 0$。说明改变参量，系统可能发生金属-绝缘体相变。但是当系统维度 $d < 2$ 时，单参量标度理论指出无序的低维系统为绝缘体相，不会发生金属-绝缘体相变。需要注意的是，单参量标度理论讨论的是无相互作用和无任何关联性的低维无序系统中不存在由迁移率边来表征的金属-绝缘体相变，即在某个能量的一边全部为扩展态，而在另一边全部为局域态。

6.3.3 短程和长程关联无序体系

> 具有短程和长程关联的低维无序体系，可能存在共振透射态或扩展能带。

从 20 世纪末开始，人们开始探讨具有短程和长程关联性的无序系统是否存在扩展态甚至金属-绝缘体转变。短程关联无序最经典例子是 Dunlap 等提出的 Random Dimer Model。在由 A 原子组成的一维原子链中，两个 B 原子作为单元随机插入，假定所有的原子之间的跃迁积分 t 都相同，它们的原子在位能标记为 ε_A 和 ε_B。只要 $|\varepsilon_A - \varepsilon_B| \leqslant 2t$，体系将出现一个完全共振透射态，它的波矢 k 满足 $\varepsilon_A - \varepsilon_B = 2t\cos k$。有趣的是，当 N 个 B 原子作为单元随机出现在 A 原子组成的一维原子链时，当 $|\varepsilon_A - \varepsilon_B| + 2|t|\cos(\pi/N) \leqslant 2|t|$，那么体系将会出现 $N-1$ 个扩展态。

后来人们又进一步探讨长程关联性的无序系统是否存在局域-退局域相变。无序具有长程关联性，即 $\langle \varepsilon_i \varepsilon_j \rangle - \langle \varepsilon_i \rangle \langle \varepsilon_j \rangle \neq 0$，无序的关联强度由 α 来表征。不同位置的两格点处有效跳跃积分可用来计算局域长度的倒数，即利雅普指数。当一维无序系统的无序关联强度 α 大于 2 时，一个能量区域电子扩展态。但是该工作中格林函数方法研究的系统包含几千个原子，即 10^2 纳米量级的长度可能比电子局域长度小。局域态电子在它的局域长度之外概率分布趋近于零，因此当体系尺寸超过电子局域长度时，体系电导也趋近于零。反之，局域态电子在它的局域长度以内概率分布可能不为零，因此当体系尺寸小于电子局域长度时，体系电导依然为有限值。因此体系尺寸和电子局域长度的相对大小，对正确判定电子局域态或扩展态非常关键。采用转移矩阵研究长程关联无序体系的平均电阻率随尺寸的标度行为，当无序的关联强度 α 大于临界值 $\alpha_c = 2$ 时，某个能量范围内的电子态为扩展态，而这个能量区域外电子态为局域态。当关联强度 α 小于临界值时，所有电子为局域态，证明了金属-绝缘体相变是由无序的关联所引起的。低维短程和长程关联无序体系中存在扩展态或者扩展能带不违反单参量标度理论，因为单参量标度理论适用于无相互作用和无关联无序系统。

6.4 量子输运的常用计算方法

6.4.1 转移矩阵

结合薛定谔方程和体系本征波函数，如式(6-8)和式(6-9)所示，可以得到紧相邻的两列格点处波函数的关系式，它可以表示成矩阵的形式。这个矩阵被称为转移矩阵(transfer matrix)。以只有最近邻跳跃积分的一维体系为例，式(6-8)可以写成 2×2 矩阵的形式：

> 转移矩阵是以邻两列格点上波函数的系数的表达式。

$$\begin{bmatrix} \psi_{n+1} \\ \psi_n \end{bmatrix} = \begin{bmatrix} E - \varepsilon_n & -1 \\ 1 & 0 \end{bmatrix} \begin{bmatrix} \psi_n \\ \psi_{n-1} \end{bmatrix} \equiv T_n \begin{bmatrix} \psi_n \\ \psi_{n-1} \end{bmatrix} \quad (6\text{-}14)$$

式中，T_n 被称为转移矩阵。通过转移矩阵的连续相乘，可以得到相隔若干步长间隔的格点处波函数的表达式。例如通过转移矩阵相乘得到左、右电极与体系连接界面处波函数系数的关系式：

$$\begin{bmatrix} \psi_{N+1} \\ \psi_N \end{bmatrix} = \prod_{n=1}^{N} T_n \begin{bmatrix} \psi_1 \\ \psi_0 \end{bmatrix} \equiv T_N \begin{bmatrix} \psi_1 \\ \psi_0 \end{bmatrix} \quad (6\text{-}15)$$

式中，$T_N = \prod_{n=1}^{N} T_n$ 是转移矩阵连续相乘之积。结合边界条件，即左、右电极中波函数，如式(6-10)所示，就可以得出电子透射率和反射率。

对于几何结构规则的体系，转移矩阵方法方便快捷。理论上，转移矩阵多次相乘后得到式(6-15)，再结合边界条件(即式(6-10))就可以求解出正确的反射幅度 r 和透射幅度 t。但计算机的精度有限，转移矩阵多次相乘会引起累积误差。当转移矩阵维度超过 2 时，比如一维体系中存在长程跳跃积分或者二维、三维系统体系，转移矩阵多次连续相乘后累积误差很严重。这是由于多个通道的电子态重叠在一起，每个通道对应的电子态局域长度不同。其中局域长度较短的那些电子态的波函数趋近于零，因此无法正确地被保存。计算机精度有限，只保存局域长度比较大的那些电子态。此时需要采取正交归一化方法将系统中具有不同局域长度的通道彼此独立。正交归一化后转移矩阵本征值除以体系长度就得到电子态 Lyapunov 指数，为电子局域长度除以体系长度的倒数。它们正负成对出现，对应着沿入射和出射方向传播的电子态。包含最近邻跳跃积分的一维紧束缚模型中，转移矩阵的维度为 2，系统只存在两个电子态且它们的局域长度相等，因此转移矩阵连续多次相乘后不需要正交归一化方法消除累积误差。石墨烯纳米带电输运特性的例子中，利用重整化转移矩阵方法(renormalized transfer matrix method)消除累积误差。整个体系划分成几个子体系，在数值精度得到保证的条件下，对每个子体系运用转移矩阵方法，将待求解的波函数系数当成变量。最后采取优化高斯消元法求解出反射幅度 r 和透射幅度 t。

6.4.2 格林函数方法

转移矩阵方法主要是利用薛定谔方程和系统波函数推导出紧相邻格点处波函数系数的表达式，它适用于规则形状体系或者能划分成若干规则子体系。格林函数方法计算体系的电导是计算所有电子态的透射率的贡献。格林函数 $G(E)$ 的定义如下：

$$(E - H)G(E) = I \quad (6\text{-}16)$$

E 和 H 是系统的能量和哈密顿量，I 是单位矩阵。计算电输运特性，一般划分为左电极、体系和右电极。左、右电极都是半无限的晶格，因此公式(6-16)中 H 和 $G(E)$ 都是无穷维的矩阵，可表示如下：

$$(\varepsilon - H_{0,0})G_{0,0} = I + H_{0,1}G_{1,0} \quad (6\text{-}17\text{a})$$

$$(\varepsilon - H_{0,0})G_{1,0} = H_{0,1}^{+}G_{0,0} + H_{0,1}G_{2,0} \quad (6\text{-}17\text{b})$$

$$(\varepsilon - H_{0,0})G_{n,0} = H_{0,1}^{+}G_{n-1,0} + H_{0,1}G_{n+1,0} \quad (6\text{-}17\text{c})$$

式中，$\varepsilon = E + \mathrm{i}\eta^+$ 和 η^+ 为正无穷小量。$H_{i,j}$ 和 $G_{i,j}$ 表示格点 i 和格点 j 之间 H 和 G 矩阵元。利用左、右电极半无限晶格的平移对称性，可以用迭代方法将左、右电极对整个体系的影响用自能来代替。自能的求解步骤如下：

$$t_i = (I - t_{i-1}\tilde{t}_{i-1} - \tilde{t}_{i-1}t_{i-1})^{-1} t_{i-1}^2 \tag{6-18a}$$

$$\tilde{t}_i = (I - t_{i-1}\tilde{t}_{i-1} - \tilde{t}_{i-1}t_{i-1})^{-1} \tilde{t}_{i-1}^2 \tag{6-18b}$$

式中，$t_0 = (\varepsilon - H_{0,0})^{-1} H_{0,1}^+$，$\tilde{t}_0 = (\varepsilon - H_{0,0})^{-1} H_{0,1}$。根据上式，求得左、右电极中 T 和 $\tilde{T}$ 矩阵分别如下：

$$T = t_0 + \tilde{t}_0 t_1 + \tilde{t}_0 \tilde{t}_1 t_2 + \cdots + \tilde{t}_0 \tilde{t}_1 \tilde{t}_2 \cdots \tilde{t}_{n-1} t_n \tag{6-19a}$$

$$\tilde{T} = \tilde{t}_0 + t_0 \tilde{t}_1 + t_0 \tilde{t}_1 \tilde{t}_2 + \cdots + t_0 t_1 t_2 \cdots t_{n-1} \tilde{t}_n \tag{6-19b}$$

T 和 $\tilde{T}$ 矩阵求得后就可以求解左、右电极自能 $\sum_L = H_{0,1}^+ \tilde{T}$ 和 $\sum_R = H_{0,1} T$。

> 格林函数利用电极结构的对称性而解出电极的自能，大大减少计算量。

由于测量导电性能的体系是有限尺寸，其哈密顿矩阵也是有限维度。最终的等效哈密顿矩阵也将是有限维度。将左、右电极的自能代入中间体系的哈密顿矩阵，首先得到体系的格林函数 G_c、态密度 $N(E)$ 和电子透射率 $T(E)$：

$$G_c = \left(E - H_c - \sum_L - \sum_R\right)^{-1} \tag{6-20}$$

$$N(E) = -1/\pi \mathrm{Im}[Tr G_c] \tag{6-21}$$

$$T(E) = Tr[\Gamma^L G_c \Gamma^R G_c] \tag{6-22}$$

式中，$\Gamma^L/2$ 和 $\Gamma^R/2$ 是左、右电极自能的虚部。

注意在式(6-20)至式(6-22)求解左、右电极的自能，假定左、右电极由同种材料构成并且其中费米面也相同。如果上述假定不成立，比如电极材料不同，电极宽度不等，电极中费米面不同，则需要从式(6-17)出发分别求出左、右电极的自能。还可以从右电极-中间导体界面出发，一层一层地从右往左递推，最后得到体系的有效哈密顿和格林函数。

格林函数方法的优点是能研究各种形状体系的电输运特性，目前有多个基于第一性原理的计算软件正结合非平衡格林函数方法研究石墨烯等新型材料中电输运性质。格林函数具有普适性，但是它运用了多次求逆运算。

6.5 石墨烯和石墨烯纳米带的电学性质

2004 年，英国 A. K. Geim 研究小组通过透明胶带撕拉石墨，将所得的样品放在 300nm 厚的 SiO_2 衬底上，用光学显微镜观察到单层和少数层石墨烯。与常规导体不同，石墨烯的电导率随着温度升高而上升，同时电子和空穴电导率随门电压的变化有明显不对称的行为。电子浓度比较低时，电导率不为零而是趋近于 $4e^2/h$。石墨烯具有诸多优异性能，比如电子迁移率非常高、机械强度高、结构稳定以及适合大规模生产。另外，石墨烯材料存在半整数量子霍尔效应，电子相干长度几百纳米和优异的热传导等。A. K. Geim 和 K. S. Novoselov 凭借此项开创性工作获得 2010 年度诺贝尔物理学奖。

石墨烯是一个相对较理想的二维电子系统，石墨烯电子被称为狄拉克费米子。因为蜂窝状石墨烯中,电子在费米面附近满足狄拉克-费米方程。石墨烯体系为研究相对论量子电动力学提供了很好的平台。

6.5.1 石墨烯的晶体和电子结构

单层石墨烯由一层碳原子(carbon atom,简称C)组成蜂窝形状的晶格,其中碳-碳键长为1.42Å。如图6-4所示,单层石墨烯的原胞里有两个碳原子,由它们与最近邻碳原子的连接方式来看是不等价的,分别记为A和B子格。晶格格矢指最近相邻的同类子格之间的位移,晶格常数为2.4Å。石墨烯的倒格矢和第一布里渊区如图6-5所示。

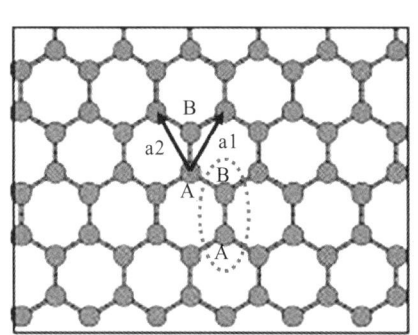 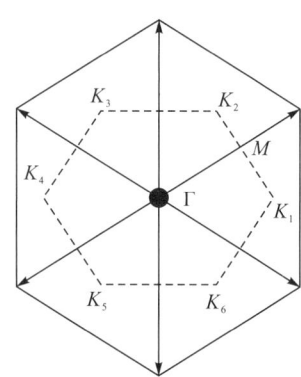

图6-4 石墨烯的晶体结构,晶格矢,原胞和A、B子格　　图6-5 石墨烯的倒格矢和第一布里渊区
　　　　　　　　　　　　　　　　　　　　　　　　　　　　注:布里渊区顶角分别记为K_1至K_6

碳原子的电子排布是$1s^2 2s^2 2p^2$,sp^2杂化后成$120°$夹角,从而形成六元碳原子环。碳原子上剩余的一个电子呈纺锤形状,它们共域在六元环,被称为π电子。正是离域的π电子使得石墨烯和石墨具有良好的导电性。研究单层石墨烯的最简单和有效模型就是紧束缚模型,假定每个碳原子上的电子只能跃迁到最近邻的碳原子上,

$$H = t\sum_{i,j} \phi_i^+ \phi_j \tag{6-23}$$

式中,t是最近邻电子跃迁积分,约为2.6eV;ϕ_i^+和ψ_j分别指格点i和j上产生一个电子和消灭一个电子,式(6-23)描述的是电子从格点j往格点i跃迁。

无限大石墨烯的哈密顿量可以用元胞中A和B子格上电子波函数为基来表示。只考虑π轨道电子,紧束缚近似下哈密顿量表示成2×2矩阵:

$$H(k) = \begin{bmatrix} \varepsilon_a & F(k) \\ F^+(k) & \varepsilon_b \end{bmatrix} \tag{6-24}$$

式中,$F(k) = t\sum_m e^{ik\cdot x} = t\left(1 + 2\cos\frac{k_x a}{2} e^{-\frac{\sqrt{3}k_y a}{2}}\right)$是最近邻格点之间的跃迁积分,$k_x$和$k_y$是动量矢量$x$和$y$方向的分量。当A和B子格的在位能相等时,石墨烯的能谱结构可表示如下:

$$E(k) = \varepsilon_a \pm t\sqrt{1 + 4\cos^2\frac{k_x a}{2} + 4\cos\frac{k_x a}{2}\cos\frac{\sqrt{3}k_y a}{2}} \tag{6-25}$$

在石墨烯倒格矢第一布里渊区顶角K附近,$F(k)$可线性展开成下式:

$$F(k) = F(k)|_{k=K} + \frac{\partial F(k)}{\partial k_x}|_{k=K}(k_x - K_x) + \frac{\partial F(k)}{\partial k_y}|_{k=K}(k_y - K_y) \qquad (6\text{-}26)$$

> 从紧束缚近似出发，石墨烯中碳原子π电子在布里渊区顶角处满足狄拉克方程。

在 $K_2 = \frac{2\pi}{a}\left(\frac{1}{3}, \frac{1}{\sqrt{3}}\right)$ 和 $K_3 = \frac{2\pi}{a}\left(-\frac{1}{3}, \frac{1}{\sqrt{3}}\right)$ 附近，系统哈密顿量可以表示成 $\delta k = k - K$ 的函数，

$$H(k) = \frac{-\sqrt{3}\,ta}{2}\begin{bmatrix} 0 & -\delta k_x + \mathrm{i}\delta k_y \\ -\delta k_x - \mathrm{i}\delta k_y & 0 \end{bmatrix} \qquad (6\text{-}27\mathrm{a})$$

$$H(k) = \frac{-\sqrt{3}\,ta}{2}\begin{bmatrix} 0 & \delta k_x + \mathrm{i}\delta k_y \\ \delta k_x - \mathrm{i}\delta k_y & 0 \end{bmatrix} \qquad (6\text{-}27\mathrm{b})$$

因此在第一布里渊区顶角附近，如式(6-27)所示，电子哈密顿量 $H(k)$ 满足无质量的 Dirac-Fermi 方程：

$$\hbar\left[vk_x\sigma_x + vk_y\sigma_y + v^2 M\sigma_z + \mu(r)\right]\Psi(r) = E\Psi(r) \qquad (6\text{-}28)$$

式中，$\hbar$、v、$\sigma_x(\sigma_y, \sigma_z)$、$M=0$ 和 $\mu(r)$ 分别是普朗克常量、电子速度、泡利矩阵的 x（y 和 z）分量、电子有效质量和势能。单层石墨烯的电子速度 $v = \frac{\sqrt{3}\,ta}{2\hbar}$ 是光速的 1/300。

6.5.2 石墨烯纳米带的晶体和电子结构

相对于无限长石墨烯，长度或宽度有限的石墨烯体系被称为石墨烯纳米带。按照其边缘碳原子的排布方式，可分为两种最基本的纳米带，即扶手椅（armchair）和锯齿（zig-zag）石墨烯纳米带。将上下边缘连接起来并卷成筒状，则成为碳纳米管。近几年，人们发现实验上可以通过金原子打开碳纳米管而得到石墨烯纳米带。碳纳米管和石墨烯纳米带的边界条件不同，因此它们的电学性能不同。扶手椅石墨烯纳米带的边缘 A 和 B 子格都会出现，而锯齿石墨烯纳米带的边缘只出现 A 或者 B 子格。因此它们的拓扑性将不同。

如图 6-6 所示，y 方向为有限宽度并且边缘上碳原子的排布不同，因此扶手椅和锯齿石墨烯纳米带的电子能带结构将有很大的差异。π电子紧束缚近似模型中，$k_x=0$ 对应着导带带底和价带带顶。根据电子能带结构中能隙的变化，扶手椅石墨烯纳米带分成三种类型：当 $M=3p-1$ 时能隙为零，其他情况则有能隙，如图 6-7(a)所示。能隙的大小随宽度 M 变化

> 锯齿型石墨烯纳米带边缘态，对电输运具有非常重要的影响。

呈现出 3 周期的变化，整体来说，能隙随 M 增大而震荡性减少。第一性原理计算的结果显示，扶手椅石墨烯纳米带的电子能带结构随宽度 M 的变化也有类似的周期震荡性，不同的是，$M=3p-1$ 时能隙并不为零，而是随 M 增大而趋近于零。

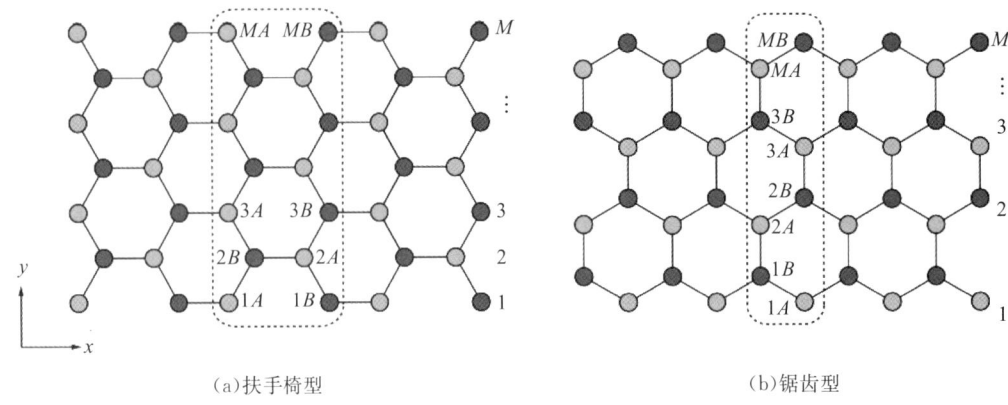

(a) 扶手椅型   (b) 锯齿型

图 6-6 宽度为 M 的石墨烯纳米带的结构图

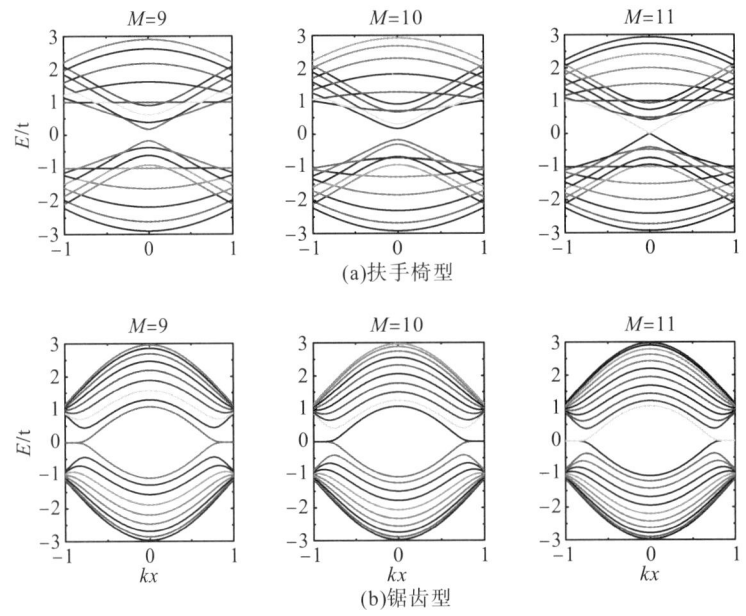

图 6-7 石墨烯纳米带 π 电子紧束缚近似哈密顿量下的电子能带结构

根据 π 电子紧束缚近似模型,锯齿石墨烯纳米带为无能隙,并且能量 $E=0$ 处出现边缘态。早在石墨烯纳米带出现之前的 20 世纪 90 年代,人们就对这些边缘态非常感兴趣。这些边缘态主要分布在锯齿边界处,逐渐向石墨烯纳米带中心衰减式扩展。当动量矢量 $k=\frac{2\pi}{3}$ 时,边缘态才能从锯齿型边界扩展到整个体系。当锯齿型边界连接到电极时,动量矢量 $k=\frac{2\pi}{3}$ 对应的边缘态可以从一电极扩展到另一电极。所以这个边缘态对电子输运有贡献,而其余边缘态对电子输运没有贡献。

图 6-7 为有限宽的扶手椅型和锯齿型石墨烯纳米带 π 电子紧束缚近似哈密顿量下的电子能带结构。其中能量 E 以最近邻碳原子间的电子跃迁系数 t 为单位。k_x 取值范围为 $(-\pi,\pi)$。能带位于 $(-3t,3t)$ 是紧束缚近似模型中 π 电子有三个最近邻格点引起的。

6.5.3 石墨烯纳米带的电学特性

1. 量子线电极对石墨烯电输运特性的影响

石墨烯中电子具有很多新奇量子效应，比如奇异的电子输运、优异的热传导、较长的退相干长度、电子之间的关联效应、关联狄拉克费米子的集体行为，以及不同杂质对载流子迁移率等输运特性的影响。早期理论工作选取石墨烯电极作为电极，电子由狄拉克费米子方程描述。其中电极对应无限深势阱，而电中性石墨烯为零势垒。电子波函数经过电中性区域为衰减波形式，在宽/长的比率远大于 1 时，最小电导率趋近于常数 $4e^2/\pi h$。虽然最小电导率与大部分实验测量值 $4e^2/h$ 有差异，后来实验证实，最小电导率随宽/长比率的变化趋势是正确的。其余理论研究也假定电极为半无限长石墨烯，并选取 π-电子紧束缚近似模型，但是石墨烯电极与实验上 Au、Al 和 Pt 等普通金属电极不符合。后期很多第一性原理计算工作假定半无限长石墨烯作为电极位于 Al 等金属衬底之上，但是这些工作对电子-空穴电导率的不对称行为无法统一自洽解释。

2008 年，实验发现电极对电导的对称行为影响很大，从此电极结构对石墨烯电输运的影响得到重视。Schomerus 小组较早开展了量子线电极之间的石墨烯纳米带电输运特性的研究。一方面，他们的工作证实了扶手椅石墨烯纳米带与量子线电极存在透射模式选择等价机制，虽然扶手椅石墨烯纳米带和量子线电极的几何结构和电子结构不同。另一方面，采取了近似处理，他们的工作没有观察到量子线电极引起石墨烯电输运的电子-空穴不对称行为。

从理论的研究角度来看，当前一些理论研究存在两个方面的局限性：一是没有采用量子线电极，量子线电极会对石墨烯纳米带的拓扑性有一定的选择性；二是处理方法上，对于实空间格点上的紧束缚模型，主要运用格林函数方法处理。格林函数方法可以研究规则或不规则形状体系的电导、态密度和粒子在实空间的分布等物理性质，但它的运算过程包含了矩阵求逆，会出现数值不稳定而无法处理大体系。

2. 重整化转移矩阵方法在石墨烯纳米带电输运特性中的应用

综上所述，我们选取普通金属量子线电极研究单层石墨烯的电输运特性，如图 6-8 所示。为简单起见，假定量子线电极中的晶格长度与石墨烯的晶格长度相等，这样扶手椅型石墨烯纳米带和量子线的连接界面规则，并假定量子线电极中晶格间、石墨烯纳米带中碳原子间和电极-石墨烯碳原子间的近邻跳跃积分都相等。

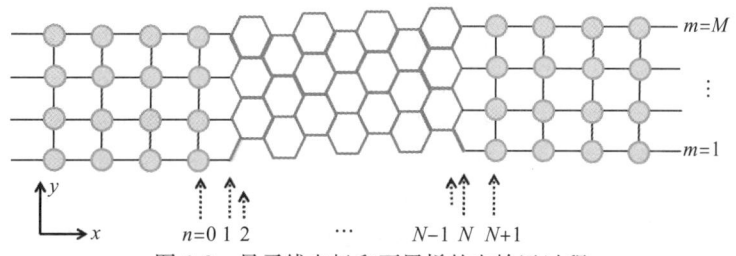

图 6-8 量子线电极和石墨烯的电输运过程

注：$n=0$ 和 N 分别代表左、右电极和石墨烯的连接界面，石墨烯纳米带 x 和 y 方向分别有 $N=16$ 和 $M=4$ 个格点

研究电输运特性,结合系统的薛定锷方程[式(6-11)]和电极波函数[式(6-12)],可得到波函数系数的线性方程组,共有 NM 个,最终求解出散射矩阵 $r_{m',m''}$ 和 $t_{m',m''}$。当系统尺寸比较大、NM 超过百万时,计算复杂度增大。这时利用扶手椅型石墨烯纳米带中的转移矩阵能大大减少计算量。极端情形时,利用转移矩阵连续相乘直接得出左、右连接界面处波函数系数的关系式。但是转移矩阵的维度大于 2 时,多次连续相乘会引起数值累积误差,如我们在章节 6.4.1 中所讨论的原因。

转移矩阵方法的基本思想如图 6-9 所示,就是把某紧相邻两列晶格格点上的电子波函数系数用其他紧相邻两列格点上的电子波函数系数来表示。为了保证计算精度并且尽量减少计算量,采取多步迭代方法构成重整化转移矩阵。具体来说就是每隔实空间中固定

> ▶ 重整化转移矩阵方法既克服了数值累积误差和研究尺寸的有限性,又增强了方法扩展性。

长度的若干行,就选择一紧相邻两行待求解的电子波函数系数,最终由这些待求解电子波函数系数组成简约化线性方程组。这里实空间中间隔步长取决于石墨烯纳米带的宽度,如果宽度越大,那么间隔步长越小。重整化转移矩阵方法可处理多达 10^6 个晶格格点。

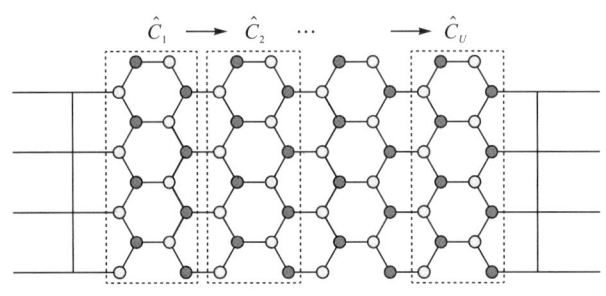

图 6-9 重整化转移矩阵方法的示意图

注:先将整个体系划分若干子体系,然后这些子体系的波函数系数组成最终的线性方程组

转移矩阵具有计算速度快和数值稳定的优点。利用转移矩阵,某些规则形状体系可以找到严格解。对于几何结构规则体系,重整化转移矩阵可得到系统的电导和各本征通道之间的散射,研究杂质或无序对电输运影响的内在物理机制。此外,重整化转移矩阵方法可以处理大尺寸体系以及容易推广到非规则形状、杂质、无序、缺陷和磁场等体系,研究缺陷、非均匀性以及外磁场对不同石墨烯体系中电输运特性的影响。即使考虑上述外在因素,转移矩阵方法依然具有良好的推广性和较快的计算速度。

3. 石墨烯纳米带连接量子线电极连接的电输运特性

石墨烯纳米带连接量子线电极的电输运特性,与广泛认同的石墨烯电输运研究结果既有相同之处也有显著的不同之处,因此这些结果有助于全面认识和理解石墨烯纳米体系的电输运特性。因为一旦采取金属电极,电子输运特性与石墨烯相对于电极的取向有关。因此电极结构和石墨烯纳米带拓扑特性对石墨烯体系的电输运特性有着非常深刻的影响。

对于扶手椅型石墨烯纳米带,电子电导和电导率曲线随化学势变化(电子与空穴)存在不对称行为,如图 6-10 所示。化学势表征石墨烯纳米带的费米面,当化学势为零时,对应着电中性石墨烯纳米带。对于无限大石墨烯,电中性区域电子密度最小,从而电子

电导也最小。而电中性石墨烯纳米带的电子密度同样很小,因此电子电导最小。当化学势不为零时,石墨烯纳米带中电子密度不为零,从而电子电导增加。当纯净无杂质的石墨烯纳米带中电子输运是相干输运,在量子相干输运区域,电子电导随长度增加而不变,它只随宽度线性增加,这是因为电子通道数随宽度增加而增加。在石墨烯-量子线电输运体系中,只要存在奇数个碳原子组成的闭合环,就会出现电子与空穴不对称行为。

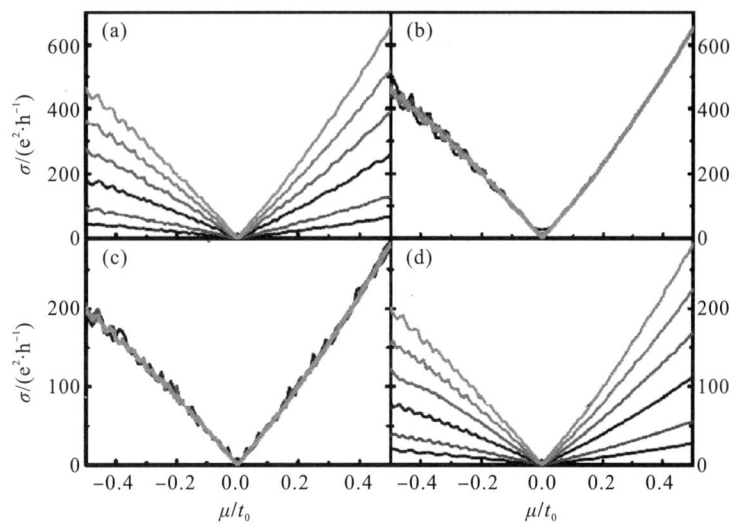

图 6-10 扶手椅型石墨烯纳米带电导(a,b)和它们相应的电导率(c,d)随化学势的变化

注:(a)和(c)中长度固定为 $N=1000$ 个碳原子,(b)和(d)中宽度固定为 $M=1000$ 个碳原子;
(a)图中线条从下到上依次为 $M=100$, $M=200$, $M=400$, $M=600$, $M=800$, $M=1000$,
(d)图中线条从下到上依次为 $N=100$, $N=200$, $N=400$, $N=600$, $N=800$, $N=1000$,
(b)、(c)两图中线条基本重合

虽然连接电极可能会引起电子-空穴对称性破缺,但不影响热力学极限时的电导,如图 6-11(a)所示。6-11 中假定石墨烯连接到独立的原子链电极(实心符号),量子线电极(空心符号,空心符号加叉),其中,后两者石墨烯纳米带的结构有些差异。热力学极限下,电子电导与电极结构无关。锯齿形石墨烯纳米带从能带结构角度来看是金属,但是在外接量子线电极时的电子输运性质随宽度变化具有奇偶性,如图 6-11(b)所示,同时电子电导率完全依赖于宽长比率。

在纳米带宽长比足够大的极限下,扶手椅和锯齿形石墨烯体系的最小电导率分别为有限值和零。扶手椅石墨烯纳米带连接量子线电极时电子存在完全透射峰,$k_y=2\pi/3$,如图 6-12 所示。只有当有限宽的石墨烯纳米带存在 $k_y=2\pi/3$ 模式时,在热力学极限下电导才不为零,否则就为零。$k_y=2\pi/3$ 正好对应着扶手椅型石墨烯纳米带与电极连接界面的边缘态的动量矢量。连接界面处为石墨烯的锯齿型边界,只有 $k_y=2\pi/3$ 时,电子才能完全扩展到整个系统中,否则只能局域在锯齿型边界附近。

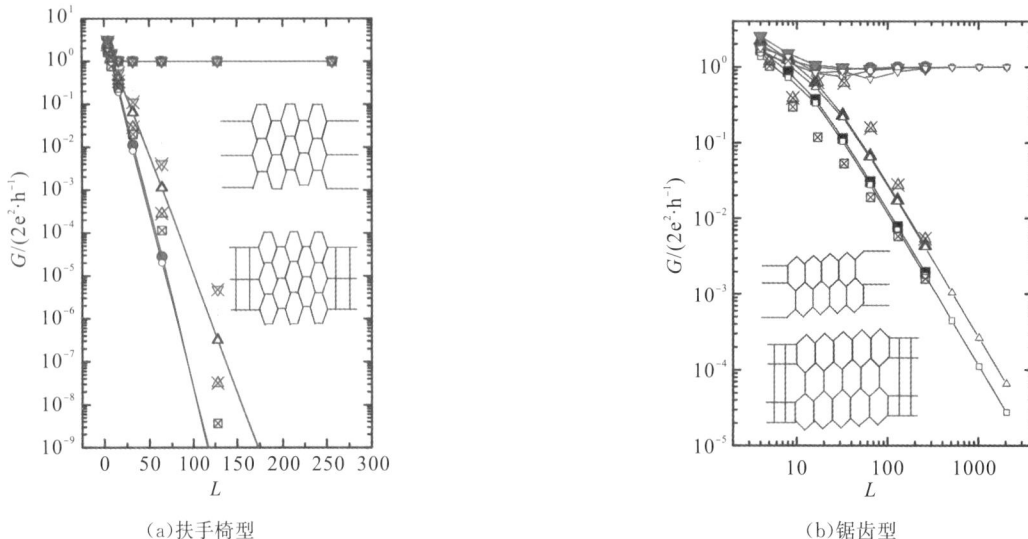

图 6-11 不同类型石墨烯纳米带连接到一维量子线(实心符号)、两维量子线(空心符号和空心带叉)的电导

注：三角形、正方形、上三角和下三角分别代表宽度 M 为 4，5，6 和 7

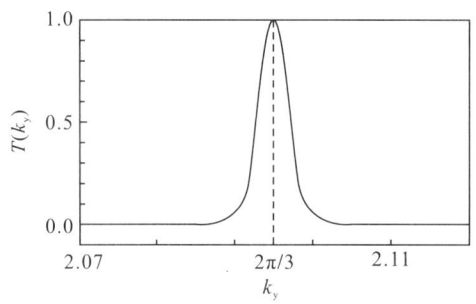

图 6-12 扶手椅型石墨烯纳米带连接到量子线时不同模式的透射率

注：量子线的晶格长度设为单位值，其中，$N=1000$，$M/N \geqslant 2$

即使考虑杂质等其他因素进行数值计算，该方法也具有很快的计算速度，并能够精确地处理与实验样品尺寸可比的石墨烯体系。具有超导电性的单层石墨烯与量子线电极连接时，Andreev 反射产生电子-空穴对，电子和空穴的薛定谔方程组类似 AA 堆积双层石墨烯中电子薛定谔方程组，超导配对势类似于层间相互作用。

6.6 本章小结

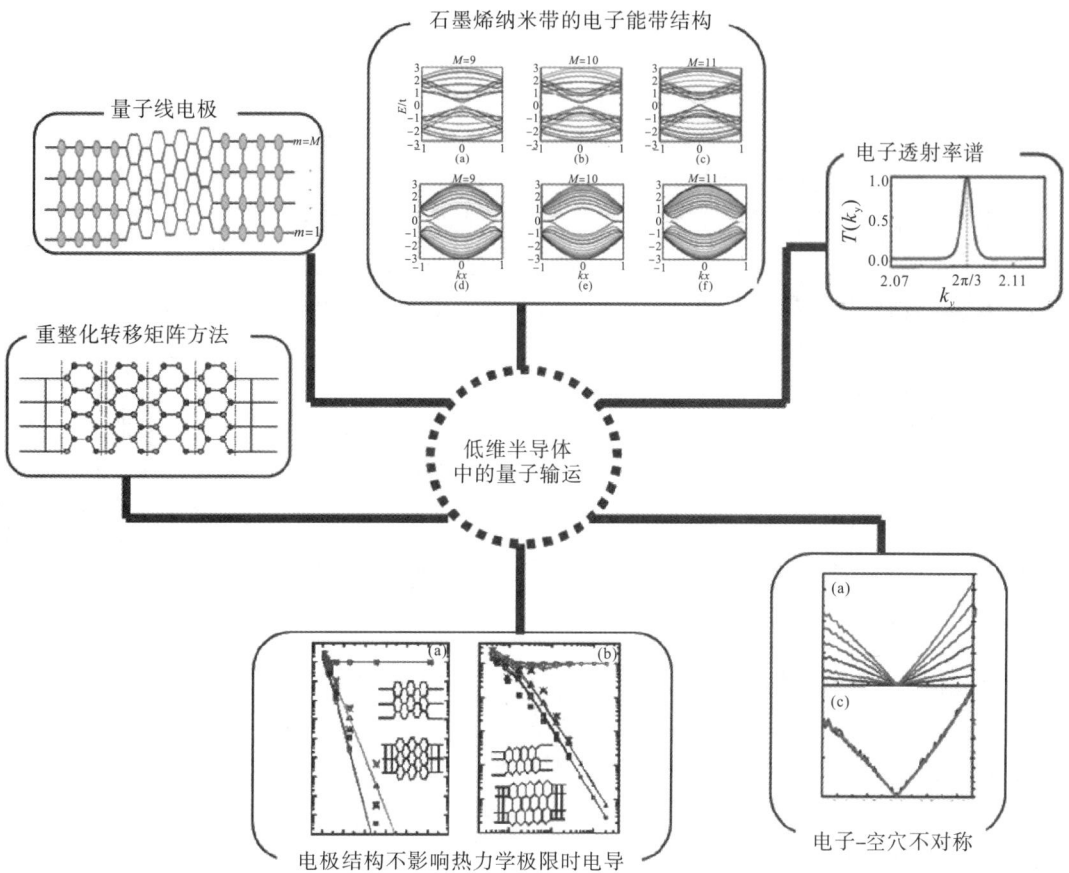

电子的量子输运发生在微米至纳米尺度，与宏观输运不同，因为量子输运由量子效应决定。薛定谔方程是描述电子的量子输运最重要的方程，单电子近似下的紧束缚模型是研究量子输运的出发点。均匀、周期性结构的体系中，电子满足布洛赫波形式，但无序或缺陷会引起电子局域化。单参量标度理论指出，低维无序体系中不存在金属-绝缘体相变，但低维具有短程或长程关联的无序体系可能存在共振态或者扩展能带。转移矩阵和格林函数是研究电子输运的两种最基本的方法。

石墨烯是由碳原子组成的单层蜂窝形状体系，紧束缚近似模型很好地揭示了低能电子满足无质量狄拉克费米子方程。宽度有限的石墨烯组成石墨烯纳米带，由于纳米带的边缘结构不同，从而它们的能带结构也不同。量子线电极适合用来研究石墨烯纳米带的电子输运特性，重整化转移矩阵方法用来研究大尺寸石墨烯的电子输运。扶手椅石墨烯纳米带中，电子-空穴导电行为不对称，但电极不影响热力学极限下的电导。扶手椅石墨烯纳米带中，最大透射峰对应的动量由锯齿型石墨烯纳米带的能带结构决定。

重要术语一览

(1) 电子输运：微米至纳米尺度时一个或者几个维度被局限在有限空间内，电子具有量子效应。量子效应使得量子输运与宏观尺度下的经典输运截然不同。

(2) 介观体系：指介于宏观和微观之间的体系，尺寸一般在微米至纳米量级。

(3) 透射率：指电子被散射后透射的几率，取值在 0~1 之间。

(4) 电导：电流除以偏压，表征电子导电性能。

(5) 安德森局域化：电子被局限在有限空间而无法扩展到无穷远处。

(6) 金属-绝缘体相变：通过调节体系的某些参数，体系从金属相转变成绝缘体相。

(7) 转移矩阵：将紧相邻的两列格点上波函数系数和另一紧相邻的两列格点上波函数系数的关系式表达成矩阵的形式。转移矩阵是一种非常有效和快捷的计算方法。

(8) 非平衡格林函数：一种数值计算方法，通过电极哈密顿量计算电极有效自能来研究电子输运现象。非平衡是指不同电极之间的费米面不同而造成的非平衡态。

(9) 石墨烯：碳原子组成的蜂窝状的单层体系。

(10) 扶手椅型石墨烯纳米带：边缘为扶手椅形状、宽度有限的石墨烯纳米带。

(11) 锯齿型石墨烯纳米带：边缘为锯齿形状、宽度有限的石墨烯纳米带。

(12) 重整化转移矩阵：将大体系划分为若干子体系，转移矩阵方法得到子体系端点处波函数系数的关系式。所有关系式组成的大矩阵被称为重整化转移矩阵。

思考题

1. 经典输运和量子输运有什么区别？它们对应的系统尺寸分别是多少？
2. 连续模型和离散模型分别适用什么样的体系？
3. 对于量子输运来说，离散模型情况下，那几种计算方法比较常用？
4. 对于导体来说，无序往往导致导电性能下降，主要是什么原因造成的？
5. 无序一定会造成电子局域化吗？在什么样的情况下，低维系统中依然会出现扩展能带？
6. 根据紧束缚近似模型，无限大的石墨烯是导体还是绝缘体？宽度有限的扶手椅石墨烯纳米带是导体还是绝缘体？
7. 电子能带结构显示体系有能隙，那么在热力学极限下它会导电吗？
8. 电子能带结构显示体系无能隙，如果与它同类型的电极相连接，在热力学极限下它一定导电吗？如果与其他类型的电极相连接，在热力学极限下它一定导电吗？假如不导电或者说电导很小的情况下，此体系是否就是绝缘体？
9. 二维和三维体系中，转移矩阵多次连续相乘之后，为什么会出现累积误差？它出现的根本原因是什么，与本征通道的局域长度是否有关？可采取什么方法消除累积误差？

习题

1. 对于一维体系，能量为 E 的电子经过在位能为 V 的一个晶格格点区域，在此区域之外格点在位能为 0，电子透射率为多少？
2. 假定左右电极的费米面能量相差 V，即左右电极的偏压为 V，电子在费米能级 $[E_F - V/2, E_F + V/2]$ 之间的透射率都为 T。那么电子通过体系的电导为多少？
3. 用格林函数方法推导出一维半无限长电极的自能。

4. 从紧束缚近似模型出发，推导出单层石墨烯的电子哈密顿量和在布里渊区顶角处的哈密顿表达式。

5. 推导出扶手椅型石墨烯纳米带的转移矩阵。

6. 推导出锯齿型石墨烯纳米带的转移矩阵。

主要参考文献

[1] 曾谨言. 量子力学. 北京:科学出版社,2007.

[2] Datta S. Electronic Transport in Mesoscopic Systems. Cambridge University Press,1995.

[3] Zhang G P,Xiong S J. Localization-delocalization transition in one-dimensional system with long-range correlated diagonal disorder. Euro. Phys. J. B.,2002,29:491.

[4] Yin Y,Xiong S J. Crossover from weak localization to antilocalization in quantum dots with spin-orbit coupling. Phys. Lett. A,2003,317:507.

[5] Anderson P W,Anderson P W. Absence of diffusion in certain random lattices. Phys. Rev.,1958,109:1492-1505.

[6] Abrahams E,Anderson P W,Licciardello D C. Scaling theory of localization:Absence of quantum diffusion in two dimensions. Phys. Rev. Lett.,1979,42:673-676.

[7] Dunlap D H,Wu H L,Phillips P W. Absence of localization in a random-dimer model. Phys. Rev. Lett.,1990,65:88.

[8] Phillips P W,Wu H L. Localization and its absence:a new metallic state for conducting polymers. Science,1991,252:1805.

[9] Chen X S,Xiong S J. Extended states in one-dimensional random-segment models,Phys. Lett. A,1993,179:217-220.

[10] Moura F A B F de,Lyra M L. Delocalization in the 1D Anderson model with long-range correlated disorder. Phys. Rev. Lett.,1998,81:3735.

[11] Izrailev F M,Krokhin A A. Localization and the mobility edge in one-dimensional potentials with correlated disorder. Phys. Rev. Lett.,1999,82:4062.

[12] Kuhl U,IzrailevF W,Korkhin A A,et al. Experimental observation of the mobility edge in a waveguide with correlated disorder. Appl. Phys. Lett.,2000,77:633.

[13] Izrailev F M,Krokhin A A,Makarov N M. Anomalous localization in low-dimensional systems with correlated disorder. Phys. Rep.,2012,512:125.

[14] Kramer B,MacKinnon A. Localization:theory and experiment. Rep. Prog. Phys.,1993,56:1469.

[15] Nardelli M B. Electronic transport in extended systems:Application to carbon nanotubes. Phys. Rev. B,1999,60:7828.

[16] Nardelli M B. O(N)real-space method for ab initio quantum transport calculations:Application to carbon nanotube-metal contacts. Phys. Rev. B,2001,64:245423.

[17] Novoselov K S,Geim A K,Morozov S V,et al. Electric field effect in atomically thin carbon films. Science,2004,306:666.

[18] Novoselov K S,et al. Two-dimensional gas of massless Dirac fermions in grapheme. Nature,2005 438:197.

[19] Miao F,Wijeratne S,Coskun U,et al. Phase-coherent transport in graphene quantum billiards. Science,2007,317:1530.

[20] Seol J H,et al. Two-dimensional phonon transport in supported grapheme. Science,2010,328:213.

[21] Son Y W, Cohen M L, Louie S G. Energy gaps in graphene nanoribbons. Phys. Rev. Lett., 2006, 97:216803.

[22] Yao Y X, Wang C Z, Zhang G P, Ji M, et al. A First-principles divide-and-conquer approach for electronic structure of large systems and its application to graphene nanoribbon. J. Phys.: Condens, 2009, Matter 21:235501.

[23] Nakada K, Fujita M, Dresselhaus G, et al. Edge state in graphene ribbons: nanometer size effect and edge shape dependence. Phys. Rev. B, 1996, 54:17954.

[24] Katsnelon M I. Zitterbewegung, chirality, and minimal conductivity in grapheme. Euro. Phys. J. B, 2006, 51:157.

[25] Tworzydlo J, Rauzettel B, Titov M, et al. Sub-Poissonian Shot Noise in Graphene. Phys. Rev. Lett., 2006, 96:246802.

[26] Barraza-Lopez S, Vanevic M, Kindermann M, et al. Effects of Metallic Contacts on Electron Transport through Graphene. Phys. Rev. Lett., 2010, 104:076807.

[27] Huard B, Stander N, Sulpizio J A, et al. Evidence of the role of contacts on the observed electron-hole asymmetry in grapheme. Phys. Rev. B, 2008, 78:121402.

[28] Schomerus H. Effective contact model for transport through weakly-doped grapheme. Phys. Rev. B, 2007, 76:045433.

[29] Hu S J, Du W, Zhang G P, et al. Exact results for intrinsic electronic transport in grapheme. Chin. Phys. Lett., 2012, 29:057201.

[30] Gao M, Zhang G P, Lu Z Y, Transport properties of large-scale system studied by renormalized transfer matrix method: application to armchair graphene nanoribbon. Comput. Phys. Commun., 2014, 185, 856−861.

[31] Zhang G P, Qin Z J. Dependence of Transport Property of Graphene Nanoribbon on Contacts: Electron-hole Symmetry and Conductance at Dirac Point. Chem. Phys. Lett., 2011, 516:225.

[32] Zhang G P, Qin Z J. Crossover of the conductivity of zigzag graphene nanoribbon connected by normal metal contacts. Phys. Lett. A, 2010, 374:4140.

[33] Zhang G P, Gao M, Zhang Y Y, et al. Effect of disorder with long-range correlation on transport in graphene nanoribbon. J. Phys.: Condensed Matter, 2012, 24:235303.

[34] Zhang G P, Wang C Z, Ho K M, Andreev Reflection and Momentum Filtering In Quantum-wire/Superconducting-graphene/Quantum-wire Juntions. Phys. Lett. A, 2011, 375:1043.

第三篇 半导体的结与光电效应

第7章 金属-半导体的接触

目标：
(1)描述金属-半导体接触的能带结构。
(2)理解阻挡层和反阻挡层的形成。
(3)解释金属-半导体肖特基势垒的整流特性。
(4)定量描述肖特基势垒正向偏置时的电流-电压特性。
(5)确定肖特基势垒反向偏置时空间电荷区宽度、电场以及电容。
(6)讨论镜像效应和隧道效应对肖特基势垒反向饱和电流的影响。
(7)描述金属-半导体欧姆接触的特性。

金属和半导体接触可以形成两种不同的接触：肖特基整流接触和欧姆非整流接触。利用肖特基整流特性制备的肖特基势垒二极管，被广泛应用于高速集成电路、微波电路等许多领域。另外，半导体器件需利用金属电极输入或输出电流，要求在金属和半导体之间形成良好的欧姆接触，即非整流接触。欧姆接触是半导体器件重要组成部分，对半导体器件，尤其是高速半导体器件的性能具有重要的影响。本章重点为：①阻挡层和反阻挡层的形成；②肖特基势垒的整流理论；③欧姆接触的特性。

7.1 金属-半导体接触的能带图

7.1.1 功函数和接触电势差

众所周知，使一个电子从固体表面逸出至真空，必须由外界给它足够的能量。假定放置于真空距离固体无穷远处静止电子的能量为零，则固体内部的电子能量具有负值。功函数的定义是指使一个电子从固体表面逸出所必须提供的最小能量，用 W 表示。功函数的大小标志着电子在固体中所受束缚的强弱，W 越大，电子越不容易从固体逃逸出。

用 E_0 表示真空中静止电子的能量。金属中的 E_{Fm} 处在能带之中，E_{Fm} 以下的能级基本被占满。金属功函数的定义是 E_0 与 E_{Fm} 能量之差，如图 7-1 所示，用 W_m 表示，即

$$W_{\mathrm{m}} = E_0 - E_{\mathrm{Fm}} \tag{7-1}$$

表示一个起始能量等于费米能级 E_{Fm} 的电子，由金属内部逸出到真空中所需要的最小能量。

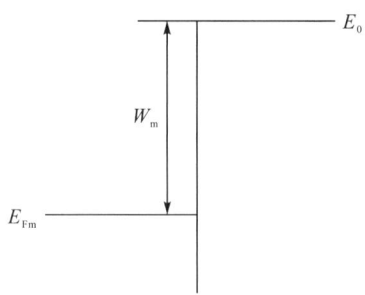

图 7-1 金属的功函数

不同金属的功函数值如图 7-2 所示。由图可知，金属的功函数约为几个电子伏特。功函数的大小反应了原子的壳层结构，第一主族元素有最小的功函数值。

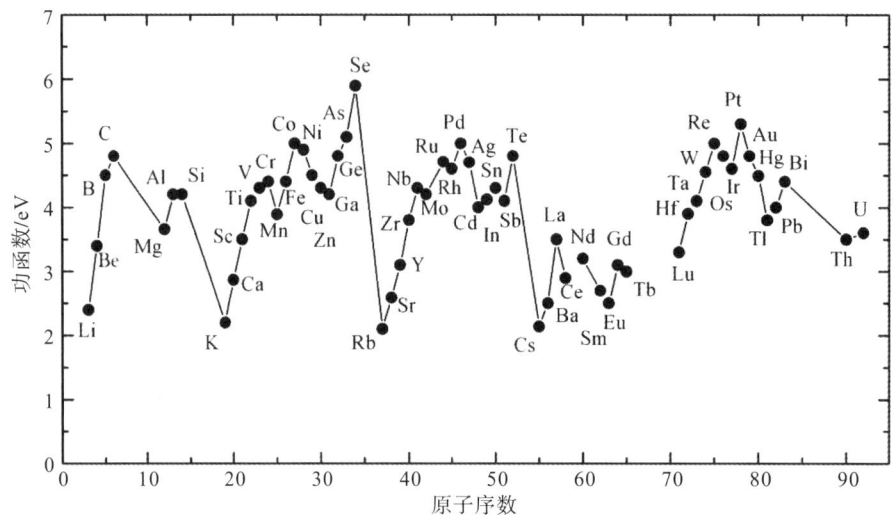

图 7-2 不同金属的功函数

半导体导带底 E_{c} 和价带顶 E_{v} 一般都比 E_0 低几个电子伏特。室温下，半导体导带底被电子占据。要使电子从半导体逸出，也必须给它以相应的能量。半导体的功函数定义为 E_0 与半导体的费米能级 E_{Fs} 之差，如图 7-3 所示，用 W_{s} 表示，即

$$W_{\mathrm{s}} = E_0 - E_{\mathrm{Fs}} \tag{7-2}$$

半导体的费米能级随掺杂类型和掺杂浓度而变化，所以 W_{s} 也与杂质类型和杂质浓度有关。定义真空能级 E_0 和导带底 E_{c} 的能量差为电子亲合能，用 χ 表示，即

$$\chi = E_0 - E_{\mathrm{c}} \tag{7-3}$$

电子亲合能表示使半导体导带底的电子逸出体外所需的最小能量。一些常见半导体的电子亲合能如表 7-1 所示。

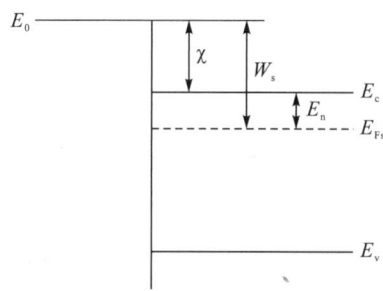

图 7-3　半导体的功函数和电子亲合能

表 7-1　一些常见半导体的电子亲合能

半导体	电子亲合能 χ
Si	4.05
Ge	4.13
GaAs	4.07
AlAs	3.5

如图 7-3 所示，半导体的功函数和电子亲合能的关系为

$$W_s = \chi + (E_c - E_{Fs}) = \chi + E_n \tag{7-4}$$

式中，

$$E_n = E_c - E_{Fs} \tag{7-5}$$

当功函数不同的两种晶体形成接触时，由于费米能级 E_F 不在同一水平，将有电子自 E_F 较高一侧的表面流向对方表面，在两侧晶体的表面形成电荷层，从而在两者之间形成电势差。直到费米能级达到同一水平时，将不再有电子流动。这时在两者之间形成的电势差称为接触电势差，接触电势差正好补偿两者费米能级之差。

7.1.2 阻挡层和反阻挡层的形成

1. 金属-n 型半导体接触

> 如半导体掺杂浓度为 $10^{16}\,\text{cm}^{-3}$，全电离情况下，半导体表面正电荷密度仅为 $10^{16}\,\text{cm}^{-3}$，远小于金属表面的电子浓度。

假定 $W_m > W_s$，当金属和半导体未接触时的理想能带图如图 7-4(a) 所示，它们有共同的真空能级。接触前，半导体的费米能级 E_{Fs} 高于金属的费米能级 E_{Fm}，且 $E_{Fs} - E_{Fm} = W_m - W_s$。金属和 n 型半导体紧密接触后，热平衡时为了使费米能级连续变化，半导体中的电子流向比它能级低的金属，使金属表面带负电，半导体表面带等量的正电。半导体表面的正电荷由电离的施主杂质提供，这一区域称为空间电荷区（或称耗尽区），见图 7-4(b)。由于半导体中电荷密度较小，半导体表面的空间电荷区厚度较厚。空间电荷区内存在一定的电场，造成能带弯曲，使得半导体表面和内部之间存在电势差 V_s，即表面势。规定表面势比内部的电势高时，V_s 为正值；反之 V_s 为负值。

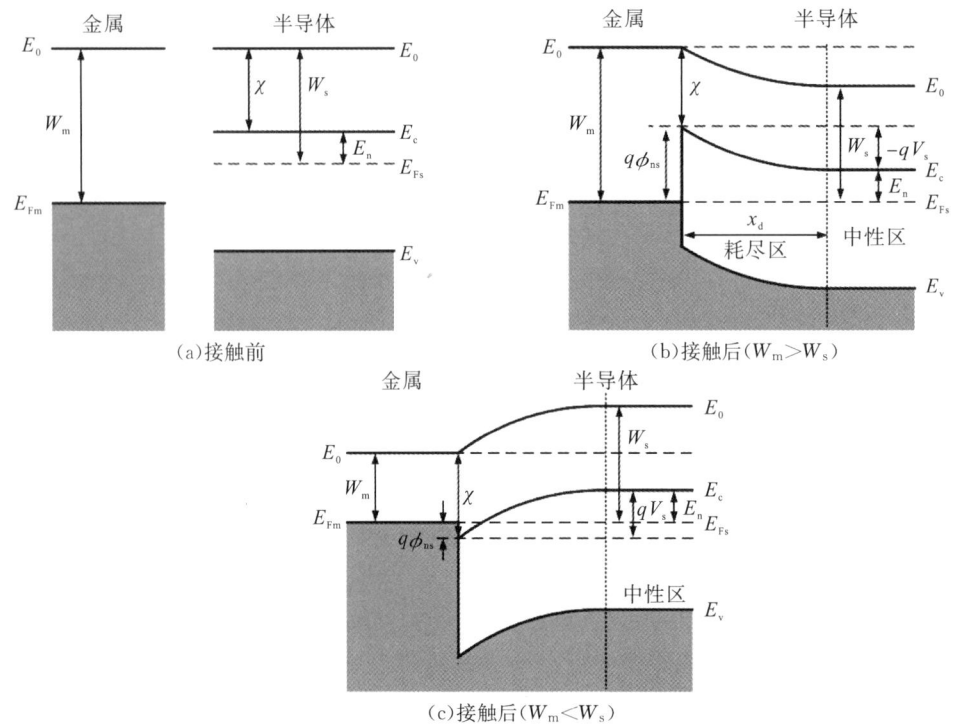

图 7-4 金属和 n 型半导体接触能带图

注：x_d 为耗尽区宽度，耗尽区外的半导体为电中性的

由以上分析得出，当金属和 n 型半导体接触，若 $W_m > W_s$，金属-半导体接触后在半导体一侧表面形成一个正的空间电荷区，其电场方向由体内指向表面，半导体表面和内部之间的电势差即表面势 $V_s < 0$，使得半导体表面电子的能量高于体内，能带向上弯曲，即形成了表面势垒。在势垒区，正的空间电荷主要由电离施主杂质提供，表面电子浓度比体内小很多，因此表面空间电荷区是一个高阻的区域，其作用是阻挡半导体中的多子向金属转移，称为阻挡层。

若 $W_m < W_s$，金属和半导体接触时，电子将从金属流向半导体，在半导体表面形成负的空间电荷区。电场方向由表面指向体内，$V_s > 0$，表面能带向下弯曲。表面的电子浓度比体内高很多，是一个高电导的区域，其作用是不阻挡半导体中的多子流向金属，称为反阻挡层。其能带示意图如图 7-4(c) 所示。反阻挡层是很薄的高电导层，它对半导体和金属接触电阻的影响是很小的。

2. 金属-p 型半导体接触

金属和 p 型半导体接触时，形成阻挡层和反阻挡层的条件正好和 n 型半导体的相反。当 $W_m < W_s$ 时，半导体表面能带向下弯曲，表面形成由负的电离受主形成的负的空间电荷区，表面的空穴浓度远低于体内中性区，造成空穴的势垒，形成 p 型阻挡层，见图 7-5(a)；当 $W_m > W_s$，半导体表面能带向上弯曲，表面为空穴高电导区，形成 p 型反阻挡层，如图 7-5(b) 所示。

对应于金属和半导体接触形成阻挡层的情况，临近金属-半导体界面存在一个耗尽层。在耗尽层，费米能级 E_F 离导带底 E_c 和价带顶 E_v 都很远，因此这个区域的载流子浓度很少，近似认为 $n=0$ 及 $p=0$。

综上所述，n 型半导体和 p 型半导体的阻挡层的电阻很大，具有整流接触特性；而反阻挡层的电阻很小，具有欧姆接触特性。后面将会进行详细讲解。

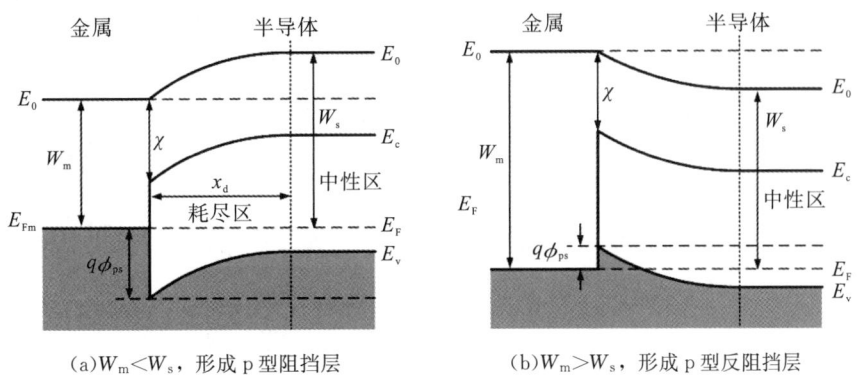

图 7-5　金属和 p 型半导体接触能带图

7.1.3　金属-半导体肖特基接触

根据以上的讨论，金属和 n 型半导体接触（$W_m > W_s$）以及金属和 p 型半导体接触（$W_m < W_s$）时形成阻挡层，形成阻挡层的接触称为金属-半导体肖特基接触，见图 7-4(b)以及图 7-5(a)。

如图 7-4(b)所示，金属和 n 型半导体形成肖特基接触。金属-半导体紧密接触后，忽略表面效应，比如不匹配的化学键或表面态等，平衡状态时，金属和半导体有统一的费米能级，这时没有电子的净流动。表面势完全补偿了原来费米能级的不同。V_D 为半导体表面和内部电势差，即内建电势差。在半导体一侧，qV_D 为半导体一侧导带底的电子运动到金属中形成的势垒。势垒高度为

$$qV_D = -qV_s = W_m - W_s \tag{7-6}$$

在金属-半导体界面形成肖特基势垒，其大小用 $q\varphi_{ns}$ 表示，该势垒是金属中的电子向半导体移动形成的势垒，由式(7-7)给出：

$$q\varphi_{ns} = qV_D + E_n = -qV_s + E_n = W_m - W_s + E_n = W_m - \chi \tag{7-7}$$

下标 n 代表金属和 n 型半导体接触。可见，肖特基势垒高度取决于金属、半导体的能带。

如图 7-5(a)所示，金属和 p 型半导体形成肖特基接触。金属和 p 型半导体之间空穴流动的势垒高度，即肖特基势垒高度为

$$q\varphi_{ps} = E_g - (W_m - \chi) = E_g - W_m + \chi \tag{7-8}$$

肖特基势垒高度是金属-半导体肖特基接触唯一重要的参数。表 7-2 给出了常见的几种金属-Si 接触的近似 $q\varphi_{ns}$ 和 $q\varphi_{ps}$ 测量值。由图 7-4(b)和图 7-5(a)可知，$q\varphi_{ns}$ 和 $q\varphi_{ps}$ 之和近似等于半导体禁带宽度。对 Si 半导体的肖特基势垒，可得

$$q\varphi_{ns} + q\varphi_{ps} \approx 1.12 \tag{7-9}$$

金属和 n 型半导体接触，肖特基势垒高度 $q\varphi_{ns}$ 随着金属功函数的增加而增加，这由式(7-7)不难理解。

表 7-2 常见的几种金属和 Si 接触形成的肖特基势垒高度 $q\varphi_{ns}$ 和 $q\varphi_{ps}$ 测量值（300K）

金属	Mg	Ti	Cr	W	Mo	Pd	Au	Pt
$q\varphi_{ns}$/eV	0.4	0.5	0.61	0.67	0.68	0.77	0.8	0.9
$q\varphi_{ps}$/eV		0.61	0.50		0.42		0.3	
功函数	3.7	4.3	4.5	4.6	4.6	5.1	5.1	5.7

例1：由 Au 和 n-Si($N_D = 5 \times 10^{16}$ cm^{-3})组成的肖特基二极管，已知 W_m(Au)=4.8eV，χ=4.05eV，由 $q\varphi_{ns}=qV_D+E_n$，求金属一边的势垒高度 $q\varphi_{ns}$。要求在图中标出以上各参数。

解：$E_n = E_c - E_{Fs} = k_0 T \ln \dfrac{N_c}{N_D} = 0.026 \times \ln \dfrac{2.8 \times 10^{19}}{5 \times 10^{16}} = 0.165 \text{(eV)}$

半导体功函数为

$$W_s = \chi + E_n = 4.05 + 0.165 = 4.215 \text{(eV)}$$

半导体侧势垒高度为

$$qV_D = W_m - W_s = 4.8 - 4.215 = 0.585 \text{(eV)}$$

所以，金属边的势垒高度为

$$q\varphi_{ns} = qV_D + E_n = 0.585 + 0.165 = 0.75 \text{(eV)}$$

能带图为

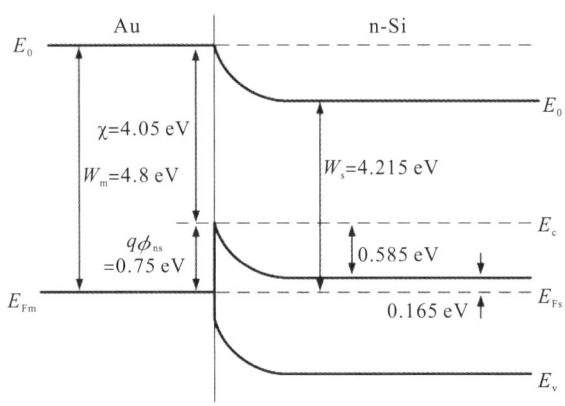

7.1.4 表面态对能带的影响

对于同一种半导体，χ 将保持一定的值。根据式(7-7)，用不同的金属与它形成的接触，其肖特基势垒高度 $q\varphi_{ns}$ 应当直接随金属功函数而变化，但是实测值的结果并非如此。例如，对于 GaAs，势垒高度几乎与金属功函数值无关。对于常见的共价键半导体来说，通常的经验值是：n 型半导体的肖特基势垒高度约为 $2E_g/3$，而 p 型半导体的势垒高度约为 $E_g/3$，也就是表面 $E_c - E_F = 2E_g/3$。因此，需要另外的模型来解释实际的肖特基势垒高度值。Beadle 等人解释为这是由于金属-半导体界面存在高密度的表面态。

一般表面态在半导体表面禁带中形成一定的分布，表面处存在一个距离价带顶为 $q\varphi_0$ 的能级，见图 7-6，电子正好填满 $q\varphi_0$ 以下的所有表面态时，表面呈电中性。$q\varphi_0$ 以下的表面态为空时，表面带正电，为施主型表面态；$q\varphi_0$ 以上的表面态被电子填充时，表面带负电，为受主型表面态。对于大多数半导体，$q\varphi_0$约为禁带宽度的三分之一。

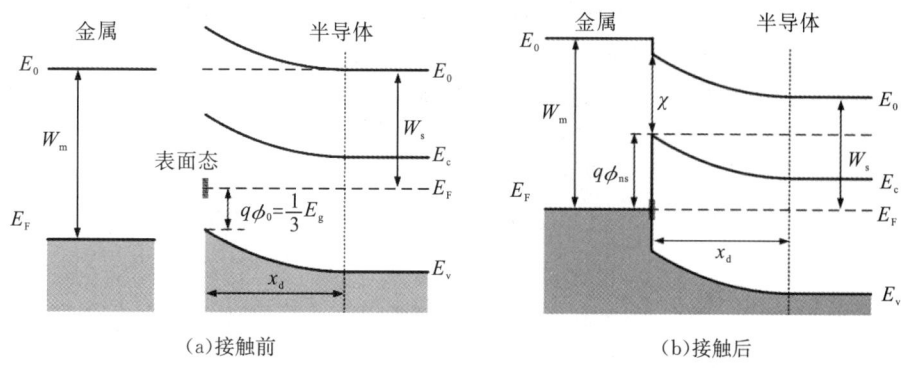

(a) 接触前　　　　　　　　　　(b) 接触后

图 7-6　表面受主态密度很高的 n 型半导体与金属接触能带图

以 n 型半导体为例，如果半导体表面存在大量的表面态，即使没有和金属接触，由于体内费米能级高于表面态能级，体内的电子往表面移动填充表面态。由于表面态密度非常高，这些电子均能被表面态能级所容纳，体内缺少电子而带正电，则在半导体表面产生正的空间电荷区，表面的电势能增加，表面能带向上弯曲，形成电子的势垒。此时表面的费米能级被牢牢钉扎在 $E_g/3$ 处。金属和半导体紧密接触后，金属和半导体之间不直接交换电子。虽然金属的费米能级和半导体表面能级有差别，金属和半导体表面有电子的流动，但是高的表面态密度使得金属的费米能级也被钉扎在 $E_g/3$ 处。因此，金属、半导体接触后，半导体表面的空间电荷区没有改变。肖特基势垒高度由半导体一侧的能带弯曲量决定，和金属功函数基本无关。

7.2　肖特基势垒的整流特性

金属和掺杂浓度不是很高的半导体接触，半导体一侧形成阻挡层，这种接触具有整流特性。由之制成的二极管称为肖特基二极管，相应的势垒称为肖特基势垒。

在这种器件中，阻挡层阻挡半导体和金属之间的电子交换，是一个高阻层。在平衡时，从两边只有极少量电子能越过势垒流向对方，而且互相抵消，不产生净电流。图 7-7(b)、7-7(e) 为无外加偏压时，金属分别和 n 型半导体和 p 型半导体接触形成阻挡层的能带图。若在金属和半导体之间外加电压，外加电压主要降落在半导体中高阻的势垒上。原来半导体表面和内部之间的电势差，即表面势为 $(V_s)_0$，外加偏压后表面势应为 $(V_s)_0+V$，因而半导体侧的电子势垒高度变为

$$-q[(V_s)_0+V] \tag{7-10}$$

V 与原来表面势符号相同时，阻挡层势垒将提高，否则势垒将下降。以 n 型半导体为例，无外加偏压时，$(V_s)_0<0$。外加电压后，半导体和金属不再处于相互平衡的状态，两者无统一的费米能级。半导体内部费米能级和金属费米能级之差，等于由外加电压所引起的净电势能差。图 7-7(a) 表示加正向电压(即 $V>0$)时的情形。半导体一边的势垒由 $qV_D=-q(V_s)_0$ 降低为 $-q[(V_s)_0+V]$。这时，从半导体到金属的电子数目增加，超过从金属到半导体的电子数，形成一股从金属到半导体的正向电流，它是由 n 型半导体中多数载流子构成的。外加电压越高，势垒下降越多，正向电流越大。图 7-7(c) 表示外加反

向电压(即 V<0)时的情形,此时势垒高度增高为 $-q[(V_s)_0+V]$。从半导体到金属的电子数目减少,金属到半导体的电子流占优势,形成一股由半导体到金属的反向电流。由于金属中的电子要越过相当高的势垒 $q\varphi_{ns}$ 才能到达半导体中,因此反向电流是很小的。从图 7-7 中可以看出,金属一边的势垒不随外加偏压变化,所以从金属到半导体的电子流是恒定的。当反向电压提高,使半导体到金属的电子流可以忽略不计时,反向电流将趋于饱和值。以上的讨论说明阻挡层具有整流作用。

对 p 型阻挡层的讨论完全类似。不同的是这时 $(V_s)_0>0$,因此,正向电流和反向电流的极性与 n 型阻挡层相反。如图 7-7(f)所示,当 V<0,即金属加负电压时,形成从半导体流向金属的正向电流;如图 7-7(d)所示,当 V>0,即金属加正电压时,形成反向电流。无论是哪种阻挡层,正向电流都相应于多数载流子由半导体到金属运动形成的电流。

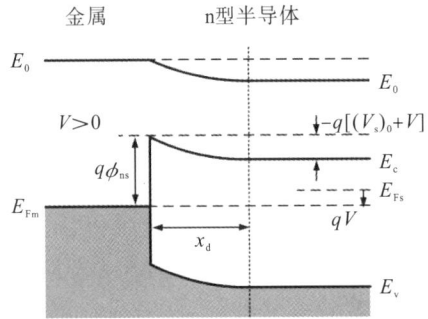
(a)金属-n 型半导体接触(外加正向偏压)

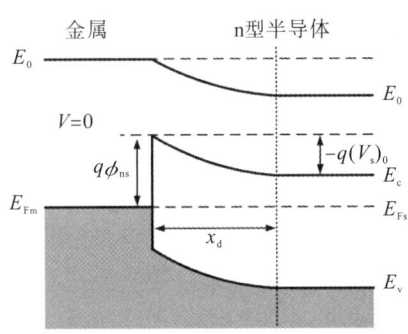
(b)金属-n 型半导体接触(无外加偏压)

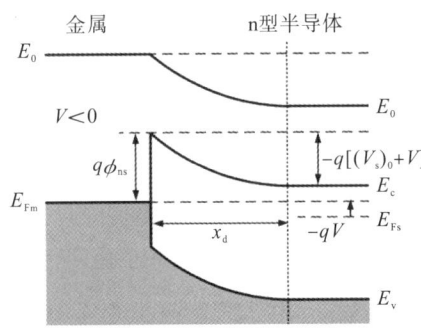
(c)金属-n 型半导体接触(外加反向偏压)

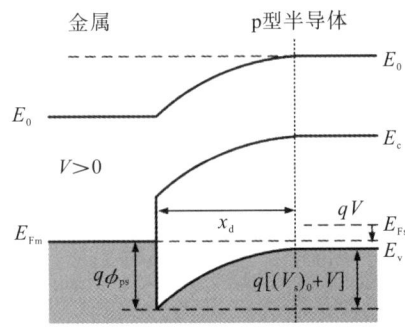
(d)金属-p 型半导体接触(外加正向偏压)

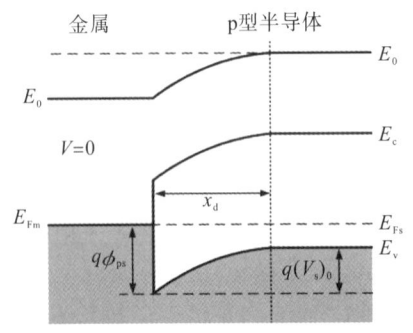
(e)金属-p 型半导体接触(无外加偏压)

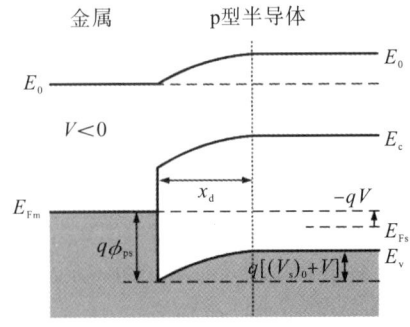
(f)金属-p 型半导体接触(外加反向偏压)

图 7-7 金属-半导体接触的能带图

7.3 肖特基势垒的电流输运

金属-半导体接触所形成的肖特基二极管为多数载流子器件，即电流输运通过多数载流子完成，例如，n 型半导体主要依靠电子传导电流，而 p 型半导体依靠空穴传导电流。

图 7-8 给出了金属-n 型半导体接触形成的肖特基二极管 4 种可能的电流输运机制。对于迁移率较大的半导体，势垒顶的热电子发射电流占主导地位；对于薄的势垒，比如重掺杂半导体形成的势垒，穿过势垒的隧穿电流占主导；耗尽区内的电子-空穴对复合电流以及从金属注入半导体的少数载流子空穴产生的空穴扩散电流也是可能存在的。虽然说肖特基二极管为多数载流子器件，但在某些情形下，少子注入电流，势垒区复合电流和隧道穿透电流也可以有重要贡献。这三种电流在以后的器件课程中会详细讲到。

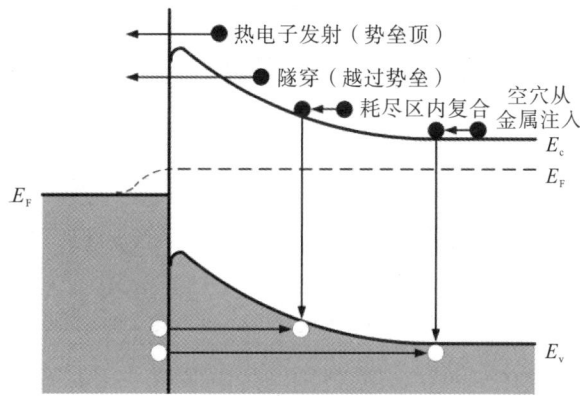

图 7-8　金属-半导体肖特基势垒二极管的可能输运机制

电子的输运可以用热电子发射理论或扩散理论来描述。这两种理论对应于不同的实际条件。热电子发射理论适用于高迁移率的半导体，电流值受限于势垒顶发射的电子数量；而扩散理论适用于低迁移率的半导体，电流值受限于载流子在耗尽区的扩散和漂移运动。下面将详细介绍这两种理论。

7.3.1　热电子发射理论

这种理论的提出最初基于以下假设：势垒区足够薄，以至半导体中处于势垒边缘的能量足够高的电子能够不经碰撞地发射到金属中，因此，这时起决定作用的是势垒高度。半导体内部的电子只要有足够的能量超越势垒的顶点，就可以自由地通过阻挡层进入金属。同样，金属中能超越势垒顶的电子也能到达半导体内。所以，电流的计算就归结为计算超越势垒的载流子数目。这就是热电子发射理论。

设发射沿 x 方向。在外加电压为 V 时，半导体中的势垒高度为 $-q[(V_s)_0+V]$。只有那些向 x 方向运动且动能超过势垒高度，即满足以下条件的电子，才能越过势垒：

$$\frac{1}{2}m_n^* v_x^2 \geqslant -q[(V_s)_0+V] \tag{7-11}$$

由上式可得能越过势垒的电子的 v_x 的下限为

$$v_{x0} = \left\{\frac{-2q[(V_s)_0 + V]}{m_n^*}\right\}^{\frac{1}{2}} \tag{7-12}$$

由对满足条件的电子求电流，从半导体到金属的电子每单位面积的电流密度由下式给出：

$$j_{s\to m} = \int_{E_F + q\varphi_{ns}}^{\infty} qv_x \, dn \tag{7-13}$$

式中，$E_F + q\varphi_{ns}$ 为热电子从半导体发射到金属所需的最低能量。

根据第 4 章的讨论，半导体内单位体积中能量在 $E \sim E + dE$ 范围内的电子数是

$$dn = 4\pi \frac{(2m_n^*)^{\frac{3}{2}}}{h^3}(E - E_c)^{\frac{1}{2}} \exp\left(-\frac{E - E_F}{k_0 T}\right) dE$$

$$= 4\pi \frac{(2m_n^*)^{\frac{3}{2}}}{h^3} \exp\left(-\frac{E_c - E_F}{k_0 T}\right)(E - E_c)^{\frac{1}{2}} \exp\left(-\frac{E - E_c}{k_0 T}\right) dE \tag{7-14}$$

载流子的速度由下式给出：

$$E = E_c + \frac{1}{2} m_n^* v^2 \tag{7-15}$$

由式(7-15)，得到

$$dE = m_n^* v \, dv \tag{7-16}$$

将式(7-15)和式(7-16)代入式(7-14)，并且利用 $n_0 = N_c \exp\left(-\frac{E_c - E_F}{k_0 T}\right)$，得到

$$dn = 4\pi n_0 \left(\frac{m_n^*}{2\pi k_0 T}\right)^{\frac{3}{2}} v^2 \exp\left(-\frac{m_n^* v^2}{2k_0 T}\right) dv \tag{7-17}$$

上式表示单位体积中速度在 $v \sim (v+dv)$ 范围内的电子数。式中 $4\pi v^2 dv = dv_x dv_y dv_z$，$y$ 和 z 方向的积分从 $-\infty \sim +\infty$，x 方向速度从 $v_{x0} \sim +\infty$ 积分，v_{x0} 值由式(7-12)给出。得到从半导体到金属的电子流所形成的电流密度为

$$J_{s\to m} = A^* T^2 \exp\left(-\frac{q\varphi_{ns}}{k_0 T}\right) \exp\left(\frac{qV}{k_0 T}\right) \tag{7-18}$$

式中，

$$A^* = \frac{4\pi q m_n^* k_0^2}{h^3} \tag{7-19}$$

称为有效理查逊常数。热电子向真空中发射的理查逊常数是 $A = \frac{4\pi q m_0 k_0^2}{h^3} = 120$ A/(cm^2·K^2)。表 7-3 给出了常见半导体 Si、Ge 和 GaAs 的 A^*/A 值。

表 7-3 常见半导体 Si、Ge 和 GaAs 的 A^*/A 值

半导体	Si	Ge	GaAs
p 型	0.66	0.34	0.62
n 型 ⟨111⟩	2.2	1.11	0.068(低场)
n 型 ⟨100⟩	2.1	1.19	1.2(高场)

从金属至半导体的电子流所形成的电流密度和上面所述的从半导体到金属的电子流具有类似的形式。由于电子从金属到半导体所面临的势垒高度不随外加偏压变化。所以，从金属到半导体的电子流所形成的电流密度 $J_{m\to s}$ 是个常量，可以通过零偏压下 $J_{总} = 0$ 得

到。因此，

$$J_{m\to s} = -J_{s\to m|V=0} = -A^* T^2 \exp\left(-\frac{q\varphi_{ns}}{k_0 T}\right) \tag{7-20}$$

因此，热电子发射理论的 I-V 特性为

$$J = J_{s\to m} + J_{m\to s} = A^* T^2 \exp\left(-\frac{q\varphi_{ns}}{k_0 T}\right)\left[\exp\left(\frac{qV}{k_0 T}\right) - 1\right]$$

$$= J_{ST}\left[\exp\left(\frac{qV}{k_0 T}\right) - 1\right] \tag{7-21}$$

其中，

$$J_{ST} = A^* T^2 \exp\left(-\frac{q\varphi_{ns}}{k_0 T}\right) \tag{7-22}$$

称为反向饱和电流密度。式(7-21)描述的是理想二极管的 I-V 特性，如图 7-9 所示。由式(7-22)，饱和电流密度随温度的变化可表示为

$$\ln\left(\frac{J_{ST}}{T^2}\right) = \ln A^* - \frac{q\varphi_{ns}}{k_0 T} \tag{7-23}$$

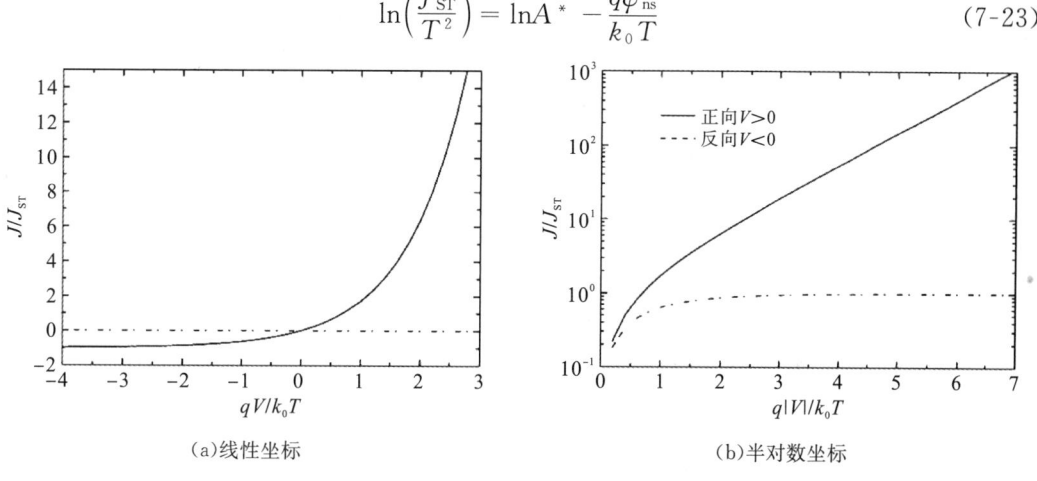

图 7-9 理想二极管 I-V 特性

$\ln\left(\frac{J_{ST}}{T^2}\right) - \frac{1}{T}$ 图称为理查逊图，通过此图的线性拟合，可以得到理查逊常数和肖特基势垒高度。

Ge、Si、GaAs 的载流子迁移率较高，具有较大的平均自由程。在室温下，这些半导体材料的肖特基势垒中的电流输运机构主要是多数载流子的热电子发射。

例 2：一 Pt-Si 肖特基二极管的肖特基势垒高度为 0.89eV，有效理查逊常数为 252A/(cm² • K²)，接触面积 A 为 10^{-4}cm²。计算在 300K 时，

(1)反向饱和电流；

(2)正向偏压为 0.5V 时的二极管正向电流。

解：(1)
$$I_{ST} = AJ_{ST} = AA^* T^2 \exp\left(-\frac{q\varphi_{ns}}{k_0 T}\right)$$

$$= 10^{-4} \times 252 \times 300^2 \exp\left(-\frac{0.89}{0.026}\right)$$

$$\approx 3 \times 10^{-12}(\text{A})$$

(2)由

$$J = J_{ST}\left[\exp\left(\frac{qV}{k_0 T}\right) - 1\right]$$

得到

$$I = I_{ST}\left[\exp\left(\frac{qV}{k_0 T}\right) - 1\right] = 3\times 10^{-12} \times \left[\exp\left(\frac{0.5}{0.026}\right) - 1\right] = 6.74\times 10^{-4}\,(\text{A})$$

7.3.2 扩散理论

当载流子迁移率比较低，以至电子的平均自由程远小于势垒区宽度时，电子通过势垒区要发生多次碰撞，扩散理论适用于这种情况。扩散理论中，势垒层存在载流子浓度梯度和电场梯度。计算通过势垒的电流时，必须同时考虑漂移和扩散运动。当势垒高度远大于 $k_0 T$ 时，势垒区近似为一个耗尽层。在耗尽区中，载流子极为稀少，它们对空间电荷的贡献可以忽略；杂质全部电离，空间电荷完全由电离杂质的电荷形成。图 7-10 表示 n 型半导体的耗尽层，x_d 表示空间电荷区宽度。有外加电压时的能带图如图 7-7 所示。若半导体是均匀掺杂的，则耗尽层中的电荷密度 $\rho = qN_D$，其中 N_D 是施主浓度。耗尽层外，半导体为电中性，$\rho = 0$。此时泊松方程是

$$\frac{d^2 V}{dx^2} = \begin{cases} -\dfrac{qN_D}{\varepsilon_r \varepsilon_0}, & 0 \leqslant x \leqslant x_d \\ 0, & x > x_d \end{cases} \quad (7\text{-}24)$$

ε_r 为相对介电常数。半导体内电场为 0，即 $E(x_d) = -\dfrac{dV}{dx}\bigg|_{x=x_d} = 0$。

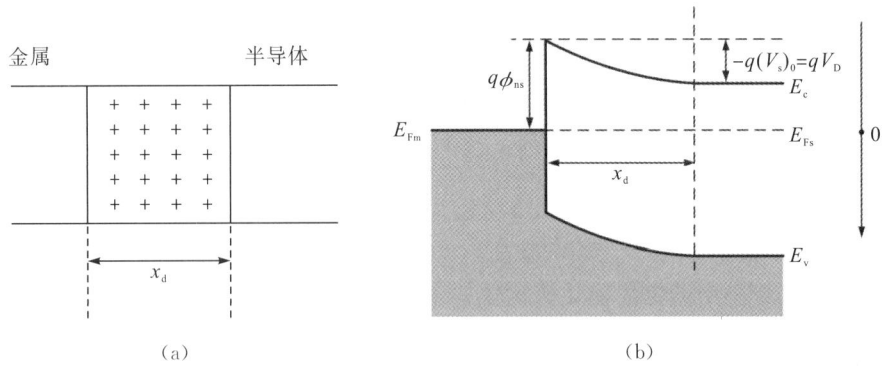

图 7-10　n 型半导体的耗尽层

把金属的费米能级 E_{Fm} 除以 $-q$ 作为电势零点，即 $V(0) = -\varphi_{ns}$。由边界条件，得到势垒区中的电场和电势大小为

$$E(x) = -\frac{dV(x)}{dx} = \frac{qN_D}{\varepsilon_r \varepsilon_0}(x - x_d) \quad (7\text{-}25)$$

$$V(x) = \frac{qN_D}{\varepsilon_r \varepsilon_0}\left(x_d x - \frac{x^2}{2}\right) - \varphi_{ns} \quad (7\text{-}26)$$

$x=0$ 时电场强度最大，为 $E_{max} = -\dfrac{qN_D}{\varepsilon_r\varepsilon_0}x_d$。外加电压 V 于金属，则 $V(x_d) = -(\varphi_n+V)$，而 $\varphi_{ns}=\varphi_n+V_D$。因此从式(7-26)得到势垒宽度为

$$x_d = \left\{-\frac{2\varepsilon_r\varepsilon_0[(V_s)_0+V]}{qN_D}\right\}^{\frac{1}{2}} \tag{7-27}$$

$$x_d\mid_{V=0} = x_{d0} = \left[-\frac{2\varepsilon_r\varepsilon_0(V_s)_0}{qN_D}\right]^{\frac{1}{2}} \tag{7-28}$$

由上式可知 x_d 是 V 的函数。当 V 与 $(V_s)_0$ 符号相同时，势垒高度提高，势垒宽度也相应增大。

流过势垒区的电流密度为

$$\begin{aligned}J &= q\left[n(x)\mu_n\mid E(x)\mid + D_n\frac{dn(x)}{dx}\right]\\&= qD_n\left[-\frac{qn(x)}{k_0T}\frac{dV(x)}{dx}+\frac{dn(x)}{dx}\right]\end{aligned} \tag{7-29}$$

上式利用了爱因斯坦关系式 $\mu_n = \dfrac{q}{k_0T}D_n$ 和 $E(x) = -\dfrac{dV(x)}{dx}$。

式(7-29)两边同时乘以因子 $\exp[-qV(x)/(k_0T)]$，得到

$$\begin{aligned}J\exp\left[-\frac{qV(x)}{k_0T}\right] &= qD_n\left(n(x)\frac{d}{dx}\left\{\exp\left[-\frac{qV(x)}{k_0T}\right]\right\}+\exp\left[-\frac{qV(x)}{k_0T}\right]\frac{dn(x)}{dx}\right)\\&= qD_n\frac{d}{dx}\left\{n(x)\exp\left[-\frac{qV(x)}{k_0T}\right]\right\}\end{aligned} \tag{7-30}$$

在稳定情况下，电流密度 J 为常数，即和位置 x 值无关。从 $x=0$ 到 $x=x_d$ 对上式积分，并且利用式(7-26)以及在 $x=0$ 和 $x=x_d$ 处，载流子浓度具有平衡值。

$$n(0) = n_0\exp\left[\frac{q(V_s)_0}{k_0T}\right], \quad x=0 \tag{7-31}$$

$$n(x_d) = n_0 = N_c\exp\left(-\frac{q\varphi_n}{k_0T}\right), \quad x=x_d \tag{7-32}$$

得到电流密度

$$J = \frac{q^2D_nn_0}{k_0T}\left\{-\frac{2qN_D}{\varepsilon_r\varepsilon_0}[(V_s)_0+V]\right\}^{\frac{1}{2}}\exp\left(\frac{qV_0}{k_0T}\right)\left[\exp\left(\frac{qV_0}{k_0T}\right)-1\right] \tag{7-33}$$

$$\begin{aligned}J_{SD} &= \frac{q^2D_nN_c}{k_0T}\left\{-\frac{2qN_D}{\varepsilon_r\varepsilon_0}[(V_s)_0+V]\right\}^{\frac{1}{2}}\exp\left(-\frac{q\varphi_{ns}}{k_0T}\right)\\&= \sigma\left[\frac{2qN_D}{\varepsilon_r\varepsilon_0}(V_D-V)\right]^{\frac{1}{2}}\exp\left(-\frac{qV_D}{k_0T}\right)\end{aligned} \tag{7-34}$$

扩散理论和热电子发射理论具有类似的 I-V 特性，只是具有不同的反向饱和电流，J_{SD} 随电压变化，并不饱和。

7.3.3 镜像力和隧道效应的影响

上述讨论的二极管的 I-V 特性采用了高度理想的模型。实际实验结果和理论值存在一定的差别，所以必须对理论进行修正。本书主要讨论镜像力和隧道效应的影响。

1. 镜像力的影响

金属和半导体接触后，半导体中的电子到达金属-半导体界面时，该电子将在金属表面感生正电荷。由于金属中的电力线垂直于界面，感生电荷的作用等价于金属中镜面对称位置上的一个正的镜像电荷，如图7-11(a)所示。因此在距离界面 x 处的电子所受到的镜像力大小为

$$f = -\frac{q^2}{4\pi\varepsilon_r\varepsilon_0(2x)^2} = -\frac{q^2}{16\pi\varepsilon_r\varepsilon_0 x^2} \tag{7-35}$$

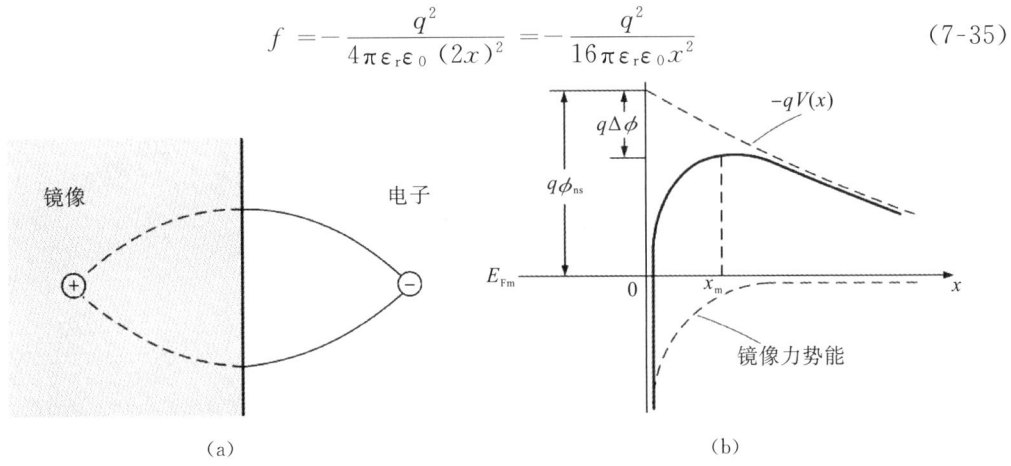

图 7-11 镜像力引起势垒降低的原理图

镜像力所引起的附加势能为

$$\int_x^\infty f\,\mathrm{d}x = -\frac{q^2}{16\pi\varepsilon_r\varepsilon_0 x} \tag{7-36}$$

考虑镜像力的影响后，电子所具有的总势能为

$$\begin{aligned}-\frac{q^2}{16\pi\varepsilon_r\varepsilon_0 x} - qV(x) &= -\frac{q^2}{16\pi\varepsilon_r\varepsilon_0 x} - q|E|x \\ &= -\frac{q^2}{16\pi\varepsilon_r\varepsilon_0 x} - q\left[\frac{qN_\mathrm{D}}{\varepsilon_r\varepsilon_0}\left(xx_\mathrm{d}-\frac{1}{2}x^2\right) - \varphi_{\mathrm{ns}}\right]\end{aligned} \tag{7-37}$$

肖特基势垒高度降低(图7-11(b))$q\Delta\varphi$。作为近似，可认为界面附近由半导体中空间电荷所引起的电场恒为 E。镜像力 f 和电场力 qE 相等处 $x=x_\mathrm{m}$，电子有最大势能。在 x_m 处，有

$$qE = \frac{q^2 N_\mathrm{D}}{\varepsilon_r\varepsilon_0}(x_\mathrm{d}-x_\mathrm{m}) = \frac{q^2}{16\pi\varepsilon_r\varepsilon_0 x_\mathrm{m}^2} \tag{7-38}$$

设 $x_\mathrm{d} \gg x_\mathrm{m}$，可求出

$$x_\mathrm{m} = \left(\frac{q}{16\pi\varepsilon_r\varepsilon_0 E}\right)^{\frac{1}{2}} = \frac{1}{4\sqrt{\pi N_\mathrm{D} x_\mathrm{d}}} \tag{7-39}$$

相应的，x_m 处所具有的势能为

$$-qV(x_\mathrm{m}) \approx q\varphi_{\mathrm{ns}} - \frac{q^2 N_\mathrm{D}}{\varepsilon_r\varepsilon_0} x_\mathrm{m} x_\mathrm{d} \tag{7-40}$$

将式(7-39)代入式(7-40)，得到势垒降低量为

$$q\Delta\varphi = q\varphi_{ns} - qV(x_m) = \frac{q^2 N_D}{\varepsilon_r \varepsilon_0} x_m x_d$$

$$= \frac{1}{4}\left[\frac{2q^7 N_D}{\pi^2 \varepsilon_r^3 \varepsilon_0^3}(V_D - V)\right]^{\frac{1}{4}} = \left(\frac{qE}{4\pi\varepsilon_r\varepsilon_0}\right)^{\frac{1}{2}} = 2Ex_m \quad (7\text{-}41)$$

当 $E = 10^5$ V/cm 时，$\Delta\varphi = 0.12$ V，x_m 约为 6nm；当 $E = 10^7$ V/cm 时，所对应的 $\Delta\varphi = 1.2$ V，x_m 为 1nm。说明高电场下，肖特基势垒大大降低。肖特基势垒取决于外加反向偏压。掺杂浓度较高也会导致势垒高度下降量增大。

2. 隧道效应的影响

隧道效应是指能量低于势垒的电子有一定的概率由势垒的一边穿透到势垒的另一边，但穿透的概率与电子能量和势垒厚度有关。对于足够薄的有限高度的势垒，穿透率显著增加。在各种半导体接触中，当势垒区的掺杂浓度足够高时，可得到足够薄的势垒。可做这样的简化：对于一定能量的电子，存在一个临界势垒厚度 x_c，若势垒厚度大于 x_c，则电子完全不能穿过势垒；而如果势垒厚度小于 x_c，则势垒对于电子是透明的，电子可以直接穿过它。

半导体一边的有效势垒高度是 $-qV(x_c)$，即

$$-qV(x_c) = -q\left[\frac{qN_D}{\varepsilon_r\varepsilon_0}\left(x_d x_c - \frac{x_c^2}{2}\right) - \varphi_{ns}\right] \quad (7\text{-}42)$$

考虑 $x_c \ll x_d$ 后，隧道效应引起的势垒降低为

$$q\Delta\varphi = \left[\frac{2q^3 N_D}{\varepsilon_r\varepsilon_0}(V_D - V)\right]^{\frac{1}{2}} x_c \quad (7\text{-}43)$$

也随反向电压增加而增大。当反向电压较高时，势垒的降低才较明显。

镜像力和隧道效应对反向特性的影响特别显著，它们引起势垒高度的降低，使反向电流增加，而且随着反向电压的提高，势垒降低更显著，反向电流也增加得更多。

7.4 势垒电容

势垒区内单位面积的总电量为

$$Q = qN_D x_d = qN_D \left\{-\frac{2\varepsilon_r\varepsilon_0[(V_s)_0 + V]}{qN_D}\right\}^{\frac{1}{2}}$$

$$= [2qN_D\varepsilon_r\varepsilon_0(V_D - V)]^{\frac{1}{2}} \quad (7\text{-}44)$$

因此，势垒区内单位面积的电容为

$$C = \frac{dQ}{dV} = \left[\frac{\varepsilon_r\varepsilon_0 qN_D}{2(V_D - V)}\right]^{\frac{1}{2}} = \frac{\varepsilon_r\varepsilon_0}{x_d} \quad (7\text{-}45)$$

由式(7-45)，得

$$\frac{1}{C^2} = \frac{2}{\varepsilon_r\varepsilon_0 qN_D}(V_D - V) \quad (7\text{-}46)$$

C-V 曲线如图 7-12 虚线所示。如果半导体均匀掺杂，$\frac{1}{C^2}$-V 为一条直线，如图 7-12 实线所示。通过直线的斜率可求得半导体的掺杂浓度为

$$N_D = -\frac{2}{\varepsilon_r \varepsilon_0 q}\left[\frac{d}{dV}\left(\frac{1}{C^2}\right)^{-1}\right] \tag{7-47}$$

延长 $\frac{1}{C^2}$-V 直线与 V 轴相交，即 $\frac{1}{C^2}=0$ 时，得到 V_D。对于图 7-12 所示的 C-V 曲线，求得 $V_D=804\pm3$meV 以及 GaAs 的掺杂浓度为 4.8×10^{16}cm^{-3}，如图 7-13 所示

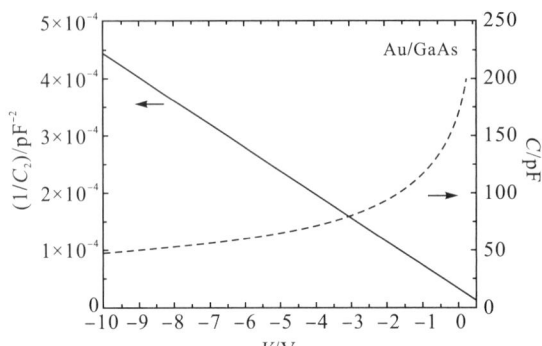

图 7-12 室温下 Au/GaAs 肖特基二极管的 C-V（虚线）及 $\frac{1}{C^2}$-V（实线）

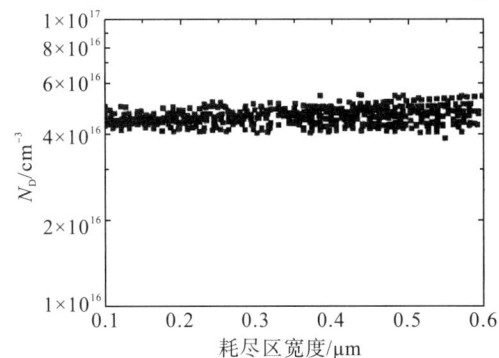

图 7-13 不同偏压所对应耗尽区宽度的掺杂浓度（约为 4.8×10^{16}cm^{-3}）

由此可以得到肖特基势垒高度为

$$q\varphi_{ns} = qV_D + E_n - q\Delta\varphi \tag{7-48}$$

$q\Delta\varphi$ 为由于镜像力或隧道效应所引起的势垒降低量。

例 3：一 Au 与 n 型 Si 形成的肖特基二极管，半导体掺杂浓度为 10^{16}cm^{-3}，$\chi=4.05$eV，$W_{Au}=4.8$eV，求加反向偏压 5V 时的结电容。

解：由

$$N_D = N_c \exp\left(-\frac{E_c - E_F}{k_0 T}\right)$$

$$\Rightarrow E_c - E_F = k_0 T \ln\frac{N_c}{N_D}$$

$$\Rightarrow E_c - E_F = 0.026\times\ln\frac{2.8\times10^{19}}{10^{16}} = 0.206(\text{eV})$$

半导体功函数为

$$W_s = \chi + E_n = 4.05 + 0.206 = 4.256(\text{eV})$$

半导体侧势垒高度为

$$qV_D = W_m - W_s = 4.8 - 4.256 = 0.544(\text{eV})$$

内建电势差为
$$V_D = 0.544 \text{ V}$$
结电容为
$$C = \left[\frac{\varepsilon_r \varepsilon_0 q N_D}{2(V_D - V)}\right]^{\frac{1}{2}} = \left[\frac{11.9 \times 8.85 \times 10^{-14} \times 1.6 \times 10^{-19} \times 10^{16}}{2 \times (0.544 + 5)}\right]^{\frac{1}{2}}$$
$$= 1.23 \times 10^{-8} (\text{F/cm}^2)$$

7.5 肖特基二极管的应用

利用金属-半导体接触整流特性制成的二极管称为肖特基二极管，它和 pn 结二极管具有类似的整流特性，即

$$I = I_0 \left[\exp\left(\frac{qV}{k_0 T}\right) - 1\right] \tag{7-49}$$

Si 肖特基二极管的反向饱和电流 I_0 比典型 pn 结二极管的反向饱和电流大 $10^3 \sim 10^8$ 倍，具体数值取决于肖特基势垒高度 $q\varphi_{ns}$。较小的肖特基势垒高度导致反向饱和电流较大。较大的反向饱和电流意味着同样大的正向电流，肖特基二极管的正向导通电压值较低，I-V 特性如图 7-14 所示。目前市场上测试 I-V 特性用 SMU(源测量单位)仪器取代了传统的晶体管图示仪，图 7-15 所示为 B2902A 型 SMU 测试的肖特基二极管 I-V 曲线。这个特性使得肖特基二极管更适合应用于低压以及大电流领域。但是，肖特基势垒高度也不能太小，否则，二极管工作于反向偏压状态时，大的反向饱和电流将增加器件的功率损耗，导致产生过多的热。当进一步增加反向饱和电流时，器件的温度增加，影响器件性能。

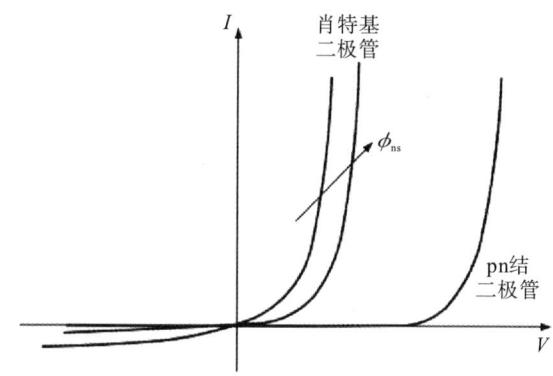

图 7-14　pn 结和肖特基二极管的 I-V 特性比较图

肖特基二极管和 pn 结第二个区别是：肖特基二极管的正向电流相当于多数载流子由半导体到金属形成的电流。在肖特基结处，少数载流子注入可以忽略(取决于肖特基势垒高度)，这也意味着可以忽略过剩载流子的存储效应。因此，肖特基二极管比 pn 结具有更好的高频特性，其工作频率可达 100GHz。

正是由于肖特基二极管的这些优点，因此被广泛应用于高速集成电路、微波电路等领域。肖特基二极管的半导体材料通常采用 Si 或 GaAs，多为 n 型半导体。近年来，随着宽禁带 SiC 材料以及器件结构的进一步发展，涌现出越来越多的 SiC 肖特基二极管器件，其击穿电压可超过 1200V。随着对石墨烯研究的不断深入，Kim 和 Chen 等人用导电

性良好的石墨烯代替传统的金属，在 n 型和 p 型衬底上制造了高性能的肖特基二极管。

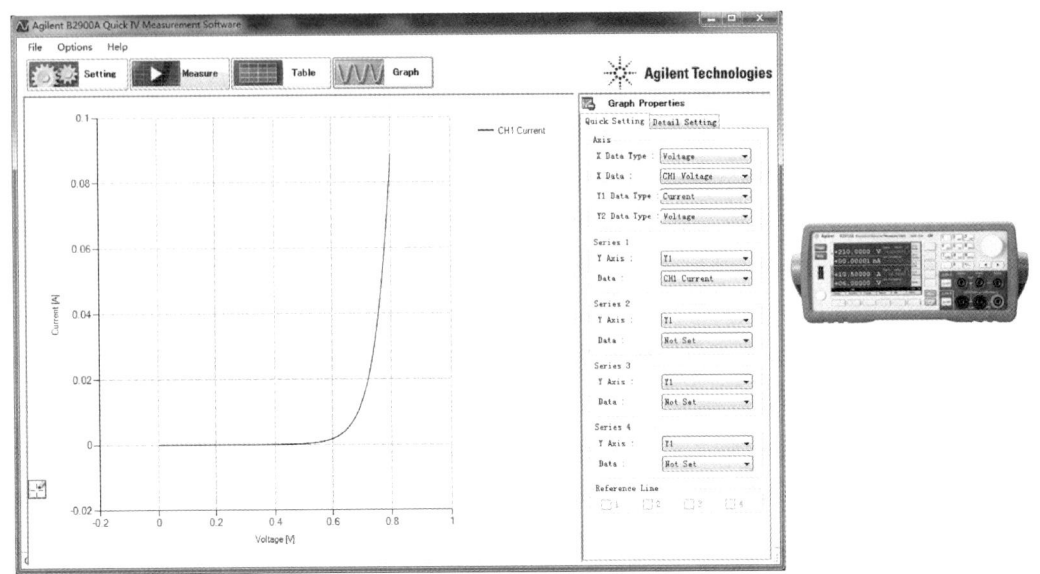

图 7-15　肖特基二极管 I-V 特性测试曲线及所使用仪器

注：图片为采用 Keysight B2902A 型 SMU 测试结果

7.6　金属-半导体欧姆接触

金属和半导体接触还能够形成非整流接触，即欧姆接触。欧姆接触要求金属和半导体的接触电阻在外加正负压时都非常小，具有恒定值，其 I-V 特性图如图 7-16 所示。当有电流流过时，欧姆接触上的电压降应当远小于样品或器件本身的压降。半导体器件一般都要利用金属电极输入或输出电流，要求金属和半导体之间形成良好的欧姆接触。在超高频和大功率器件中，欧姆接触是设计和制造中的关键问题之一。

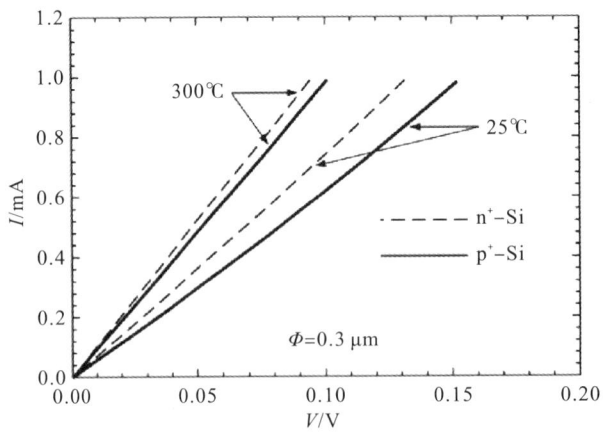

图 7-16　直径为 0.3um 的 $TiSi_2$ 和 n^+-si 及 p^+-si 形成欧姆接触的 I-V 特性图

实现良好欧姆接触的两个先决条件是：①金属与半导体间有低的势垒高度(barrier height)；②半导体有高浓度的杂质掺入($N \geqslant 10^{12}$ cm^{-3})。图 7-17 为形成欧姆接触的原理图，图 7-17(a)对应第一个先决条件，金属和半导体间的势垒高度低，可使得金属-半导体界面热发射的电子增加，而图 7-17(b)为半导体重掺时，势垒区宽度变得很薄，由隧道效应产生的隧道电流占主导地位时，金属-半导体间的接触电阻很小，形成欧姆接触。可见，由于不存在功函数足够小的金属，实现宽禁带半导体的欧姆接触比较困难。

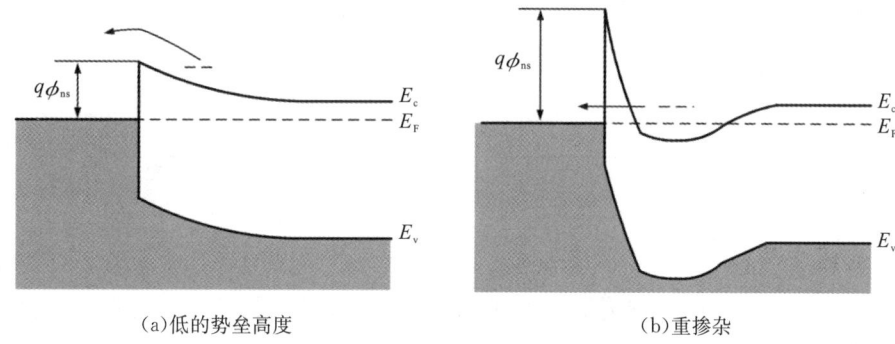

(a)低的势垒高度　　　(b)重掺杂

图 7-17　形成欧姆接触的能带原理图

欧姆接触的优势在于接触处的接触电阻 R_c 很小。接触电阻的定义是零偏压时电流密度对电压求导的倒数，即

$$R_c = \left(\frac{dJ}{dV}\right)^{-1}\bigg|_{V=0} \Omega \cdot cm^2 \tag{7-50}$$

接触电阻 R_c 值越小，对器件电学性能影响越小。

对于由较低半导体掺杂浓度形成的整流接触，$I\text{-}V$ 特性由热电子发射理论决定。这种情况下的单位接触电阻为

$$R_c = \frac{\frac{k_0 T}{q}\exp\left(\frac{q\varphi_{ns}}{k_0 T}\right)}{A^* T^2} \tag{7-51}$$

单位接触电阻随着势垒高度的下降迅速减小。

对于重掺杂的金属-半导体结，隧道电流占主导地位。此时，接触电阻为

$$R_c \propto \exp\left[\frac{2}{\hbar}(m_n^* \varepsilon_r \varepsilon_0)^{\frac{1}{2}}\left(\frac{\varphi_{ns}}{N_D^{1/2}}\right)\right] \tag{7-52}$$

从上式可知，接触电阻 R_c 随掺杂浓度的增高而指数越小。所以，半导体重掺杂时，可得到欧姆接触。

图 7-18 是 Pt/Si 和 Al/Si 接触，接触电阻 R_c 随掺杂浓度变化的理论值和实验值比较。当掺杂浓度约大于 10^{19} cm^{-3} 时，隧道效应占主导地位，R_c 随 N_D 呈指数规律变化；当掺杂浓度较低时，R_c 由势垒高度决定，与掺杂浓度基本无关。

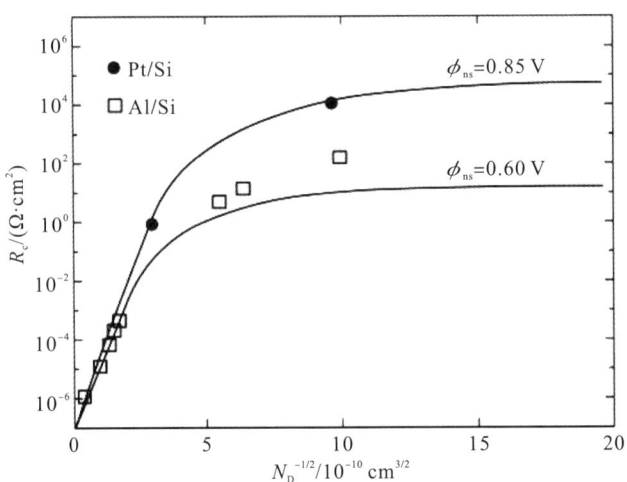

图 7-18　接触电阻随掺杂浓度变化的理论值和实验值比较

最常见实现欧姆接触的方法是在重掺杂半导体上沉积一层金属，利用隧道效应的原理形成欧姆接触。图 7-19 为一欧姆接触的纵向截面图。$TiSi_2$ 与重掺的 n^+ 区形成欧姆接触。金属沉积后，在一定温度下进行退火处理形成金属-半导体合金。表面掺杂浓度的不均匀会使欧姆接触单位接触电阻难以达到理论值。实际的工艺情况，例如表面清洁、退火温度等因素也对欧姆接触的形成有重要的影响。目前对常见半导体的欧姆接触工艺已进行了大量的实验研究。

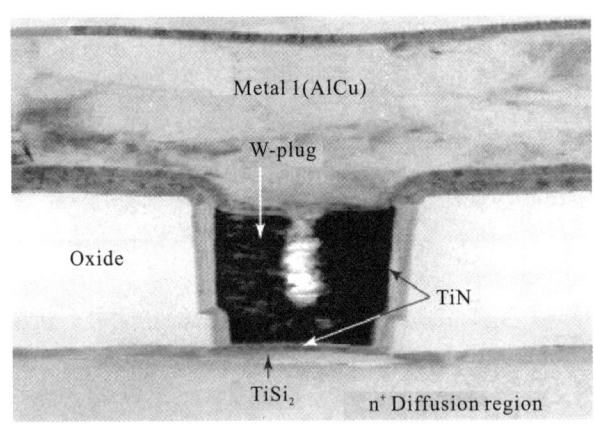

图 7-19　欧姆接触示意图

7.7 本章小结

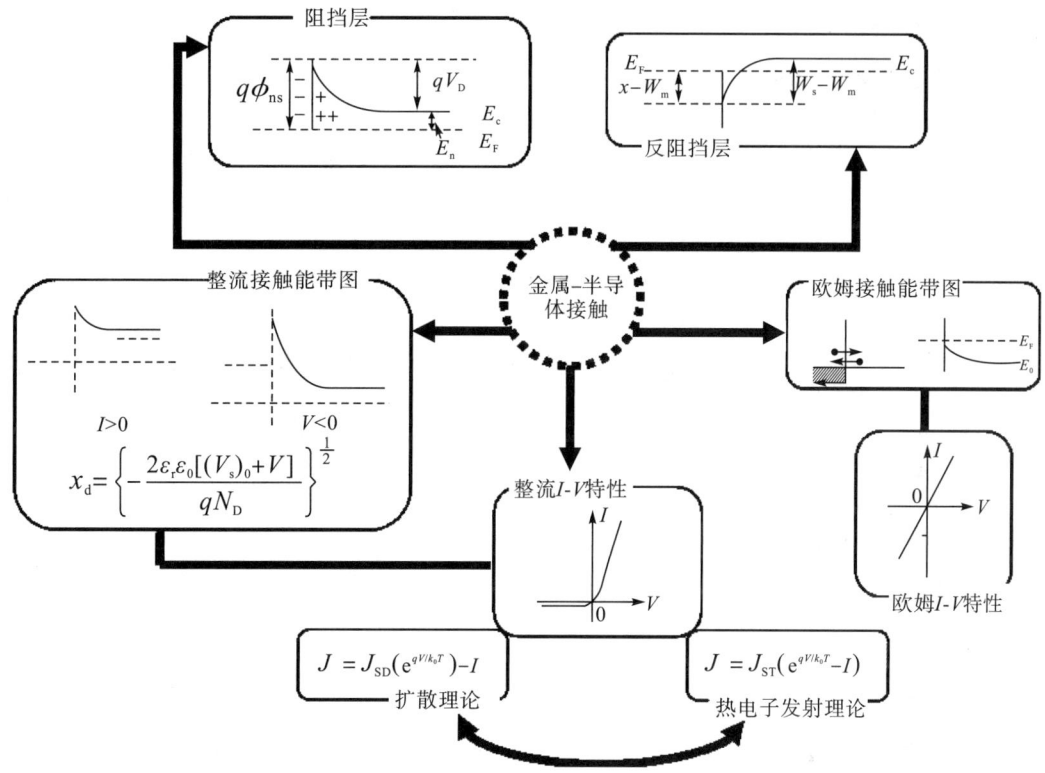

(1) 金属与轻掺杂半导体接触形成整流接触,称为肖特基二极管。其理想的肖特基势垒高度由金属功函数和半导体电子亲和能决定。

(2) 金属-半导体阻挡层随着外加偏压而变化,即肖特基势垒具有整流效应。

(3) 无论是 n 型阻挡层还是 p 型阻挡层,正向电流都相应于多数载流子由半导体到金属形成的电流。

(4) 热电子发射电流输运理论适用于迁移率较高的半导体。

(5) 外加反向偏压时,镜像力和隧道效应对金属-半导体接触的 I-V 特性影响很大,引起势垒高度降低,使反向电流增加。

(6) 金属和重掺杂的半导体接触形成欧姆接触,这种接触的接触电阻很小,不影响器件的电学性能。

重要术语一览

(1) 功函数:真空能级 E_0 和费米能级 E_F 之差,表示电子被束缚的强弱。

(2) 电子亲和能:真空能级 E_0 和半导体导带底 E_c 能级之差。表示半导体导带底的电子逸出体外所需要的最小能量。

(3) 表面势:半导体表面和半导体内部的电势差。

(4)接触电势差:两种不同功函数的晶体接触,由于电荷流动,在两侧晶体表面形成电荷层所产生的电势差。

(5)肖特基势垒高度:金属-半导体结中电子或空穴从金属运动至半导体所需要越过的势垒。

(6)镜像力降低效应:由于反向电场引起金属-半导体结势垒高度降低的现象。

(7)隧道效应:重掺杂的半导体势垒区很薄,电流输运主要是隧道电流。

(8)接触电阻:在零偏压时,电流密度对电压求导的倒数。

思考题

(1)定性说明半导体功函数随掺杂浓度的变化趋势。

(2)画出金属和 n 型以及 p 型半导体接触形成肖特基结在无外加偏压时平衡状态的能带图。

(3)以金属-n 型半导体形成的肖特基势垒为例,解释肖特基结的整流特性,并画出能带图。

(4)比较热电子发射理论和扩散理论。

(5)用能带图简要说明镜像力引起肖特基势垒的降低。

(6)解释欧姆接触的形成原理。

(7)如何测试肖特基二极管的肖特基势垒高度。列出实验方法,并说明测试原理。

习题

1. 施主浓度为 $N_D = 5 \times 10^{16}/cm^3$ 的 n 型 Si,室温下功函数为多少?忽略表面态的影响,它分别同 Al、Au 和 Mo 接触时,形成阻挡层还是反阻挡层?Si 的电子亲和能取 4.05eV,N_c 为 $2.8 \times 10^{19} cm^{-3}$。设 $W_{Al} = 4.18eV$,$W_{Au} = 5.20eV$,$W_{Mo} = 4.21eV$。

2. 受主浓度为 $N_A = 5 \times 10^{16}/cm^3$ 的 p 型 Ge,室温下功函数为多少?忽略表面态的影响,它分别同 Al、Au 和 Pt 接触时,形成阻挡层还是反阻挡层?Ge 的电子亲和能取 4.13eV,N_v 为 $3.9 \times 10^{18} cm^{-3}$。设 $W_{Al} = 4.18eV$,$W_{Au} = 5.20eV$,$W_{Pt} = 5.43eV$。

3. 掺杂浓度为 $N_D = 10^{16} cm^{-3}$ 的 n 型单晶 Si 材料和金属 Au 接触,忽略表面态的影响,已知 $W_{Au} = 5.20eV$,$\chi = 4.05eV$,$N_c = 10^{19} cm^{-3}$,$\ln 10^3 = 6.54$,在室温下,$k_0 T = 0.026eV$,半导体介电常数 $\varepsilon_r = 12$,试计算:

(1)半导体的功函数;

(2)零偏压时半导体表面的势垒高度,并说明是哪种形式的金属-半导体接触及半导体表面能带的状态;

(3)半导体表面的势垒宽度。

4. 考虑室温 Au 与 n 型 Si 接触,掺杂浓度为 $N_D = 10^{17} cm^{-3}$,$T = 300K$。

(1)画出两种材料接触前的能带图;

(2)画出接触后零偏时的理想能带图;

(3)计算(2)中的 $q\varphi_{ns}$、x_d 和 E_{max}。Si 的电子亲和能取 4.05eV。设 $W_{Au} = 5.20eV$,$\varepsilon_r(Si) = 11.9$。

5. PtSi 肖特基二极管在 $T = 300K$ 时生长在掺杂浓度为 $N_D = 10^{16} cm^{-3}$ 的 n 型 <100>

Si 上。肖特基势垒高度为 0.89eV。计算：

(1) $E_n = E_c - E_F$；

(2) qV_D；

(3) 忽略势垒降低时的 J_{ST}；

(4) 使 $J = 2A/cm^2$ 时的外加偏压 V。

6. 有一块施主浓度 $N_D = 10^{16} cm^{-3}$ 的 n 型 Ge 材料，在它的(111)面上与金属接触制成肖特基势垒二极管。已知 $V_D = 0.4V$，求加上 0.3V 电压时的正向电流密度。

7. 某金属-半导体接触构成的阻挡层，其中半导体中施主浓度为 $2.5 \times 10^{16} cm^{-3}$，半导体一边的势垒高度为 0.64eV，金属一边的势垒高度为 0.67eV。计算：

(1) 分别加上 0.44V 的正向电压和 3V 的反向电压时，半导体一边的势垒宽度之比；

(2) 室温下的反向饱和电流。

8. Au-Si 结的掺杂浓度为 $N_D = 5 \times 10^{15} cm^{-3}$，接触面积为 $A = 5 \times 10^{-4} cm^2$，$T = 300K$。

(1) 求出 $V_R = 4V$ 时的结电容；

(2) 如果掺杂浓度变为 $N_D = 5 \times 10^{16} cm^{-3}$，重复(1)。已知 $\varepsilon_r(Si) = 11.9$。

9. 功函数为 $q\varphi_{ms} = 4.2eV$ 的金属沉积在 n 型 Si 半导体上，半导体的电子亲和能为 4.05eV，禁带宽度 $E_g = 1.12eV$。假定不存在表面态的影响，$T = 300K$。

(1) 当结中不存在耗尽区时，大致绘出零偏压时的能带图。

(2) 计算满足步骤(1)中条件的 N_D 值。

测试题

1. 画出下列各种情况的能带图，并说明重掺杂的半导体对下列各种情况是重要或是根本不需要重掺杂。

(1) p^+-Si 和 Al 形成欧姆接触。

(2) n^+-Si 和 $TiSi_2$ 形成欧姆接触。

(3) p-Si 和 Al 形成整流接触，加反向偏压 0.3V。

2. 如图 7-20 所示为金属-半导体接触后的平衡能带图。

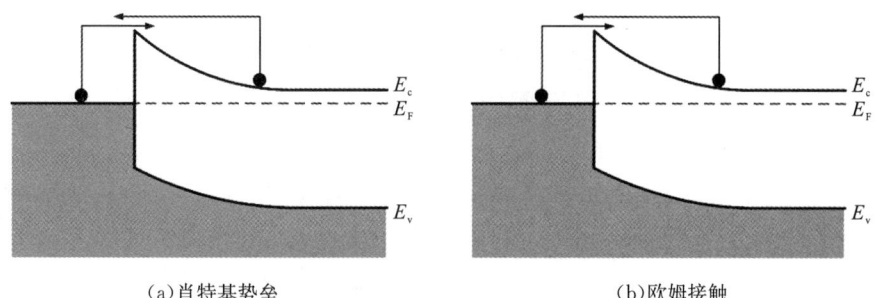

(a) 肖特基势垒　　　　　　(b) 欧姆接触

图 7-20　金属-半导体接触后的平衡能带图

(1) 判断图(a)和图(b)中半导体的掺杂浓度之间的关系并定性分析其原因。

(2) 分别画出(a)和(b)两种掺杂情况下外加偏压下对应的 $I-V$ 特性。

3. (1) 金属和 n 型 Si 接触形成肖特基势垒，金属功函数为 4.8eV，Si 掺杂浓度为 $10^{16} cm^{-3}$。画出加 0.4V 正向偏压的能带图(包括真空能级)，并在能带图上标明金属功函

数 W_m、肖特基势垒高度 $q\varphi_{ns}$、$q(V_D-V)$ 和 χ_{Si} 的具体数值。

(2)画出第一问中所描述器件的电荷 ρ、电场 E 以及电势 V 的分布图。每个图画两条曲线：平衡态以及正向偏压 0.4V 两种情况。不需要标明具体数值，画出相对值即可。

4. 设 p 型 Si 半导体的受主浓度 $N_A=10^{17}\text{cm}^{-3}$，已知：$W_{Ag}=4.18\text{eV}$，$W_{Pt}=5.36\text{eV}$，$N_V=10^{19}\text{cm}^{-3}$，$E_g=1.12\text{eV}$，Si 半导体的电子亲合能 $\chi=4.05\text{eV}$，试求：

(1)室温下费米能级 E_F 的位置和功函数 W_s；

(2)不计表面态的影响，该 p 型 Si 半导体分别和 Pt 和 Ag 接触后能否形成阻挡层？

(3)若能形成阻挡层，求半导体一边势垒高度 qV_D。

5. 理想情况下由 Cr 与 n 型 Si 半导体形成的肖特基二极管，$T=300\text{K}$。假定半导体均匀掺杂，$N_D=5\times10^{15}\text{cm}^{-3}$（$W_{Cr}=4.54\text{eV}$，$\chi=4.05\text{eV}$，$N_c=2.8\times10^{19}\text{cm}^{-3}$），求：

(1)理想肖特基势垒高度；

(2)内建电势差 V_D；

(3)加 $V_R=5\text{V}$ 反向偏压时的电场强度的峰值；

(4)加 $V_R=5\text{V}$ 反向偏压电压时的单位面积结电容。

6. 有 [100] 晶向的 n 型 Si 和某一金属接触形成肖特基二极管，其参数为 $W_m=4.7\text{eV}$，$\chi_{Si}=4.05\text{eV}$，$N_c=10^{19}\text{cm}^{-3}$，$N_D=10^{15}\text{cm}^{-3}$，$\varepsilon_r(\text{Si})=11.9$。忽略表面态，室温下：

(1)计算零偏压下的势垒高度和接触电势差；

(2)用高斯定理求零偏压下的势垒宽度；

(3)计算正偏 0.3V 下的热发射电流密度(有效理查逊常数取 $240\text{A}/(\text{cm}^2\cdot\text{K}^2)$)。

7. (111)面的 n 型 Si 与金属接触形成肖特基二极管。已知肖特基势垒高度 $q\varphi_{ns}=0.78\text{eV}$，计算室温下的反向饱和电流 J_{ST}。

8. 一金属/n 型半导体形成的肖特基二极管具有如图 7-21 所示的 C-V 特性，求：

(1)n 型半导体的掺杂浓度；

(2)半导体侧内建电势差。

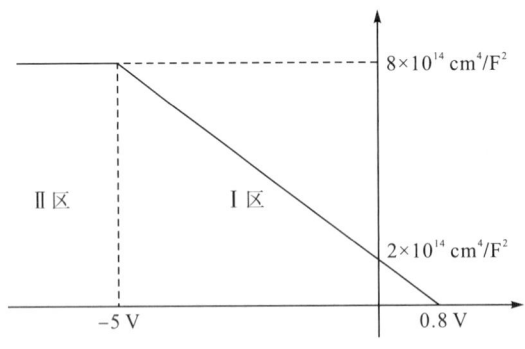

图 7-21 C-V 特性

主要参考文献

[1] Beadle W E, Tsai J C C, Plummer R D. Quick reference manual for silicon integrated circuit technology. New York: Wiley-Interscience, 1985: 12—8.

[2] Nishio J, Ota C, Hatakeyama T, et al. Ultralow-loss SiC floating junction schottky barrier diodes (Super-SBDs). IEEE Transactions on Electron Devices, 2008, 55(8): 1954—1960.

[3] Saxena V, Su J N, Steckl A J. High-voltage Ni-and Pt-SiC schottky diodes utilizing metal field plate termination. IEEE Transactions on Electron Devices, 1999, 46(3): 456—464.

[4] Zhao J H, Alexandrov P, Li X. Demonstration of the first 10-kV 4H-SiC schottky barrier diodes. IEEE Electron Device Letters, 2003, 24(6): 402—404.

[5] Nakamura T, Miyanagi T, Kamata I, et al. A 4.15 kV 9.07-mΩ · cm^2 4H-SiC Schottky-barrier diode using Mo contact annealed at high temperature. IEEE Electron Device Letters, 2005, 26(2): 99—101.

[6] Kim H Y, Lee K, McEvoy N, et al. Chemically modulated graphene diodes. Nano Letters, 2013, 13: 2182—2188.

[7] Chen C C, Aykol M, Chang C C, et al. Graphene-silicon schottky diodes. Nano Letters, 2011, 11(5): 1863—1867.

[8] Banerjee K, Amerasekera A, Dixit G, et al. Temperature and current effect on small-geometry-contact resistance. Technical digest of international electron devices meeting, 1999, 115.

[9] Yu A Y C. Electron tunneling and contact resistance of metal-silicon contact barriers. Solid-State Electronics. 1970, 13(2): 239—247.

[10] Chang C Y, Fang Y K, Sze S M. Specific contact resistance of metal-semiconductor barriers. Solid-State Electronics, 1971, 14(7): 541—550.

第8章 半导体表面效应和MIS结构

目标：
(1)描述MIS结构积累、平带、耗尽和反型状态的能带结构和电荷分布。
(2)理解空间电荷区的电荷分布以及电容效应。
(3)讨论理想MIS电容器的C-V特性
(4)利用串联反向电池的思想，解释金属-半导体功函数差以及氧化层电荷对MIS电容器的C-V特性的影响
(5)说明界面态对C-V特性的影响
(6)解释平带电压和阈值电压
(7)理解MIS结构的场效应原理

前面一章，我们讨论了金属-半导体肖特基接触和欧姆接触。若在金属与半导体之间加一层绝缘层，就变成了金属-绝缘体-半导体(MIS)结构，见图8-1。最常见的MIS结构是金属-二氧化硅-半导体(MOS)结构。氧化层厚度可以薄至1.5nm。这种结构对于研究半导体表面具有重要的意义，并且也是互补型金属-氧化物-半导体(CMOS)反相器、MOS绝缘栅场效应晶体管及电荷耦合器件(CCD)等重要器件的基本组成部分。本章重点为：①表面电场效应；②MIS结构的C-V特性；③Si-SiO$_2$系统的实验研究；④平带电压及阈值电压。

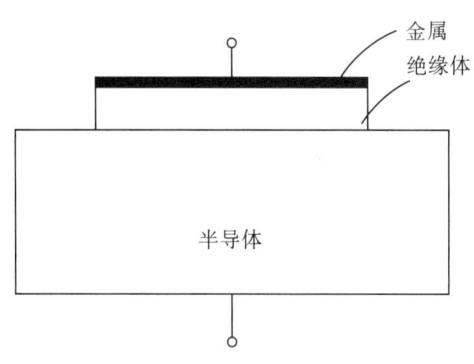

图8-1 MIS结构示意图

8.1 理想MIS结构的能带图以及电荷分布

理想MIS结构必须满足以下条件：
(1)金属与半导体的功函数差为零。如图8-2为n型和p型半导体衬底理想MIS结构无外加偏压时的能带图，即

$$q\varphi_{\text{ms}} = q\varphi_{\text{m}} - \left(\chi + \frac{E_{\text{g}}}{2} \pm qV_{\text{B}}\right) = 0 \tag{8-1}$$

式中，"+"号和"−"号分别对应 p 型和 n 型衬底，即图 8-2(b)和8-2（a）。其中，$qV_{\text{B}} = |E_{\text{i}} - E_{\text{F}}|$，指体内禁带中央能级 E_{i} 和费米能级 E_{F} 之差。

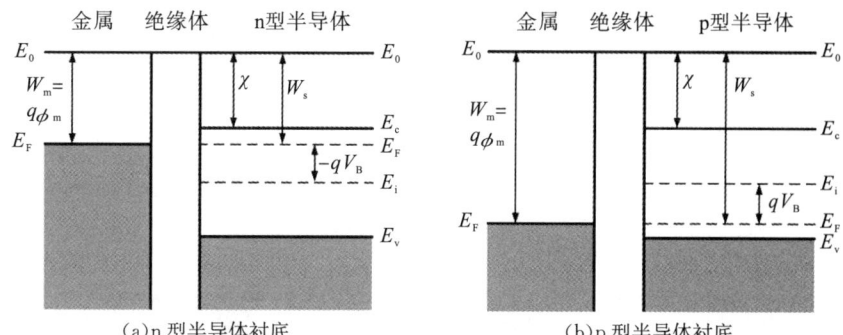

图 8-2　零偏压时理想 MIS 结构的能带图

（2）在绝缘层内没任何电荷且绝缘层完全不导电。
（3）绝缘层与半导体界面处不存在任何界面态。

当在理想 MIS 结构上外加电压时，有三种情况发生：积累、耗尽和反型。

首先，我们讨论 p 型半导体，借助平行板电容器进行讨论。如图 8-3 所示，一个平行板电容器的两平板之间为绝缘物质。平行板电容器的上电极加负电压，在这种情况下，上、下电极分别积累负电荷和正电荷，两平行板之间产生从下往上的电场。

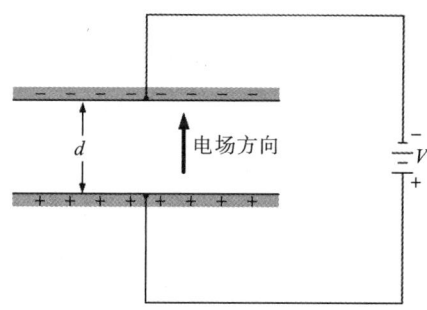

图 8-3　平行板电容器加电场后的电荷分布

MIS 结构类似于一平行板电容器。图 8-4 为一 p 型半导体衬底的 MOS 电容器结构，上电极(金属电极)加负偏压时，金属电极上将积累负电荷，从而产生从下往上的电场。如果电场穿入半导体，p 型半导体的多数载流子空穴将受到向上的电场力，因此往氧化层-半导体的界面运动。图 8-5 所示是稳定后电荷的平衡分布。由图可见，在氧化层-半导体结处产生了空穴的积累层。此空穴积累层对应于 MOS 电容器下电极的正电荷。

图 8-6(a)为在相同电容器加正电压的情况。这时上金属电极将出现正电荷，产生从金属指向半导体的电场。在这种情况下，p 型半导体的空穴将受到向下的电场力，被推离氧化层-半导体界面，则在靠近氧化层-半导体界面处形成一负的空间电荷区，这一层称为多子耗尽层，耗尽层的负电荷由电离后受主杂质形成，与 MOS 电容"下极板"上的负电荷对应。图 8-6(b)为此 MOS 电容器加正电压后电荷的平衡分布情况。

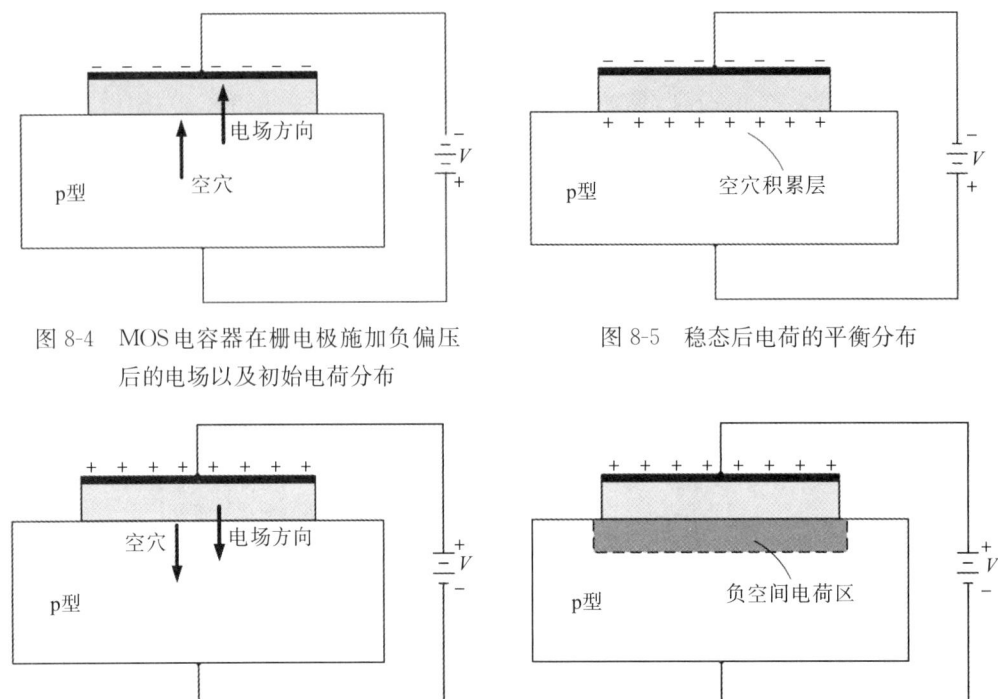

图 8-4 MOS电容器在栅电极施加负偏压后的电场以及初始电荷分布

图 8-5 稳态后电荷的平衡分布

(a)电场及初始电荷分布图

(b)稳态后电荷的平衡分布情况

图 8-6 在栅电极上施加适当大小的正偏压的 MOS 电容器

图 8-7 为 MIS 结构旋转 90°的示意图。p 型半导体衬底接地，电压加在金属端。图 8-8 为不加偏压时理想 MIS 结构的能带图，此时能带是平直的，称为平带状态。

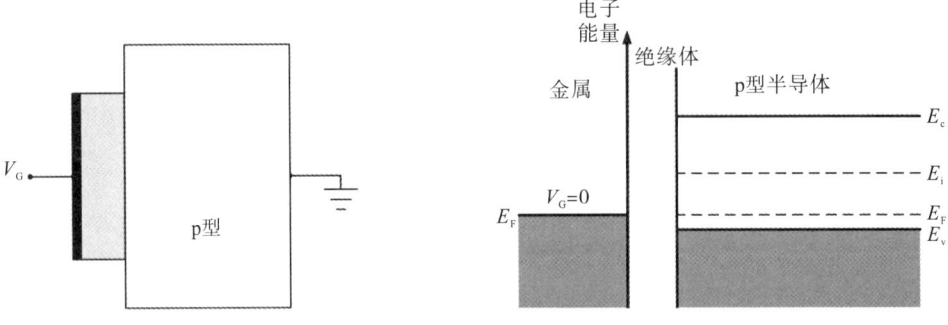

图 8-7 横向 MIS 结构示意图

图 8-8 零偏压时 p 型半导体衬底 MIS 结构的能带示意图

图 8-9(a)为 p 型半导体的积累状态。当金属与半导体间加负电压时（金属接负），一部分电压降落在绝缘层上，另一部分电压降落在半导体。表面势 V_s 为负值，半导体表面处能带向上弯曲。在热平衡状态，MIS 结构具有统一的费米能级。由于半导体的空穴浓度随费米能级与价带顶之差 $E_F - E_v$ 的减少而指数增大，因此半导体表面的空穴浓度显著增加。这种状态为 p 型半导体空穴的积累状态。越接近表面空穴浓度越高。

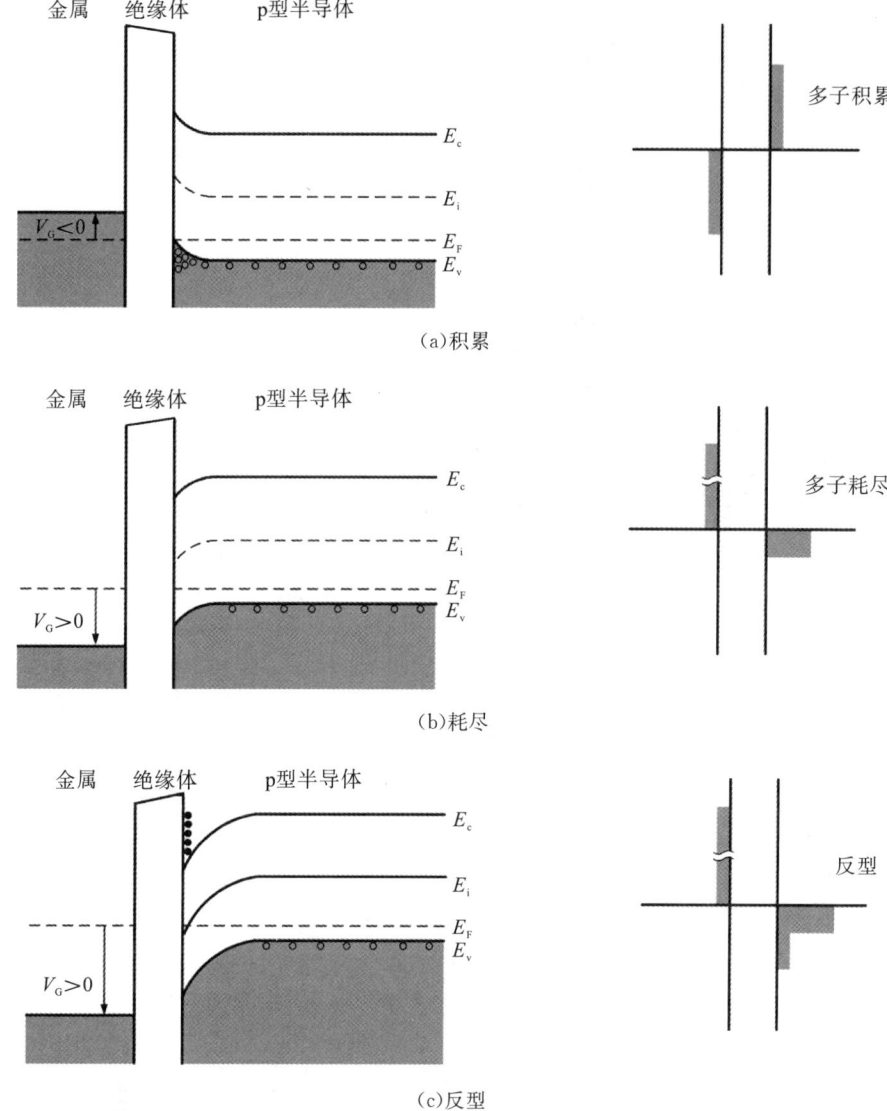

图 8-9 p 型半导体衬底理想 MIS 结构在各种外加偏压下的能带图以及电荷分布

> ▶ 强反型后，表面的少数载流子电子的浓度远远超过表面的多数载流子空穴的浓度。

图 8-9(b)为 p 型半导体 MIS 结构的耗尽状态。此时，金属与半导体间加适度大小的正电压(金属接正)。表面势 V_s 为正值，半导体表面能带向下弯曲，出现多数载流子的耗尽状态。此时，表面的费米能级仍然位于本征能级 E_i 以下，表面仍然是 p 型半导体，空穴为多数载流子。进一步增大正偏压，使得费米能级和本征能级 E_i 交叉，在表面，费米能级超过本征能级，即表面费米能级离导带底的距离比离价带顶的距离更近一些，见图 8-9(c)。在表面层，电子浓度超过空穴浓度，并且越靠近表面电子浓度越大，空穴浓度越小，称为反型层。当费米能级仍然靠近本征能级 E_i 时，为弱反型；而当费米能级靠近表面导带底 E_c 时，为强反型。由图 8-9(c)可知，反型层发生在近表面处，从反型层到半导体中性区还

夹着一层耗尽层。因此，半导体空间电荷区的负电荷由两部分组成，一部分是耗尽层中已电离的受主负电荷，另一部分是反型层中的电子，反型层的电子主要在近表面区。

对于 n 型半导体，如图 8-10 所示，在金属端加上相反极性的电压，可形成多数载流子积累、耗尽状态以及少子反型状态。反型状态时[图 8-10(c)]，表面的少数载流子空穴的浓度超过多数载流子电子的浓度。

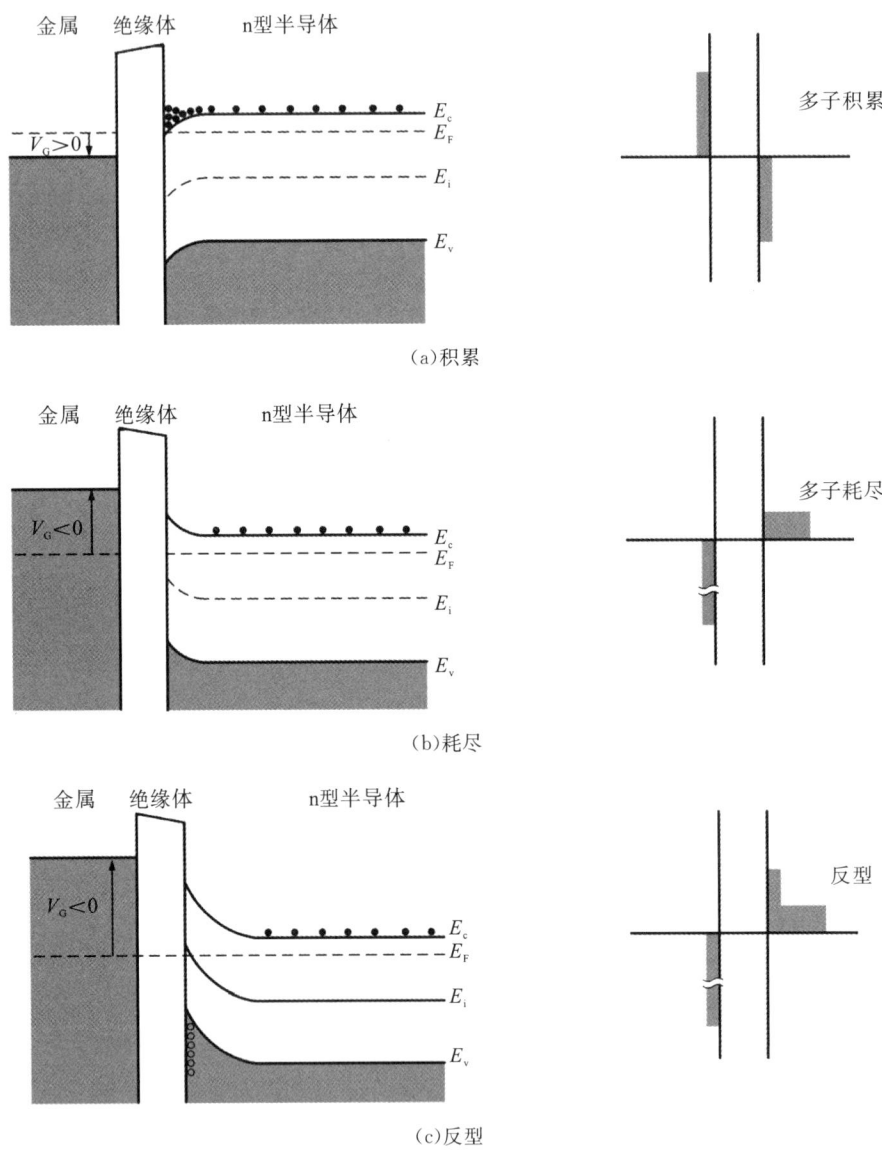

图 8-10 n 型半导体衬底理想 MIS 结构在各种外加偏压下的能带图以及电荷分布

8.2 空间电荷区

现在我们计算空间电荷区的电荷和电场分布，规定半导体表面为 x 轴原点，x 轴垂直于表面指向半导体内部。取半导体内部电势为零，在电势为 V 的 x 点，电子和空穴浓

度分别为

$$n_p = n_{p0} \exp\left(\frac{qV}{k_0 T}\right) \quad (8\text{-}2a)$$

$$p_p = p_{p0} \exp\left(-\frac{qV}{k_0 T}\right) \quad (8\text{-}2b)$$

n_{p0} 和 p_{p0} 分别表示半导体体内的平衡电子浓度和平衡空穴浓度。

所以，净的载流子浓度为

$$n_p - p_p = n_{p0} \exp\left(\frac{qV}{k_0 T}\right) - p_{p0} \exp\left(-\frac{qV}{k_0 T}\right) \quad (8\text{-}3)$$

表面势为 V_s，半导体表面的电子和空穴浓度分别为

$$n_s = n_{p0} \exp\left(\frac{qV_s}{k_0 T}\right) \quad (8\text{-}4a)$$

$$p_s = p_{p0} \exp\left(-\frac{qV_s}{k_0 T}\right) \quad (8\text{-}4b)$$

假设半导体表面是个无限大的面，其线度远远大于空间电荷层的厚度，半导体厚度远大于空间电荷区的厚度，半导体为均匀掺杂，不考虑量子效应。在满足以上条件的情况下，空间电荷层中电势满足的泊松方程为

$$\frac{d^2 V}{dx^2} = -\frac{\rho(x)}{\varepsilon_{rs}\varepsilon_0} \quad (8\text{-}5)$$

ε_{rs} 为半导体的相对介电常数，$\rho(x)$ 为总的空间电荷密度，由下式给出：

$$\rho(x) = q[p(x) - n(x) + n_D^+(x) - p_A^-(x)] \quad (8\text{-}6)$$

泊松方程的边界条件为：半导体内部为电中性，即 $\rho(x) = 0$ 或

$$n_D^+ - p_A^- = n_{p0} - p_{p0} \quad (8\text{-}7)$$

以及 $V=0$。注意到一全电离、均匀掺杂的半导体，$n_D^+ - p_A^-$ 为常数，不随位置变化。由式(8-3)，泊松方程变为

$$\frac{d^2 V}{dx^2} = -\frac{q}{\varepsilon_{rs}\varepsilon_0}\left\{p_{p0}\left[\exp\left(-\frac{qV}{k_0 T}\right) - 1\right] - n_{p0}\left[\exp\left(\frac{qV}{k_0 T}\right) - 1\right]\right\} \quad (8\text{-}8)$$

对上式两边乘以 dV 并从空间电荷层内边界积分到表面：

$$\int_0^{\frac{dV}{dx}} \frac{dV}{dx} d\left(\frac{dV}{dx}\right) = -\frac{q}{\varepsilon_{rs}\varepsilon_0} \int_0^V \left\{p_{p0}\left[\exp\left(-\frac{qV}{k_0 T}\right) - 1\right] - n_{p0}\left[\exp\left(\frac{qV}{k_0 T}\right) - 1\right]\right\} dV \quad (8\text{-}9)$$

将上式两边积分，由于电场强度 $E = -dV/dx$，得到

$$|E|^2 = \left(\frac{2k_0 T}{q}\right)^2 \left(\frac{q^2 p_{p0}}{2\varepsilon_{rs}\varepsilon_0 k_0 T}\right) \left\{\left[\exp\left(-\frac{qV}{k_0 T}\right) + \frac{qV}{k_0 T} - 1\right] + \frac{n_{p0}}{p_{p0}}\left[\exp\left(\frac{qV}{k_0 T}\right) - \frac{qV}{k_0 T} - 1\right]\right\} \quad (8\text{-}10)$$

定义

$$F\left(\frac{qV}{k_0 T}, \frac{n_{p0}}{p_{p0}}\right) = \left\{\left[\exp\left(-\frac{qV}{k_0 T}\right) + \frac{qV}{k_0 T} - 1\right] + \frac{n_{p0}}{p_{p0}}\left[\exp\left(\frac{qV}{k_0 T}\right) - \frac{qV}{k_0 T} - 1\right]\right\}^{\frac{1}{2}} \quad (8\text{-}11)$$

$$L_D = \left(\frac{\varepsilon_{rs}\varepsilon_0 k_0 T}{q^2 p_{p0}}\right)^{\frac{1}{2}} \quad (8\text{-}12)$$

式(8-11)称为 F 函数，是表征半导体空间电荷区性质的一个重要参数，为一个倍率变化函数。式(8-12)的 L_D 为空穴的德拜长度，反映表面层电荷分布的平均深度。

定义以上两个参数后，可得到

$$E = -\frac{dV}{dx} = \pm \frac{\sqrt{2}k_0 T}{qL_D} F\left(\frac{qV}{k_0 T}, \frac{n_{p0}}{p_{p0}}\right) \tag{8-13}$$

当 $V>0$ 时取"+"号，当 $V<0$ 时取"−"号。在表面处，$V=V_s$，单位面积的表面电荷 Q_s 所产生的表面电场强度为

$$E_s = \pm \frac{\sqrt{2}k_0 T}{qL_D} F\left(\frac{qV_s}{k_0 T}, \frac{n_{p0}}{p_{p0}}\right) \tag{8-14}$$

由高斯定理，表面电荷面密度为

$$Q_s = -\varepsilon_{rs}\varepsilon_0 E_s = \mp \frac{\sqrt{2}\varepsilon_{rs}\varepsilon_0 k_0 T}{qL_D} F\left(\frac{qV_s}{k_0 T}, \frac{n_{p0}}{p_{p0}}\right) \tag{8-15}$$

上式中的负号是因为规定电场强度指向半导体内部为正。

由式(8-15)可知，在低频情况下，表面空间电荷层的电荷面密度 Q_s 随表面势 V_s 变化，这相当于电容效应。其微分电容为

$$C_s = \left|\frac{dQ_s}{dV_s}\right| = \frac{\varepsilon_{rs}\varepsilon_0}{\sqrt{2}L_D} \frac{\left\{\left[-\exp\left(-\frac{qV_s}{k_0 T}\right)+1\right]+\frac{n_{p0}}{p_{p0}}\left[\exp\left(\frac{qV_s}{k_0 T}\right)-1\right]\right\}}{F\left(\frac{qV_s}{k_0 T}, \frac{n_{p0}}{p_{p0}}\right)} \tag{8-16}$$

上式为单位面积上的电容，单位为 F/m^2。下面将详细讨论积累、平带、耗尽和反型 4 种状态下半导体表面面电荷密度、表面电场以及表面电容随表面势 V_s 的变化。

8.2.1 半导体表面面电荷密度随表面势的变化

以 p 型半导体衬底形成的 MIS 结构为例，半导体表面电荷 Q_s 随表面势 V_s 的变化情况见图 8-11。

(1)当外加电压 $V_G<0$ 时，为多子堆积状态，表面势 V_s 为负值，F 函数主要由式(8-11)的第一项决定，此时空间电荷为正的空穴，且空穴面密度随表面势绝对值 $|V_s|$ 的增大而指数增大，见式(8-17)。这也说明表面势越负，能带在表面处向上弯曲得越厉害时，表面层的空穴浓度急剧增长。如图 8-11 的 I 区间。

$$Q_s = \frac{\sqrt{2}\varepsilon_{rs}\varepsilon_0 k_0 T}{qL_D}\exp\left(-\frac{qV_s}{2k_0 T}\right) \tag{8-17}$$

(2)当外加电压 $V_G=0$，表面势 $V_s=0$，表面处能带不发生弯曲，理想 MIS 结构处于平带状态，此时无空间电荷，$Q_s=0$。

(3)当外加不太大的正电压时，表面处费米能级 E_F 仍然在本征能级 E_i 以下，空间电荷区为空穴耗尽状态。此时，$0 \leqslant V_s \leqslant V_B$，其中，$qV_B=E_i-E_F$ 指体内本征能级 E_i 和费米能级 E_F 之差。F 函数主要由式(8-11)的第二项决定，此时，表面电荷随表面势的变化用式(8-18)表示。空间电荷区面电荷密度随表面势的变化如图 8-11 的 II 区间所示。

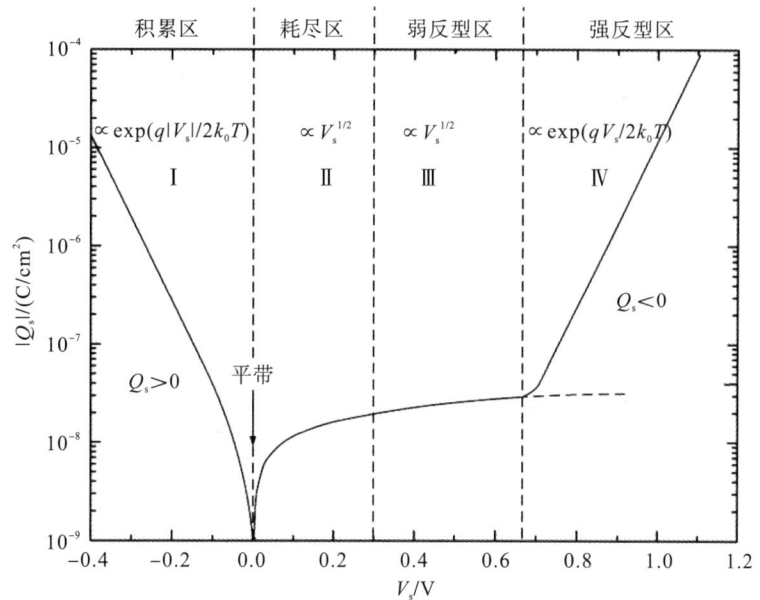

图 8-11 室温，$N_A = 4 \times 10^{15}$ cm^{-3} 的 p 型 Si 表面点电荷密度 Q_s 随表面势 V_s 的变化

$$Q_s = -\frac{\sqrt{2}\varepsilon_{rs}\varepsilon_0}{L_D}\left(\frac{k_0 T}{q}\right)^{\frac{1}{2}}(V_s)^{\frac{1}{2}} \tag{8-18}$$

Q_s 为负值，表示空间电荷为由电离受主杂质形成的负电荷。

对于耗尽状态，也可以用"耗尽层近似"来处理，即假设空间电荷层的空穴全部被耗尽，负电荷全部由电离的受主杂质提供。对于均匀掺杂的半导体，泊松方程为

$$\frac{d^2 V}{dx^2} = \frac{qN_A}{\varepsilon_{rs}\varepsilon_0} \tag{8-19}$$

假设 x_d 为耗尽层宽度，利用边界条件：$x = x_d$ 时，$\frac{dV}{dx} = 0$，得到

$$\frac{dV}{dx} = -\frac{qN_A}{\varepsilon_{rs}\varepsilon_0}(x_d - x) \tag{8-20}$$

设体内电势为零，即 $x = x_d$ 时，$V = 0$，对上式积分，得

$$V = \frac{qN_A}{2\varepsilon_{rs}\varepsilon_0}(x_d - x)^2 \tag{8-21}$$

$x = 0$ 时，$V = V_s$，表面势为

$$V_s = \frac{qN_A}{2\varepsilon_{rs}\varepsilon_0}x_d^2 \tag{8-22}$$

半导体空间电荷层中单位面积的电量为

$$Q_s = -qN_A x_d \tag{8-23}$$

(4) 进一步增大外加正偏压，表面能带进一步弯曲，使得表面费米能级 E_F 超过本征能级 E_i，这种情况为表面反型。临界反型状态的能带图见图 8-12。前面已经说过，反型状态分为强反型状态和弱反型状态两种情况，以表面处少数载流子浓度 n_s 是否超过体内多数载流子浓度 p_{p0} 为标志。表面处少子浓度可根据式(8-4a)得到，为

$$n_s = n_{p0}\exp\left(\frac{qV_s}{k_0 T}\right) = \frac{n_i^2}{p_{p0}}\exp\left(\frac{qV_s}{k_0 T}\right) \tag{8-24}$$

当 $n_s = p_{p0}$ 时，由上式可得

$$p_{p0}^2 = n_i^2 \exp\left(\frac{qV_s}{k_0 T}\right) \quad 或 \quad p_{p0} = n_i \exp\left(\frac{qV_s}{2k_0 T}\right) \tag{8-25}$$

根据玻耳兹曼统计，

$$p_{p0} = n_i \exp\left(\frac{qV_B}{k_0 T}\right) \tag{8-26}$$

可得强反型的条件为

$$V_s \geqslant 2V_B \tag{8-27}$$

即 $V_s = 2V_B$ 为发生强反型的临界状态，对应的能带图见图 8-13。

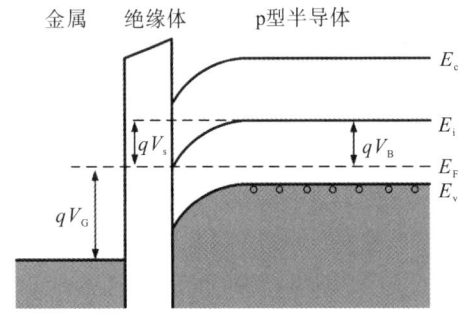

图 8-12 临界反型的能带图

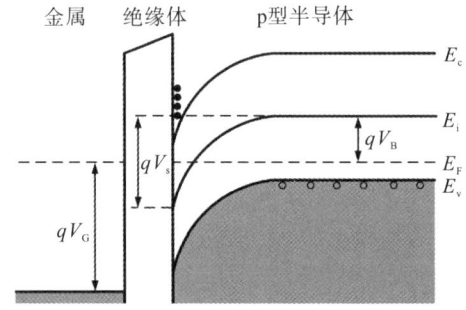

图 8-13 强反型临界条件的能带图

因为 $p_{p0} = N_A$，可得

$$V_B = \frac{k_0 T}{q} \ln\left(\frac{N_A}{n_i}\right) \tag{8-28}$$

强反型条件也可写为

$$V_s \geqslant \frac{2k_0 T}{q} \ln\left(\frac{N_A}{n_i}\right) \tag{8-29}$$

上式说明，衬底杂质浓度越高，越不容易反型。刚发生强反型时金属板上加的电压称为开启电压，也叫阈值电压，用 V_T 表示。即 $V_s = 2V_B$ 时，$V_G = V_T$。

弱反型状态时，耗尽层近似依然成立，$V_B \leqslant V_s \leqslant 2V_B$，表面电荷依然正比于 $(V_s)^{1/2}$，见图 8-11 的第Ⅲ区间。

> MOSFET器件加阈值电压大小的电压后，形成的反型层为MOSFET器件的导电通道。

$$Q_s = -\frac{\sqrt{2}\varepsilon_{rs}\varepsilon_0 k_0 T}{qL_D}\left(\frac{qV_s}{k_0 T}\right)^{\frac{1}{2}} \tag{8-30}$$

强反型状态时，$V_s \geqslant 2V_B$，且 $qV_s \gg k_0 T$，$n_{p0} > p_{p0}$，F 函数主要由 $(n_{p0}/p_{p0})\exp[qV_s/(k_0 T)]$ 项决定，所以强反型后表面电荷 $|Q_s|$ 随表面势 V_s 的增加而指数增大，见图 8-11 的第Ⅳ区间。

$$Q_s = -\frac{2\varepsilon_{rs}\varepsilon_0 k_0 T}{qL_D}\left(\frac{n_{p0}}{p_{p0}}\right)^{\frac{1}{2}} \exp\left(\frac{qV_s}{2k_0 T}\right) = -(2k_0 T \varepsilon_{rs}\varepsilon_0 n_s)^{\frac{1}{2}} \tag{8-31}$$

8.2.2 半导体表面层的电场 E_s

已知 $Q_s(V_s)$，由高斯定理，半导体表面电场 E_s 为

$$E_s = -\frac{Q_s}{\varepsilon_{rs}\varepsilon_0} \tag{8-32}$$

可得到积累、耗尽和反型状态的表面电场。

积累状态：

$$E_s = -\frac{\sqrt{2}k_0 T}{qL_D}\exp\left(-\frac{qV_s}{2k_0 T}\right) \tag{8-33}$$

平带状态：外加偏压 V_G 为零，表面电场 $E_s=0$。

耗尽状态：

$$E_s = \frac{\sqrt{2}}{L_D}\left(\frac{k_0 T}{q}\right)^{\frac{1}{2}}(V_s)^{\frac{1}{2}} \tag{8-34}$$

耗尽状态电场为正值，说明电场方向指向半导体内部。

弱反型状态：

$$E_s = \frac{\sqrt{2}k_0 T}{qL_D}\left(\frac{qV_s}{k_0 T}\right)^{\frac{1}{2}} \tag{8-35}$$

强反型状态：

$$E_s = +\frac{\sqrt{2}k_0 T}{qL_D}\left(\frac{n_{p0}}{p_0}\right)^{\frac{1}{2}}\exp\left(\frac{qV_s}{2k_0 T}\right) \tag{8-36}$$

8.2.3 半导体表面层的电容 C_s

已知 $Q_s(V_s)$，半导体表面层电容 C_s 为

$$C_s = \frac{dQ_G}{dV_s} = -\frac{dQ_s}{dV_s} \tag{8-37}$$

可得到积累、耗尽和反型状态的表面电容。

积累状态：

$$C_s = \frac{\varepsilon_{rs}\varepsilon_0}{\sqrt{2}L_D}\exp\left(-\frac{qV_s}{2k_0 T}\right) \tag{8-38}$$

平带状态：虽然 $V_G=0$，但是信号电压 ΔV_G 会在半导体中产生充电电荷，且充电电荷具有一定的厚度，因此平带电容不为零。

$$C_{FBS} = \frac{\varepsilon_{rs}\varepsilon_0}{L_D} \tag{8-39}$$

耗尽状态：

$$C_s = \frac{\varepsilon_{rs}\varepsilon_0}{\sqrt{2}L_D}\frac{1}{\left(\frac{qV_s}{k_0 T}\right)^{\frac{1}{2}}} \tag{8-40}$$

将式(8-22)代入式(8-40)，也可得到

$$C_s = \frac{\varepsilon_{rs}\varepsilon_0}{x_d} \tag{8-41}$$

由上式可知，耗尽状态时的空间电荷区电容相当于一个距离为 x_d 的平行板电容器的单位面积电容。

弱反型状态：与耗尽状态类似，空间电荷区电容仍可用式(8-41)描述。

强反型状态：

$$C_s = \frac{\varepsilon_{rs}\varepsilon_0}{\sqrt{2}L_D}\left[\left(\frac{n_{p0}}{p_{p0}}\right)\exp\left(\frac{qV_s}{k_0 T}\right)\right]^{\frac{1}{2}} = \frac{\varepsilon_{rs}\varepsilon_0}{\sqrt{2}L_D}\left(\frac{n_s}{p_{p0}}\right)^{\frac{1}{2}} \tag{8-42}$$

可见，强反型状态时空间电荷区电容随表面电子浓度的增加而增大。

8.2.4 耗尽层宽度

由式(8-22)，耗尽层宽度为

$$x_d = \left(\frac{2\varepsilon_{rs}\varepsilon_0 V_s}{qN_A}\right)^{\frac{1}{2}} \tag{8-43}$$

强反型后，由于反型层中积累电子屏蔽了外电场的作用，耗尽层宽度达到极大值，不再随外加电压的增加而增加。耗尽层宽度极大值为

$$x_{dm} = \left(\frac{4\varepsilon_{rs}\varepsilon_0 V_B}{qN_A}\right)^{\frac{1}{2}} = \left[\frac{4k_0 T\varepsilon_{rs}\varepsilon_0}{q^2 N_A}\ln\left(\frac{N_A}{n_i}\right)\right]^{\frac{1}{2}} \tag{8-44}$$

上式说明，x_{dm} 由半导体材料的性质和掺杂浓度确定。材料一定时，掺杂浓度越大，x_{dm} 越小；而掺杂浓度一定时，材料的禁带宽度越大，本征载流子浓度 n_i 值越小，x_{dm} 越大。

最大宽度耗尽层的单位面积电荷密度 $|Q_{SD}(\max)| = qN_A x_{dm}$。

8.2.5 深耗尽状态

当在金属与半导体间加一脉冲阶跃或高频正弦波形成的正电压时，由于空间电荷层内的少数载流子的产生速率跟不上电压的变化，因此反型层来不及建立，只能靠耗尽层向半导体内延伸而产生大量受主负电荷以满足电中性条件。这种情况的耗尽层宽度远大于强反型的最大耗尽层宽度，且宽度随外加偏压 V_G 的增加而增大，这种状态称为深耗尽状态。深耗尽状态在实际测试中经常遇到。比如宽禁带半导体 SiC MIS 结构的 C-V 测试，由于室温本征载流子浓度 n_i 很小，如果没外界作用注入少数载流子，实验中不容易观察到反型层，半导体表面处于深耗尽状态。

> ➤ 深耗尽状态是直流偏压变化过快，无时间建立反型层，此时耗尽层宽度大于强反型时形成的最大耗尽层宽度 x_{dm}。

8.3 理想 MIS 结构的 *C-V* 特性

8.3.1 理想 MIS 结构的 *C-V* 特性

通过 MIS 结构的 *C-V* 特性能够得到 MIS 结构的许多信息，比如栅氧化层厚度、衬底掺杂浓度以及绝缘层/半导体的界面质量等。采用如下的装置可以测量 MIS 结构的 *C-V* 特性。测试时，在直流偏压 V_G 上加一个交流小信号源 V_{ac}，采用安培计测量电容的电流，通过式子 $i_{电容}/V_{ac}=\omega$ 得到电容值。图 8-14 为 MIS 结构 *C-V* 测试的原理装置图。

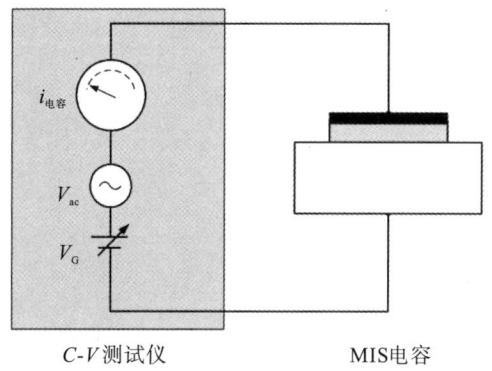

图 8-14　MIS 结构 *C-V* 测试的装置图

在 MIS 结构的金属和半导体间加一偏压 V_G 后，一部分电压 V_0 降在绝缘层上，另一部分降在半导体表面层中，形成表面势。

$$V_G = V_0 + V_s \tag{8-45}$$

绝缘层两边的电荷等量异号。因此在 MIS 结构加电压 V_G 后，MIS 结构的电容为

$$C = \frac{dQ}{dV_G} \tag{8-46}$$

可得

$$\frac{1}{C} = \frac{dV_G}{dQ} = \left|\frac{dV_0}{dQ_m}\right| + \left|\frac{dV_s}{dQ_s}\right| = \frac{1}{C_0} + \frac{1}{C_s} \tag{8-47}$$

由上式，可得归一化电容为

$$\frac{C}{C_0} = \frac{1}{1+\dfrac{C_0}{C_s}} \tag{8-48}$$

式中，C_0 为绝缘层单位面积电容；C_s 为表面空间电荷区电容。可见 MIS 结构的电容相当于绝缘层电容和半导体空间电荷区电容的串联。MIS 结构的等效电路如图 8-15 所示。只要绝缘层厚度一定，外加电压改变时，绝缘层电容为固定值，其大小为

$$C_0 = \frac{\varepsilon_{r0}\varepsilon_0}{d_0} \tag{8-49}$$

式中，ε_{r0} 为绝缘层相对介电常数；d_0 为绝缘层厚度。

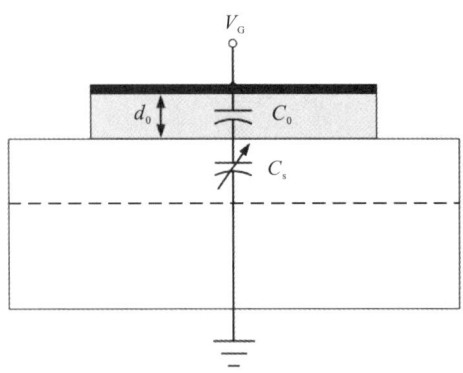

图 8-15 MIS 结构的等效电路

前面已经详细讨论了，空间电荷区电容 C_s 为表面势 V_s 的函数，随外加偏压 V 变化。因此，MIS 结构电容也随偏压 V_G 变化。现在我们讨论理想 MIS 结构的 C-V 特性，还是以 p 型半导体为例。

积累状态：将积累状态时空间电荷区电容公式(8-38)代入 MIS 结构归一化电容公式(8-48)，得到

$$\frac{C}{C_0} = \frac{1}{1 + \frac{\sqrt{2}C_0 L_D}{\varepsilon_{rs}\varepsilon_0}\exp\left(\frac{qV_s}{2k_0 T}\right)} \tag{8-50}$$

当所加负偏压较大时，V_s 为负值，且绝对值较大，上式分母第二项趋近于零，因此 $C = C_0$。这是因为处于积累状态时，通过 MIS 结构很小的电压变化将导致金属栅的电荷以及半导体表面积累的空穴数量改变，如图 8-16(b)。电荷密度的改变发生在绝缘层的边缘，如同一个平行板电容器，见图 8-17。积累状态时 MIS 结构的单位面积电容即为绝缘层电容，即 $C = C_0$，如图 8-18 中 AB 段所示。随着负栅压的变小，$|V_s|$ 也变小，式(8-50)分母中第二项变大，这时 C/C_0 值随着 $|V_s|$ 减小而减小，如图 8-18 中 BC 段所示。

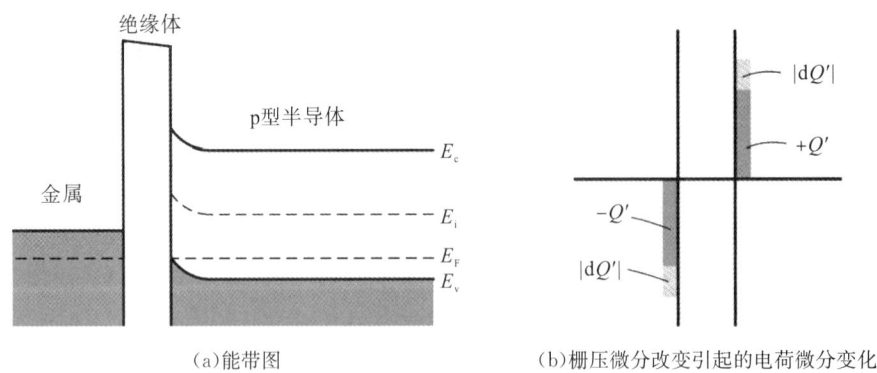

(a) 能带图　　　　　　　　　(b) 栅压微分改变引起的电荷微分变化

图 8-16 MIS 电容器在积累状态时的能带图及电荷微分变化

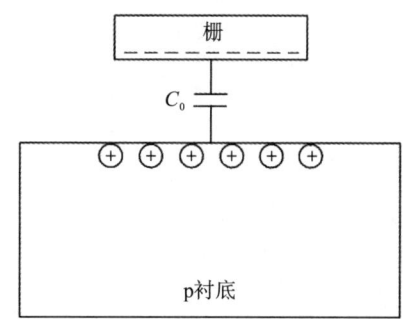

图 8-17　积累状态时 MIS 结构电容示意图

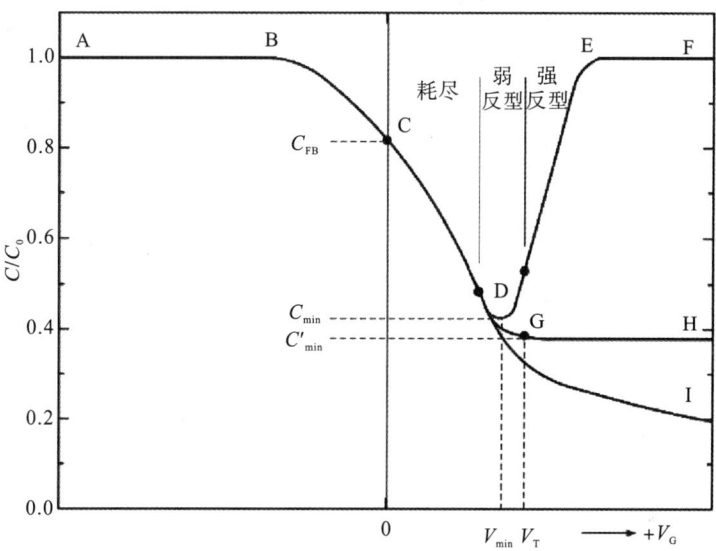

图 8-18　p 型半导体衬底理想 MIS 结构的 C-V 特性曲线

平带状态：将式(8-12)和式(8-39)代入 MIS 结构归一化电容公式(8-48)，得到

$$\frac{(C)_{V_s=0}}{C_0} = \frac{C_{FB}}{C_0} = \frac{1}{1+\frac{\varepsilon_{r0}}{\varepsilon_{rs}}\left(\frac{\varepsilon_{rs}\varepsilon_0 k_0 T}{q^2 N_A d_0^2}\right)^{\frac{1}{2}}} \tag{8-51}$$

由上式可知，归一化平带电容与衬底掺杂浓度 N_A 和绝缘层厚度 d_0 有关。若绝缘层厚度一定，N_A 越大，C_{FB}/C_0 也越大，这是由于表面空间电荷层宽度随掺杂浓度 N_A 增大而变薄；而掺杂浓度 N_A 一定，绝缘层厚度 d_0 变大，导致 C_0 变小，C_{FB}/C_0 也越大。图 8-19 给出了归一化平带电容随掺杂浓度和厚度的变化关系。

耗尽状态：将耗尽状态时空间电荷区电容公式(8-40)以及 L_D 表达式(8-12)代入 MIS 结构归一化电容公式(8-48)，得到

$$\frac{C}{C_0} = \frac{1}{1+\frac{\varepsilon_{r0}}{\varepsilon_{rs} d_0}\left(\frac{2\varepsilon_{rs}\varepsilon_0 V_s}{p_{p0} q}\right)^{\frac{1}{2}}} \tag{8-52}$$

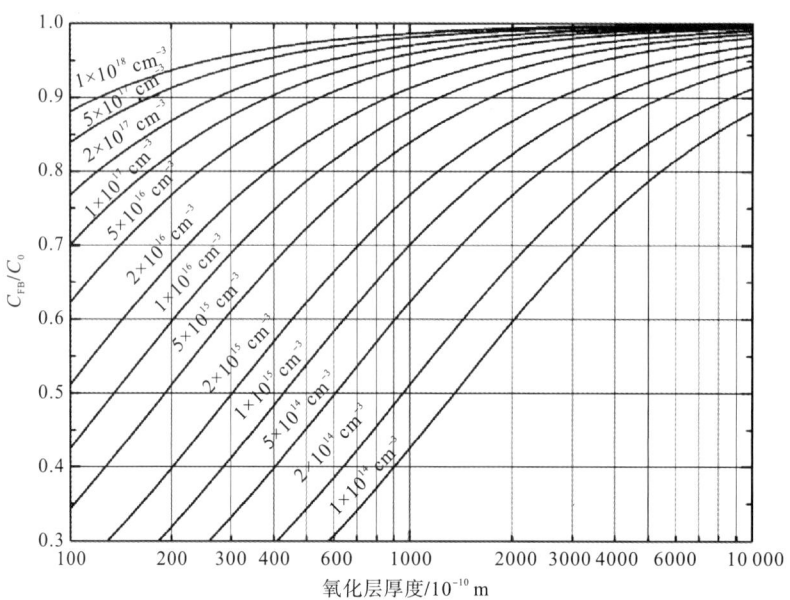

图 8-19 归一化平带电容与氧化层厚度以及衬底掺杂浓度的关系

式(8-52)给出的是 MIS 结构电容随表面势的变化情况。由于栅电压 $V_G = V_0 + V_s$，由绝缘层上的电压降 $V_0 = -Q_s/C_0$，得到

$$V_G - V_s - V_0 = V_G - V_s + Q_s/C_0 = 0 \tag{8-53}$$

将耗尽状态的表面电荷表达式(8-18)中的 Q_s 代入式(8-53)，得到

$$V_s + \frac{(2\varepsilon_{rs}\varepsilon_0 p_{p0} q)^{\frac{1}{2}} d_0}{\varepsilon_{r0}\varepsilon_0} (V_s)^{\frac{1}{2}} - V_G = 0 \tag{8-54}$$

对上式求解，得

$$V_s^{\frac{1}{2}} = -\frac{(2\varepsilon_{rs}\varepsilon_0 p_{p0} q)^{\frac{1}{2}} d_0}{2\varepsilon_{r0}\varepsilon_0} + \frac{1}{2}\left(\frac{2\varepsilon_{rs} p_{p0} q d_0^2}{\varepsilon_{r0}^2 \varepsilon_0} + 4V_G\right)^{\frac{1}{2}} \tag{8-55}$$

将上式代入式(8-52)，且 $p_{p0} = N_A$，得到

$$\frac{C}{C_0} = \frac{1}{\left(1 + \dfrac{2\varepsilon_{r0}^2 \varepsilon_0 V_G}{\varepsilon_{rs} q N_A d_0^2}\right)^{\frac{1}{2}}} \tag{8-56}$$

式(8-56)定量给出了耗尽状态时 C/C_0 随栅电压 V_G 的变化情况。随着栅电压的增加，C/C_0 将减少。这是由于耗尽状态时，MIS 结构加不太大的正栅压，此时半导体一侧的负空间电荷区由电离的受主杂质形成。通过 MIS 结构微小的电压变化引起空间电荷区宽度变化以及对应的电荷量变化，见图 8-20(b)。耗尽状态时，MIS 结构电容为绝缘层电容 C_0 和半导体表面耗尽层电容的串联，见图 8-21。随着栅电压的增加，空间电荷区(耗尽区)厚度 x_d 增大，耗尽层电容 C_D 变小，因此 MIS 电容器的电容变小。如图 8-18 中 CD 段所示。

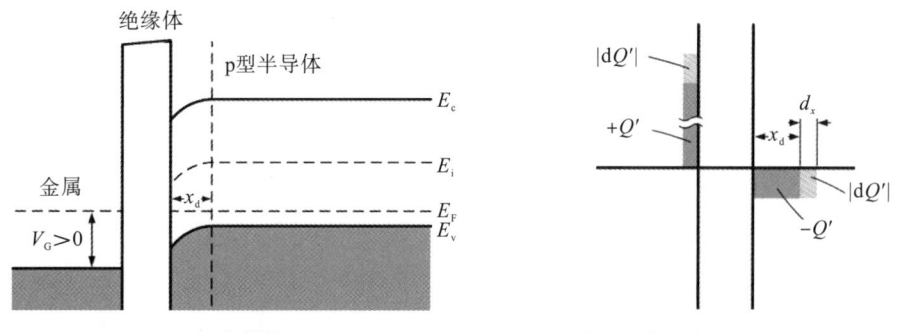

(a) 能带图　　　　　　　(b) 栅电压的微分改变引起的电荷微分变化

图 8-20　MIS 电容器在耗尽状态时能带图及电荷微分变化

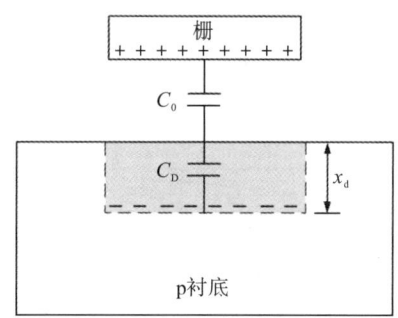

图 8-21　耗尽状态时 MIS 结构等效电容示意图

强反型状态：当外加电压增大到使 $V_s \geqslant 2V_B$ 时，耗尽层宽度保持在极大值 x_{dm}。对于 p 型半导体，体内中性区电子为少子，提供电子和疏散电子的能力都很弱，因此反型层的充电和放电主要依靠势垒区内电子-空穴对的产生和复合。

1) 高频情况

> ▶ 高频强反型状态和深耗尽状态不同。高频强反型状态能够产生反型层，但是反型层中载流子的产生与复合不能跟上高频信号的变化。

反型层中电子的产生与复合跟不上高频信号的变化，即反型层中电子的数量不随高频信号变化。因此，在高频信号时，反型层中电子对电容没贡献，空间电荷区的电容仍由耗尽层的电荷变化决定。此时，MIS 结构总电容是绝缘层电容与最大耗尽层厚度 x_{dm} 相对应的耗尽层电容的串联组合，见图 8-22。

将最大耗尽层电容 $C_s = \varepsilon_{rs}\varepsilon_0/x_{dm}$ 和绝缘层电容 $C_0 = \varepsilon_{r0}\varepsilon_0/d_0$ 代入式(8-48)，得到

$$\frac{C'_{\min}}{C_0} = \frac{1}{1 + \dfrac{\varepsilon_{r0} x_{dm}}{\varepsilon_{rs} d_0}} \tag{8-57}$$

将 x_{dm} 值式(8-44)代入上式，得

$$\frac{C'_{\min}}{C_0} = \frac{1}{1 + \dfrac{2\varepsilon_{r0}}{q\varepsilon_{rs} d_0}\left[\dfrac{\varepsilon_{rs}\varepsilon_0 k_0 T}{N_A}\ln\left(\dfrac{N_A}{n_i}\right)\right]^{\frac{1}{2}}} \tag{8-58}$$

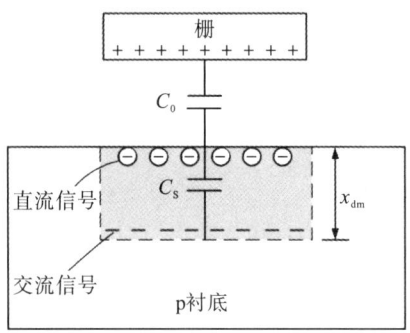

图 8-22 强反型状态高频时 MIS 结构等效电容示意图

温度一定时，$C'_{\min}/C_0$ 为掺杂浓度 N_A 和氧化层厚度 d_0 的函数。d_0 一定时，N_A 越大，$C'_{\min}/C_0$ 值也越大。图 8-23 给出了衬底掺杂浓度以及氧化层厚度对 MIS 结构电容极小值 $C'_{\min}$ 的影响。对于确定的掺杂浓度 N_A 和氧化层厚度 d_0，温度一定时，$C'_{\min}/C_0$ 不随外加偏压变化，如图 8-18 中 GH 段所示。

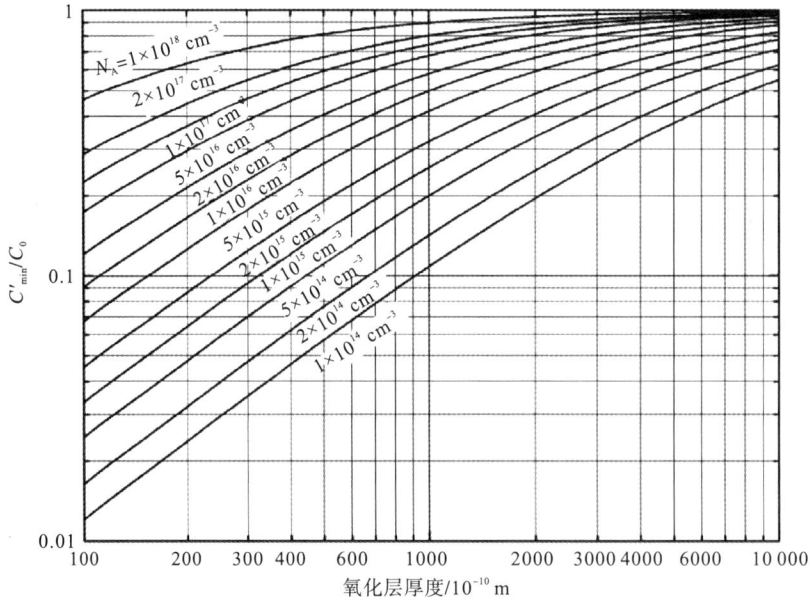

图 8-23 高频时理想 MIS 结构的电容极小值与氧化层厚度和掺杂浓度的关系

例 1：一 p 型 Si 衬底的 MOS 电容器，Si 衬底掺杂浓度为 $N_A = 10^{16}\,\text{cm}^{-3}$。栅 SiO_2 介质层厚度为 55nm，栅电极为金属铝。求 MOS 电容器的 C_0、$C'_{\min}$ 和 C_{FB}。

解：(1) 栅氧化层电容为

$$C_0 = \frac{\varepsilon_{r0}\varepsilon_0}{d_0} = \frac{3.9 \times 8.85 \times 10^{-14}}{55 \times 10^{-7}} = 6.28 \times 10^{-8}\,(\text{F/cm}^2)$$

(2) 强反型时最大耗尽层宽度

$$x_{dm} = \left[\frac{4k_0 T \varepsilon_{rs} \varepsilon_0}{q^2 N_A} \ln\left(\frac{N_A}{n_i}\right)\right]^{\frac{1}{2}}$$

$$= \left[\frac{4 \times 1.38 \times 10^{-23} \times 300 \times 11.9 \times 8.854 \times 10^{-14}}{(1.6 \times 10^{-19})^2 \times 10^{16}} \ln\left(\frac{10^{16}}{1.02 \times 10^{10}}\right)\right]^{\frac{1}{2}}$$

$$= 3.07 \times 10^{-5} (\text{cm})$$

因为

$$\frac{C'_{\min}}{C_0} = \frac{1}{\left(1 + \frac{\varepsilon_{r0} x_{dm}}{\varepsilon_{rs} d_0}\right)}$$

$$\Rightarrow C'_{\min} = \frac{C_0}{1 + \frac{\varepsilon_{r0} x_{dm}}{\varepsilon_{rs} d_0}} = \frac{6.28 \times 10^{-8}}{1 + \frac{3.9 \times 0.31 \times 10^{-4}}{11.9 \times 55 \times 10^{-7}}} = 2.2 \times 10^{-8} (\text{F/cm}^2)$$

(3) 因为

$$\frac{C_{FB}}{C_0} = \frac{1}{1 + \frac{\varepsilon_{r0}}{\varepsilon_{rs}} \left(\frac{\varepsilon_{rs} \varepsilon_0 k_0 T}{q^2 N_A d_0^2}\right)^{\frac{1}{2}}}$$

$$\Rightarrow C_{FB} = \frac{C_0}{1 + \frac{\varepsilon_{r0}}{\varepsilon_{rs}} \left(\frac{\varepsilon_{rs} \varepsilon_0 k_0 T}{q^2 N_A d_0^2}\right)^{\frac{1}{2}}}$$

$$= \frac{6.28 \times 10^{-8}}{1 + \frac{3.9}{11.9} \times \left[\frac{11.9 \times 8.854 \times 10^{-14} \times (1.38 \times 10^{-23}) \times 300}{(1.6 \times 10^{-19})^2 \times 10^{16} \times (55 \times 10^{-7})^2}\right]^{\frac{1}{2}}}$$

$$= 5.04 \times 10^{-8} (\text{F/cm}^2)$$

2) 低频情况

反型层电子的产生与复合能跟上低频信号的变化，因这时 MIS 结构的电压变化将导致反型层电子数量的变化，而空间电荷区宽度无变化，如图 8-24(b) 所示。因此 MIS 电容仍为氧化层电容 C_0，MIS 结构的等效电容示意图见图 8-25。从数学上理解，强反型后，将表面空间电荷层的电容表达式(8-42)代入 MIS 结构归一化电容表达式(8-48)，得到

$$\frac{C}{C_0} = \frac{1}{1 + \frac{\sqrt{2} \varepsilon_{r0} L_D}{\varepsilon_{rs} d_0 \left[\frac{n_{p0}}{p_{p0}} \exp\left(\frac{q V_s}{k_0 T}\right)\right]^{\frac{1}{2}}}} \tag{8-59}$$

因为强反型后，V_s 为正且数值较大，且 $qV_s > 2qV_B \gg k_0 T$，随着表面势的增大，上式分母的第二项趋近于零，因此 $C/C_0 = 1$，MIS 电容又上升到绝缘层电容。C-V 特性如图 8-18 中 EF 段所示。

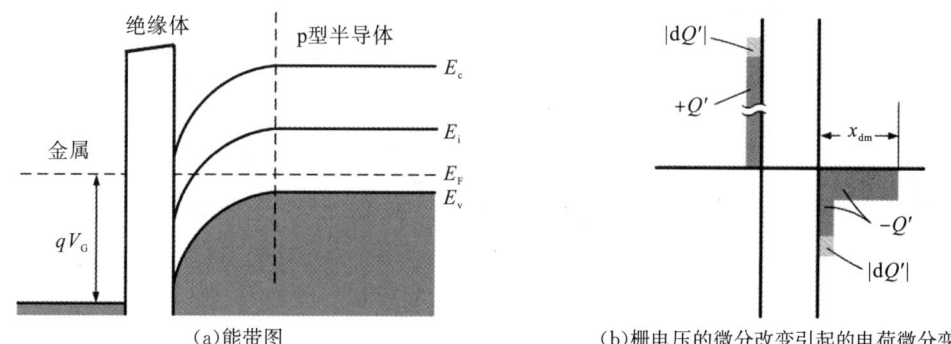

(a) 能带图　　　　　　　　　　(b) 栅电压的微分改变引起的电荷微分变化

图 8-24　MIS 结构电容器在低频强反型状态时的能带图及电荷微分变化

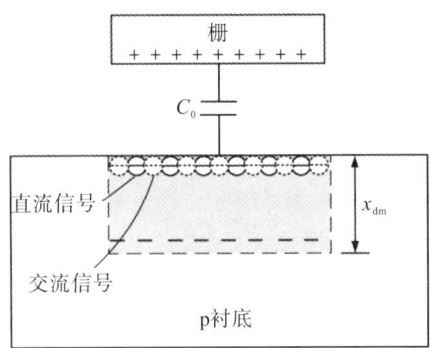

图 8-25　低频强反型状态 MIS 结构等效电容示意图

低频弱反型状态：随着栅电压的变化，半导体表面电荷的改变由两部分组成，见图 8-26，一为反型层电子随栅电压的变化，二为耗尽层宽度随着栅电压的增加进一步变宽所引起的电离受主电荷的变化。此时表面电容由两部分组成：表面反型层中的电子随表面势 V_s 的变化所对应的反型层电容 C_i 以及耗尽层随栅电压的变化所产生的耗尽层电容 C_D，见图 8-27。半导体表面反型刚开始时，随着栅电压的增加，耗尽区宽度 x_d 进一步增加，直到强反型状态达到极大值。随着栅电压的增大，表面电容由耗尽层电容 C_D 主导逐步过渡至反型层电容 C_i 主导，而 MIS 结构电容由绝缘层电容 C_0 和表面电容串联而成。如前所述，反型层电容 C_i 主导时，MIS 结构电容为绝缘层电容 C_0。因此，MIS 结构总电容在弱反型状态先变小后迅速增加至 C_0。

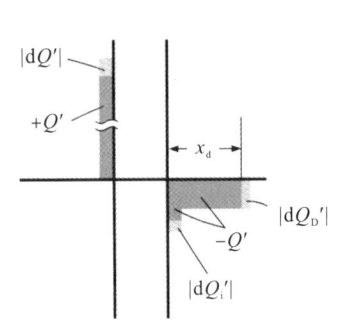

图 8-26　弱反型状态栅电压的微分改变引起的电荷微分变化

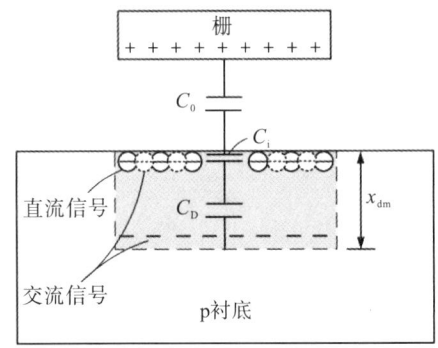

图 8-27　弱反型状态 MIS 结构等效电容示意图

深耗尽状态：栅电压大小以极快的速度超过阈值电压 V_T，这将导致来不及建立反型层，因此耗尽层继续向半导体体内延伸，此时耗尽区宽度超过 x_{dm}。随着栅电压的进一步增大，耗尽层宽度也增大，耗尽区电容也进一步变小，因此 MIS 结构电容随着栅电压的增大而继续变小，如图 8-18 中 GI 段所示。

n 型半导体衬底 MIS 结构电容器的 C-V 特性如图 8-28 所示。金属栅压为正时，为积累状态；负偏压较大时，为反型状态。

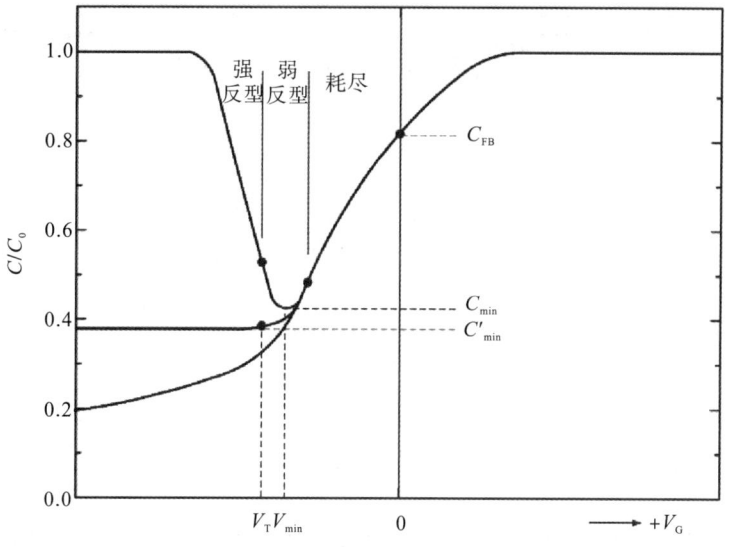

图 8-28　n 型半导体衬底理想 MIS 结构的 C-V 特性

8.3.2　理想 MIS 结构 C-V 特性的影响因素

1. 频率的影响

根据以上讨论，MIS 结构电容与频率有关系。图 8-29 中给出了不同频率下 MIS 结构的 C-V 特性。由图可知，强反型时，低频信号测试的电容值接近绝缘层电容。

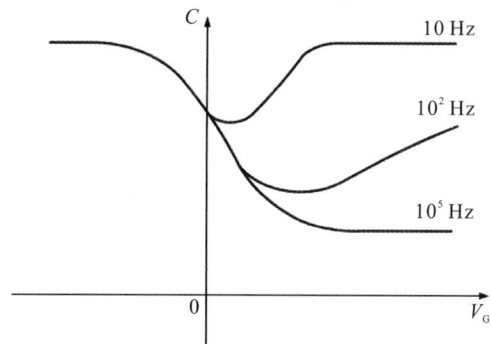

图 8-29　小信号频率对 MIS 结构 C-V 特性的影响

2. 绝缘层厚度的影响

绝缘层厚度影响 MIS 结构 C-V 特性的平带电容 C_{FB} 以及强反型状态时的最小电容值 C'_{min}。绝缘层厚度对 MIS 结构 C-V 特性的影响见图 8-30。

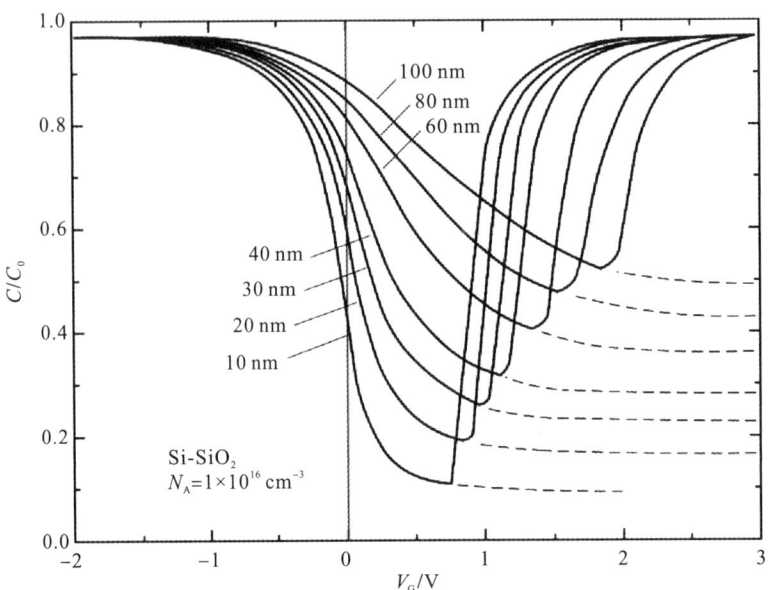

图 8-30　不同绝缘层厚度的 MIS 结构的 C-V 曲线

3. 半导体掺杂浓度的影响

同样的，半导体掺杂浓度也影响 MIS 结构 C-V 特性的平带电容 C_{FB} 以及最小电容值 C'_{min}。掺杂浓度对 MIS 结构 C-V 特性的影响见图 8-31。

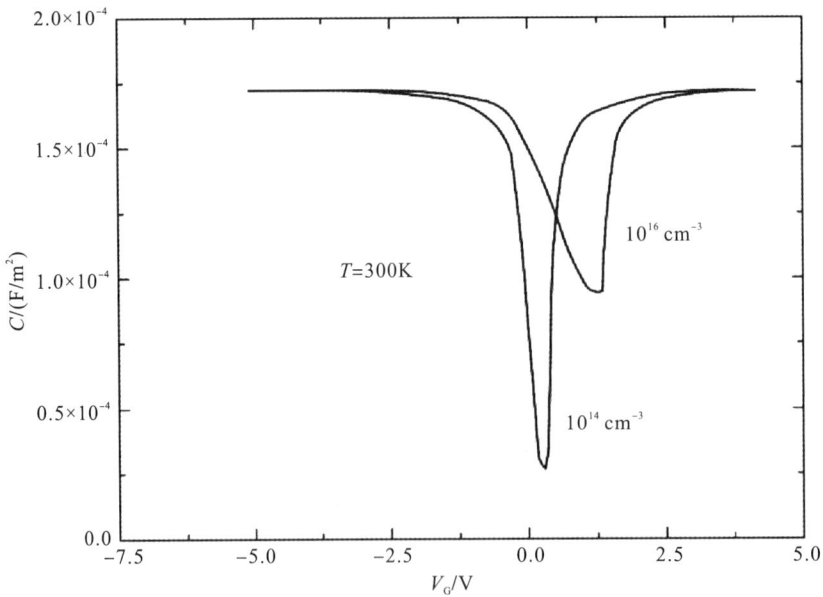

图 8-31　不同衬底掺杂浓度的 MIS 结构的 C-V 曲线

8.4 非理想 MIS 结构的 C-V 特性

实际 MIS 结构的 C-V 特性需要考虑金属-半导体功函数差、绝缘层中电荷以及界面态等因素的影响。通过实际 C-V 曲线(图 8-32)和理想 MIS 结构的 C-V 特性进行比较,可以得到绝缘层-半导体的界面信息,这对于监控集成电路生产制造工艺有重要的指导意义。

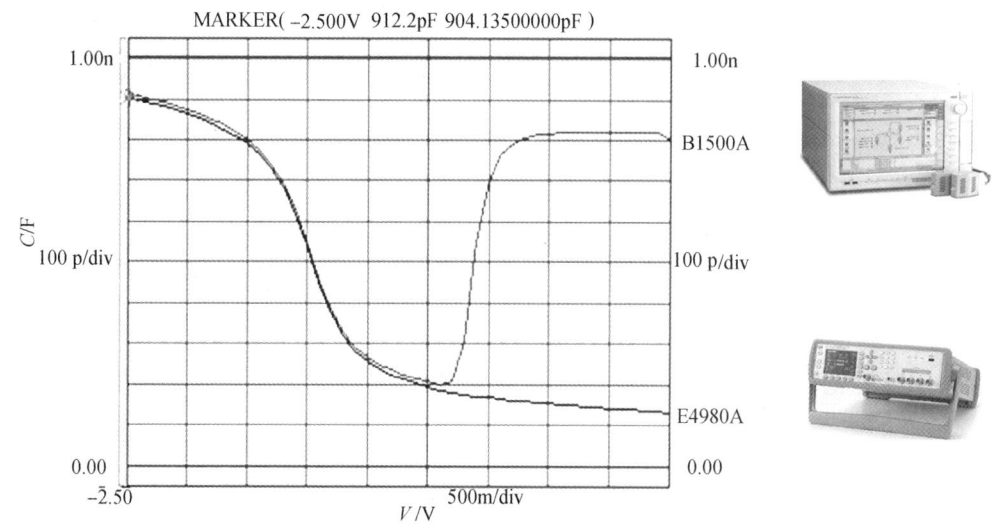

图 8-32 典型的 MIS 结构 C-V 测试特性及所使用仪器

注:高频 C-V 采用 Keysight 精密 LCR 表 E4980A 测试,准静态 C-V 采用 Keysight B1500A HRSMU 测量

8.4.1 金属-半导体功函数差对 MIS 结构 C-V 特性的影响

以 p 型半导体衬底 MOS 系统为例进行讲解。假设金属功函数 $W_m < W_s$,则 MOS 系统的金属能级、SiO_2 能级和半导体能级相对于真空静止能级图如图 8-33 所示,金属费米能级 E_{Fm} 高于半导体费米能级 E_{Fs}。若用导线将金属和 p 型半导体衬底连接,电子将从金属流向半导体,p 型半导体表面的空穴被复合,产生负的空间电荷区,而在金属表面产生正电荷,因此产生由金属向半导体的电场,使得半导体表面的能带向下弯曲,如图 8-34 所示。最终在金属和半导体之间将出现补偿两者功函数差的接触电势差:

$$V_m - V_s = \frac{W_s - W_m}{q} \qquad (8-60)$$

> 加平带电压后,能够使半导体表面的能带恢复平直状态。

这说明由于金属和半导体功函数的不同,虽然外加偏压为零,但半导体表面并不处于平带状态,而是能带发生弯曲,弯曲的情况就如同对理想 MIS 结构施加上述大小的偏压一样。为了恢复平带状态,依据串联反向电池的思想,可以在金属和半导体间施加相同大小的负电压,使半导体表面的能带

恢复平直。为了恢复平带状态所需加的电压称为平带电压,用 V_FB 来表示,其大小为

$$V_\text{FB} = -V_\text{ms} = \frac{W_\text{m} - W_\text{s}}{q} \tag{8-61}$$

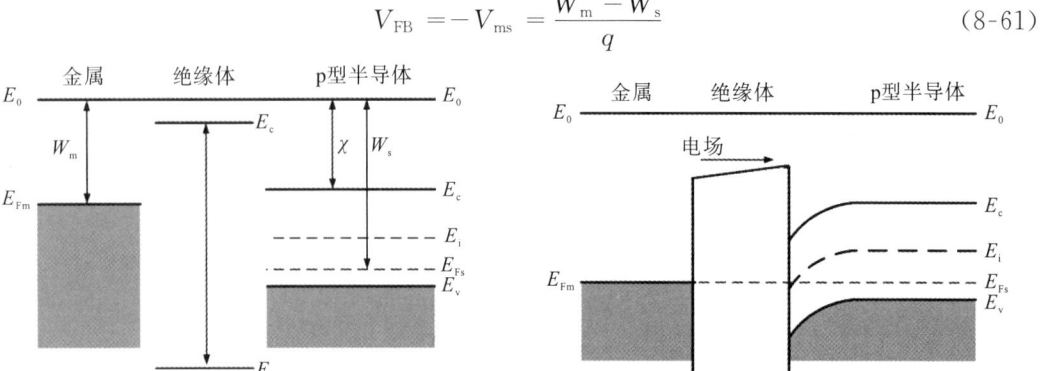

图 8-33　MOS 结构接触前的能级示意图　　图 8-34　接触后功函数差对 MOS 结构能带的影响

也就是说,对 MOS 结构施加 V_FB 大小的栅电压后,由于功函数差导致的半导体表面能带弯曲就能回到理想 MOS 电容 $V_\text{G}=0$ 的平带情形。金属和半导体功函数差的影响为使理想 MIS 结构 C-V 特性沿电压轴平移了 V_FB,如图 8-35 所示。图中曲线 1 为理想 MIS 结构的 C-V 特性,曲线 2 为金属和半导体存在功函数差时的 C-V 特性。从理想 C-V 曲线与纵坐标交点处作与电压轴平行的直线,求出与曲线 2 相交点在电压轴的坐标,记为 V_FB。

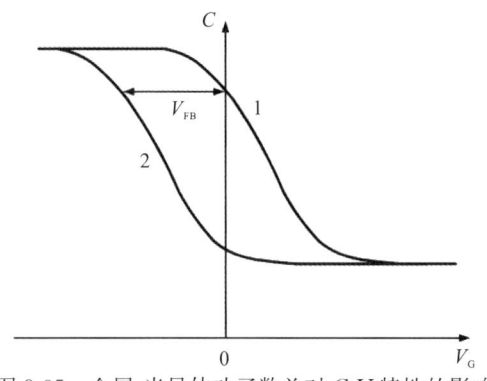

图 8-35　金属-半导体功函数差对 C-V 特性的影响

8.4.2　绝缘层电荷对 MIS 结构 C-V 特性的影响

1. 氧化层中的电荷

绝缘层中,如 Si 表面的 SiO_2 层中,实际存在着各种电荷,如图 8-36 所示。主要有以下三类。

固定电荷:位于 Si-SiO_2 界面附近 20nm 范围内,这些电荷不能在氧化层中迁移。它们带正电,被认为是近 Si-SiO_2 界面的悬挂键或断裂键。研究表明,在 Si-SiO_2 界面存在非化学比的过渡层。通常认为固定电荷和 Si 氧化工艺相关,热氧化硅片时,氧化反应始终发生在 Si-SiO_2 界面,O_2 必须穿过已生长的 SiO_2,和 Si 发生反应生成 SiO_2。反应之前,Si 原子脱离共价键的束缚。氧化反应完成后,在 Si-SiO_2 界面存在过量的硅离子。固定电

荷的数量和氧化及退火的条件有关,和硅晶体的取向也有显著的关系。晶体取向为[111]、[110] 和 [100] 三个方向的 Si 表面,在相同的氧化条件下,Si-SiO$_2$ 界面固定表面电荷密度 Q_{fc} 之比约为 3∶2∶1。

可动电荷:可动电荷主要为碱金属离子,其中最主要而且对器件影响最大的是钠离子。在一定的温度和偏压下,可在 SiO$_2$ 中移动,对器件的稳定性影响最大。可动电荷主要来源于化学试剂、玻璃器皿以及人体沾污等。

电离陷阱电荷:由辐射产生的载流子或因热电子效应进入其中的载流子可被陷阱俘获而成为氧化层电荷。

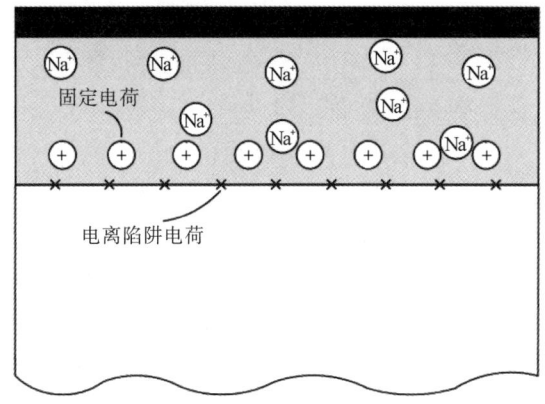

图 8-36 Si-SiO$_2$ 系统中氧化层的电荷

2. 绝缘层电荷对 MIS 结构 *C-V* 特性的影响

假设金属功函数和半导体的功函数相等,即 $W_m = W_s$。离金属表面距离 x 的绝缘层中有一薄层正电荷,其电荷密度为 Q,这薄层电荷将分别在金属表面和半导体表面层中感应出负电荷,如图 8-37 所示,在半导体表面将产生向半导体内部的电场,表面能带向下弯曲,如图 8-38 所示。即由于绝缘层内电荷的影响,虽然无外加电压,半导体表面也不为平带状态。为了恢复平带状态,必须在金属板上加一定的负电压,该电场把从绝缘层电荷 Q 发出的电力线全部吸引至金属表面,即半导体表面层内的负电荷完全消失。这时,在半导体表面层内,由薄层电荷所产生的电场完全被金属表面负电场所抵消,半导体表面层能带的弯曲也就完全消失,电场全部集中在金属表面和薄层电荷之间。金属栅上所加电场的大小应满足

$$E_i + \frac{Q}{\varepsilon_{r0}\varepsilon_0} = 0 \quad \text{或} \quad E_i = -\frac{Q}{\varepsilon_{r0}\varepsilon_0} \tag{8-62}$$

对应的偏压大小为

$$V_{FB} = -\frac{Q}{\varepsilon_{r0}\varepsilon_0} x \tag{8-63}$$

因为 $C_0 = \frac{\varepsilon_{r0}\varepsilon_0}{d_0}$,式(8-63)可写为

$$V_{FB} = -\frac{Q}{\varepsilon_{r0}\varepsilon_0} x = -\frac{Qx}{C_0 d_0} \tag{8-64}$$

当薄层电荷位于 Si-SiO$_2$ 界面时,即 $x = d_0$ 时,式(8-64)具有最大值:

$$V_{FB} = -\frac{Q}{C_0} \tag{8-65}$$

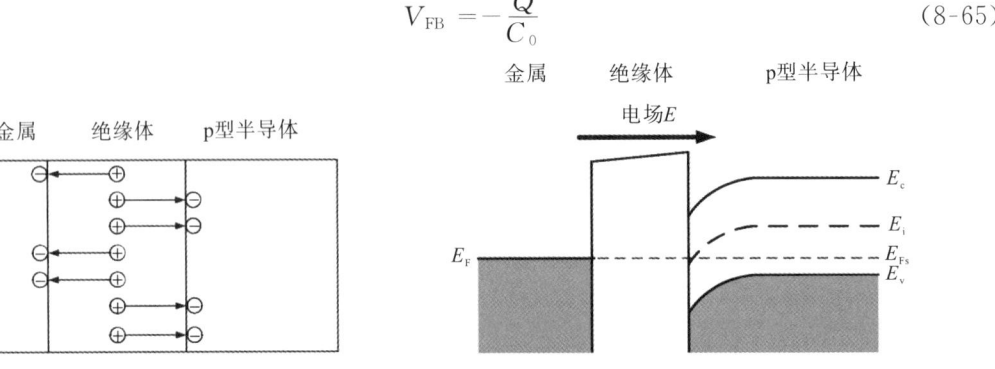

图 8-37 绝缘层薄层电荷 图 8-38 绝缘层电荷对 MIS 结构能带影响示意图

而当薄层电荷靠近金属-绝缘层界面，即 $x=0$ 时，$V_{FB}=0$。也就是绝缘层电荷越靠近半导体一侧，对 C-V 特性影响越大。前面已经讨论了固定电荷位于 Si-SiO$_2$ 界面 20nm 范围以内，因此固定电荷对 C-V 特性影响很大。固定电荷的存在也使 MIS 结构的 C-V 特性沿电压轴平移了 $-Q_f/C_0$。

对于以密度 $\rho(x)$ 分布在氧化层的可动电荷，可以把它分成无数层薄层电荷，由积分求出平带电压。设坐标原点在金属-绝缘层界面处，在坐标 x 与 $x+dx$ 薄层内，单位面积上的电荷为 $\rho(x)dx$，由式(8-64)，为了抵消这薄层电荷的影响所需要加的金属栅压为

$$dV_{FB} = \frac{-x\rho(x)dx}{d_0 C_0} \tag{8-66}$$

对上式积分，得到为抵消整个绝缘层内可动电荷影响所需要加的平带电压 V_{FB}：

$$V_{FB} = -\frac{1}{C_0}\int_0^{d_0}\frac{x\rho(x)}{d_0}dx \tag{8-67}$$

从以上讨论可知，可动电荷同样可引起 MIS 结构 C-V 曲线沿电压轴平移。

3. 平带电压和阈值电压

根据以上的讨论，金属-半导体功函数差以及绝缘层中存在的电荷都会造成半导体表面的能带发生弯曲，但它们的影响可通过在金属栅上加适当的偏压消除，使得 C-V 曲线沿电压轴方向平移，见图 8-39。前面已经提到，平带电压是为了使半导体中的能带保持平直在金属栅上加的偏压。同时考虑金属-半导体功函数差、绝缘层中的固定电荷和可动电荷这些因素时，平带电压 V_{FB} 为

$$V_{FB} = -V_{ms} - \frac{Q_f}{C_0} - \frac{1}{C_0}\int_0^{d_0}\frac{x\rho(x)}{d_0}dx \tag{8-68}$$

在实验时，可根据平带电容来确定平带电压。实际 MIS 结构 C-V 曲线上平带电容 C_{FB} 所对应的电压即为平带电压 V_{FB}，如图 8-40 所示。若已知绝缘层厚度 d_0 和半导体掺杂浓度 N_A，可由式(8-51)得到平带电容 C_{FB}。

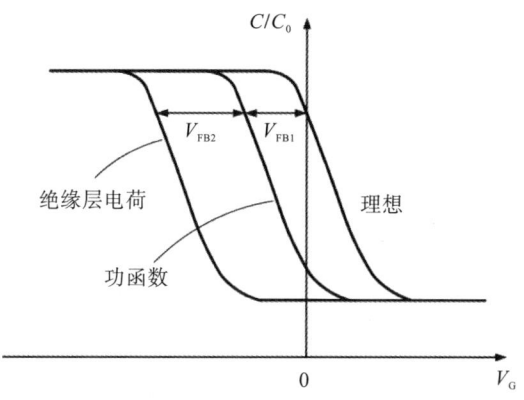

图 8-39 功函数和绝缘层电荷对平带电压的贡献

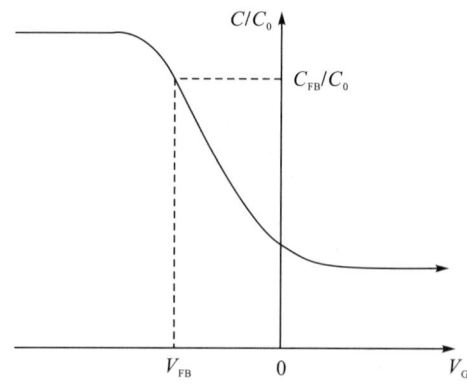

图 8-40 由平带电容确定平带电压

例 2：试计算下列情况下，平带电压的变化。
(1) 氧化层中均匀分布着正电荷；
(2) 三角形电荷分布，金属附近高，Si 附近为零；
(3) 三角形电荷分布，Si 附近高，金属附近为零。

设三种情况下，单位表面积的总离子数都为 $10^{12}\,\mathrm{cm}^{-2}$。氧化层厚度均为 $0.2\mu\mathrm{m}$；$\varepsilon_{r0}=3.9$，$\varepsilon_0=8.85\times10^{-14}\,\mathrm{F/cm}$。

解：(1) 设氧化层中电荷密度为 ρ_0，见图 8-41(a)，

$$\mathrm{d}V_{FB} = -\frac{x\mathrm{d}Q}{C_0 d_0} = -\frac{\rho_0 x \mathrm{d}x}{C_0 d_0}$$

$$\Rightarrow V_{FB} = -\frac{1}{C_0 d_0}\int_0^{d_0}\rho_0 x\,\mathrm{d}x = -\frac{\rho_0}{C_0 d_0}\cdot\frac{x^2}{2}\Big|_0^{d_0} = -\frac{\rho_0 d_0}{2C_0}$$

又 $\because Q = \int_0^{d_0}\rho_0\,\mathrm{d}x = \rho_0 d_0 = 10^{12}\times1.6\times10^{-19}$

$$C_0 = \frac{\varepsilon_{r0}\varepsilon_0}{d_0}$$

$$\therefore V_{FB} = -\frac{\rho_0 d_0}{2C_0} = -\frac{10^{12}\times1.6\times10^{-19}}{2\times3.9\times8.85\times10^{-14}}\times0.2\times10^{-4} = -4.6(\mathrm{V})$$

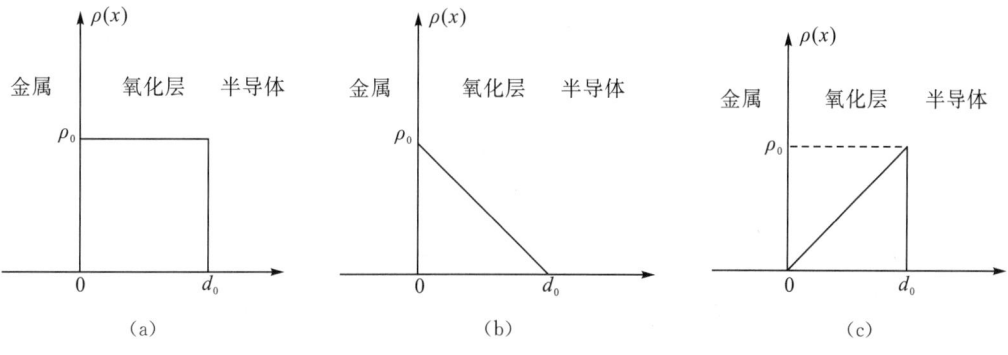

图 8-41 电荷分布图

(2) 电荷分布见图 8-41(b)，

$$\rho(x) = \rho_0 - \frac{\rho_0}{d_0}x$$

单位面积总电荷为 $Q = \int_0^{d_0} \left(\rho_0 - \frac{\rho_0}{d_0}x\right)\mathrm{d}x = \frac{1}{2}\rho_0 d_0 = 10^{12} \times 1.6 \times 10^{-19}$

$$V_{\mathrm{FB}} = -\frac{xQ}{C_0 d_0} = -\frac{1}{C_0 d_0}\int_0^{d_0}\left(\rho_0 - \frac{\rho_0}{d_0}x\right)x\,\mathrm{d}x = -\frac{\rho_0 d_0^2}{6C_0 d_0}$$

$$C_0 = \frac{\varepsilon_{r0}\varepsilon_0}{d_0}$$

$$\therefore V_{\mathrm{FB}} = -\frac{\rho_0 d_0^2}{6\varepsilon_{r0}\varepsilon_0} = -\frac{2\times 10^{12} \times 1.6\times 10^{-19} \times 0.2\times 10^{-4}}{6\times 3.9\times 8.85\times 10^{-14}} = -3.1(\mathrm{V})$$

(3) 电荷分布见图 8-41(c)，

$$\rho(x) = \frac{\rho_0}{d_0}x$$

$$Q = \int_0^{d_0}\frac{\rho_0}{d_0}x\,\mathrm{d}x = \frac{1}{2}\rho_0 d_0 = 10^{12}\times 1.6\times 10^{-19}$$

$$V_{\mathrm{FB}} = -\frac{xQ}{C_0 d_0} = -\frac{1}{C_0 d_0}\int_0^{d_0}x\frac{\rho_0}{d_0}x\,\mathrm{d}x = -\frac{\rho_0 d_0^2}{3C_0 d_0}$$

$$= -\frac{2\times 10^{12}\times 1.6\times 10^{-19}\times 0.2\times 10^{-4}}{3\times 3.9\times 8.85\times 10^{-14}} = -6.2(\mathrm{V})$$

前面已经提到，阈值电压定义为使半导体表面达到强反型时在金属电极上所需加的栅电压。考虑金属-半导体功函数差和绝缘层电荷的影响后，p 型半导体衬底的 MIS 结构的阈值电压为

$$V_{\mathrm{T}} = V_{\mathrm{i}} + 2V_{\mathrm{B}} + V_{\mathrm{FB}} = -\frac{Q_{\mathrm{s}}}{C_0} + \frac{2k_0 T}{q}\ln\left(\frac{N_{\mathrm{A}}}{n_{\mathrm{i}}}\right) + V_{\mathrm{FB}} \tag{8-69}$$

式中，V_{i} 和 $2V_{\mathrm{B}}$ 分别为强反型时降落在绝缘层和空间电荷区的电压降；V_{FB} 为平带电压。

强反型状态，半导体表面的负电荷由两部分组成：表面反型层的电子和耗尽层的电离受主。半导体表面刚强反型时，反型层的表面电子浓度和衬底掺杂浓度相等。但是反型层的厚度远小于最大耗尽层厚度，所以半导体侧的电荷主要由耗尽层的电离受主提供，而反型层电子可以忽略。耗尽层的电离受主面密度为 $|Q_{\mathrm{SD}}(\mathrm{max})| = qN_{\mathrm{A}}x_{\mathrm{dm}}$。所以，阈值电压也可写为

$$V_{\mathrm{T}} = V_{\mathrm{i}} + 2V_{\mathrm{B}} + V_{\mathrm{FB}} = \frac{|Q_{\mathrm{SD}}(\mathrm{max})|}{C_0} + \frac{2k_0 T}{q}\ln\left(\frac{N_{\mathrm{A}}}{n_{\mathrm{i}}}\right) + V_{\mathrm{FB}} \tag{8-70}$$

考虑金属-半导体功函数差和氧化层内电荷对平带电压影响后，也可将上式写为

$$V_{\mathrm{T}} = V_{\mathrm{i}} + 2V_{\mathrm{B}} + V_{\mathrm{FB}} = \frac{|Q_{\mathrm{SD}}(\mathrm{max})|}{C_0} - \frac{Q'_{\mathrm{ss}}}{C_0} - V_{\mathrm{ms}} + \frac{2k_0 T}{q}\ln\left(\frac{N_{\mathrm{A}}}{n_{\mathrm{i}}}\right) \tag{8-71}$$

式中，Q'_{ss} 为氧化层内等效的氧化层电荷，包括固定电荷和可动电荷等。对于给定的半导体材料、栅绝缘层材料和栅金属电极，阈值电压是半导体掺杂浓度、栅绝缘层电荷和栅绝缘层厚度的函数。

例 3：一个理想的 MOS 电容器，p 型 Si 衬底的掺杂浓度为 $N_{\mathrm{A}} = 1.5\times 10^{15}\mathrm{cm}^{-3}$。当氧化层厚度为 $0.1\mu\mathrm{m}$ 时，阈值电压 V_{T} 为 1.1V，求氧化层厚度为 $0.2\mu\mathrm{m}$ 时的阈值电压

V_T 大小。

解：
$$V_T = -\frac{Q_s}{C_0} + V_s = -\frac{d_0 Q_s}{\varepsilon_0 \varepsilon_{r0}} + 2V_B$$

$$V_{T1} = -\frac{Q_s}{\varepsilon_0 \varepsilon_{r0}} d_0 + 2V_B$$

$$\therefore -\frac{Q_s}{\varepsilon_0 \varepsilon_{r0}} = \frac{V_{T1} - 2V_B}{d_{01}}$$

代入

$$V_{T2} = -\frac{Q_s}{\varepsilon_0 \varepsilon_{r0}} d_{02} + 2V_B$$

得

$$V_{T2} = (V_{T1} - 2V_B)\frac{d_{02}}{d_{01}} + 2V_B = 2V_{T1} - 2V_B$$

$$V_B = E_i - E_F = \frac{k_0 T}{q} \ln \frac{N_A}{n_i} = 0.026 \times \ln \frac{1.5 \times 10^{15}}{1.5 \times 10^{10}} = 0.30 (\text{V})$$

$$\therefore V_{T2} = 2 \times 1.1 - 2 \times 0.3 = 1.6 (\text{V})$$

4. Si-SiO$_2$ 系统中电荷的实验研究

前面已经叙述，金属-半导体功函数差以及绝缘层的电荷均会对 MIS 结构的 C-V 特性造成影响。平带电压中包含关于 MIS 结构的诸多信息，而平带电压又可从 C-V 特性加以确定。因此可以通过研究高频 MIS 结构的 C-V 特性来研究 Si-SiO$_2$ 系统的电荷。

若不考虑界面态的影响，可动离子在电场和温度场的漂移可引起 SiO$_2$ 层中电荷的分布变化，这将引起 MOS 结构的 C-V 特性曲线沿电压轴方向平移，平移量的大小由钠离子的数量以及在 SiO$_2$ 中的分布有关，因此可以通过温度-偏压（B-T）实验来研究 MOS 结构的电荷。以 Al-SiO$_2$-Si（p 型）MOS 电容器为例，如图 8-42 所示，曲线 1 为升温（150℃～250℃）加负偏压后测试的 C-V 曲线；曲线 2 为升温（150℃～250℃）加正偏压后测试的 C-V 曲线。对此图的解释如下：钠离子在负偏压的作用下运动至 Al-SiO$_2$ 界面处，对 C-V 特性没有影响。金属-半导体功函数差、固定电荷 Q_f 使 C-V 曲线左移。此时，平带电压为

$$V_{FB1} = -V_{ms} - \frac{Q_f}{C_0} \tag{8-72}$$

已知 V_{ms}，由上式可得到固定电荷 Q_f。再升温加正偏压，可动离子在温度和电场作用下运动至 Si-SiO$_2$ 界面，此时对 C-V 特性影响最大，如图 8-42 的曲线 2。设可动电荷面密度为 Q_i，则平带电压为

$$V_{FB2} = -V_{ms} - \frac{Q_f}{C_0} - \frac{Q_i}{C_0} \tag{8-73}$$

由 V_{FB1} 和 V_{FB2} 的差值 ΔV_{FB}，可得到可动电荷面密度 Q_i。

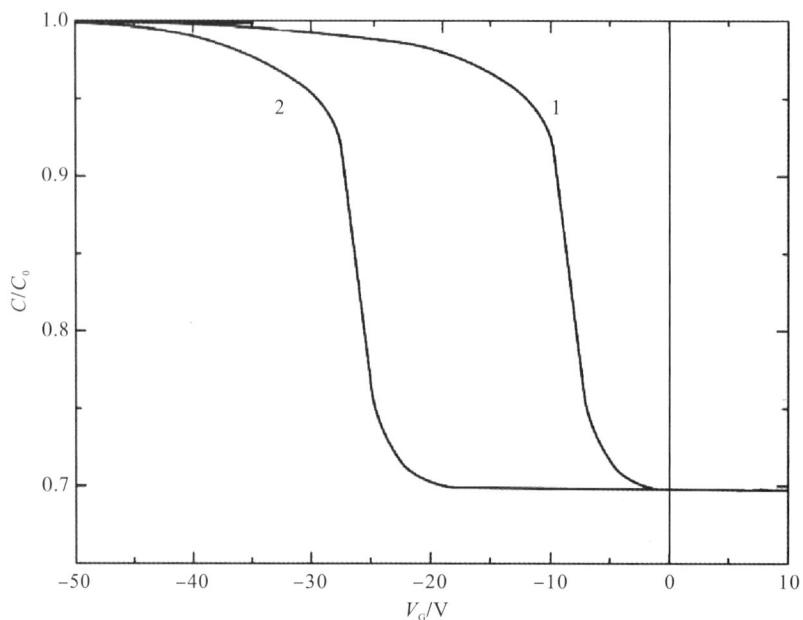

图 8-42　B-T 实验研究 Si-SiO$_2$ 系统中电荷的原理图

例 4：用 n 型 Si 单晶制成 MOS 电容器。铝电极面积 $A = 1.6 \times 10^{-7}\,\text{m}^2$。在 150℃ 下进行负 B-T 和正 B-T 实验。分别测得如图 8-43 所示的 C-V 曲线 1 和 2。求 Si-SiO$_2$ 界面处的正电荷面密度和 SiO$_2$ 中的可动离子面密度。

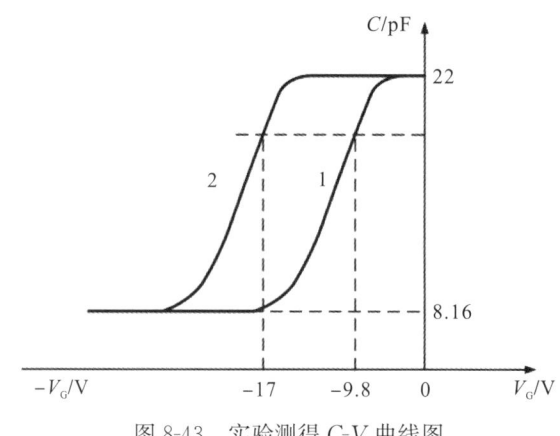

图 8-43　实验测得 C-V 曲线图

解：根据 C-V 曲线，可得
$$C_0 = 22\,\text{pF}, \quad C_{\min} = 8.16\,\text{pF}$$

所以 SiO$_2$ 层厚度
$$d_0 = \frac{A\varepsilon_r\varepsilon_0}{C_0} = \frac{1.6 \times 10^{-7} \times 8.85 \times 10^{-12} \times 3.9}{22 \times 10^{-12}} = 2.5 \times 10^{-7}\,(\text{m})$$

由于 $\dfrac{C'_{\min}}{C_0} = \dfrac{8.16}{22} = 0.371$，又

$$\frac{C'_{\min}}{C_0} = \frac{1}{\left(1 + \dfrac{2\varepsilon_{r0}}{q\varepsilon_{rs}d_0}\left[\dfrac{\varepsilon_{rs}\varepsilon_0 k_0 T}{N_D}\ln\left(\dfrac{N_D}{n_i}\right)\right]^{\frac{1}{2}}\right)}$$

可解出 N_D，但相当麻烦。可查阅图 8-19 得到
$$N_D = 5 \times 10^{14} \text{ cm}^{-3}$$

$$\frac{C_{FB}}{C_0} = \frac{1}{1 + \frac{\varepsilon_{r0}}{\varepsilon_{rs}}\left(\frac{\varepsilon_{rs}\varepsilon_0 k_0 T}{q^2 N_D d_0^2}\right)^{\frac{1}{2}}}, \text{可求得} \frac{C_{FB}}{C_0} = 0.82 \text{，所以}$$

$$C_{FB} = 0.82 C_0 = 0.82 \times 22 = 18 \text{(pF)}$$

对于 $N_D = 5 \times 10^{14} \text{ cm}^{-3}$ 的半导体，
$$E_c - E_F = k_0 T \ln \frac{N_c}{n_0}$$
$$= 0.026 \times \ln \frac{2.8 \times 10^{19}}{5 \times 10^{14}} = 0.284 \text{(eV)}$$

因此，功函数
$$W_s = \chi + E_c - E_F = 4.05 + 0.284 = 4.334 \text{(eV)}$$

已知 $W_{Al} = 4.20 \text{eV}$，所以 $V_{ms} = 0.134 \text{V}$，由图可知 $V_{FB1} = -9.8 \text{V}$，$V_{FB2} = -17 \text{V}$，$\Delta V_{FB} = -9.8 + 17 = 7.2 \text{V}$。经过升温加负偏压后所测的 $C\text{-}V$ 曲线没有可动电荷的影响，所以固定电荷面密度

$$N_{fc} = \frac{C_0}{A \cdot q}(-V_{ms} - V_{FB1}) = \frac{22 \times 10^{-12}}{1.6 \times 10^{-7} \times 1.6 \times 10^{-19}} \times (-0.134 + 9.8)$$
$$= 8.31 \times 10^9 \text{(cm}^{-2}\text{)}$$

可动离子面密度由正负偏压处理之间的平带电压偏移量 ΔV_{FB} 来决定：
$$N_m = \frac{C_0 \Delta V_{FB}}{A \cdot q} = \frac{22 \times 10^{-12}}{1.6 \times 10^{-7} \times 1.6 \times 10^{-19}} \times 7.2 = 6.2 \times 10^9 \text{(cm}^{-2}\text{)}$$

8.4.3 界面态及其对 MIS 结构 $C\text{-}V$ 特性的影响

界面态：是指存在于 Si-SiO$_2$ 界面处而能值位于 Si 禁带中的一些分立的或连续的电子能级。图 8-44 为氧化层-半导体界面处界面态的示意图。半导体的周期性在界面突然被中断，因此允许的电子能级将存在于禁带中，这些允许的能态被称为界面态。电荷能够在半导体和界面态之间流动。Si-SiO$_2$ 系统的一个重要优点是可获得好的 Si-SiO$_2$ 界面，在不同条件下生长的 SiO$_2$，Si-SiO$_2$ 界面通常的界面态面密度为 $10^9 \sim 10^{12} \text{cm}^{-2}$。

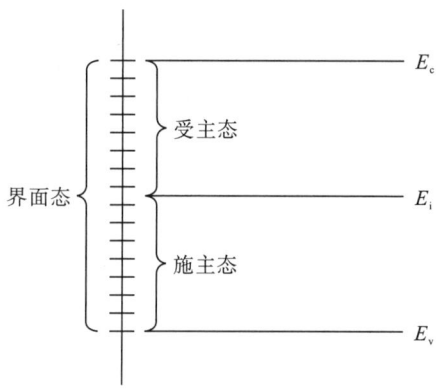

图 8-44 氧化层-半导体界面界面态的示意图

通常情况下，受主态位于能带的上半部分，而施主态位于能带的下半部分。如果费米能级低于受主态，则受主态为中性；而费米能级位于其上时，受主态为电负性。若费米能级高于施主态，那么施主态为电中性；而费米能级位于其下时，施主态为正电性。由于在 MIS 结构加上栅压后，半导体表面的能带发生弯曲，因此界面态电荷随着栅电压而变。

图 8-45(a) 为 p 型半导体 MOS 电容器处于积累状态时的能带示意图。随着表面能带的弯曲，由于费米能级位于施主界面态以下，在施主界面态中存在净的正陷阱电荷。改变栅电压使得 MOS 电容器处于临近反型状态，表面能带如图 8-45(b) 所示时，表面层费米能级和禁带中央能级重合，这时所有的界面态为电中性，对应的偏置情况称为禁带中央。当进一步增大栅压至反型状态时，如图 8-45(c)，受主态中存在净负电荷。因此，随着栅电压从负偏压到正偏压，MOS 电容器经历积累、耗尽和反型状态，界面态的净电荷由正变负。图 8-46 为 p 型半导体 MOS 电容器考虑了界面态影响后的 C-V 曲线图。如图所示，由于正氧化层固定电荷的存在，C-V 曲线往负电压轴方向平移。由于界面态的存在，界面陷阱电荷的数量和正负性都发生变化，使得 C-V 曲线的平移量和方向均发生改变。界面态电荷对 C-V 的影响如图 8-46 的虚线段所示。

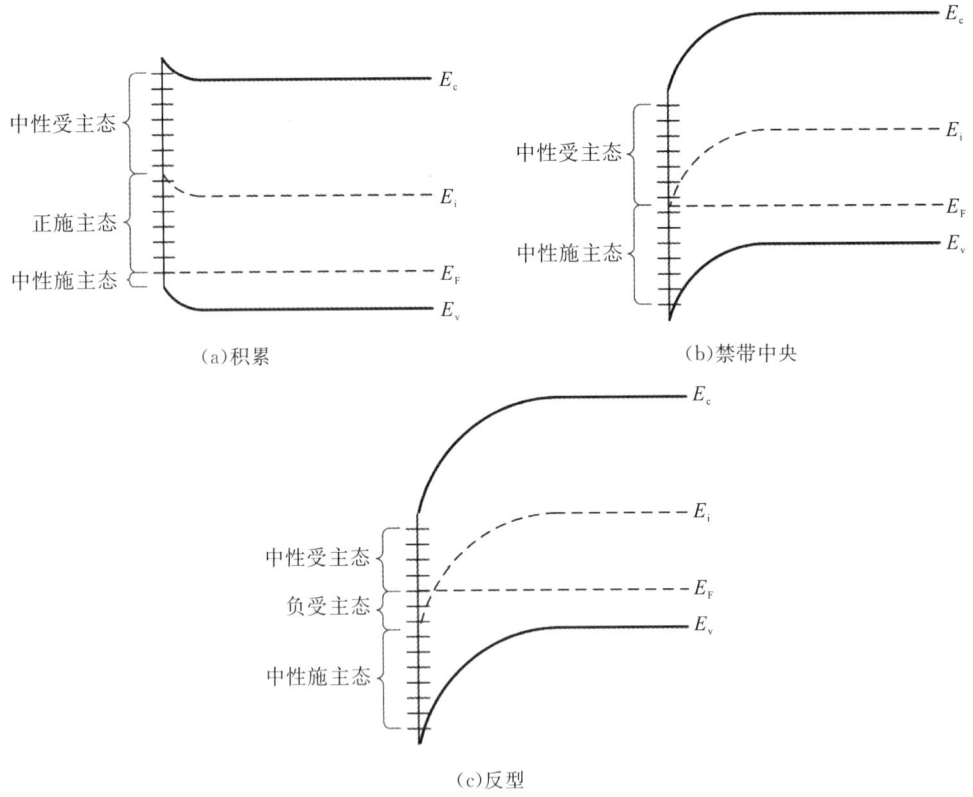

图 8-45　p 型半导体 MOS 电容器考虑界面态陷阱电荷的能带示意图

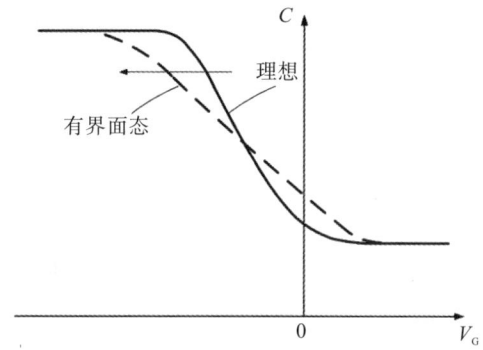

图 8-46　界面态对 MOS 电容器高频 C-V 特性的影响

8.5　场效应和表面电导

本节主要讨论在半导体表面层内沿平行于表面方向的电导问题。表面电导的大小由表面层内载流子的数量及迁移率决定。载流子数量及迁移率越大，表面电导也越大。根据前面几节的讨论，我们已经知道通过对 MOS 电容器栅电极上加不同的偏压，半导体表面可处于积累、平带、耗尽和反型状态，表面层内载流子的数量随着偏压而变化，因此表面电导发生改变。也就是说，垂直于表面方向的电场对表面电导起控制作用，称这种效应为场效应，可利用此效应制备目前被广泛使用的半导体器件——MOS 场效应晶体管。MOS 场效应晶体管的结构如图 8-47 所示，两端为背靠背的 pn 结，中间为一 MOS 电容器。在栅电极上施加阈值电压大小的电压后，在 p 型半导体表面产生电子反型层，形成导电的通道，因此把 n 型源区和 n 型漏区连接起来。

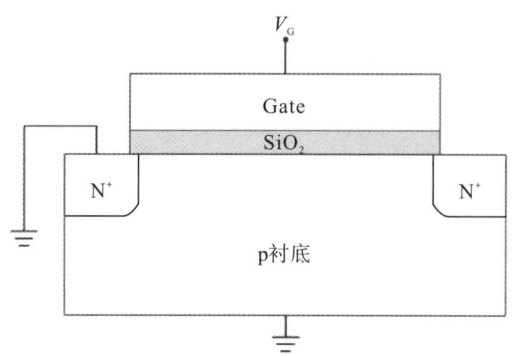

图 8-47　MOS 场效应晶体管结构示意图

由式(8-2)，单位面积表面层中载流子的改变量为

$$\Delta n = \int_0^\infty (n_p - n_{p0})\mathrm{d}x = \int_0^\infty n_{p0}\left[\exp\left(\frac{qV}{k_0 T}\right) - 1\right]\mathrm{d}x \quad (8\text{-}74\mathrm{a})$$

$$\Delta p = \int_0^\infty (p_p - p_{p0})\mathrm{d}x = \int_0^\infty p_{p0}\left[\exp\left(-\frac{qV}{k_0 T}\right) - 1\right]\mathrm{d}x \quad (8\text{-}74\mathrm{b})$$

它对应于长宽相等的薄层的电导。其值由表面势 V_s 决定。假定 μ_n 和 μ_p 不随表面电荷的变化而改变，则由于 Δn 和 Δp 的产生，相对于平带状态，在表面层内引起的薄层附

加电导为
$$\Delta \sigma_s = q(\mu_n \Delta n + \mu_p \Delta p) \tag{8-75}$$

以 $\sigma(0)$ 表示处于平带状态时的薄层电导，则半导体表面层中总的薄层表面电导为
$$\sigma(V_s) = \sigma(0) + q(\mu_n \Delta n + \mu_p \Delta p) \tag{8-76}$$

对于 p 型半导体形成的 MOS 电容器，表面势为负时，表面层形成多数载流子空穴的积累，使表面电导增加，且表面势越负，表面电导越大；当表面势为足够大的正值，表面为反型状态时，反型层中的电子数量随表面势的增加而增加，所以表面电导随 V_s 的增大而增大；当表面势为不太大的正值时，表面处于耗尽状态，表面电导值较小，并且表面电导极小值存在于这个区域。

8.6 MOS 电容器的发展状况

MOS 场效应晶体管是目前为止使用最广泛的半导体器件。随着集成电路的快速发展，MOS 电容器作为制备 MOS 场效应晶体管的重要组成部分，也在不断发展。其中一个发展是氧化绝缘层的厚度越来越薄，能够薄至 1.5nm。但是随着栅氧化层厚度的缩小，面临一个重要的问题是当栅介质层薄至 3nm 以下时，通过栅介质层的隧穿电流随着介质层的减薄指数增加。陈志团队研究发现，利用声子能量耦合增强效应，即快速退火能够显著增强 SiO_2/Si 系统中 Si—Si 键、Si—O 键等化学键的能量耦合，能显著减少 SiO_2/Si 系统的漏电流至 2~5 个数量级。这对于 MOSFET 器件的进一步集成化具有重要的意义。MOS 电容器另外一个发展是金属电极的变化。1970 年以前，最典型的栅电极是 Al 之类的金属。1970 年以后，改用重掺杂的多晶硅作为标准的栅电极，这是由于重掺杂多晶硅在高温下不会和 SiO_2 反应。2008 年以后，由于能够有效调整功函数，进一步发展为 TiN 基金属栅工艺。由于石墨烯具有良好的导电性，石墨烯也被作为栅电极用于 MOS 结构中。

8.7 本章小结

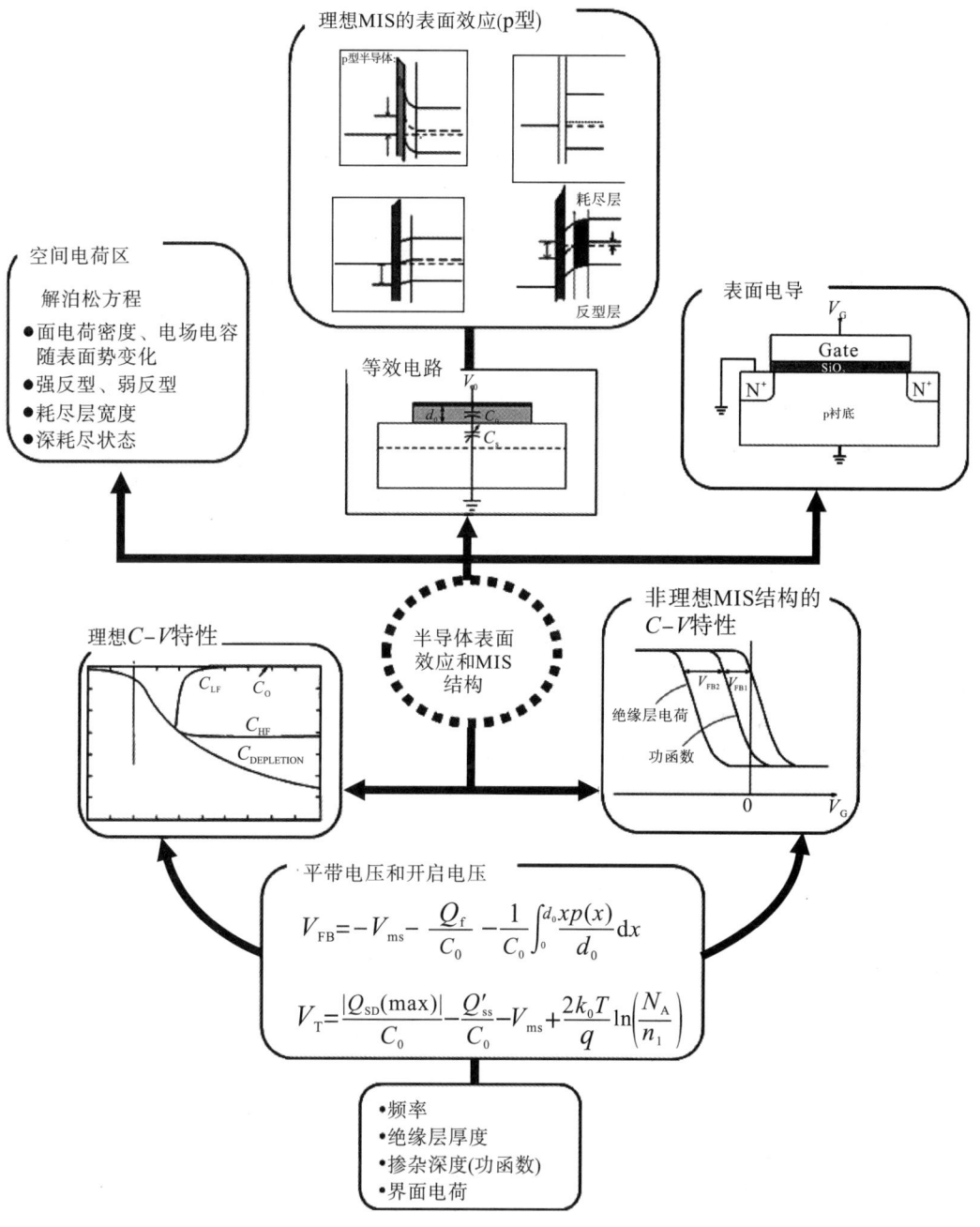

(1) 本章讨论了 MIS 的基本物理结构和特性。

(2) 通过在金属栅极上加不同的偏压,改变半导体表面的能带弯曲情况,表面处导带和价带相对于费米能级的位置随着改变,表面出现积累、平带、耗尽和反型状态。

(3) 空间电荷区的电荷以及电容随着表面势的变化而变化。

(4) 讨论了 MOS 电容器的 C-V 特性。金属-半导体功函数差和氧化层电荷使得 C-V 曲线沿电压轴方向平移,而界面态的存在使得 C-V 曲线形状变化。可利用 MOS 电容器的 C-V 特性来研究半导体-绝缘层界面(如氧化层可动电荷密度、固定电荷密度以及界面态密度)。不考虑界面态,平带电压值为

$$V_{FB} = -V_{ms} - \frac{Q_f}{C_0} - \frac{1}{C_0}\int_0^{d_0} \frac{x\rho(x)}{d_0}dx$$

右边三项分别对应金属-半导体功函数差、固定电荷和可动电荷的影响。

(5) MIS 结构的电场调制效应是制备 MOSFET 器件的基础。

重要术语一览

(1) 表面电场效应:半导体表面状态在外电场作用下发生变化。

(2) 表面耗尽:当在金属栅电极上加一定的偏压使得半导体表面的多数载流子少于体内的多数载流子的状态。

(3) 反型层电荷:反型状态时在半导体表面产生的与半导体衬底多数载流子类型相反的电荷,如对于 p 型半导体衬底,反型层电荷为电子。

(4) 临界强反型:当在金属栅电极上加一定的偏压使得反型层电荷浓度等于掺杂浓度时的状态。

(5) 弱反型:在金属栅电极上所加的栅电压使得半导体表面反型,但是表面反型层电荷密度仍小于掺杂浓度时的情形。

(6) 强反型:加一定大小的金属栅电压后,半导体表面反型出的少子电荷密度大于掺杂浓度时的状态。

(7) 最大耗尽层厚度:强反型时,氧化层下的耗尽区达到极大值。

(8) 平带电压:由于金属-半导体功函数差以及氧化层中的电荷使得半导体表面能带弯曲,为了恢复平带状态在栅极所加的电压为平带电压。

(9) 阈值电压:也称为开启电压,指半导体刚强反型时栅极与半导体之间所加的电压。

思考题

1. 如何才能在半导体表面形成正的空间电荷区和负的空间电荷区?
2. 半导体能带向上弯或是向下弯的条件是什么?
3. 描述 n 型半导体和 p 型半导体衬底形成的 MIS 结构,半导体表面积累、耗尽、平带和反型的物理意义。画出相应的能带情况。
4. 对 n 型半导体和 p 型半导体衬底形成的 MIS 结构,外加偏压使得 MIS 结构处于积累、平带、耗尽和反型状态时的电荷分布图。
5. 说明平带电压和阈值电压的区别以及相互联系。
6. 描述强反型状态和弱反型状态。
7. 描述反型层电荷的意义及其在 MIS 结构的形成过程。
8. 画出积累、平带、耗尽和反型状态 MIS 结构的电容等效电路。
9. 画出 n 型和 p 型衬底 MIS 结构的高频和低频 C-V 曲线,并解释电容随电压变化的原因。
10. 定性解释金属-半导体功函数差、绝缘层固定电荷和可动电荷对 C-V 特性的影响。

如何用实验测试它们，并说明实验方法及相关公式。

11. 定性讨论界面态对 C-V 曲线的影响。

12. 解释 MIS 结构的平带电容 C_{FB} 小于氧化层电容 C_0。

习题

1. 4 个理想 MIS 电容器的电荷分布如图 8-48 所示。对每一种情况，回答：

(1) 半导体是 n 型还是 p 型？

(2) MIS 电容器处于积累、耗尽、反型三种状态中的哪一种状态？

(3) 画出对应的能带图。

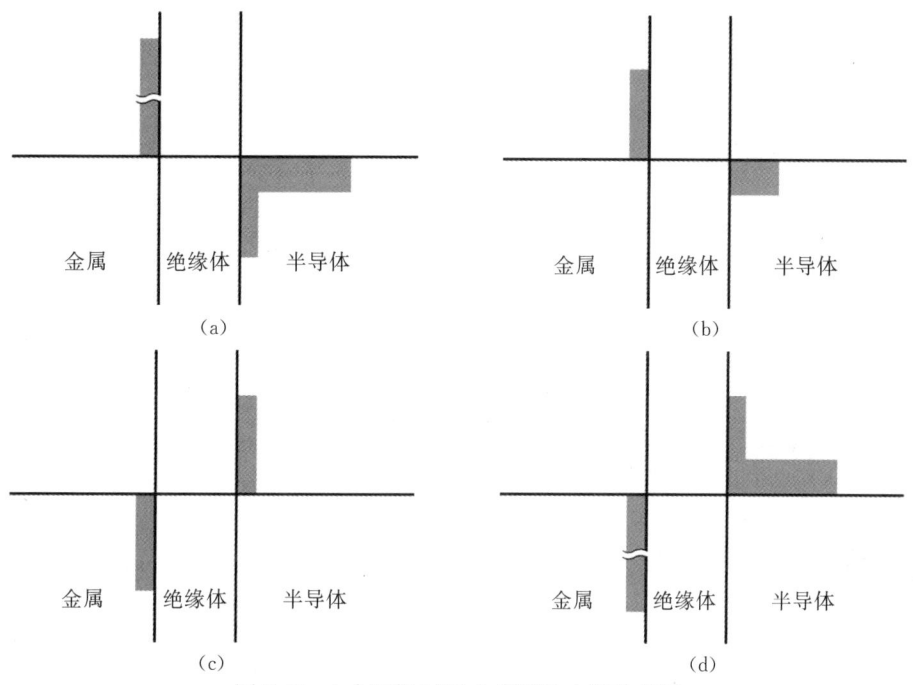

图 8-48　4 个理想 MIS 电容器的电荷分布图

2. 由 n 型半导体衬底组成的 MOS 电容器，分析不同外加偏压 V_G 下，表面空间电荷层状态随外加栅压的变化情况，并解释 C-V 曲线。

3. 由金属-SiO_2-P 型 Si 组成的 MOS 结构，当外加的电压使得半导体表面载流子浓度 n_s 与内部多数载流子浓度 p_0 相等时作为临界强反型层条件，试证明此时半导体的表面势为

$$V_s = 2V_B = \frac{2k_0T}{q}\ln\frac{N_A}{n_i}, \quad V_B = \frac{E_i - E_F}{q}$$

4. 用一掺杂浓度 $N_A = 10^{16}\,\text{cm}^{-3}$ p 型 Si 的制备 MOS 电容器，室温下，外加偏压使得半导体表面出现反型层，求：

(1) 半导体表面势 V_s 的大小；

(2) 耗尽层宽度 x_d；

(3) 外加栅电压 V_G 的极性和大小。

已知：$n_i = 1.02 \times 10^{10}\,\text{cm}^{-3}$，$E_g = 1.12\,\text{eV}$，$k_0 = 8.62 \times 10^{-5}\,\text{eV/K}$，$\varepsilon_0 = 8.854 \times 10^{-14}$

F/cm，$\varepsilon_{SiO_2}=3.9$，$\varepsilon_{rSi}=11.9$，$d_0=1\times10^{-7}$m。

5. 考虑一 p 型半导体衬底的 MOS 电容器，衬底掺杂浓度 $N_A=10^{16}\,cm^{-3}$，求半导体分别为 Si、GaAs 及 Ge 时的最大耗尽层宽度 x_{dm} 以及最大空间电荷密度 $|Q_{SD}(max)|$。

6. 两个 MOS 电容器 A 和 B，具有相同的栅电极面积，所测试的 C-V 曲线分别如图 8-49 实线和虚线所示。请回答以下问题：

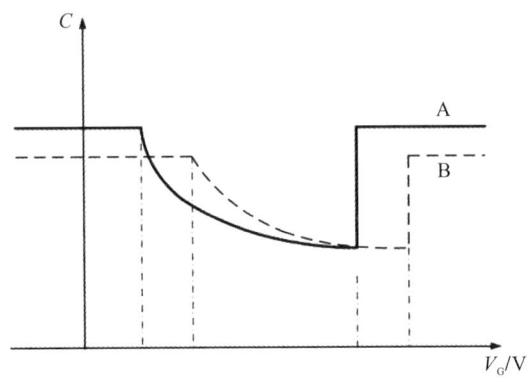

图 8-49　A、B MOS 电容器的 C-V 曲线

(1) 衬底是 p 型还是 n 型？
(2) 对于以下各参数，哪个电容器的数值更大？请标记出来。

d_0	A	B
V_{FB}	A	B
x_{dm}	A	B
N_{sub}	A	B
V_T	A	B

7. 一铝栅 MOS 电容器的高频 C-V 曲线如图 8-50 所示。氧化层为 SiO_2，半导体为 Si。

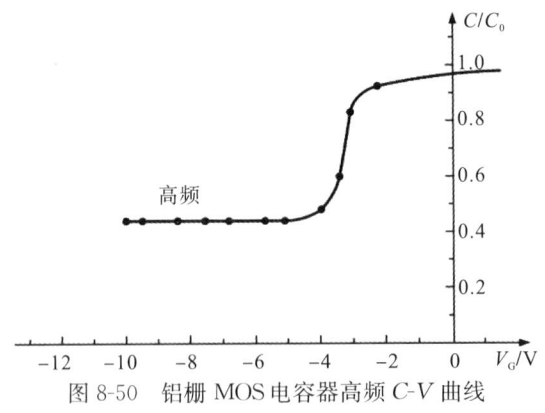

图 8-50　铝栅 MOS 电容器高频 C-V 曲线

(1) 标明曲线的积累、耗尽和少子反型的区域段。衬底掺杂类型为 n 型还是 p 型？
(2) 如果电容器的最大电容为 82pF，栅电极面积为 $4.75\times10^{-3}\,cm^2$，求氧化层厚度 d_0。
(3) 假定衬底均匀掺杂，求 Si 衬底掺杂浓度。
(4) 求等价氧化层电荷密度。

8. 由 p 型 Si 半导体制备的 MOS 电容器。氧化层厚度 $d_0 = 750\text{Å}$，等效的氧化层电荷（包括可动电荷和固定电荷）$Q'_{ss} = 10^{11}\text{cm}^{-2}$，测试阈值电压 $V_T = 0.8\text{V}$，求衬底 p 型 Si 半导体的掺杂浓度。

测试题

1. MIS 结构电容器为 n 型衬底。根据下面每种情况的电荷分布图（图 8-51），判断 MIS 结构器件为积累、平带、耗尽、弱反型和强反型中的哪一种状态，并画出对应状态的能带图。

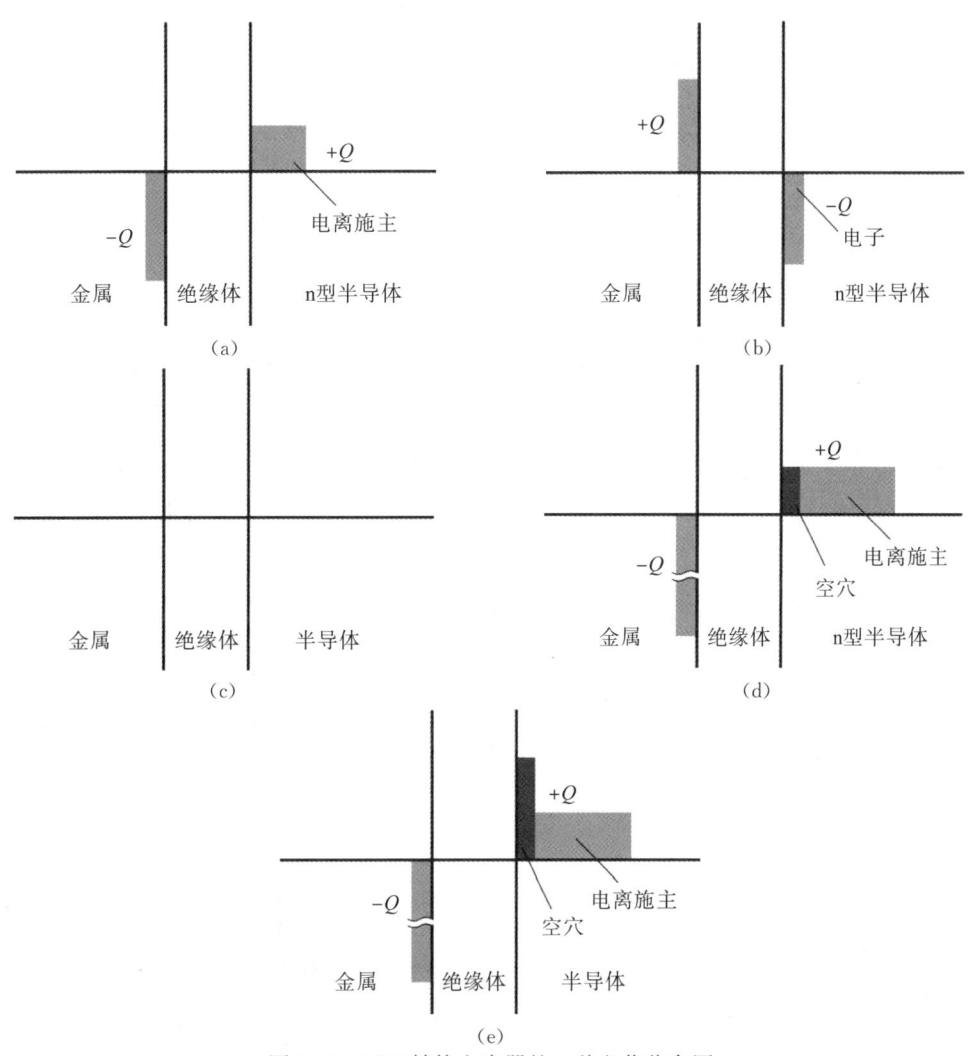

图 8-51 MIS 结构电容器的 5 种电荷分布图

2. 衬底为 p 型 Si 制成的 MOS 电容器，试求出表面恰为本征时的表面电荷密度和表面层电容的表示式。

3. 试至少给出两种测试掺杂浓度的实验方法，并说明测试原理。

4. 说明绝缘层中正电荷对 n 型衬底 MIS 结构的高频 C-V 特性曲线的影响。

5. $T = 300\text{ K}$ 下，理想 MOS 电容，其能带图如图 8-52 所示。所施加的栅极偏压使得能带弯曲，在 Si-SiO$_2$ 界面，$E_F = E_i$，Si 的电子亲合势为 4.05 eV，$E_g = 1.12$ eV，利用耗尽近似，回答下列问题：

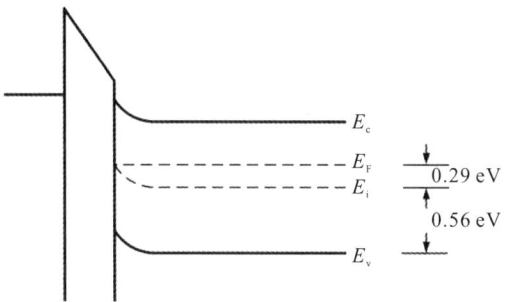

图 8-52 理想 MOS 电容的能带图

(1) 半导体中达到了平衡吗？为什么？

(2) 求出半导体 Si-SiO$_2$ 界面 $E_F = E_i$ 处的电子浓度，同时绘出与该能带图对应的定性电荷块图。

(3) 求出 N_D。

(4) 写出 V_G 的详细表达式。

6. 采用理想结构的 C-V 特性曲线和给出的电荷块图，填写下表。对于表中命名的每一个偏置条件，采用字母(a~g)标出相应的偏置点或理想 MOS 电容 C-V 特性曲线上的点，同样采用数字(1~5)标出与每个偏置条件相关的电荷块图(图 8-53)。

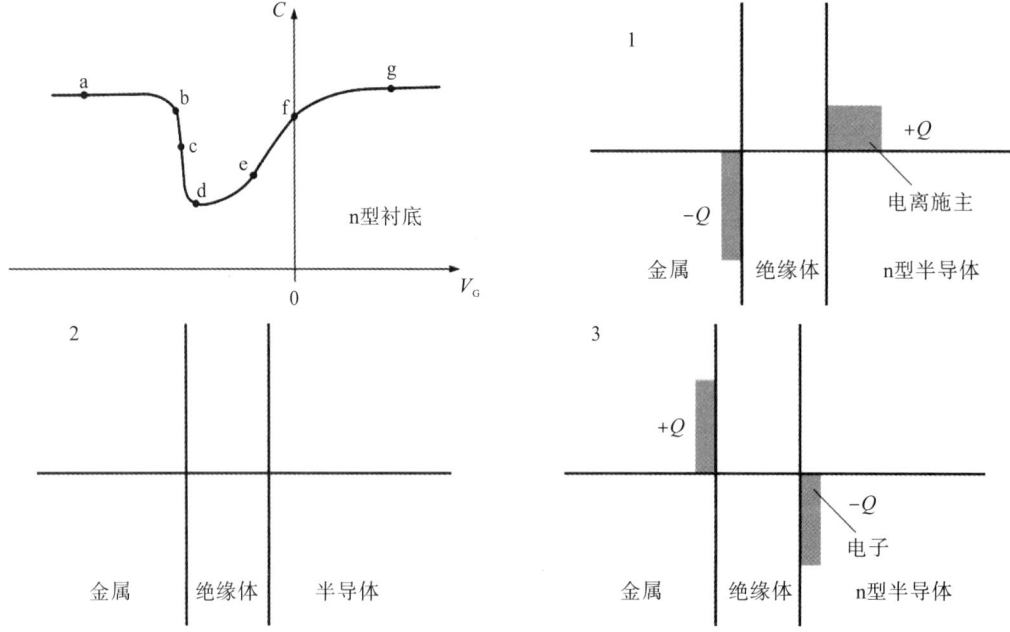

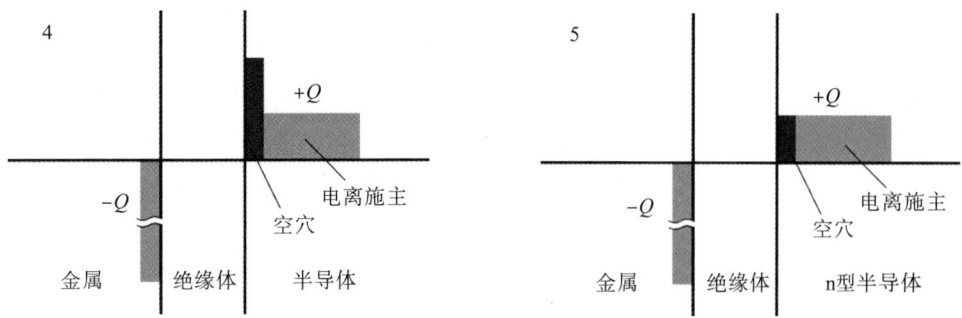

图 8-53 理想 C-V 特性曲线及对应的电荷块图

偏置条件	电容(a~g)	电荷块图(1~5)
积累		
耗尽		
反型		
平带		

7. Al/SiO$_2$/Si 组成的 MOS 电容器，实验测得高频 C-V 曲线如图 8-54 所示，和理想 C-V 曲线比较，实验曲线沿电压轴平移了 -1.6V。问：

(1) 半导体导电类型是什么？

(2) 已知 Al-Si 功函数差 $W_{ms}=-0.3$eV，氧化层电容 $C_0=3.4\times 10^{-8}$F/cm^2，求 SiO$_2$ 等效电荷密度。

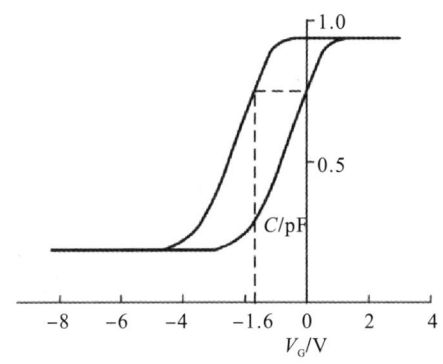

图 8-54 高频 C-V 曲线

8. 在 n 型 Si 衬底上制备 MOS 电容器，衬底掺杂浓度为 5×10^{15}cm^{-3}，SiO$_2$ 的厚度为 1×10^{-7}m，测试用其制成的 MOSFET 器件的阈值电压为 -2.5V，试计算其表面电荷密度。

9. 一个 Al/SiO$_2$/p-Si 单晶 MOS 电容器，衬底掺杂浓度为 10^{15}cm^{-3}。已知：$d_0=1\times 10^{-7}$m，$Q_{ox}=4\times 10^{11}$C/cm^2 时，阈值电压 $V_T=-1.69$V，试求当 $d_0=2\times 10^{-7}$m，$Q_{ox}=2\times 10^{11}$C/cm^2 时，阈值电压 V_T 为多少伏？

主要参考文献

[1] Grove A S. Physics and technology of semiconductor devices. New York: John Wiley and Sons, Inc., 1976:267−271.

[2] Feldman L C, Stensgaard I, Silverman P J, et al. The physics of SiO_2 and its interface. Oxford: Pergomon, 1978:344.

[3] Helms C R, Johnson N M, Schwarz S A, et al. The physics of SiO_2 and its interface. Oxford: Pergomon, 1978:366.

[4] Grunthaner F J, Maserjian J. The physics of SiO_2 and its interface. Oxford: Pergomon, 1978:389.

[5] Deal B E, Sklar M, Grove A S, et al. Characteristics of surface-state charge of thermally oxidized silicon. Journal of Electrochemical Society, 1967, 114(3):266−274.

[6] Atella M M, Tannenbaum E, Scheibner E J. Stabilization of silicon surfaces by thermally grown oxides. Bell System Technical Journal, 1959, 38:749−783.

[7] Nicollian E H, Goetzberger A. The Si-SiO_2 interface-electrical properties as determined by the metal-insulator-silicon conductance technique. Bell System Technical Journal, 1967, 46:1055−1133.

[8] Vadasz L, Grove A S. Temperature dependence of MOS transistor characteristics below saturation. IEEE Transactions on Electron Devices, 1966, 13(12):863−866.

[9] Buchanan D A. Scaling the gate dielectric: materials, integration and reliability. IBM Journal of Research and Development, 1999, 43(3):245−264.

[10] Chen Z. Mechanism for generation of the phonon-energy-coupling enhancement effect for ultrathin oxides on silicon. Applied Physics Letters, 2007, 91:223513.

[11] Chen Z, Ong P L, Wang Y C, et al. Lateral heating of SiO_2/Si: Interfacial Si structure change causing tunneling current reduction. Applied Physics Letters, 2012, 100:171602.

[12] Chen Z, Ong P L, Wang Y C. Reliable observation of large leakage-current reduction of thin SiO_2 induced by phonon-energy-coupling enhancement: problems and solution. Journal of Electrochemical Society, 2010, 157(2):G44−G48.

[13] Park J K, Song S M, Mun J H, et al. Graphene gate electrode for MOS structure-based electronic devices. Nano Letters, 2011, 11(12):5383−5386.

第9章　半导体的光吸收、光发射及光电效应

目标：
(1) 了解半导体与光子之间的三种相互作用过程及各过程的特点。
(2) 理解直接跃迁和间接跃迁。
(3) 掌握光吸收和光发射过程。
(4) 掌握光电导效应和光生伏特效应。

本章讨论光子和半导体中的电子相互作用的一般规律，涉及半导体中的光吸收和光发射，以及由光吸收所引起的光电效应等。

9.1　半导体与光的相互作用

当光通过半导体时，由于光和半导体中的电子、激子、晶格振动、杂质和缺陷等的相互作用而产生光吸收；反之，当半导体吸收光子的能量后，其中部分能量以可见光或近于可见光的电磁波形式发射出来。因此，半导体中的载流子和光子之间有三种主要的相互作用形式，分别是吸收、自发发射和受激发射。通过研究半导体中的光吸收和光发射，可直接获得有关半导体中的电子状态(能带结构)和其他各种激发态的信息。

9.1.1　吸收

当能量为 $h\nu$ 的光子入射到半导体上时，半导体中低能态的电子因吸收光子的能量而跃迁到高能态，从而在半导体中产生电子-空穴对，这一过程称为吸收，如图 9-1(a)所示。吸收是半导体光电探测器的工作基础。

设一个原子系统中存在 E_1 和 E_2 两个能级，前者对应于基态，后者对应于激发态，两能级之间的任何跃迁均涉及频率为 ν_{12} 的一个光子的发射或吸收，并且有 $h\nu_{12}=E_2-E_1$。设 N_1、N_2 分别为单位体积中处于 E_1、E_2 能级的电子数，在热平衡状态且满足 $E_2-E_1>3kT$ 时，电子数按能量的分布遵循玻尔兹曼分布规律，因此有

$$\frac{N_2}{N_1} = \exp\left(-\frac{E_2-E_1}{kT}\right) = \exp\left(-\frac{h\nu_{12}}{kT}\right) \tag{9-1}$$

热平衡时 N_2 远小于 N_1，即大多数粒子处于低能级。

单位体积中、单位时间内因吸收光子而从 E_1 能级跃迁到 E_2 能级的电子数为

$$\left(\frac{\mathrm{d}N_{12}}{\mathrm{d}t}\right)_{\text{吸收}} = W_{12}N_1 \tag{9-2}$$

式中，W_{12} 为单个电子在单位时间内发生吸收过程的概率。

设 ρ_ν 是温度为 T 时,频率 $\nu=(E_2-E_1)/h$ 附近单位频率间隔内外来辐射的能量密度,则有

$$W_{12} = B_{12} \cdot \rho_\nu \tag{9-3}$$

式中,B_{12} 为吸收系数。

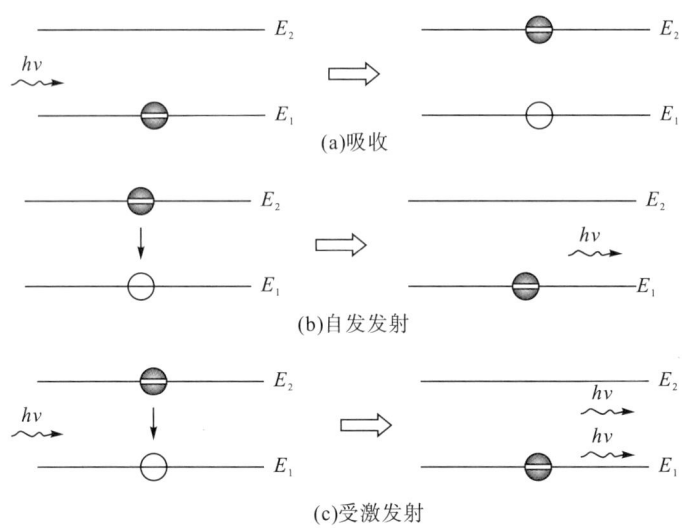

(a)吸收

(b)自发发射

(c)受激发射

图 9-1 半导体中载流子与光子相互作用的三种过程

9.1.2 自发发射

在半导体中注入载流子,位于导带或施主能级上的电子以一定的几率同价带或受主能级上的空穴复合时,以光子形式放出复合所产生的能量,这一过程称为自发发射,如图 9-1(b)所示。这种复合的过程是随机的,电子-空穴对复合时产生的光在波长、相位等特性上彼此无关,发光光谱较宽,光波没有偏振性,且输出的光功率也较弱。自发发射是半导体发光二极管(LED)的工作基础。

单位体积中、单位时间内从能级 E_2 跃迁到能级 E_1,从而引起自发发射的电子数为

$$\left(\frac{dN_{21}}{dt}\right)_{自发} = A_{21} N_2 \tag{9-4}$$

式中,A_{21} 为自发发射系数,它表示单个电子在单位时间内发生自发发射的概率。

9.1.3 受激发射

若上述电子和空穴的复合过程不是自发发生的,而是在适当能量的光激励下进行的,且复合产生的光子与激发该过程的光子有完全相同的特性(包括频率、相位和偏振等),则这种跃迁过程称为受激发射,如图 9-1(c)所示。同自发发射形成对照的是,受激发射的光谱窄、相位一致、有偏振方向,且光输出功率大。受激发射是半导体激光器(LD)的工作基础。

单位体积中、单位时间内从 E_2 能级跃迁到 E_1 能级,从而引起受激发射的电子数为

$$\left(\frac{dN_{21}}{dt}\right)_{受激} = W_{21}N_2 \tag{9-5}$$

式中，W_{21} 为单个电子在单位时间内发生受激发射过程的概率。

设 ρ_ν 是温度为 T 时，频率 $\nu=(E_2-E_1)/h$ 附近单位频率间隔内外来辐射的能量密度，则有

$$W_{21} = B_{21} \cdot \rho_\nu \tag{9-6}$$

式中，B_{21} 为受激发射系数。

上述三种过程是相互联系又有区别的，吸收与受激发射是互逆的跃迁过程，而受激发射与自发发射的区别在于：这种辐射跃迁过程是否有外来光子的参与。在光电器件的工作过程中，有可能同时存在上述几种跃迁过程，只是在一定条件下，某一跃迁过程占主导地位而显现出来。

9.1.4 A_{21}、B_{12} 和 B_{21} 之间的关系

A_{21}、B_{12}、B_{21} 统称为爱因斯坦系数，这三个系数均是粒子能级结构的特征量，和电磁辐射能量密度 ρ_ν 无关。三种概率中，W_{21} 和外电磁场无关，而 W_{12}、W_{21} 与电磁辐射能量密度 ρ_ν 有关。

在热平衡状态下，如果辐射场总光子数保持不变，自发发射率（单位时间内自发发射的电子数）和受激发射率（单位时间内受激发射的电子数）之和等于吸收率（单位时间内发生吸收的电子数），有

$$A_{21}N_2 + B_{21}N_2\rho_\nu = B_{12}N_1\rho_\nu \tag{9-7}$$

从理论上导出爱因斯坦三系数 A_{21}、B_{21} 和 B_{12} 之间有如下的关系：

$$g_1 B_{12} = g_2 B_{21} \tag{9-8}$$

式中，g_1 和 g_2 分别是能级 E_1 和 E_2 的简并度。对于非简并的能级而言，$g_1 = g_2 = 1$，当 $g_1 = g_2$ 时，有

$$B_{12} = B_{21} \tag{9-9}$$

也就是说，吸收和受激发射具有相同几率。对应于同一个辐射场 ρ_ν，有

$$W_{12} = B_{12}\rho_\nu = B_{21}\rho_\nu = W_{21} \tag{9-10}$$

而 $W_{12} = \frac{1}{N_1}\frac{dN_{12}}{dt}$，$W_{21} = \frac{1}{N_2}\frac{dN_{21}}{dt}$；在热平衡状态下，$N_1$ 远大于 N_2，因此，在单位时间内，$dN_{12} \gg dN_{21}$。也就是说，对同一个辐射场能量密度 ρ_ν，单位时间内发生吸收的电子数远大于发生受激发射的电子数，其差额由自发发射补偿。为了使受激发射超过光子的吸收过程，必须使高能级上的电子密度大于低能级上的电子密度，即实现粒子数的分布反转。

自发发射系数和受激发射系数之间的关系为

$$A_{21} = \frac{8\pi h\nu^3}{C^3}B_{21} \tag{9-11}$$

对于自发发射率和受激发射率，有

$$\frac{受激发射率}{自发发射率} = \frac{B_{21}}{A_{21}}\rho_\nu \tag{9-12}$$

要使受激发射率高于自发发射率,必须提供很大的辐射场能量密度。为了做到这一点,在激光器中都采用了光学谐振腔。

9.2 直接带隙与间接带隙跃迁

电子在半导体能带之间的跃迁过程,实质上是非平衡载流子的产生与复合过程,跃迁速率取决于与跃迁有关的初态、终态的细节。按照量子力学原理,半导体中的电子态是用含有与晶格周期有关的波函数来描述的,其电子波函数的波矢 k 是一个重要的状态变量。能带结构图中,价带的最高能级和导带的最低能级具有相同波矢 k 值的半导体,称为直接带隙半导体。相反,价带的最高能级和导带的最低能级具有不同 k 值的半导体,称为间接带隙半导体。

如果电子跃迁的初、终态对应着布里渊区的同一波矢 k,则在能带图上表现为竖直方向的跃迁,这种跃迁称为直接跃迁[图 9-2(a)],电子在 GaAs 中的跃迁就属于这种情况。电子在带间复合过程中不仅要遵守能量守恒,也必须遵守准动量守恒。直接跃迁过程几乎不改变电子的准动量,所有释放的能量都被低准动量的光子带走。从量子力学的观点来看,这种跃迁属一级微扰过程,因而有较高的跃迁几率。

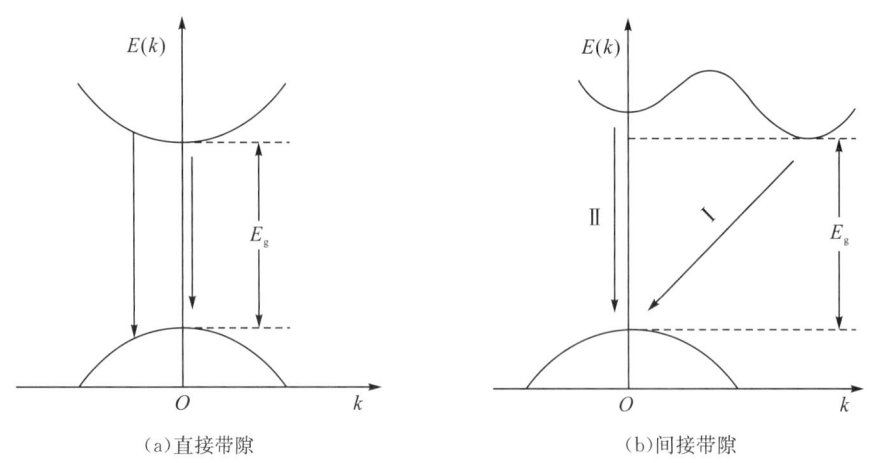

图 9-2 直接带隙和间接带隙半导体中的带间跃迁

在 Si、Ge 等间接带隙半导体中,若跃迁所涉及的初、终态不对应同一波矢 k,且其差值大于晶格常数的倒数,则由能带图可以看出,电子在导带极小值与价带极大值之间的跃迁为非竖直方向,这种跃迁称为间接跃迁[如图 9-2(b)中的 Ⅰ 过程]。间接跃迁过程必然改变电子的准动量。由于光子的波矢 $|k_0|$ 很小,不会影响电子波矢的改变,所以必须有其他粒子参与这一过程,以保持准动量守恒。由于格波具有与晶格常数同数量级的波长,所以声子的准动量与电子的准动量也是同数量级的。在间接带隙半导体中,声子参与了带间跃迁,它使带间跃迁的准动量守恒关系变为

$$hk' - hk = \pm hk_p + hk_0 \tag{9-13}$$

式中,k、k' 为跃迁前后电子的波矢;k_p 和 k_0 分别为格波和光波的波矢。符号"±"有双重意义,若由吸收光子所激发的电子由价带顶到导带底的跃迁,则式中的正号代表吸

收声子而负号代表发射声子；若跃迁过程是导带底的电子跃迁到价带顶并发射光子，则上式中的正号表示发射声子，负号表示吸收声子。由于间接跃迁过程有声子参与，因此属于二级微扰过程，其跃迁几率比直接跃迁过程小得多。然而，在间接带隙半导体中，发生竖直跃迁的几率是很小的[如图9-2(b)中的Ⅱ过程]，因为导带电子的大部分都集中于导带底附近。

9.3 半导体的光吸收

利用半导体对光的吸收可以研究半导体材料本身的能带结构、杂质含量和其他物理特性。半导体中的光吸收有带间跃迁的本征吸收，以及激子吸收、杂质吸收、自由载流子吸收、晶格吸收等非本征吸收。

9.3.1 本征吸收

能量为 $h\nu$ 的光入射到带隙为 E_g 的半导体材料上，如果入射光子的能量 $h\nu$ 大于或等于半导体的禁带宽度 E_g，则位于价带的电子就可能吸收光子的能量而被激发至导带中，这一过程称为带间光吸收，或称本征光吸收。

假设一束光强为 I_0 的光照射在半导体上，当光在半导体中传播 x 距离后，光强会因半导体的光吸收而下降为 $I(x)$，它遵循如下规律：

$$I(x) = I_0 \mathrm{e}^{-\alpha x} \tag{9-14}$$

即光强会因光吸收而呈指数关系下降。式中，α 为常数，称为吸收系数，它与材料种类、入射光波长等因素有关。当光传输了一段距离 $d = 1/\alpha$ 时，光强减为初始光强的 $1/\mathrm{e}$。d 等于吸收系数 α 的倒数，它就是这一光波的穿透深度。波长越短，穿透深度越浅，光的吸收系数便越大。

本征光吸收的长波阈值可由下式给出：

$$\lambda_c = \frac{hc}{E_g} = \frac{1.24}{E_g} \tag{9-15}$$

式中，h 为普朗克常量；c 为真空中的光速；E_g 为半导体材料的禁带宽度。λ_c 和 E_g 的单位分别为 μm 和 eV。

半导体材料对这种本征吸收具有较高的吸收系数，产生一连续的吸收光谱，并在长波阈值处有一陡峭的吸收边，在入射光波长 $\lambda > 1.24/E_g$ 的区域内，吸收系数迅速减小。与间接带隙材料相比，直接带隙材料有更陡峭的吸收边。直接带隙与间接带隙跃迁相比有更高的跃迁速率，因而有更高的吸收系数，或同样能量下光子在材料中的穿透深度较小。图9-3比较了几种直接带隙材料（CdS、α-Si、GaAs、$Ga_{0.30}In_{0.70}As_{0.64}P_{0.36}$）、间接带隙材料（Si、Ge）的光吸收系数和穿透深度与入射光波长的关系。对于间接带隙半导体Ge，当光子能量和禁带宽度相等时，本征吸收开始；随着光子能量的增加，吸收系数首先上升到一段较平缓的区域，这对应于间接跃迁；向更短波长方向，吸收系数陡增，发生强烈的光吸收，表示直接跃迁的开始。GaAs是直接带隙半导体，光子能量大于 E_g 后，一开始就有强烈吸收，吸收系数陡峭上升，反映出直接跃迁过程。由此可知，研究半导体的本征吸收光谱,不仅可以根据吸收限决定禁带宽度,还有助于了解能带的复杂结构,也可作为区分直接带隙和间接带隙半导体的重要依据。

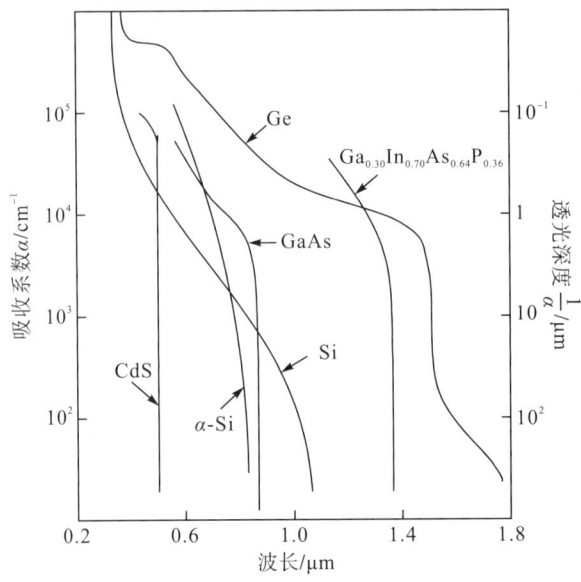

图 9-3　光吸收系数和透光深度与入射光波长的关系

9.3.2 非本征吸收

本征吸收是半导体中最重要的吸收机制,它为选择光探测器材料提供了理论依据。实验证明,波长比本征吸收限长的光波在半导体中也能引起光吸收,这表明半导体中还存在其他的吸收机制。

1. 激子吸收

理论和实验都表明,如果光子能量 $h\nu$ 小于禁带宽度 E_g,价带电子受激发后虽然跃出了价带,但还不足以进入导带而成为自由电子,仍然受到空穴的库仑场作用。实际上,受激电子和空穴互相束缚而结合在一起成为一个新的系统,这种系统称为激子,这样的光吸收称为激子吸收。激子在晶体中某一部位产生后,并不停留在该处,它可以在整个晶体中运动。但由于处于束缚态的电子-空穴只能作为整体一起移动而呈电中性,因此激子吸收对光电导没有贡献。

激子中电子与空穴之间的作用类似氢原子中电子与质子之间的相互作用。因此,激子的能态也与氢原子相似,由一系列能级组成。若电子与空穴都以各向同性的有效质量 m_n^* 和 m_p^* 来表示,则按氢原子的能级公式,激子的束缚能应为

$$E_{ex}^n = -\frac{q^4}{8\varepsilon_0^2 \varepsilon_r^2 h^2 n^2} m_r^* \tag{9-16}$$

式中,q 是电子电量;n 是整数;m_r^* 是电子和空穴的折合质量,$m_r^* = m_p^* m_n^*/(m_p^* + m_n^*)$。从式(9-16)可以看出,激子有无穷个能级。$n=1$ 时,是激子的基态能级 E_{ex}^1;$n=\infty$ 时,$E_{ex}^\infty = 0$,相当于导带底能级,表示电子和空穴完全脱离相互束缚,电子进入了导

带,而空穴仍留在价带。

图 9-4 和图 9-5 分别是激子能级和激子吸收光谱示意图。在激子基态和导带底之间存在着一系列激子受激态,如图 9-4 所示。图 9-5 中本征吸收长波限以外的激子吸收峰,相当于价带电子跃迁到相应的激子能级。显然,激子吸收所需光子的能量 $h\nu$ 小于禁带宽度 E_g。图中第一个吸收峰相当于价带电子跃迁到激子基态($n=1$),吸收光子的能量是 $h\nu = E_g - |E_{ex}^1|$;第二个吸收峰相当于价带电子跃迁到 $n=2$ 的受激态。$n>2$ 时,因为激子能级已差不多是连续的,所以吸收峰已分辨不出来,并且和本征吸收光谱合到一起。

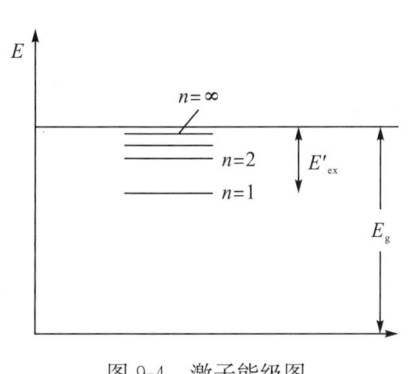
图 9-4 激子能级图

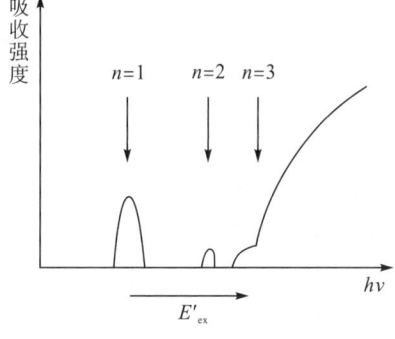
图 9-5 激子吸收光谱示意图

自由载流子将对电子-空穴的库仑场产生屏蔽作用,当德拜长度等于激子轨道半径时,激子就不稳定。因此,激子的束缚态只能在宽禁带的高纯晶体中或低温下才能观测到。实验表明,在多数半导体中,只能在低温下观察到 $n=1$ 的吸收峰。然而,对于同样的半导体材料,若采取量子阱结构,会使电子-空穴之间的库仑作用加强,而能在室温下观测到明显的激子吸收峰。

2. 自由载流子吸收

当入射光的光子能量 $h\nu$ 不足以引起带间吸收跃迁或形成激子时,在光场的作用下,导带和价带中的载流子产生运动,也会出现光吸收现象,即自由载流子光吸收。如果半导体中自由载流子浓度为 N,介电常数为 ε_0,电子的有效质量和迁移率分别为 m_e 和 μ_e,理论分析得出自由载流子的光吸收系数为

$$\alpha = \frac{\lambda^2 e^3}{4\pi^2 c^2 n \varepsilon_0} \times \frac{N}{m_e \mu_e} \tag{9-17}$$

可见自由载流子光吸收系数正比于自由载流子浓度 N,自由载流子浓度越高,则其光吸收越强。同时公式(9-17)还表明,自由载流子吸收系数 α 同波长 λ 的平方成正比,也就是说,波长越长,吸收系数越大,这表明自由载流子对长波长吸收更为严重。这已被很多半导体在波长大于吸收边的红外区域内的吸收实验所证实。图 9-6 为 Si 的吸收曲线,可以看出,在本征吸收限外长波方向不断增强的吸收作用。这种跃迁过程同样必须满足能量守恒和动量守恒关系,因此电子的跃迁过程中会伴随着吸收或发射一个声子。

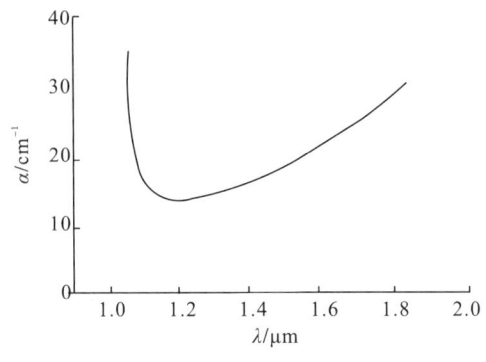

图 9-6 Si 的吸收曲线

3. 杂质吸收

在适当能量的光子作用下，束缚在杂质能级上的电子或空穴也可以引起光的吸收，这种吸收称为杂质吸收。这些过程可以是：中性施主能级与导带之间的跃迁（如图 9-7 中的 a 过程），中性受主能级与价带之间的跃迁（如图 9-7 中的 b 过程），价带与电离施主能级之间的跃迁（如图 9-7 中的 c 过程），电离受主能级与导带之间的跃迁（如图 9-7 中的 d 过程）。

由于束缚状态并没有一定的准动量，在这样的跃迁过程中，电子（空穴）跃迁后的状态的波矢并不受到限制。这说明电子（空穴）可以跃迁到任意的导带（价带）能级，而产生连续的吸收光谱，如图 9-8 所示。引起杂质吸收的最低的光子能量显然等于杂质上电子或空穴的电离能 E_i。因此，和本征吸收相似，杂质吸收光谱也具有长波吸收限 ν_0，$h\nu_0 = E_i$。对于跃迁过程 c 和 d，杂质吸收光子的能量应满足 $h\nu_0 \geqslant E_g - E_i$。一般来说，电子跃迁到较高的导带能级或空穴跃迁到较低的价带能级的几率逐渐变得很小，因此吸收光谱主要集中在吸收限 E_i 的附近。由于 E_i 小于禁带宽度 E_g，杂质吸收一定在本征吸收限以外长波方面形成吸收带。显然，杂质能级越深，能引起杂质吸收的光子能量也越大，吸收峰越靠近本征吸收限。对于大多数半导体，多数施主和受主能级很接近导带和价带，因此，相应的杂质吸收出现在远红外区。

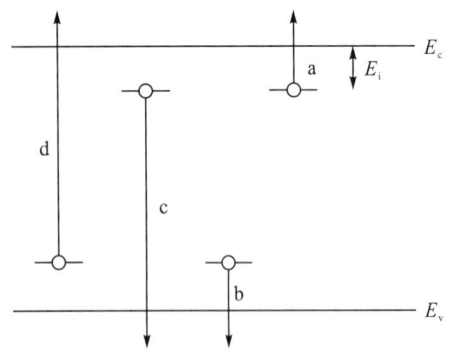

图 9-7 杂质吸收中的电子跃迁

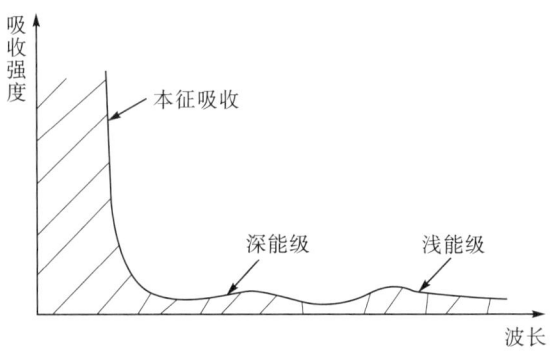

图 9-8 杂质吸收曲线

由于杂质吸收比较微弱，特别在杂质溶解度较低的情况下，杂质含量很少，更加造成观测上的困难。对于浅杂质能级，E_i 较小，因此只有在低温下，当大部分杂质中心未被电离时,才能够观测到这种杂质吸收。

4. 晶格振动吸收

在晶体吸收光谱的远红外区,有时还发现一定的吸收带,这是晶格振动吸收形成的。在这种吸收中,光子能量直接转换为晶格振动动能。对离子晶体或离子性较强的化合物,存在较强的晶格振动吸收带;在 Si、Ge 及 GaAs 中,也都观察到了这种吸收带。

9.4 半导体的光发射

半导体的光发射是光吸收的逆过程。半导体受到光的辐照、外加电场或电子束轰击等的激发后,将从稳定的低能态跃迁到不稳定的高能态;当系统由不稳定的高能态重新回复到稳定的低能态时,多余的能量如果是以可见光或近可见光的电磁波形式释放出来,就是半导体的光发射。对于半导体发光来说,前一个过程称为激发,后一个过程称为复合,这两个过程是发光不可缺少的两个环节。通过正向偏置的 pn 结或异质结注入非平衡载流子而发光是一种重要的电致发光机制。这种激发比较容易实现,而且发光效率高。注入式发光二极管和半导体激光器就是利用注入发光将电能直接转换成光能的光电器件。

根据复合过程中能量释放的形式,可以将复合分成辐射复合和非辐射复合两类。在辐射复合过程中,由于电子和空穴复合而释放的能量是以光能形式辐射的,因此,辐射复合是关系到固体发光的最重要复合。在非辐射复合过程中,释放的能量将转变为其他形式的能量,如热能、机械振动能等。因此,为了提高发光效率,一般应尽量避免非辐射复合。

9.4.1 辐射复合

辐射复合可以通过以下几条途径来实现:①导带电子与价带空穴直接复合发生的带间辐射复合(如图 9-9 中的过程 1);②浅施主与价带之间或浅受主与导带之间的跃迁(如图 9-9 中的过程 2);③施主和受主能级之间的跃迁(如图 9-9 中的过程 3);④深能级之间的跃迁(如图 9-9 中的过程 4);⑤激子复合;⑥等电子陷阱复合。

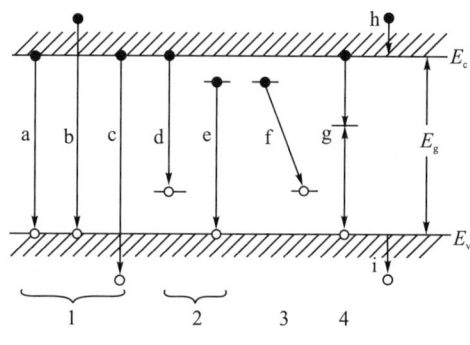

图 9-9 半导体中的辐射复合过程

注:1. 带间辐射复合:带边辐射复合(a 过程)及热载流子到相反能带带边的跃迁(过程 b 和 c);2. 浅受主与导带(过程 d)或浅施主与价带(过程 e)之间的跃迁;3. 施主-受主之间的跃迁(过程 f);4. 通过深能级的跃迁(过程 g);h 和 i 过程表示热载流子在带内的跃迁

1. 带间辐射复合

这种复合是指导带中的电子直接跃迁到价带中，与价带中的空穴复合。显然这种带与带之间的电子跃迁所引起的发光过程是本征吸收的逆过程。一般说来，电子和空穴是在接近带端的那些能级上实现复合的(如图 9-9 中过程 a)，但热运动的存在导致载流子有一定的能量分布范围，电子和空穴并不完全处于导带的最低能级和价带的最高能级(如图 9-9 中过程 b 和过程 c)，因此，带间辐射复合的发光光谱具有一定的宽度。

根据半导体能带结构的不同，带间辐射复合又可分为两种，即直接跃迁和间接跃迁。在直接跃迁过程中，具有相同 k 值的导带中的电子和价带中的空穴之间直接进行跃迁复合，无需第三者参与就能保证动量守恒。跃迁复合所产生的光子能量为

$$h\nu = \frac{hc}{\lambda} \geqslant E_g \tag{9-18}$$

式中，h 为普朗克常量；ν 为光子的频率；c 为真空中的光速；λ 为真空中的波长；E_g 为半导体材料的禁带宽度。λ 和 E_g 的单位分别为 μm 和 eV。直接跃迁型半导体有 GaAs、GaN 以及 x 值较小的 $GaAs_{1-x}P_x$ 和 $Ga_{1-x}Al_xAs$ 等。由于直接跃迁的发光过程只涉及一个电子-空穴对和一个光子，其辐射复合几率大。

对于间接带隙半导体，导带能量最小值与价带能量最大值对应于不同的波矢 k，因此载流子在这两个 k 值不同的能态之间实现跃迁时，必须同时发射或吸收一个适当波数的声子(声子能量为 E_p)，以满足复合过程中的能量守恒和准动量守恒。在发射声子的跃迁复合过程中，光子能量 $h\nu = E_g - E_p$，比禁带宽度小；反之，如果跃迁过程中伴随着吸收一个声子，则 $h\nu = E_g + E_p$。间接带隙复合是一种二级微扰过程，它的辐射跃迁几率远低于直接带隙复合。Si、Ge 和 GaP 都是间接跃迁型半导体，其中，GaP 是最重要的发光材料之一(如何实现 GaP 的高效发光，将在后面进行讨论)。

2. 浅施主(或浅受主)与价(导)带之间的复合

这种复合是指发生在浅施主的电子与价带空穴之间或浅受主的空穴与导带电子之间的复合，其发射的光子能量比禁带宽度 E_g 小。通常，这些浅施主或浅受主很靠近导带底或价带顶，其电离能只有几个 meV，因此施(受)主与价(导)带之间的跃迁复合很难同带间复合相区别。在间接带隙半导体中引入浅能级杂质，可以使能量接近于带间复合的辐射复合几率得到改善并使发光效率提高。

3. 施主-受主之间的复合

电离施主带正电，电离受主带负电。当施主俘获的电子与受主俘获的空穴发生复合时会产生光子能量小于禁带宽度的辐射，它是发光的一个重要机制。由于俘获电子的施主和俘获空穴的受主都处于电中性状态，因此这种辐射跃迁是一种由中性组态向电离化了的施主-受主对转变的过程，这种复合具有库仑作用。如果跃迁过程没有声子参与，那么光子能量为

$$h\nu = E_g - (E_D + E_A) + \frac{q^2}{4\pi\varepsilon_0\varepsilon_r r} \tag{9-19}$$

式中，E_D、E_A分别为施主和受主的电离能；ε_r为材料的相对介电常数；r为施主与受主之间的距离。由于施主、受主在晶格中大多以替位形式存在，所以r只能是晶格常数决定的不连续值，因此这种跃迁产生的辐射复合形成不连续谱线。

4. 通过深能级的复合

靠近禁带中央的能级叫做深能级。电子与空穴通过深能级复合也可产生辐射。复合时辐射的光子能量远小于禁带宽度，发射光谱的波长可能处于红外波段。不过，对于直接跃迁型材料来说，深能级的复合往往是非辐射性的，因此，应尽量减少深能级复合，以提高发光效率。

5. 激子复合

可以在晶体中自由运动的激子叫自由激子，不能自由移动的激子叫束缚激子，束缚中心有施主或受主中心和其他缺陷。束缚激子在半导体发光中占有非常重要的地位。在间接带隙半导体材料中，由于动量选择定则的限制，材料的发光往往很微弱，但如果存在束缚激子，其波函数在空间上是局域化的，因而无需声子参与就可能具有很大的发光跃迁几率。这样，间接带隙半导体的发光效率将大大增强。

激子是由库仑作用结合在一起的电子-空穴对，其稳定性取决于温度、电场、载流子浓度等因素。对于纯净的半导体，在低温下能观测到清晰的激子发光。当样品温度较高时，激子谱线由于声子散射等原因而变宽，当kT（k为玻尔兹曼常数）值接近或大于激子电离能时，激子会因热激发而发生分解，激子发光强度降低。另外，当半导体处于电场作用下时，电子和空穴分别向相反方向运动，激子发光也将减弱。而当样品中载流子浓度很大时，由于自由电荷对库仑场的屏蔽作用，激子也可能分解。这些影响激子稳定性的物理因素对发光器件将产生一些不利的影响。总的来说，当激子束缚能较大时，激子相对比较稳定，如在宽禁带半导体材料（如Ⅱ-Ⅵ族化合物材料和氮化物）以及半导体量子阱等低维结构中，激子束缚能一般比较大，即使在室温下，激子束缚能也比kT大许多。激子在量子阱光学中的地位远比在体材料中重要。例如，GaAS体材料中的自由激子只有在低温和高纯的条件下才能观察到，然而在量子阱中，室温下就有很显著的激子效应。关于量子阱中的激子辐射复合发光，将在下一节中讨论。

6. 等电子陷阱复合

与半导体晶体基质原子有相同价电子数的替位杂质称为等电子杂质。它们取代基质原子后不增加电子和空穴，而是形成一个电中性的中心。等电子杂质与被替代基质原子的电负性和原子大小等方面的差别，使它们在晶体中可以束缚电子或空穴成为带电中心。这一作用类似于陷阱，因此常把等电子杂质的电子束缚态和空穴束缚态称为等电子陷阱。等电子陷阱在库仑作用下又可俘获具有相反带电性质的载流子而形成一个激子束缚态，当激子复合时就会伴随发射相应能量的光子。等电子陷阱能在间接跃迁型半导体中成为发光中心，产生高效率的辐射复合。例如 GaP 中，等电子杂质（例如 N）替代晶格基质原子（例如 P），因其原子大小和电负性等性质与基质原子不相同，造成电子和空穴的束缚态，该等电子陷阱产生的束缚激子复合时发射绿光。

除掺入等价原子可以形成等电子陷阱外，掺入等价分子也能形成等电子陷阱。所谓等价分子，并不是指真正的化合物分子，而是指在晶体中起着相当于分子作用的那些彼此靠近的异元素原子。例如，在GaP中，若以Zn占据Ga格点，而以O占据P格点，则Zn原子和O原子因十分靠近而形成Zn-O复合体，即可视为等价分子。Zn-O束缚激子复合时发射红光。

等电子陷阱的实际意义在于如GaP一类的间接带隙半导体，当无等电子杂质时，由导带向价带的光学跃迁前后，为了保持动量守恒，必须是伴随声子的二级跃迁过程，跃迁几率很低，因此利用这种材料制作的发光器件的效率低；而当在其中引入等电子杂质时，它可使电子由导带向价带的跃迁成为一级过程，辐射效率增大，从而实现了间接带隙半导体材料的高效率发光。

9.4.2 半导体量子阱中的激子辐射复合

实际存在于量子阱中的激子比体材料中要复杂得多。这是因为量子阱不再是纯二维的，空穴波函数是四分量波函数。因此发展了量子阱激子态理论，其中指出了空穴对应的激子态的各个分量与阱平面内不同的轨道角动量相对应，并计算出了激子态的束缚能和阱宽的关系等，与实验得到的结果吻合。

当量子阱的势阱宽度远小于三维激子玻尔半径时，量子阱中激子的基态束缚能（结合能）趋近于二维情况的4倍，而等效玻尔半径趋近于三维情况的一半，即其波函数扩展范围缩小为三维激子的一半左右。结合能的增加使带-带跃迁或激子连续跃迁带之间的能量间隔增大，因而容易观察到分立激子谱线的存在。激子的二维特性及由此导致的激子波函数扩展范围的缩小使激子跃迁强度迅速增加，从而发光强度增加。

在半导体量子阱中，随着激子束缚能的增大，激子跃迁几率大大增加，激子发光跃迁被证明往往起着关键性的作用。例如用氮化物材料可制成蓝绿光和紫外光发光二极管。氮化物及其合金中一般缺陷浓度是很大的，但发光效率却很高，这主要是因为受到局域化的激子有很高的复合几率，使得载流子在到达非辐射复合中心之前，就通过激子复合对发光作出贡献。InGaN/GaN量子阱发光效率很高，人们认为这与InGaN中存在着组分分凝，甚至形成了量子点，激子发光得到加强有关。Ga(In)NAs/GaAs量子阱中，在氮含量小于0.5%的情况下，N在GaAs中作为局域态存在，低温下的发光基本来源于与N有关的局域激子发光。此外，在光通信和量子光学发展中具有特殊重要意义的单光子源器件，已实现的光发射就主要是激子发光。

同以GaAs为代表的Ⅲ-Ⅴ族半导体材料相比，以ZnSe和ZnO为代表的Ⅱ-Ⅵ族半导体及其混晶具有带隙宽、直接带跃迁和能以任何比例组成混晶等优点。Ⅱ-Ⅵ族化合物组成的量子阱中的激子有两个重要的性质。①激子与纵光学声子(LO声子)的耦合较Ⅲ-Ⅴ族材料强烈。因为Ⅱ-Ⅵ族材料多为强离子性晶体，载流子与LO声子场作用强烈。②激子态高度稳定。对于Ⅱ-Ⅵ族半导体材料，由于具有较大的有效质量和较小的静态介电常数，其激子结合能通常比Ⅲ-Ⅴ族材料大许多，又由于量子限制效应，激子结合能会更大，以致超过LO声子能量 $\hbar\omega_{LO}$，这样激子就不容易被LO声子离解而更加稳定。因而近年来由Ⅱ-Ⅵ族化合物组成的量子阱引起了越来越多的关注。在Ⅱ-Ⅵ族 ZnCdSe/CdSe

量子阱系统中，激子束缚能可高达 40meV，超过了光学声子能量(31meV)，因此在室温下，激子态仍很稳定，激子发射光谱谱线尖锐。

9.4.3 非辐射复合

在电子跃迁过程中，并非电子同空穴的复合都会产生光子，还有一些复合通过产生声子的方式耗掉该过程所释放的能量，这一类复合即为非辐射复合。要提高发光材料的内量子效率，必须抑制非辐射复合。以下是三种主要的非辐射复合形式。

(1)多声子复合。半导体中的电子和空穴复合时，多余热量以激发晶格使之振动而产生多个声子的形式放出，这就是多声子复合。实际晶体中总存在着许多杂质和缺陷，因而在禁带中存在着许多分裂的能级，当电子依次落在这些能级上时，声子也就阶段性地产生了，这就是多声子跃迁。多声子跃迁是一个概率很低的多级过程。

(2)俄歇复合。电子和空穴复合时，多余的能量不是以光的形式释放出来，而是传输给第三个载流子，使第三个载流子在原来所在的导带或价带内激发，跳到同一能带中能量较高的位置上；然后在能带的连续带中进行多声子跃迁，释放掉多余的能量，再回到其初始的状态，这整个过程称为俄歇复合。因为有多声子参与，俄歇复合也是非辐射复合。俄歇复合也可能在晶体的缺陷处发生，因此，当晶体内的自由载流子浓度高、晶格缺陷多时，俄歇复合的影响就大。

(3)表面复合和界面态复合。晶体表面的晶格中断，产生悬键，能够产生高浓度的、深的和浅的能级。在异质结的界面处，两种材料的晶格常数总会有所差别，晶格失配必然会引进界面态，同样地产生高浓度的深或浅的能级。表面复合和界面态复合就是通过表面或界面连续的跃迁进行的，因而也是非辐射复合。

9.4.4 发光效率

半导体材料在发光过程中同时存在辐射复合和非辐射复合过程，它们复合几率的不同使材料具有不同的发光效率。显然，发射光子的效率取决于辐射复合寿命 τ_r 和非辐射复合寿命 τ_{nr} 的相对大小。通常用内量子效率 $\eta_{内}$ 和外量子效率 $\eta_{外}$ 来表示发光效率。

内量子效率等于辐射复合率 R_r 和总复合率 R_r+R_{nr} 之比(R_{nr} 为非辐射复合率)，而辐射复合率正比于 $1/\tau_r$，非辐射复合率正比于 $1/\tau_{nr}$，因此

$$\eta_{内} = \frac{R_r}{R_r + R_{nr}} = \frac{1}{1 + \tau_r/\tau_{nr}} \tag{9-20}$$

可见要提高 $\eta_{内}$，就必须使非辐射复合寿命 τ_{nr} 足够长。抑制非辐射复合的方法，最基本的是制备完美的晶体，使禁带中的缺陷中间态能级(复合中心)尽量减少。

由辐射复合所产生的光子并不是全部都能离开晶体向外发射。这是因为，从发光区产生的光子通过半导体时有可能被半导体材料再吸收。另外由于半导体的高折射率(3~4)，光子在界面处很容易发生全反射而返回到晶体内部。即使是垂直入射到界面的光子，由于高折射率而发生高反射率，有相当大的部分(30%左右)被反射回晶体内部。因此引入外量子效率 $\eta_{外}$ 来描写半导体材料的总有效发光效率。单位时间内发射到晶体外部的光

子数与单位时间内注入的电子-空穴对数之比，称为外量子效率。当吸收、反射、全反射几种因素都计算在内时，有

$$\eta_{\text{外}} = \eta_{\text{内}}(1-R)(1-\cos\theta_0)\exp(-\alpha d) \qquad (9\text{-}21)$$

式中，R 为材料内表面的反射率；$\theta_0 = \arcsin(1/\overline{n})$ 为全反射临界角；d 是发光区距表面的距离。

对于像 GaAs 这一类直接带隙半导体，虽然内量子效率很高（可以达到 99％ 以上），但从晶体内实际能逸出的光电子数却非常少。为了使半导体材料具有实用发光价值，必须采取适当措施，以提高外量子效率。目前较为成熟的提高 LED 外量子效率的方法如下。

(1) 反射镜结构。布拉格反射镜（DBR）是常见的一种拥有多层介质反射镜结构的反射镜，它是两种折射率不同的材料周期交替生长的层状结构，处于有源层和衬底之间，能够将射向衬底的光反射回表面或侧面，减少衬底对光的吸收，提高出光效率。

(2) 倒装芯片技术。倒装芯片中光直接从衬底上出射，避免了金属电极的吸收，而衬底减薄后对光的吸收也可以忽略，同时可以在 P 型半导体层下面沉积反射镜进一步增强外量子效率。倒装 LED 芯片的外量子效率要比传统 LED 高出 1.6 倍。

(3) 芯片整形技术。通过改变芯片的几何形状，把芯片制作成特殊的形状来提升 LED 的光取出效率。

(4) 表面粗化技术。通过改变光的出射方向，避免光子在界面处发生全反射现象，减少光子在器件内部的反复反射，这样就减少了光子在内部反复反射过程中发生再吸收的几率，增加了光子透过率。优化的粗糙表面可使出光效率提高 54％。

(5) 光子晶体技术。LED 中的光子晶体结构一方面起到束缚光子的作用，另一方面作为光栅起到色散衍射的作用，改变光的入射角从而提高 LED 的光取出效率。

(6) 衬底剥离技术。采用激光剥离的方法实现外延层和衬底的分离，以减少衬底对出射光子的吸收作用。

此外，还有采用垂直 LED 结构、透明扩展电极等技术措施来提高器件的外量子效率。

9.5 半导体的光电效应

半导体的光吸收将引起各种光电效应。受光照射的半导体，可能向外发射电子，或电导率发生变化，或产生光生电动势等。这种因光照而引起半导体电学特性变化的现象统称为光电效应。为了和光电子发射的外光电效应相区别，光电导和光生伏特效应称为内光电效应。本节主要讨论半导体的光电导和光生伏特效应，它们是光敏电阻、光电二极管、太阳能电池等常见半导体光电器件的工作基础。

9.5.1 光电导效应

半导体吸收光子能量，产生非平衡自由载流子，非平衡载流子浓度的增加使半导体的电导率增大，这种由光照引起半导体电导率增加的现象称为光电导效应。光电导效应的实质是，光生载流子（半导体受光照产生的自由电子或空穴）在复合前就由一侧电极到达另一侧电极，有效地参与导电，从而使半导体的电阻率发生变化。因此，当这些光生

载流子的寿命长、迁移率大时，光电导效应就显著。

半导体对光的吸收有本征型和非本征型，因此光电导效应也分为本征光电导和非本征光电导。光子从价带激发一个电子到导带，产生一个电子-空穴对，从而引起半导体电导率的增加，这是本征光电导效应；若光子能量激发杂质半导体中的施主或者受主，使它们发生电离，产生光生自由电子或自由空穴，从而增加半导体的电导率，这种现象称为非本征光电导效应。由于杂质原子数与晶体原子数相比要少得多，所以杂质光电导十分微弱。由于其电子跃入导带和电子跃入受主能带所需能量比电子从价带跃入导带所需能量小，所以其波长在长波范围。

1. 附加电导率

光电导作用的大小，通常以光生载流子产生的附加光电导加以衡量。光电导体在受光照时的电导率的增量 $\Delta\sigma$ 可用下式表示：

$$\Delta\sigma = q(\mu_n\Delta n + \mu_p\Delta p) \tag{9-22}$$

式中，q 为电子所带的电荷；μ_n、μ_p 分别为自由电子和自由空穴的迁移率；Δn、Δp 分别为自由电子和自由空穴的增加量。

假设在光的照射下，光电导体单位体积内每秒钟产生 N 个电子-空穴对；自由电子和自由空穴的寿命分别为 τ_n 和 τ_p，则 $\Delta n = N\tau_n$，$\Delta p = N\tau_p$。因而光照引起的电导率增量为

$$\Delta\sigma = qN(\mu_n\tau_n + \mu_p\tau_p) \tag{9-23}$$

显然，μ 和 τ 越大，光照时电导率的变化也越大。

2. 定态光电导及光电导弛豫

用透射法测定光的衰减时，半导体中光强度的衰减率与入射光强度成正比。若以 I 表示以光子数计算的光强度（即单位时间内通过单位面积的光子数），α 为半导体的吸收系数，则有

$$-\frac{dI}{dx} = \alpha I \tag{9-24}$$

即单位时间单位体积内吸收的光能量（以光子数计）与光强度 I 成正比。这里 αI 就是单位体积内光子的吸收率。若以 β 代表量子效率，那么光生电子-空穴对的产生率为

$$Q = \beta I\alpha \tag{9-25}$$

假设只存在光生载流子的产生过程，那么经过时间 t 后，强度为 I 的恒定光照使半导体内的光生载流子浓度达到

$$\Delta n = \Delta p = \beta\alpha It \tag{9-26}$$

上式说明，定态时，Δn、Δp 随时间 t 增加成线性增大（如图 9-10 中的虚线所示）。但事实上，光生载流子在产生的同时，还存在复合过程，其浓度不会随时间无限增大，经过一段时间后，光生载流子的产生率将等于它们的复合率。此时，光生非平衡载流子浓度 Δn 趋向于一稳定值 Δn_s。若仍设光生电子、空穴的平均寿命为 τ_n、τ_p，则有

$$\Delta n_s = \beta\alpha I\tau_n \tag{9-27}$$

因此，定态附加光电导率为

$$\Delta\sigma_\mathrm{s} = q\beta\alpha I(\mu_\mathrm{n}\tau_\mathrm{n} + \mu_\mathrm{p}\tau_\mathrm{p}) \tag{9-28}$$

可见，定态光电导率与 β、α、μ、τ 这 4 个参量有关。其中，Q 和 α 表征光和半导体的相互作用，决定着光生载流子的产生过程；而 μ 和 τ 则表征载流子与半导体之间的相互作用，决定着载流子运动和非平衡载流子的复合过程。

如上所述，光照后经过一定的时间才达到定态光电导率 $\Delta\sigma_\mathrm{s}$；同样，当光照停止后，光生载流子也是逐渐地消失(图 9-11)。若采用一种载流子起作用的小注入近似分析，可得光电导的上升和下降规律。

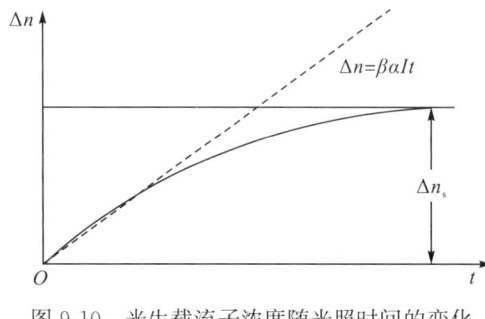 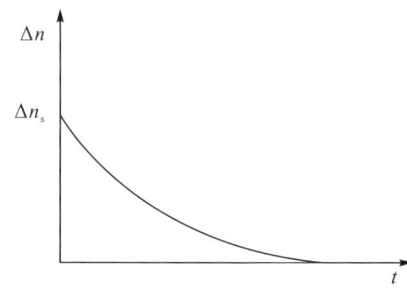

图 9-10 光生载流子浓度随光照时间的变化　　图 9-11 光电导的弛豫过程

设光强度为 I 的恒定光照自 $t=0$ 时开始照射样品，小注入时光生载流子的平均寿命 τ 不变，复合率为 $R = \Delta n/\tau$。光照过程中光生载流子的增加率则为

$$\frac{\mathrm{d}(\Delta n)}{\mathrm{d}t} = \beta\alpha I - \frac{\Delta n}{\tau} \tag{9-29}$$

利用 $t=0$ 时 $\Delta n=0$，可得

$$\Delta n = \beta\alpha I\tau(1 - \mathrm{e}^{-t/\tau}) \tag{9-30}$$

上式表明，小注入时，光生载流子浓度按指数规律上升(图 9-10)。当 $t\gg\tau$ 时，

$$\Delta n = \beta\alpha I\tau = \Delta n_\mathrm{s} \tag{9-31}$$

光生载流子浓度达到饱和，即为光生载流子的定态值。

光照停止后，光生载流子不再产生，光生载流子的变化率为

$$\frac{\mathrm{d}(\Delta n)}{\mathrm{d}t} = -\frac{\Delta n}{\tau} \tag{9-32}$$

设从 $t=0$ 时停止光照，此时光生载流子浓度是定态值，即 $t=0$ 时 $\Delta n = \Delta n_\mathrm{s}$，由上式可得

$$\Delta n = \Delta n_\mathrm{s}\mathrm{e}^{-t/\tau} \tag{9-33}$$

这说明光照停止后，光生载流子浓度从饱和值起，随时间呈指数衰减(图 9-11)。

以上讨论表明，半导体光电导对光照响应有一定的弛豫，通常将 τ 称为弛豫时间。

3. 光电导灵敏度及光电导增益

光电导灵敏度一般定义为单位光照度所引起的光电导 $\Delta\sigma_\mathrm{s}$。在一定光照下，$\Delta\sigma_\mathrm{s}$(Δn_s)越大，表示其灵敏度越高。由 $\Delta n_\mathrm{s} = \beta\alpha I\tau_\mathrm{n}$ 可知，τ 越大，即弛豫时间长，可以得到较大的 Δn_s，使灵敏度提高。然而，光电导的弛豫时间代表着光电导对光信号反应的快慢。τ 越长，光电导上升越缓慢，即对光信号反应慢；τ 越短，即反应快。这对光敏电阻是一个很重要的参量，特别对于高频光信号，弛豫时间必须足够小，才能跟得上光信

号的变化。因此，在实际应用中，既要求灵敏度高，又要求弛豫时间短，必须根据实际要求来选用适当的半导体材料。

在另一种情况下，同一种材料组成的光敏电阻，由于结构不同，可以产生不同的光电导效果，通常用"光电导增益"表示光电导效应的增强。

如图 9-12 所示，光敏电阻在外加电场作用下，光生载流子（设为电子）在两电极间定向运动，形成电路中的光电流。在一定条件下，光生电子的寿命 τ_n 可以大大超过电子从一个电极漂移到另一个电极所需的时间（称为渡越时间）τ_t。这样，当一个电子在电场作用下到达正电极时，负电极必须同时释放出一个电子，以保持样品的电中性。这种过程一直持续到光生载流子复合的发生。因此，在 $\tau_n > \tau_t$ 的情况下，由一个光生电子可以引起许多个电子相继在光电导体内输运，即产生较大的光电流。因此，电极较靠近时的光电流将大于电极远离时的光电流。通常用光电导增益因子 G 来表示这种光电导效应的增强，并定义

$$G = \frac{\tau_n}{\tau_t} \tag{9-34}$$

若外加电场为 E，电子迁移率为 μ_n，电极间距离为 l，则渡越时间

$$\tau_t = \frac{l}{\mu_n E} = \frac{l^2}{\mu_n V} \tag{9-35}$$

式中，V 为外加电压。因而光电导增益因子

$$G = \frac{\tau_n \mu_n V}{l^2} \tag{9-36}$$

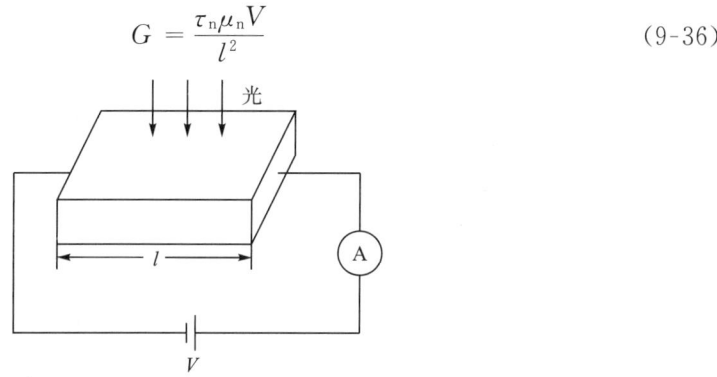

图 9-12　光敏电阻的工作示意图

对寿命长、迁移率大的半导体材料，在两电极很靠近的情况下，光电导增益 G 可以很大。如材料有陷阱中心存在，载流子寿命增大，G 可以达到 10^3。显然，这种光电导效应的增大是由牺牲响应速度而获得的。

9.5.2　光生伏特效应

光生伏特效应指的是由光照引起电动势的现象。严格来讲，包括两种类型：一类发生在均匀半导体材料内部，一类发生在半导体的界面。通常称前一种为丹倍效应，本章仅介绍利用半导体的"结"所产生的光生伏特效应。

半导体界面包括 pn 结，金属和半导体接触的界面，不同半导体材料制成的异质结界面以及由金属-绝缘体-半导体组成系统的界面。在这些界面处都存在着一个空间电荷区，

所形成的电场称为内建电场。下面以 pn 结为例来说明光生伏特效应的产生。

在 pn 结交界处，n 区一侧带正电荷，p 区一侧带负电荷，空间电荷区中内建电场的方向自 n 区指向 p 区。当光照射 pn 结时，只要光子能量大于半导体材料的禁带宽度 E_g，则在 p 区、n 区或结区都将产生少数载流子。在结附近 n 区中产生的少数载流子由于存在浓度梯度而要扩散，只要少数载流子离 pn 结的距离小于它的扩散长度，总有一定概率扩散到结界面处。它们一旦到达 pn 结界面处，就会在结电场作用下被拉向 p 区。同样，如果在结附近 p 区中产生的少数载流子扩散到结界面处，也会被结电场迅速拉向 n 区。结区内产生的电子-空穴对也会在结电场作用下分别被移向 n 区和 p 区。如果外电路处于开路状态，那么这些光生电子和空穴积累在 pn 结附近，p 区获得附加正电荷，n 区获得附加负电荷，使 pn 结获得一个光生电动势。这种现象称为光生伏特效应，简称光伏效应。这种光生电动势是以光照为基础的，一旦光照消失，光生电动势也不复存在。如果光照时 pn 结是开路的，在结两端可测出开路电压；如果 pn 结外接负载形成回路，则有电流流经 pn 结，方向是从 n 区到 p 区。若外接负载为 0，则测出的电流为短路电流。

在稳定条件下，pn 结上的光生电压 V 与流经负载的光电流 I 的关系为

$$I = I_L - I_0\left[\exp\left(\frac{qV}{nkT}\right) - 1\right] \tag{9-37}$$

式中，I_L 为光生电流；I_0 为 pn 结的反向饱和电流；n 为 pn 结的特性因子。当 $I=0$ 时，可以得到开路电压 V_{oc}：

$$V_{oc} = \frac{nkT}{q}\ln\left(\frac{I_{sc}}{I_0} + 1\right) \tag{9-38}$$

式中，I_{sc} 为短路电流，它与入射光的强度成正比。

一般来说，光生电压随光强的增加而增大，且应满足 $qV_{oc} < E_g$。光生伏特效应的应用之一是把太阳能直接转换成电能的太阳能电池，此外还有光电二极管、光电三极管等重要的光电探测器件。

9.6 本章小结

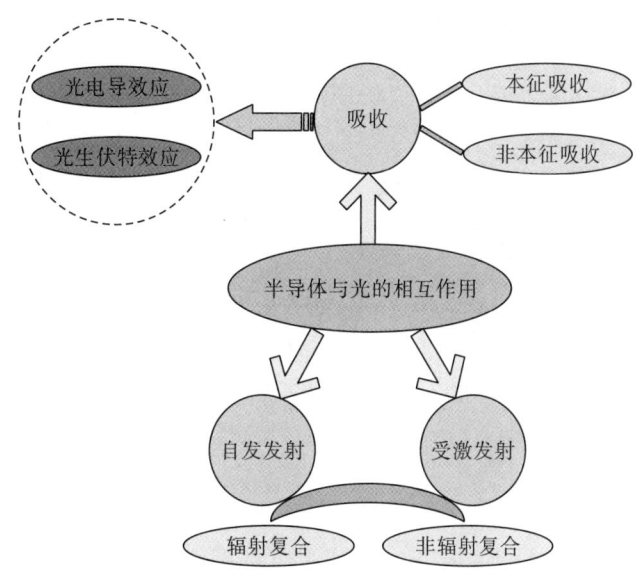

本章主要就以下几个方面的内容进行了讨论：

(1)半导体与光子的相互作用，具体涉及三种过程：吸收、自发发射和受激发射。半导体的光发射是光吸收的逆过程，在热平衡状态下，发射率等于吸收率。

(2)直接带隙半导体中发生直接跃迁过程，间接带隙半导体中发生直接跃迁的几率很小，主要是间接跃迁过程。

(3)基于半导体的光吸收，在半导体中将产生光电导效应和光生伏特效应。

(4)半导体的光发射过程有辐射复合和非辐射复合，辐射复合过程中的激子辐射复合对半导体的发光有重要贡献。

重要术语一览

(1)吸收：当能量为 $h\nu$ 的外来光入射时，将会引起低能态的电子跃迁到高能态，这一过程称为吸收。

(2)自发发射：处于高能级的电子状态是不稳定的，它将自发地从高能级跃迁到低能级与空穴复合，同时释放出一个光子，这一过程称为自发发射。

(3)受激发射：当能量为 $h\nu$ 的外来光入射时，会引起高能态的电子跃迁到低能态，同时放出一个与入射光子具有完全相同特性的光子，这个过程称为受激发射。

(4)辐射复合：在半导体中，电子和空穴的复合以放出光子的形式释放出能量，这种形式的复合称为辐射复合。

(5)非辐射复合：半导体中的电子与空穴发生复合时，以声子的形式放出能量，或者发生俄歇复合、表面复合或界面态复合，这些过程都称为非辐射复合。

(6)光电导效应：光吸收使半导体中形成非平衡载流子，载流子浓度的增大使样品电导率增大。这种由光照引起半导体电导率增大的现象称为光电导效应。

(7) 光生伏特效应：当用适当波长的光照射非均匀半导体(pn 结等)时，由于内建场的作用，半导体内部产生电动势(光生电压)；如将 pn 结短路，则会出现电流(光生电流)。这种由内建场引起的光电效应称为光生伏特效应。

思考题

1. 在半导体中有哪几种与光有关的跃迁？利用这些光跃迁可制造哪些类型的半导体光电器件？
2. 简述吸收、自发发射、受激发射过程各自的特点。
3. 为什么半导体 Si、Ge 不能用于半导体激光器的有源介质，而常常用于光电探测材料？
4. 量子阱有哪些特点？这些特点在半导体光电器件中得到了哪些应用？
5. 施主能级上的电子和受主能级上的空穴发生辐射复合时，若电子和空穴之间有库仑作用，则对发光光谱有什么样的影响？
6. 光电探测器有哪些物理效应？利用这些效应可制成什么类型的光电探测器？

习题

1. 与波长分别为 550 nm 和 680 nm 光波相应的光子能量是多少？
2. 试计算当每秒 5×10^{12} 个光子入射到 $\eta=0.8$ 的光敏电阻表面时所产生的光电流。少数载流子的寿命为 0.5 ns，且此器件的 $\mu_n=2500 \text{ cm}^2/(\text{V}\cdot\text{s})$，$E=5000$ V/cm，$L=10$ μm。
3. 用光子能量为 1.5 eV，功率为 2 mW 的光照射硅光电池。已知反射系数为 0.25，量子效率 $\eta=1$，并设全部光生载流子都能够到达电极，求光生电流。若反向饱和电流为 10^{-8} A 时，求 $T=300$ K 时的开路电压(设 pn 结的特性因子 $n=1$)。

测试题

1. 能在 Si($E_g=1.12$ eV)样品中激发电子-空穴对的光源的最大波长是多少？
2. 厚 0.5 μm 的 GaAs 样品，受到光子能量 $h\nu=2$ eV 单色光的照射。吸收系数 $a=5\times 10^4$ cm^{-1}，入射到样品上的功率为 8 mW，
   (1) 算出每秒被样品吸收的总能量；
   (2) 求出电子在复合前将多余能量传递给晶格的速率；
   (3) 求出通过带间辐射复合每秒钟所放出的光子数(已知 GaAs 的禁带宽度 $E_g=1.43$ eV)。
3. 某半导体光电器件的长波限为 13 μm，则该材料的杂质电离能是多少？
4. GaAs 晶体受到光子能量 $h\nu=1.46$ eV 单色光的照射，吸收系数 $a=1\times 10^4$ cm^{-1}，光前进到 1.0 μm 的距离时，其被 GaAs 吸收的比例是多少？

主要参考文献

[1] 黄德修. 半导体光电子学(第 2 版). 北京:电子工业出版社,2013.
[2] 刘恩科,朱秉生,罗晋生. 半导体物理学(第六版). 北京:电子工业出版社,2005.

[3] Zhu B F, Huang K. Effect of valence-band hybridization on the exciton spectra in GaAs-Ga$_{1-x}$Al$_x$As quantum wells. Phys. Rev. B,1987,36(15):8102—8108.

[4] Grüning H,Chen L,Hartmann T,et al. Optical spectroscopic studies of N-related bands in Ga(N,As). Phys. Stat. Sol. B. 1999,215:39—45.

[5] Zhang Y,Mascarenhas A,Geisz J F,et al. Discrete and continuous spectrum of nitrogen-induced bound states in heavily doped GaAs$_{1-x}$N$_x$. Phys. Rev. B, 2001,63:085205—8.

[6] Francoeur S,Nikishin S A,Jin C,et al. Excitons bound to nitrogen clusters in GaAsN. Appl. Phys. Lett. ,1999,75:1538—1540.

[7] Yuan Z L,Kardynal B E,Stevenson R M,et al. Electrically driven single-photon source. Science,2002, 295:102—105.

[8] Kim J K,Xi J-Q,Luo H,et al. Enhanced light-extraction in GaInN near-ultraviolet light-emitting diode with Al-based omnidirectional reflector having NiZn/Ag microcontacts. Appl. Phys. Lett. ,2006,89: 141123—3.

[9] Kim J K,Gessmann T,Schubert E F,et al. GaInN light-emitting diode with conductive omnidirectional reflector having a low-refractive-index indium-tin oxide layer. Appl. Phys. Lett. ,2006,88:013501—3.

[10] Lin W Y,Wuu D S,Pan K F,et al. High-power GaN-mirror-Cu light-emitting diodes for vertical current injection using laser lift off and electroplating techniques. IEEE Photonics Technology Letters, 2005,17(9):1809—1811.

[11] 忻贤坤. 半导体物理与器件. 上海:上海科学技术文献出版社. 1996.

部分习题参考答案

第 1 章

3. (1)$4.99\times10^{22}\text{cm}^{-3}$，(2)(111)面：$\dfrac{2\sqrt{5}}{a^2}$，(110)面：$\dfrac{2\sqrt{2}}{a^2}$，(100)面：$\dfrac{1}{a^2}$，(111)面的原子面密度最高，(100)面的原子面密度最低

第 2 章

2. $\dfrac{m_A^*}{m_B^*}=3.85$

第 4 章

2. 300K：$1\times10^{15}\text{ cm}^{-3}$，$1.44\times10^5\text{ cm}^{-3}$，0.27eV，570K：$3\times10^{15}\text{ cm}^{-3}$，$2.54\times10^{15}\text{cm}^{-3}$，0.17 eV

4. $6.4\times10^9\text{cm}^{-3}$，$E_v+0.49$ eV，$2.12\times10^3\text{cm}^{-3}$，$E_v+0.52$ eV

5. 300 K：$7.25\times10^{17}\text{ cm}^{-3}$，$199\text{cm}^{-3}$，$E_v+0.40\text{eV}$，400K：$7.25\times10^{17}\text{ cm}^3$，$2.7\times10^{10}\text{cm}^{-3}$，$E_i+0.22$ eV

6. $1.9\times10^{-20}\text{cm}^{-3}$，$7.12\times10^9\text{cm}^{-3}$，$7.3\times10^{13}\text{cm}^{-3}$

7. $4.5\times10^{16}\text{cm}^{-3}$，$3.2\times10^3\text{ cm}^{-3}$

8. 0.23 eV

9. $2.29\times10^{16}\text{cm}^{-3}$

11. $5\times10^9\text{cm}^{-3}$

第 5 章

4. 103.7A/m^2

5. 10^4cm/s，$200\text{ cm}^2/(\text{V}\cdot\text{s})$，$5.2\text{cm}^2/\text{s}$

8. $0.172(\Omega\cdot\text{cm})^{-1}$，$0.35(\Omega\cdot\text{cm})^{-1}$

10. (1)10^{15}cm^{-3}，$1.7\times10^{16}\text{cm}^{-3}$，(2)$E_F^n-E_F\approx0.53$ eV，$E_F^p-E_F\approx-0.00157$ eV

11. 0.0476A/cm^2

第 6 章

1. $t=\dfrac{e^{ik}-e^{-ik}}{(E-V)-2e^{ik}}$，其中 $2\cos k=E$

2. $\dfrac{2e^2}{h}T$

3. 见 6.4.2
4. 见 6.5.1
5. 参见文献 [28]
6. 参见文献 [29]

第 7 章

1. 4.215 eV

2. 4.69 eV

3. (1) 4.22 eV, (2) 0.98 eV, (3) 3.61×10^{-5} cm

4. (3) 1.15 eV, 0.115 μm, 1.75×10^5 V/cm

5. (1) 0.206 eV, (2) 0.684 eV, (3) 3.09×10^{-8} A/cm^2, (4) 0.467 V

6. 317.6 A/cm^2

7. (1) $\sqrt{5/91}$, (2) 6.6×10^{-5} A/cm^2

8. (1) 9.23×10^{-9} F/cm^2, (2) 2.91×10^{-8} F/cm^2

9. (2) 8.74×10^{16} cm^{-3}

第 8 章

4. (1) 0.717 V, 4.91×10^{-8} C/cm^2, (2) 3.07×10^{-5} cm, (3) 2.137 V

5. (1) 3.07×10^{-5} cm, 4.91×10^{-8} C/cm^2, (2) 3.91×10^{-5} cm, 6.25×10^{-8} C/cm^2, (3) 2.37×10^{-5} cm, 3.79×10^{-8} C/cm^2

7. (2) 6.1×10^{-5} cm, (3) 1×10^{14} cm^{-3}, (4) 3.14×10^{11} cm^{-2}

8. 806 Å

第 9 章

1. 2.25 eV, 1.82 eV

2. 4 μA

3. 0.3 V

附 录

常用物理常数表

名称	数值
阿伏伽德罗常数 N	$6.025 \times 10^{23}\,\text{mol}^{-1}$
玻尔半径 $a_0 = \hbar^2/(m_0 q)$	$0.529 \times 10^{-10}\,\text{m}$
真空介电常数 ε_0	$8.854 \times 10^{-12}\,\text{F/m}$
真空磁导率 μ_0	$4\pi \times 10^{-7}\,\text{H/m}$
热力学零温度 0K	$-273.16\,\text{℃}$
电子电量 q	$1.602 \times 10^{-19}\,\text{C}$
电子静止质量	$9.108 \times 10^{-31}\,\text{kg}$
自由质子质量 M_p	$1.67264 \times 10^{-27}\,\text{kg}$
电子伏特 eV	$1.602 \times 10^{-19}\,\text{J}$
真空中光速 c	$2.998 \times 10^{8}\,\text{m/s}$
普朗克常量 h	$6.625 \times 10^{-34}\,\text{J·s}$
约化普朗克常量 $\hbar = h/(2\pi)$	$1.054 \times 10^{-34}\,\text{J·s}$
玻尔兹曼常数 k_0	$1.380 \times 10^{-23}\,\text{J/K}$
玻尔半径 a_B	$0.52917\,\text{Å}$
磁通量子 $(h/2q)$	$2.0678 \times 10^{-15}\,\text{Wb}$

常用半导体材料常数表

材料种类	Si	Ge	GaAs	GaN	SiC（闪锌矿）	SiC（纤锌矿）	InP	InSb
密度 $(10^{-3}\,\text{kg/cm}^3)$	2.329	5.323	5.317	6.07	3.166	3.211	4.81	5.77
晶格常数/nm	0.543	0.565	0.565	$A=0.319$ $C=0.519$	0.435	$A=0.308$ $C=1.512$	0.586	0.648
熔点/K	1685	1210	1513	2791	3103	3103	1327	800
热导率 W/(cm·K)	1.56	0.65	0.455	1.3	0.2	4.9	0.7	0.18
相对介电常数	11.9	16.2	12.9	10.4	9.72	10.32	12.56	17.5